Carl Einstein   Werke

MEDUSA

Carl Einstein

Werke

Carl Einstein

Werke Band 2

1919–1928

Herausgegeben von Marion Schmid
unter Mitarbeit von
Henriette Beese und Jens Kwasny

MEDUSA

Berlin 1981

Frontispiz: Rudolf Großmann: Carl Einstein (1921)

© MEDUSA Verlag Wölk + Schmid, Berlin 1981
Alle Rechte vorbehalten. Printed in Germany.
Satz: Maschinensetzerei Peter von Maikowski, Berlin,
aus der Garamond-Antiqua
Druck: Georg Wagner, Nördlingen
Bindung: Hans Klotz, Augsburg
ISBN: 3-88602-022-3

Inhalt

Editorische Notiz

»Aufgabe der Zeitschrift. eine Zeitschrift ist heute allein fähig das Bindemittel zu bilden zwischen Individuen ohne diese in geistige Abhängigkeit zu bringen — jedoch diese zu einer einheitlichen Wirkung zu verknüpfen — die Zeitschrift gibt dieser Wirkung Rytmus und Ökonome ... wir bringen eine Monatsschrift — damit es möglich ist — ein geeignetes Tempo geistiger Leistungen zu geben — damit diese nicht zerspillendem Tag verfallen ...«

So beginnt ein undatierter handschriftlicher Entwurf Carl Einsteins für ein Zeitschriftenprojekt. Auf der Rückseite des Blattes ist etwas wie ein Motto zu entziffern: »eigenart und notwendigkeit/unentbehrlichkeit der existenz«.

Der zweite Band dieser Werkausgabe umfaßt die Schriften von 1919—1928 und verfährt nach dem editorischen Prinzip des ersten Bandes; noch deutlicher als dort liefert hier bereits die bloße Chronologie den historisch notwendigen Kommentar. Wenn die hier versammelten Texte auf den ersten Blick zerrissener, in ihrem Zusammenhang untereinander diffuser wirken als jene, die bislang meist die Diskussion um Einstein bestimmten, »Bebuquin« und die »Negerplastik«, mag dies ein Ausdruck sein der Ambivalenz jenes Mottos. ›Unentbehrlichkeit der Existenz‹ ist für Einstein, über dem Bewußtsein von der ›Eigenart‹ des geschichtlichen Moments die persönliche nicht aus den Augen zu verlieren; den so begründeten, unauflösbaren Widerspruch produktiv zu machen, ist ›Notwendigkeit‹.

Obwohl Einstein zu allen Zeiten Mitarbeiter der unterschiedlichsten Zeitschriften war, gelang es ihm nur ein einziges Mal, das oben umrissene Projekt als Herausgeber zu realisieren. Über einige Veröffentlichungen in der satirischen Wochenschrift »Die Pleite« war er mit

George Grosz näher bekannt geworden, und nach dem Verbot der »Pleite« (herausgegeben von Wieland Herzfelde) gaben Einstein und Grosz zusammen die satirische Wochenschrift »Der blutige Ernst« heraus. Die Zensur behinderte von Anfang an ein regelmäßiges Erscheinen, und nach der sechsten Nummer wurde die Zeitschrift endgültig verboten.

Zu keiner anderen Zeit arbeitete der Einzelgänger Einstein mit so vielen namhaften Intellektuellen zusammen. Wenn Berlin je ein kulturelles Zentrum war, dann in jener Zeit nach dem Krieg. Im ›Blutigen Ernst‹ veröffentlichten Max Hermann-Neisse, Raoul Haussmann, Richard Hülsenbeck, Walter Mehring, Mynona und Carl Sternheim. Zusammen mit Paul Westheim gab er den »Europa Almanach« heraus, gewissermaßen eine Anthologie der europäischen Avantgarde. Auch die trotz gegenseitiger Bewunderung stets nur vagen Kontakte zu Benn kamen in dieser Zeit zustande.

Die oft der Aktualität geschuldeten Texte in Zeitschriften sind weniger umfassend, ihre Sprache ist dafür um so deutlicher. In Kunstzeitschriften publiziert Einstein weiterhin — auch Broterwerb ist ›Notwendigkeit‹ — die von ihm gehaßten, für die deutsche Kunstgeschichte nichtsdestoweniger bedeutenden Rezensionen. Doch seiner ›Eigenart‹ ist vor allem, auf theoretischer wie praktischer Ebene, die Auseinandersetzung mit der Zeit ›Notwendigkeit‹. (Am Ende des Krieges hatte dies beispielsweise zur Mitarbeit im Brüsseler Soldatenrat geführt. Zwei Berichte darüber schienen wichtig genug, um in den Anhang dieses Bandes aufgenommen zu werden.) Aus dem Beharren auf einer ›Unentbehrlichkeit‹ der Mischung von Politik und Ästhetik heraus, das er mit radikalerem Anspruch versah als beispielsweise Benjamin, hat Einstein in diesen Jahren vielleicht vergleichsweise wenig veröffentlicht.

Mit dem Theaterstück »Die schlimme Botschaft« wagte sich Einstein auf ein für ihn neues literarisches Gebiet. Es trug ihm einen Prozeß wegen Gotteslästerung ein, wurde dadurch berühmt und doch bis heute niemals aufgeführt. Der Aufsatz über Leon Bakst, den russischen Maler und Bühnenbildner (der in Paris mit Diaghilew am »Ballet Russe« arbeitete), setzte die Beschäftigung mit dem Theater auf theoretischer Ebene fort.

Die »Afrikanische Plastik« ist als Ergänzung und Fortsetzung der »Negerplastik« zu verstehen. In der Folge der Auseinandersetzung mit der afrikanischen Kultur entstand der Band »Afrikanische Legenden« (unter dem Titel »Afrikanische Märchen und Legenden« als Sonderband zu dieser Werkausgabe bereits wieder aufgelegt).

Die »Kunst des 20. Jahrhunderts«, erschienen innerhalb der berühmten Propyläen Kunstgeschichte, bestätigte Einsteins Ruf als einer der wichtigsten Kunsthistoriker seiner Zeit. Noch zu seinen Lebzeiten kam es zu drei Auflagen des Buches (es wird im Zusammenhang dieser Werkausgabe gesondert erscheinen).

Die Kontakte nach Frankreich verstärkten sich während des Zeitraums, den die Schriften dieses Bandes dokumentieren. Die Vermittlung lief wiederum über eine Zeitschrift. In der »Action« erschienen Auszüge des »Bebuquin« in einer Übersetzung von Yvan Goll, Teile der »Afrikanischen Plastik«, Kunstrezensionen (so zu Juan Gris und Picasso) und, kurz nach der deutschen Publikation, auch Auszüge aus der ›Schlimmen Botschaft‹. Der Text »Über Deutschland« liegt in diesem Band zum ersten Mal in einer deutschen Übersetzung vor.

1928, bereits fünf Jahre vor der großen Emigrationswelle, veranlaßte Einstein ›Unentbehrlichkeit der Existenz‹, nach Paris umzusiedeln.

Wir danken Liliane Meffre in Paris, die uns die in Frankreich erschienenen Texte beschaffte und unsere Arbeit mit kritischen Anregungen unterstützte; Else Wasmuth, die uns die Zeichnung Großmanns für das Frontispiz zur Verfügung stellte; Wieland Herzfelde, der uns bei der Identifikation nicht signierter Zeitschriftenbeiträge geholfen hat; sowie dem Archiv der Berliner Akademie der Künste unter Professor Walter Huder, das unsere Nachforschungen in gewohnt hilfreicher Weise unterstützte.

Die Herausgeberin

Pleite glotzt euch an restlos

Revolution wurde unterschlagen. Defraudanten der revolutionären Idee herrschen und betreiben die Sanierung des Spießers.

Die Bourgeoisie hat den Proletarier zum kalkulierten Brudermord mißbraucht. Aufgeschreckt will dieser frei von solch lebensgefährlicher Despotie leben, fordert Autonomie der Masse. Statt dessen züchtet man Söldner, auf deren Hälsen giftig morsches Eichenlaub ausschlägt. Man hat einer Partei Belagerungszustand auf den Kopf gelegt, man schaffte eine Armee gegen Sozialismus, gegen den Proletarier. Eure Holzblätter kreischen Spartakus; Spartakus ist der Wille, die menschliche Gesellschaft dem Menschen wieder möglich zu machen.

Wir klagen an:

Regierungssozialisten, ihr habt das *Blut* der Arbeiter von Anleihe zu Anleihe *verpumpt.*

Regierungssozialisten, ihr habt die *Revolution verraten!*

Regierungssozialisten, ihr verspracht Frieden: ihr habt ihn erschwert, da ihr die *Bestrafung der Schuldigen* verhindert habt; während die sichtbaren Führer der Massen durch eure Mietlinge feig erschlagen wurden.

Nationalversammlung der Wasserleichen, Meeting der bremsenden Jammergreise; quasselnd quollen ihre flinken Münder aus vierjährigem Blutschlamm auf. *Pleite.* Brachte euer Wortdrusch uns Brot? Das weiland mitteleuropäische Gesabber der Stresemann — David[1] — Naumann[2] *sabotiert* noch immer *unser Leben.* Solcher Leute Sprechen und Schreiben hält uns im Hunger, ist Verbrechen gegen unser Leben, dezimiert uns körperlich und moralisch.

Warum, *Regierungssozialisten,* verleugnet ihr die Wahrheit, daß die Erde allen gehört und vom Fluch des rentenfressenden Ausbeuters befreit werden muß? Die Grundbesitzer verhindern, daß der Arbeitslose der großen Städte auf dem Land Arbeit erhält, damit auf das Land kein Sozialismus dringe. Statt dessen werden die russischen Brüder um die Heimkehr betrogen, und mühen sich auf dem der Masse unterschlagenen Land.

Regierungssozialisten, ihr glaubet die Liebe der ententistischen Kapitalisten zu kaufen, durch den Feldzug gegen die Bolschewiki. Englische und französische Soldaten weigerten den Kampf gegen die Schildträger des internationalen Proletariats. Flink sprang der Spezialist für östliches Gelände in die Lücke.

Regierungssozialisten, frierend steht ihr allein in der Welt und lehnt euch an das Häuflein nationalistischer Spießer. Die Entente mißtraut den Rettern der Ludendorff und Tirpitz, *und das nötige Zusammengehen mit Rußland habt ihr verhindert.*

Regierungssozialisten, ihr habt das Heer der Gegenrevolution geschaffen, das Unschuldige ohne Haftbefehl in Gefängnisse verschließt; ihr habt der Revolution den Krieg erklärt. Ihr habt diktiert: Item *wir* jetzt die Sessel in der Wilhelmstraße abnutzen, hat die Revolution ihren Zweck erfüllt und ist einzustellen. Sinn der Revolution ist nicht parlamentarischer Kuhhandel mit antiquierten Bürgern, sondern Zusammenschluß des Proletariats zur Entscheidung.

In euren Schulen und Universitäten dunsten noch die Geschöpfe alter Obrigkeit, die Lehrer des Alldeutschtums, die Professoren des wissenschaftlichen Hasses. So wollt ihr Jugend und Zukunft formen.

Regierungssozialisten, dann ging es nach Bern[3], an den Stammtisch der internationalen Geschäftspraktiker. Blut, Zuchthäuser, zerfetzte Menschen, Seelennot schlugen nicht zur Kante eurer Tische, gut gedichtete Wände hielten die Rufe neuer Menschheit ab. Zufällig mißlang letzte Gemeinheit: die Bolschewiki durftet ihr nicht für vogelfrei erklären, um für Hindenburg und Eiserne Kreuze Segen und Sanktion zu gewinnen.

Regierungssozialisten, mit falschen Nachrichten tötet man keine Idee. Es wird euch nicht gelingen, tote Führer zu sabotieren. Die Gemordeten rufen uns Lebende.

Das Gekreisch eurer abgenutzten Notenpresse schwingt über unseren Köpfen. *Doch: — ihr seid Pleite.*

In *Die Pleite* Nr. 1, Malik-Verlag Berlin 1919, (der Text erschien anonym), Reprint 1978 mit einem Vorwort von Wieland Herzfelde.

Die Herausgeber der satirischen Monatsschrift *Die Pleite* waren Wieland Herzfelde und George Grosz. Die Zeitschrift war ständig von der Zensur bedroht und wurde mit dem Erscheinen von Nr. 6 endgültig verboten.

Die *kursiv* gesetzten Worte stehen – auch in den folgenden Texten – für unterschiedliche typographische Hervorhebungen im Originaltext (vgl. als Beispiel Faksimile-Abbildung auf Seite 24 ff.).

1 Eduard Heinrich David (1836–1930) war ein Führer des revisionistischen Flügels der SPD und propagierte während des Krieges die Unterstützung der deutschen Kriegsführung durch seine Partei.
2 Friedrich Naumann (1860–1919) kam aus der christlich-sozialen Bewegung zu den Liberalen, schrieb 1917 »Der Kaiser im Volksstaat« und war 1918 Mitbegründer der Deutschen Demokratischen Partei.
3 In Bern fand vom 3. bis zum 10. Februar 1919 eine Konferenz zur Wiederherstellung der Zweiten Internationale statt, an der sozialdemokratische Vertreter aus 26 Ländern teilnahmen. Der rechte Flügel, darunter die Delegierten der SPD, forderten eine ausdrückliche Verurteilung der bolschewistischen Regierung, während sich der linke Flügel erfolgreich gegen »jegliche Entehrung der Sowjetrepublik« aussprach.

An die Geistigen!

Eines gilt es: die kommunistische Gemeinschaft zu verwirklichen. Ein Ziel, zu wesentlich, als daß Intellektuelle dialektisch es zerspalten dürften. Dekorative Schönworte stehlen die Entscheidung. Wir gehen in der Masse, wir sind auf dem Marsch mit den Einfachen, Unbedingten zu einer nahen, nötigen Sache. Eure vielfältige Nüanciertheit steht uns nicht an. Der Einfache ist fanatisch, wir verwerfen die Hemmnisse vielseitig streifenden Intellekts. Allegorie und eskamotierende Metafer lehnen wir ab. Wir bedürfen nicht des Originellen. Die Theorie ist gegeben. Ziel und Handeln der Masse überschritten längst die geschichtlich belastete, zu differenzierte Ideologie des dressierten Bürgers und seiner Narren. Der Individualismus ist beendet, die Kameradschaft in der Masse entscheidet.

Zu Ende die feinen Schmuckkünstler: lächerlich die Konservenbüchse geistiger Konventikel. Hinaus die unverbindlich jenseitigen Propheten, Defraudanten des *Nahen,* Nötigen, schwächliche Apotheker mystischer Erlösungspillen. Beendet ist die Zeit der „Entwicklung", womit ihr durch nachträgliches Verbinden Revolten dem Bürger schmackhaft machtet, die Ideen und Kräfte um Wille, Kluft und Sprung bestahlt. Das Relative ist futsch. Maler, Schreiber, ihr habt für den Bürger geschwitzt, ihn glorifiziert, ihm die Frechheit zum Unterscheiden verkauft.

Revoltiert *einmal* tatsächlich gegen den Bürger, statt ihm Mittel zur Sklavenhalterei in den Kopf zu pressen. Holt nach, was der Proletarier getan.

Die Massen weisen das Ziel, ungehemmt von der Tradition und den Assoziationen der Geschichte.

In *Die Pleite* Nr. 1, Malik-Verlag Berlin 1919.

Man schaffe den Besitz ab

damit einer Aktie wegen niemand mehr erschossen wird; und man sich
  entwöhne, vermittelst Tötung von Menschen Dividenden zu steigern
damit Mord nicht mehr bezahlt werden kann und man zu Gunsten der
  Besitzenden nicht mehr zum Mord abrichtet
damit man ein gemeines Mittel weniger zum Herrschen über andere
  in Händen halte
damit Menschen nicht mehr Ware und Mittel zur Gelderzeugung sind
damit aus der *Arbeit* Wille und Leben zu gewinnen sind und nicht aus
  der Ausbeutung und Willensvernichtung der Arbeitenden
damit die Gesellschaft Gemeinschaft der Arbeitenden ist und nicht tö-
  tender Zwang der Besitzenden
damit jeder produktiv arbeite
damit Menschen nicht mehr von Profit wegen arbeiten, sondern der
  Tätigkeit und des Lebens willen
damit ein Zweck weniger auf Erden ist, Arbeit ihren Wert in sich trägt,
  nicht mehr vermittelst des indirekten, spekulativen Profits als Zweck
  entwertet wird
damit Arbeit und Leben unmittelbarer und unschuldiger werden
damit der teuflische Kern physischer Gewalt ende
damit der Mensch nicht mehr Eigentum eines anderen sei
damit die Wörter Mein und Dein verschwinden und man den Menschen
  mehr liebe als das Bild eines Menschen
damit der Begriff des Verbrechens neu bestimmt werde und Verbrechen
  gegen Sachen nicht mehr fortbestehen
damit der Individualismus, gewurzelt in Sachbesitz und Einkommen,
  Differenzierung durch Sachen aufhört
  damit es nur Arbeitende und nicht mehr Erben der Gewalt gibt

damit man die Stärke der Person und nicht Dicke der Dividende auf
  Schulen und Universitäten ausbildet
damit man Werte findet, die unmittelbar aus dem Menschen kommen
damit die Sachbeziehungen zwischen Menschen aufhören und weniger
  Leben von Sachen absorbiert wird, es nicht in den Sachen gefriert
damit Geschichte, Gesellschaft, Denken und Glauben nicht mehr in Sachen stabilisiert werden
damit der einfache, konzentrierte Mensch möglich wird
damit unmittelbares Denken in funktionellen Menschenempfindungen
  statt in Sachbeziehung einsetzt
damit nicht zur Sicherung des Besitzes Lehre und Wissen weiterhin ge-
  fälscht werden
damit die Lehrer nicht mehr von den Besitzenden bezahlt und somit
  bestochen werden, Lehre und Wissenschaft nicht mehr gekaufte Zuhälter der Besitzenden sind
damit man Wissen, Kunst nicht mehr kaufen kann, um sich von anderen zu unterscheiden
damit Denken, Malen, Schreiben nicht mehr Hurerei sind
damit die, die das Land verwalten, nicht gekauft sind und weniger
  Macht zur Unterdrückung besitzen.

In *Die Pleite* Nr. 3, Malik-Verlag Berlin 1919. (Der Text erschien anonym.)

Zur primitiven Kunst

Was der europäischen Welt an unmittelbarer Kunst fehlt, wiegen wir mit dem Überschuß der Kunstausbeuter auf, unter die vor allem die Paraphrasen-Maler wie Schreiber zu rechnen sind: Indirekte, Menschen zweiter Hand, Rentiers der Überlieferung, kurzum mittelbare Europäer.

Die europäische Kunst ist in den Prozeß differenzierter Kapitalisierung verstrickt. Die Zeit formaler Fiktionen ist zu Ende. Mit dem Verfall der Wirtschaft des Kontinents bricht auch seine Kunst zusammen.

Gegenüber dem menschlichen und wirtschaftlichen Elend muß man fragen: Was kann die Kunst noch leisten, die von unentschiedenen Kleinbürgern für Besitzende gefertigt wird, was von ihr kann in eine zweckmäßige Gesellschaft hinübergenommen werden; denn zweifellos hat die bestehende Gesellschaft als unzweckmäßig für die Majorität der Menschen sich erwiesen — vorausgesetzt, man verlegt die menschlichen Zwecke nicht in Erlangung von Emblemen, die der Vergottung des Staates entstammen.

Jedes Kunstwerk ist ein Stück von reaktionärem Snobismus, prähistorisch, wenn es nicht dem sozialen Umbau sich einordnet, von wo aus allein es Sinn erhält.

Was kann uns die kapitalistische Kunstüberlieferung wert sein, aus der Produzent und Abnehmer ihre Rente ziehen, und sei es nur in Form zweckloser, das ist: snobistischer Erregung. Das europäische Kunstwerk dient immer noch der innerlichen Sicherstellung und Stärkung des besitzenden Bürgers. Diese Kunst verabreicht dem Bürger die Fiktion ästhetisierender Revolte, die jeden Wunsch nach Änderung harmlos „seelisch" abreagieren läßt.

Die uns nötige Kollektivkunst: Nur die soziale Revolution enthält die Möglichkeit einer Änderung der Kunst, ist ihr Prämisse, bestimmt allein den Wert einer Kunstwandlung und stellt dem Künstler seine Aufgabe.

Primitive Kunst: Ablehnen der kapitalisierten Kunstüberlieferung. Europäische Mittelbarkeit und Überlieferung muß zerstört, das Ende der formalen Fiktionen festgestellt werden. Sprengen wir die Ideologie des Kapitalismus, so finden wir darunter den einzigen wertvollen Überrest des zerkrachten Erdteils, die Voraussetzung jedes Neuen, die einfache Masse, die heute noch im Leiden befangen ist. Sie ist der Künstler.

In *Die Gemeinschaft*, Almanach des Kiepenheuer-Verlags, Hrsg. Ludwig Rubiner, Potsdam 1919, S. 175 f.

Capelle¹ und Genossen

Seit gestern erklären Militärs:

Wir waren der Meinung, wir hofften erwarten zu dürfen, wir nahmen an (exakte Kriegswissenschaft).

Solche Jungfrauenhypothetik wurde von Militärs und ihren Bedienten in der Wilhelmstraße² als Dogma ausgegeben.

Glaube ist in Deutschlands Staat vor allem Militärangelegenheit.

Wer zweifelt, vergeht sich gegen den Staat und wird zu Recht bestraft.

Meinungsverschiedenheit mit Leutnants hat tödlichen Ausgang zur Folge.

Der Offizier (Geschäftsführer der Schwerindustrie) hat die Erde hingerichtet.

Wenn Sie Sich von tödlicher Blödheit

— unerreicht dargestellt von uns Deutschen —

erholen wollen, dann beschäftigen Sie Sich damit,

wie Geschichte fabriziert wurde,

wie man auf Grund des Todes der Hilflosen große Männer markierte.

Die Größe eines Militärs mißt sich an der Zahl der Leichen.

Der Offizier ist seit 1789 antiquiert.

Kommando erschlägt Wille und Bewußtsein des Volkes.

Der deutsche Denker (Gefreitenknöpfe) hat sich durch seine Verlogenheit abgeschafft.

Seine affenartige Dialektik war tödlich.

Die kantische Denkerstirn explodierte in Lüge und Gas.

Auferlegte Verblödung, kategorisches Verrecken.

Ergebnis Hegels, ein Bajonett in das Genick des schwächsten Nachbarn gejagt.

Universitäten sind Kasernenhöfe.

Eure Wissenschaft Mittel zum Avancement.

Der Leutnant hat uns

A. zu Helden demoralisiert — seid nie mehr Helden —;

B. unsern Willen rettungslos torpediert;

C. zur Verletzung des Völkerrechts uns mißbraucht und somit jeden Deutschen um den Rest des Ansehens gebracht.

Im Ganzen vergeßt nie das Kommando »Hinlegen«! Dieses Kommando hat euch in Wasser und Schlamm geworfen.

Denkt an die Bürokratie des Todes.

Greise mit schmutzigen Jägerhemden und ungebügelten Hosen haben den Tod von Millionen in verfassungsmäßige Form gekleidet.

Und die Dichter?

Ihr schlecht honorierter Mund triefte von Begeisterung; euer Sterben war lächerlich, weil es von ihnen gereimt wurde.

Dem Dichter ist bitteres Elend Vorwand zu Phrase.

Eure Wunden, euer Hunger, euer Erfrieren war Zeilenhonorar dem Kriegsberichterstatter.

Mit der Zahl der Toten stieg die Zahl der Leser.

Bataillone wurden zum geforderten Knalleffekt unter dem Strich vergast.

Laßt euch nicht mehr von eingeschlafenen Greisen regieren, die nicht spüren, was euch euer Leben wert ist.

Ihr hattet gearbeitet und keine Zeit, um euch je gegen die Waffen geistiger Angestellten: Professoren, Ärzte, Geistliche, Journalisten verteidigen zu können.

Man zwang euch Unrecht zu tun, und eure Gelehrten schrien, es sei nicht wahr.

Eben die Gelehrten, die täglich behaupten, geeichte Maße zur Feststellung der Wahrheit zu besitzen.

Vergeßt nie, daß die Lehrer euch belogen haben.

Sie bewiesen, mit falschen Reden, daß alles deutsch sei, bis ihr nichts mehr wart.

Sie gossen uns deutsches Wissen so lange ins Hirn, bis wir daran starben.

Verbietet ihnen endlich, euch anzuklagen, ihr wäret feige gewesen und die Schuldigen.

Einfacher Mann, erkläre den Kahlköpfen endlich, daß Worte und

Gedanken töten und aus dem verrunzelten Mund der Gelehrten der Tod uns ins Genick sprang.

Geistliche riefen euch zum Kreuzzug auf, aber sie verschwiegen, daß ihr an das Kreuz genagelt wurdet.

Man segnete euch ein im Namen Hindenburgs, wie man euch früher gepredigt hatte im Namen Gottes.

Die Ärzte verschreiben euch eine Medizin K. V.[3]

Täglich mußten Ausgehungerte sie verschlucken, um bis auf den Tod satt zu sein.

Armes Volk; um eure Generäle zu ernennen, neue Absatzgebiete zu schaffen, widerwärtig bestrichene Grenzpfähle hinauszurücken, Siegesdiners zu feiern,

haben sie euch bis auf Blut und Knochen ausgezehrt.

In *Der blutige Ernst,* Hrsg. Carl Einstein und George Grosz, Trianon-Verlag Berlin 1919, Nr. 3 (»Die Schuldigen«), S. 2. (Der Text erschien anonym.)
Der blutige Ernst war gewissermaßen die Fortsetzung der Zeitschrift *Die Pleite* nach deren Verbot. Nachdem die ersten beiden Nummern von John Hoexter herausgegeben wurden, übernahmen Einstein und Grosz die Redaktion, bis auch *Der blutige Ernst* nach der sechsten Nummer verboten wurde.

1 Eduard von Capelle (1855–1931), Marineoffizier, 1916–1918 Oberbefehlshaber der deutschen Kriegsmarine, begann 1917 den unbeschränkten U-Boot-Krieg.
2 Die Wilhelmstraße war der Amtssitz des Kaisers.
3 »Kriegsdienstverwendungsfähig«. Gegen Ende des Ersten Weltkriegs wurden durch Ärztekommissionen kranke Männer und bereits verwundete Veteranen wieder für »K. V.« erklärt. Das Thema, das auch vor und nach diesem Artikel mehrfach im *Blutigen Ernst* auftauchte, wurde auch von George Grosz in der *Pleite* dargestellt.

Ludendorffs Tagebuch.

I.

S. M. hat Dauerstellung hinter Gebetmauer bezogen; immerhin, komfortabler als Granattrichter. Mauer so hoch gezogen, daß von ganzem Mann nichts zu sehen ist.

Verstehe nicht Abneigung der **Kerls,** Leben für Erwerb weiterer Kohlenlager und Stützpunkte abzugeben, wo auf strategisch interessantem Gelände Weltgeschichte sichtbar formiert wird.

Presse ist zu intensiverer Aufmunterung zu befehlen. Aktion und Gehirn der Verbündeten in O.H.L. konzentriert. Störende Kritik, **Privatansichten** sind vor Entscheidung zu **beseitigen,** da sie auf Pflichtgefühl des gemeinen Mannes hemmend einwirken.

Volk wird gemacht, um gemäß den **Zwecken einzelner** verwandt, Bestimmung der Leute, **vernichtet zu werden,** zumal sie in schlechtsitzender Uniform häßlich wirken.

Menge ist unfähig, ihre von mir präzis erkannte Bestimmung zu erfassen. Mag sie sich mit der von mir verliehenen **Demokratie** bescheiden, besteht diese in äußerster Pflichterfüllung aller, das ist gesamte Kräfte und **Leben** für große Ziele **hergeben.**

Geschichte läuft als Kurve des großen Mannes; **Völker** der Stoff, der atmet, um **verbraucht zu werden.**

Pressequartier befehlen, um tödliche Sicherheit bei den Entschlüssen stärker zu betonen; T o d i n d e r S c h l a c h t m u ß schmackhafter gemacht und stärker dekoriert werden.

Umfang erreichter Macht wird an Kosten festgestellt. Kleingeld die **Kerls.** Hoher Einsatz muß geleistet werden, Größe will **bezahlt** sein.

II.

Gegner ein Artillerieziel. Wächst Zahl der Gegner, steigt Gefahr, daß unter ihnen Konflikt losgeht. Mit gesteigerter Zahl der Gegner ist Anforderung an den Mann zu erhöhen. Habe keine Neigung, Bagatelle zu betreiben. Glücklicherweise besitzen wir beispielloses Propagandamaterial in **Professoren, Oberlehrern;** werden **bezahlt,** um die Leute zu konsequentestem militärischen Dienst zu eignen. Sind in so schlecht gestellt, daß sie tun müssen, was man verlangt, fliegen sonst in Graben. **Bezirksfeldwebel** hält die ganze reklamierte Gesellschaft fest in der Hand. Möchte sehen, ob dann noch von Sozialisten Zweifel gewagt werden soll.

D e r D e u t s c h e i s t d u r c h S c h u l e a n g e lernt, jeder militärischen Notwendigkeit sich zu beugen.

Um neue **Begeisterung zu inszenieren,** scheint mir **Amerikas** Eintritt in den **Krieg** erwünscht, Yankee durch und durch Zivilist, wird nicht wagen, gegen preußische Uniformknöpfe vorzugehen.

III.

Leute zeigen sich widerwillig, begreifen Zweck der Sache nicht, bevorzugen Strohtod zu Hause dem durch die Geschichte kommandierten Heldentod. Gebetmauer könnte etwas undicht werden, da Elan zu sterben nachläßt, wiewohl d u r c h E. K. I. d e k o r i e r t e r T o d annehmbarer ist, als Leben eines Infanteristen. Leute haben wenig Ehre im Leib, hat sich abgenutzt. **Der Zivilist** ist ihnen noch **nicht genug ausgetrieben.**

Klage über Nahrungsmittelmangel überflüssig. — Abhärtung ist Salz und Brot des Preußen. Ein gewisser Grad von Entbehrungen festigt die Zucht.

Befahl Geheimrat **Lehmann** zu mir —. Einwände über **Einziehung Bresthafter** abgeschnitten, wonach Lehmann Distance fand und vortrug, daß zuviel Nährwerte mit dem **Kot** verschleudert werden, Eiweiß, Kohlenhydrate und Fette. Man kläre den **Kot,** scheide fett- und eiweißhaltige Teile nach Lehmannscher Methode aus, und nähre sich zu **Nutzen des Staates.** Hieraus sind neue **eiserne Rationen** zu gewinnen. Generalkommandos sind angewiesen, für Train, Fußartillerie, Luftschiffer, Armierung Prothesen-Bataillone zu bilden.

IV

Wortmaschine des Pressequartiers kräftiger anziehen. Mehr Chloroform in die Nasen.

Die Luft muß mit Zwang zum Tod erfüllt sein, — Beispiel:

ein Kommando,
Tausende fallen.

Leute dürfen keinen Ausweg mehr sehen. Um die Köpfe sind unübersteigbare Papierwände gestellt. Der Maulapparat funktioniert, ermuntert zum Sterben.

Die Röllchen der gesicherten Artikelschreiber beben in emsiger Erregung, ihr unterernährtes Handgelenk wirft die Leute in den Tod.

Schreiber sind eben eingeschüchterte Kleinbürger,

Hemmungen werden im Kasino durch leutseliges Glas Wein beseitigt.

Zieht vor allem bei Leuten aus kleinen Verhältnissen, Familienvätern.

Presse, **Wissenschaft** wurde von mir militärisch zur Propagandaschlacht zusammengefaßt und **manövriert** als Narkosenartillerie. Köpfe auf mein Ziel festhalten. Gut eingeschossene Pressekanonade handbreit unter dem Spiegel auf den deutschen Schädel visiert.

Immerhin, wenn die Journaille nicht wollte, reizte mich, spaßeshalber sie mal nach links einzukutschen. Sind zwar nicht dafür gezogen, haben aber fabelhaftes Umlernegeschick.

Eingebogene Front, und es wäre leicht, sie nach links zu führen. Allerdings mit dem Militär wäre es dann vorbei.

Geht die **Karre schief,** brechen sie mir aus. Immer sich sagen,

man hat soviel Macht, als man dem Anderen Selbstbewußtsein nimmt.

Wenige wagen noch gegen die Papiermauern verzweifelt zu schreien, ihr Ruf und **Blut** fallen die **Druckerschwärze** hinunter, wie erfrorene Flöhe vom **Hund.** Der Knebel des Holzpapiers dichtet die Kehlen ab. (Fortsetzung Seite VI.)

Ludendorffs Tagebuch (Fortsetzung).

Die genaue Tödlichkeit des Worts ist selbst mir unheimlich. Was sind meine Zweiundvierzer dagegen.

Wenn der kommandierte Mund einmal nach links schreit, die Gefängnisse die vergitterten Kehlen nicht abdämpfen, dann ist's aus

V.

Meine Aufgabe mit der Schere geschnitten: in kürzester Zeit größte Anzahl **Menschen töten** lassen.

Jeder gefallene Gegner ist ein Vorschieben der Landesgrenze; jeder Zoll, von feindlichen Leichen bedeckt, ist neuerworbenes Vaterland.

Der rote Hahn auf lichterloh brennendem französischen Dach kräht „Deutschland über alles".

Unsere Rasse muß vorgeschoben werden.

Höchstes Glück der Völker, in deutsche Ordnung eingespannt zu sein.

Den Jungens will ich einen umgekrempelten Atlas liefern: mehr Macht, heißt mehr Land. Denn man verfügt — nur über gesicherten Besitz.

Ueber Bestimmung des Deutschen bei gelegener Zeit nachzudenken. Eigentlich, wenn ich die Reserveonkels sehe, schön ist anders. Mehr Zillertal als Walhalla:

Aber energische Kaufleute, geeignet aus zerlöcherten Fetzen Letztes und Kleinstes herauszuholen.

Wenn ich denke, mit welcher Eleganz sie mir die Deportation lieferten, rascher als gut war.

Der **Moralfatzke in der Wilhelmstrasse** äußerte zwar chronische Bedenken. — Will sich für alle Fälle Alibi sichern. War großartige Sache, ganzes Volk zu verschleppen, will sagen Francillons.

Selbst wenn es schief geht, was wollen sie machen?

Sind Maschinen und Menschen los, Arbeitskräfte und -Gelegenheit zum Teufel. **Können auch mit unterlegenem Deutschland nicht konkurrieren.** Seit Nebukadnezar nicht mehr gemacht. Ist allerdings fadenscheiniger Miniaturist, mit mir verglichen.

Landstürmer führten die Belgier, sangen: „Heckenrosen blühn". Immer noch Volk von Romantikern.

Die Rechnung der alten Generäle und Bankiers ist falsch, Völker lassen sich nicht kaisermanövermäßig überreiten. Zähe Angelegenheit. Leuten ist klar zu machen, daß trotz Kohldampf Zeit für mich arbeitet. Bande soll nicht schreien, daß großer Mann sie aushungert. Liberale verrückt geworden, verlangen, Offiziere sollen Mannschaftsküche essen, was lediglich Disziplin lockert; für Volkstonromantik, **Kameradschaft und ähnliche Scherze** ist bei mir nicht Platz. Mögen das **Ranggefühl des alten Goethe** beachten.

VI.

Heute war Totenkopf zum Vortrag. Ulkiger Kerl. Rosa Glatze, schmutziger Vollbart, abstehende Ohren von geschwollenen gekräuselten Adern gestrählt. Stellt Offensive mit unzweifelhaftem Erfolg in Aussicht. Habe nun dank unermüdlicher **Arbeit Industrie** und **Wissenschaft** ganz **auf Vernichtung, Niederzwingen eingestellt.** Was nicht tödlich ist wird nicht reklamiert.

Totenprofessor knickte, Brettchen rutschte von magerer Rippe weg. Konnte aber nicht lachen. War mir komisch, wie der Alte schmunzelnd ein neues Mittel ansagte.

Sein letztes Gas oxydiert die Felder, geht, elektrisch entsandt, durch Wässer, durchfrißt Schiffspanzer. Voraussetzung allerdings günstiger stärkster Wellengang. Werde Geistlichen kommen lassen; kann vielleicht wissenschaftlichen Mangel auf seine Art ausgleichen.

Langweilig, immer nur Tote. Professorchen ist begeistert, rast, kann keine Ausländer mehr sehen. — Hat bereits chemische Formeln ins Althochdeutsche übertragen und will

ganze Welt mit Röllchen versehen.

Schlug vor, in Versuchsanstalt Gefangene zu liefern. Gaserzeugung kostet viel Arbeiter. Die Leute schimpfen, sind daher einzuziehen.

Zeitungen, vor allem Arbeiterblätter, haben morgen fettgedruckt Kriegsartikel zu veröffentlichen. Leute werden bei kühler Ueberlegung Gifttod in Familie oder gar Sanatorium standrechtlicher Erschießung vorziehen. Jeder Mann, jedes Kind steht heute vor dem Feind, wie ich.

VII.

Fuhr durchs Belgische. Toll, wie die **Kerls** die Werke hinmachen. **Energische Leute, unsere Industriellen,** Sentimentalität haben sie sich abgewöhnt. Weinen immerhin bei Feldgottesdienst oder Verleihung des Zinksterns durch Kriegsherrn. Anstandshalber ein kleines Leiden, im Bewußtsein, dies der äußeren Form schuldig zu sein. Sonst bombenruhig, denn

wer Tod fabriziert, braucht nicht in den Tod zu gehen,

ob Schreiber oder Kaufmann: so wird's bei mir gehalten.

Fuhr mit Professorchen, schläft meist und sabbert ehrfurchtlos über Brettchen. Wenn er nur die Schinnen vom Rockkragen ließe. — Aussatz auf der Jacke. Der Alte dämmert drittem Schlaganfall entgegen, wird nur lebendig, wenn von seinem Gas die Rede. Fuchtelt dann mit Pfote in Filzhandschuh. Sah einmal seine Schwefelhände. Wir konnten nicht weiteressen. Wenn solch ein armer Teufel klug genug wäre, gegen uns anzugehen. Leute sind aber gut gezogen.

VIII.

Pfingsten, **Hofprediger** besuchte mich nach der Kirche. Tüchtiger Mann, segnet nur zuviel bei fürstlichen Frauenzimmern herum. Etwas Garderobier für christliches Interieur.

Mann hat beängstigende Erfahrung im Sterben Anderer.

Heldentod um der Liebe willen, meint U.A.K. (Unzucht-Abwehr-Kanone). Eigentlich grausames Paradox. Verstehe, daß man zur Sicherung der Macht fällt. — Jenseitige Begründung mutet mich unheimlich und grausam an.

Zerschossene Knochen um des Paradieses willen, etwas pover. Pfarrer wollte mir etwas Mut zusprechen, da korrumpierte Bande nicht forsch genug rangeht. Haben sich ihr Elend selbst zuzuschreiben, wenn Niederlage kommt. Ich habe sie fest rangezogen und das Meinige getan.

Pfarrer schleppte mich ins Feldlazarett. Gehe zu einem Zusammengeschossenen ans Bett, der Mann erkennt mich, legt Hände stramm an mageren Schenkel, schreit: „Schlagt ihn tot, es ist der Satan," übergibt sich, speit mir die ganze Geschichte ins Gesicht, tritt nach mir und stirbt.

Das erstemal passierte mir, daß der durch **Feldgerichte, Zensur, Zuchthäuser, Standgericht** verschlossene Mund der Krapule sich aufriß und mir ihren Schmutz ins Gesicht warf. Wenn dieses nur nicht der Beginn der inneren Offensive ist; dann ist es aus mit ihm.

Die Bande muß es sich selbst zuschreiben. Begab mich eilig ins Quartier zurück, um mit Vertretern von Times, New-York Herald über meine Memoiren abzuschließen. Wird Bombengeschäft.

Ludendorffs Tagebuch

I.

S. M. hat Dauerstellung hinter Gebetmauer bezogen; immerhin, komfortabler als Granattrichter. Mauer so hoch gezogen, daß von ganzem Mann nichts zu sehen ist.

Verstehe nicht die Abneigung der *Kerls,* Leben für Erwerb weiterer Kohlenlager und Stützpunkte abzugeben, wo auf strategisch interessantem Gelände Weltgeschichte sichtbar formiert wird.

Presse ist zu intensiver Aufmunterung zu befehlen. Aktion und Gehirn der Verbündeten in O.H.L.[1] konzentriert. Störende Kritik, *Privatansichten* sind vor Entscheidung zu *beseitigen,* da sie auf Pflichtgefühl des gemeinen Mannes hemmend einwirken.

Volk wird gemacht, um gemäß den *Zwecken einzelner* verwandt, Bestimmung der Leute, *vernichtet zu werden,* zumal sie in schlechtsitzender Uniform häßlich wirken.

Menge ist unfähig, ihre von mir präzis erkannte Bestimmung zu erfassen. Mag sie sich mit der von mir verliehenen *Demokratie* bescheiden, besteht diese in äußerster Pflichterfüllung aller, das ist gesamte Kräfte und *Leben* für große Ziele *hergeben.*

Geschichte läuft als Kurve des großen Mannes! *Völker* der Stoff, der atmet, um *verbraucht zu werden.*

Pressequartier befehlen, um tödliche Sicherheit bei den Entschlüssen stärker zu betonen; *Tod in der Schlacht muß schmackhafter gemacht und stärker dekoriert werden.*

Umfang erreichter Macht wird an Kosten festgestellt. Kleingeld die *Kerls.* Hoher Einsatz muß geleistet werden, Größe will *bezahlt* sein.

II.

Gegner ein Artillerieziel. Wächst Zahl der Gegner, steigt Gefahr, daß unter ihnen Konflikt losgeht. Mit gesteigerter Zahl der Gegner ist Anforderung an den Mann zu erhöhen. Habe keine Neigung, Bagatelle zu betreiben. Glücklicherweise besitzen wir beispielloses Propagandamaterial in *Professoren, Oberlehrern;* werden *bezahlt*, um die Leute zu konsequentestem militärischen Dienst zu eignen. Sind ja so schlecht gestellt, daß sie tun müssen, was man verlangt, fliegen sonst in Graben. *Bezirksfeldwebel* hält die ganze reklamierte Gesellschaft fest in der Hand. Möchte sehen, ob dann noch von Sozialisten Zweifel gewagt werden.

Der Deutsche ist durch Schule angelernt, jeder militärischen Notwendigkeit sich zu beugen.

Um neue *Begeisterung zu inszenieren*, scheint mir *Amerikas* Eintritt in den *Krieg erwünscht.* Yankee durch und durch Zivilist, wird nicht wagen, gegen preußische Uniformknöpfe vorzugehen.

III.

Leute zeigen sich widerwillig, begreifen Zweck der Sache nicht, bevorzugen Strohtod zu Hause dem durch die Geschichte kommandierten Heldentod. Gebetmauer könnte etwas undicht werden, da Elan zu sterben nachläßt, wiewohl *durch E. K. I² dekorierter Tod annehmbarer ist als Leben eines Infanteristen.* Leute haben wenig Ehre im Leib, hat sich abgenutzt. Der *Zivilist* ist ihnen noch *nicht genug ausgetrieben.*

Klage über Nahrungsmittelmangel überflüssig. — Abhärtung ist Salz und Brot des Preußen. Ein gewisser Grad von Entbehrungen festigt die Zucht.

Befahl Geheimrat *Lehmann* zu mir —. Einwände über *Einziehung Bresthafter* abgeschnitten, wonach Lehmann Distance fand und vortrug, daß zuviel Nährwerte mit dem *Kot* verschleudert werden, Eiweiß, Kohlenhydrate und Fette. Man kläre den *Kot*, scheide fett- und eiweißhaltige Teile nach Lehmannscher Methode aus, und nähre sich zu *Nutzen des Staates.* Hieraus sind neue *eiserne Rationen* zu gewinnen. Generalkommandos sind angewiesen, für Train, Fußartillerie, Luftschiffer, Armierung Prothesen-Bataillone zu bilden.

IV.

Wortmaschine des Pressequartiers kräftiger anziehen. Mehr Chloroform in die Nasen.

Die Luft muß mit Zwang zum Tod erfüllt sein, — Beispiel: *ein Kommando, Tausende fallen.*

Leute dürfen keinen Ausweg mehr sehen. Um die Köpfe sind unübersteigbare Papierwände gestellt. Der Maulapparat funktioniert, ermuntert zum Sterben.

Die Röllchen³ der gesicherten Artikelschreiber beben in emsiger Erregung, ihr unterernährtes Handgelenk wirft die Leute in den Tod.

Schreiber sind eben eingeschüchterte Kleinbürger, *Hemmungen werden im Kasino durch leutseliges Glas Wein beseitigt.* Zieht vor allem bei Leuten aus kleinen Verhältnissen, Familienvätern.

Presse, *Wissenschaft* wurde von mir militärisch zur Propagandaschlacht zusammengefaßt und *manövriert* als Narkosenartillerie. Köpfe auf mein Ziel festhalten. Gut eingeschossene Pressekanonade handbreit unter dem Spiegel auf den deutschen Schädel visiert.

Immerhin, wenn die Journaille nicht wollte, reizte mich, spaßeshalber sie mal nach links einzukutschen. Sind zwar nicht dafür gezogen, haben aber fabelhaftes Umlernegeschick.

Eingebogene Front, und es wäre leicht, sie nach links zu führen. Allerdings mit dem Militär wäre es dann vorbei.

Geht die *Karre schief,* brechen sie mir aus. Immer sich sagen, *man hat soviel Macht, als man dem Anderen Selbstbewußtsein nimmt.*

Wenige wagen noch gegen die Papiermauern verzweifelt zu schreien, ihr Ruf und *Blut* fallen die *Druckerschwärze* hinunter, wie erfrorene Flöhe vom *Hund.* Der Knebel des Holzpapiers dichtet die Kehlen ab.

Die genaue Tödlichkeit des Worts ist selbst mir unheimlich. Was sind meine Zweiundvierziger dagegen.

Wenn der kommandierte Mund einmal nach links schreit, die Gefängnisse die vergitterten Kehlen nicht abdämpfen, dann ist's aus.

V.

Meine Aufgabe mit der Schere geschnitten: in kürzester Zeit größte Anzahl *Menschen töten* lassen.

Jeder gefallene Gegner ist ein Vorschieben der Landesgrenze; jeder Zoll, von feindlichen Leichen bedeckt, ist neuerworbenes Vaterland.

Der rote Hahn auf lichterloh brennendem französischem Dach kräht »Deutschland über alles«.

Unsere Rasse muß vorgeschoben werden.

Höchstes Glück der Völker, in deutsche Ordnung eingespannt zu sein.

Den Jungens will ich einen umgekrempelten Atlas liefern: mehr Macht, heißt mehr Land. Denn man verfügt — nur über gesicherten Besitz.

Über Bestimmung des Deutschen bei gelegener Zeit nachzudenken. Eigentlich, wenn ich die Reserveonkels sehe, schön ist anders. *Mehr Zillertal als Walhalla:*

Aber energische Kaufleute, geeignet aus zerlöcherten Fetzen Letztes und Kleinstes herauszuholen.

Wenn ich denke, mit welcher Eleganz sie mir die Deportation lieferten, rascher als gut war.

Der *Moralfatzke in der Wilhelmstraße*[4] äußerte zwar chronische Bedenken. — Will sich für alle Fälle Alibi sichern. War großartige Sache, ganzes Volk zu verschleppen, will sagen Francillons[5].

Selbst wenn es schief geht, was wollen sie machen?

Sind Maschinen und Menschen los, Arbeitskräfte und -Gelegenheit zum Teufel. *Können auch mit unterlegenem Deutschland nicht konkurrieren.* Seit Nebukadnezar nicht mehr gemacht. Ist allerdings fadenscheiniger Miniaturist, mit mir verglichen.

Landstürmer führten die Belgier, sangen: »Heckenrosen blühen«. Immer noch Volk von Romantikern.

Die Rechnung der alten Generäle und Bankiers ist falsch, Völker lassen sich nicht kaisermanövermäßig überreiten. Zähe Angelegenheit. Leuten ist klar zu machen, daß trotz Kohldampf Zeit für mich arbeitet. Bande soll nicht schreien, daß großer Mann sie aushungert. Liberale verrückt geworden, verlangen, Offiziere sollen Mannschaftsküche essen, was lediglich Disziplin lockert; für Volkstonromantik, *Kameradschaft und ähnliche Scherze* ist bei mir nicht Platz. Mögen das *Ranggefühl des alten Goethe* beachten.

VI.

Heute war Totenkopf zum Vortrag. Ulkiger Kerl. Rosa Glatze, schmutziger Vollbart, abstehende Ohren von geschwollenen gekräuselten Adern gestählt. Stellt Offensive mit unzweifelhaftem Erfolg in

Aussicht. Habe nun dank unermüdlicher *Arbeit Industrie* und *Wissenschaft* ganz *auf Vernichtung, Niederzwingen eingestellt. Was nicht tödlich ist, wird nicht reklamiert.* Totenprofessor knickte, Brettchen rutschte von magerer Rippe weg. Konnte aber nicht lachen. War mir komisch, wie der Alte schmunzelnd ein neues Mittel ansagte.

Sein letztes Gas oxydiert die Felder, geht, elektrisch entsandt, durch Wasser, durchfrißt Schiffspanzer. Voraussetzung allerdings günstiger stärkster Wellengang. Werde Geistlichen kommen lassen, kann vielleicht wissenschaftlichen Mangel auf seine Art ausgleichen.

Langweilig, immer nur Tote. Professorchen ist begeistert, rast, kann keine Ausländer mehr sehen. — Hat bereits chemische Formeln ins Althochdeutsche übertragen und will *ganze Welt mit Röllchen versehen.* Schlug vor, in Versuchsanstalt Gefangene zu liefern. Gaserzeugung kostet viel Arbeiter. Die Leute schimpfen, sind daher einzuziehen.

Zeitungen, vor allem Arbeiterblätter, haben morgen fettgedruckt Kriegsartikel zu veröffentlichen. Leute werden bei kühler Überlegung Gifttod in Familie oder gar Sanatorium standrechtlicher Erschießung vorziehen. Jeder Mann, jedes Kind steht heute vor dem Feind, wie ich.

VII.

Fuhr durchs Belgische. Toll, wie die *Kerls* die Werke hinmachen. *Energische Leute, unsere Industriellen,* Sentimentalität haben sie sich abgewöhnt. Weinen immerhin bei Feldgottesdienst oder Verleihung des Zinksterns durch Kriegsherrn. Anstandshalber ein kleines Leiden, im Bewußtsein, dies der äußeren Form schuldig zu sein. Sonst bombenruhig, denn *wer Tod fabriziert, braucht nicht in den Tod zu gehen,* ob Schreiber oder Kaufmann: so wird's bei mir gehalten.

Fuhr mit Professorchen, schläft meist und sabbert ehrfurchtlos über Brettchen. Wenn er nur die Schinnen vom Rockkragen ließe. — Aussatz auf der Jacke. Der Alte dämmert drittem Schlaganfall entgegen, wird nur lebendig, wenn von seinem Gas die Rede. Fuchtelt dann mit Pfote in Filzhandschuh. Sah einmal seine Schwefelhände. Wir konnten nicht weiteressen. Wenn solch ein armer Teufel klug genug wäre, gegen uns anzugehen. Leute sind aber gut gezogen.

VIII.

Pfingsten, *Hofprediger* besuchte mich nach der Kirche. Tüchtiger Mann, segnet nur zuviel bei fürstlichen Frauenzimmern herum. Etwas Garderobier für christliches Interieur.

Mann hat beängstigende Erfahrung im Sterben Anderer.

Heldentod um der Liebe willen, meint U.A.K. (Unzucht-Abwehr-Kanone). Eigentlich grausames Paradox. Verstehe, daß man zur Sicherung der Macht fällt. — Jenseitige Begründung mutet mich unheimlich und grausam an.

Zerschossene Knochen um des Paradieses willen, etwas pover. Pfarrer wollte mir etwas Mut zusprechen, da korrumpierte Bande nicht forsch genug rangeht. Haben sich ihr Elend selbst zuzuschreiben, wenn Niederlage kommt. Ich habe sie fest rangezogen und das Meinige getan.

Pfarrer schleppte mich ins Feldlazarett. Gehe zu einem Zusammengeschossenen ans Bett, der Mann erkennt mich, legt Hände stramm an mageren Schenkel, schreit: „Schlagt ihn tot, es ist der Satan", übergibt sich, speit mir die ganze Geschichte ins Gesicht, tritt nach mir und stirbt.

Das erstemal passierte mir, daß der durch *Feldgerichte, Zensur, Zuchthäuser, Standgericht* verschlossene Mund der Krapule sich aufriß und mir ihren Schmutz ins Gesicht warf. Wenn dieses nur nicht der Beginn der inneren Offensive ist; dann ist es aus mit uns.

Die Bande muß es sich selber zuschreiben. Begab mich eilig ins Quartier zurück, um mit Vertretern von Times, New-York Herald über meine Memoiren abzuschließen. Wird Bombengeschäft.

In *Der blutige Ernst*, Trianon-Verlag Berlin 1919, Nr. 3, S. 4 und 6. (Der Text erschien anonym.)

1 »Oberste Heeresleitung«
2 »Eisernes Kreuz Erster Klasse«
3 »Röllchen« war eine Bezeichnung für abknöpfbare, gestärkte Manschetten. Im weiteren Verlauf des Textes wird der Ausdruck jedoch offenbar für ähnlich geformte Giftgasbehälter benutzt.
4 Wilhelm II.
5 »Francillons« ist eine abwertende Verkleinerungsform der französischen Währung, der Francs, und ihrer Benutzer, der Ausdruck dürfte sich hier auf die Deportation belgischer Bergarbeiter beziehen.

Freie Bahn dem Tüchtigen.

Ein Beitrag zur Demokratie.

I.

Mond hängt in Sonne.

Jesus Christus aufersteht — birst **November 1919** blitzend gegen **hochgekommene Glotzmonokel** — **zerkeilt.**

Krause Levi, verleuchtet Müller Meyer, exstatet Maier Schulz.

Schultze schwebt vehement (Plattfußleiden g. v. behoben).

Müller schluchzt Stigmatisierung.

Simultan grunzt die gekreuzte bürgerliche Dunstmasse,

Alle Automaten (warum heißen nicht alle Meier oder N.?)

Das Schlagwort — überquert Telefunkendach und Hundeschlächterei —

Automaten den Durchhalte-Kohlrülps aus Samtkragen:

Meier **Schiebung.**

Krause **Schiebung.**

Schulze **Schiebung.**

So blähten sie aus rosanem Nackenwulst **Hurra!**

Da rotgestreifte Sporen die **blutgeilen Wodansdüfte** räderten. Hingegen, Jüngling von Nain war chloroformiert,

also Tampon aus Nase ziehen.

Speisung der fünftausend? Spaß, System Rubener, **Hunderttausende** wurden **zum Sterben hindenburgisch unterernährt.**

II.

Schiebung, ein Urteil:

Ich bin — verschlafene **Hypothese** grausamer Mondgänger, eine lebenslängliche Verurteilung; der zuchthäusliche Bürger erscheint mit allen Mtteln **Gnadenerlass von der Hinrichtung.** „Ich bin" — sonderlicher Unfug und erste verzweifelte Schiebung. Person, eine Machtform, wurde nirgends lächerlicher und gemeiner suggeriert als vom abendländischen commis voyageur und Militär.

Ich — die Erschiebung Europas. Meiers Wichtigkeit — Kontinuität. Ich, die erschobene Grundlage abendländischer Betriebsamkeit.

Man erweiterte: Tisch, Italiener, **Steppdecke** sind gewagte Annahmen; dem Einen peinliche **Notzucht** zur Gattung, dem Andern Pflichtvergnügen des Stammtisches. Der kapitalisierte Sinn der Worte rotiert sich im Kalkhirn des Staatsbürgers zu **stupider** Ordnung, abergläubischer Übereinkunft. Worte erwalzen Gesetz. Schiebung.

III.

Seitdem der Bürger das versöhnende Wort Schiebung seinem Lexikon erstapelte, das er emsig zugunsten kapitalistischer Klassenurteile bereichert, ist I. Schiebung — vom nebligen **Misthaufen des Bürgers** aus gesehen — nicht mehr feststellbar, sodaß Nichtschiebung ohne weiteres als Schiebung bezeichnet wird.

(Schiebungen vom Bürger A. ausgeübt, sind in seinen Augen Geschäfte. Geschäfte des Bürgers B. erscheinen dem schielenden Richterauge des A. als Schiebungen.)

II. Wuchs Anreiz zur Schiebung: das Wort ist stärker als seine Sprecher, bog die kriminelle Empfindlichkeit ab.

III. Die frühere Kollision mit dem Strafrichter versüßte sich zum **Schmunzeln** des Bürgers über die Fixigkeit des Nesthakens, der andere krümmt und zum **Lächeln** über die nun ungesetzliche **Wut des Hereingefallenen,** Worte legalisieren, wenn ihre Diskontierung dem Bürger Gewinn verbürgt. Ein festes Wort übertönt das Gartenlaubendämmern moralischer Empfindsamkeit; die gewinnende Schieberphysignomie wurde dem Normalmenschen aufgetypt, dieser Selbstidealisierung des Bürgers, aufgestellt, des Proletariers häßliche hülflose Krankheit herauszuheben.

(Der Normalmensch, ein Erzeugnis metaphysischer Staatsdenkerei, macht einen jeden zum Kastraten seiner Instinkte. Die Klasse herrscht, welche die Werturteile setzt und mit dem Hebel der zu ihrem Profit gestellten Ideologien die Ziele der Andern desavouiert und vernichtet. Darum **Klassenkampf den bürgerlichen Ideologien.**)

IV.

Schiebung, die letzte Diktatur des Händlers.

Produktion wird durch die Tendenz des Schiebens verringert; der Händler hat ein starkes Interesse, daß nicht zu viel Ware vorhanden ist; so wird Gewinn gesteigert. Gipfelkapitalismus zu **Kettenhandel sozialisiert der Raffer den Gewinn; er unterschlägt dem Hungrigen die gebrauchsfertige Ware und entzieht sie dem rohstoffarmen Arbeiter aus dem Fabrikationsprozess.**

Der Schieber ist Artist des Profits.

Der Hohenzoller belegte euch 1914 mit der Schieberblockade.

Sozialisierung allein ermöglicht es, die Hungerblockade der Jobber zu durchbrechen.

Die Formale Demokratie ist die für Schieber geeignetste Staatsform; sie gewährt das Recht auf freie Erstapelung größter Gewinne. (Entfaltung abendländischer Person.)

Jedoch wird in der Demokratie die Sprengung des Kapitalismus nicht mit Zuchthaus bestraft?

Wird die Notwehr der Verzweifelten nicht mit schweren Minen belegt?

Noch stehen die bürgerlichen Ideologien in Eisenbeton!

V.

Die Formel des Schiebers:

Einer möglichst schwachen Gütererzeugung entspricht ein Maximum von Profit.

Der Schieber scheidet sich moralisch höchst entrüstet vom Hochstapler durch die Option auf ein Stück Seife und einen Käse, der auf fraglicher Axe läuft.

Der Schieder lebt von der Warenarmut, dem Bankerott Europas und verdient ungehemmt an fiktiver Ware. Hier funzelt heutiger Mytus auf.

VI.

Europa war ausgepreßt. Der Kontinent der Kommissionäre erstickte in Kriegsanleihe, womit die Ärmsten ihre Frostbeulen beheizten. Letzter dunstiger Ölfleck flunschte, Parfum au petrole war unerschwinglich.

Die Kette der Kommissionäre ließ noch aus antiquarischer Gewohnheit Aufträge von Hand zu Hand gehen. Vom zweiten Händchen bis zum Letzten. (Fortsetzung auf Seite XIV.)

Freie Bahn dem Tüchtigen. (Fortsetzung.)

Die erste Hand, des Arbeiters, war leergeblutet.

Händchen spielt zu Händchen greifbare Lieferungsaufträge, der unfaßbare Würgstrick geschäftiger Aktivisten ist dick und dicht. Die **Schaumweinfratzen der Agenten** röten den geschämigen Himmel.

Gespräch:

„Man hat **Rosa verschoben**, als sie schon **verfault** war."

„Aus tauben Felsen haben sie Wasser geschlagen."

Agent Meier liegt im Mattissezimmer. Das Bildnis **Wilhelm des Unersetzlichen pendelt** über dem Diwan. Meier liest die letzte Ausgabe der Taten des wahren und gerechten Buddhas, um innerlich sich neu-zu-schöpfen. — Vorbereitung zu schwieriger Juwelenschiebung. (Innerliche Vervollkommnung berechtigt zu bescheidener Überlegenheit. Der Überlegene führt die Unwissenden. Die Form der Führung ist wirtschaftliche Ausbeutung)

Meiers Fettauge empfand:

„Da Buddha der Vollendete, die letzte Stufe des reinen Verzichtens zu erlernen, die Durstwüste Reki durchzog, ging er 40 Tage ohne zu trinken. Die Kieselsäure gerbte dem Herrlichen die Sohle, und aus seiner Kehle schlug Feuer, das des Nachts den Weg wies.

Buddha der Vollendete seufzte und vermeinte vor Durst zu sterben. Da glitzerte der Boden im Feuerschein seiner vertrockneten Kehle auf. Buddha sah in klares Wasser und es schien, ein Begehren umlagere ihm die Mundspalte.

Der nun siebenfach Vollendete schritt vorüber und vernichtete am Quell der Rekiwüste das Begehren der Dürstenden, vernichtete das Begehren. — Vernichtete er."

Meier federte Entschluß.

Der Quell der Rekiwüste war Essenz für Schönheitswasser Sudol.

Wer konnte noch ohne Sudol leben?

Ohne Sudol hungerte man.

Ohne Sudol fror man.

Ohne Sudol war man aufständig.

Der wahre **Edelsozialist** kann ohne Sudol nicht leben. Sudol kräftigte den Idealismus.

Wer weiterhin ohne Sudol zu leben wagt, wird als ordnungsstörendes landfremdes Element beseitigt.

Wer ohne Sudol auf der Straße betroffen wird, wird erschossen.

Meier federte Entschluß:

Er funkte zwei Tonnen Rekiwasser greifbar.

Sie trafen ein. Das heilende Wasser durchlichtete das Holzfaß.

Neugierig hob Meier den Deckel. Das glitzernde Wasser sah dessen **Moselpolster mit Zwicker.**

Angeekelt von Meiers Gesicht, trockneten zwei Tonnen Rekiwasser auf und entzogen sich industrieller Verwertung.

Meier murmelte ohne zu erstaunen:

„Quatsch, exotisches Plakat genügt. Die Transportunkosten von Reki werden in Sudol einkalkuliert. Buddha lächerlicher Schieber, unfähig zu korrektem Geschäft."

Man telefonierte dem bedeutendsten deutschen Ganguin. Eminente verstorbene deutsche Dichter und Mysten verfaßten den Prospekt über Sudol.

Meier legte sich auf das Batikkissen, jovial zwinkerte er Wilhelm dem Unersetzlichen zu und sprach geschäftig:

„Die Hymne des Profitjoga:

Der Vollendete verkauft, was er nicht kennt.

Der Vollendete verkauft, was er nicht hat.

Der Vollendete kennt das Geheimnis, Nichtware als Ware zu ramschen.

Der Vollendete fürchtet keine Gefahr.

Er weiß das Vergessen, er vergißt das Gesetz.

Dem Pilan gleich überfliegt er die Gitter des Anstands.

Eine geölte Rekifliege, durchschlüpft er die Masche der Bedenken.

Der Vollendete ist der Gesetzlose. — Er zwingt den Schwachen in die Gesetze.

Und läßt den Konkurrenten darin zugrunde gehen.

Die hellen Köpfe wissen Übergang.

Sie kennen den Sinn letzten Tauschs: Nichts gegen viel.

Seife ist dem Ungeweihten Sauberkeit.

Unendlich läßt der Vollendete Seife wandern, unerreichbar dem Zahler.

Dem Zahler ist Seife Traumverstrickung und Maja.

Der Schieber kennt die Geburten der Seife.

Doch der Ursprung der Seife ist das Geheimnis.

Du kannst den Käse nicht-seiend nicht greifen.

Aber der Nichtkäse erzeugt zauberisch den papierenen Sinn dieser Welt!"

In jedem Falle: Wer ohne Sudol sich auf die Straße begibt, wird erschossen.

Ohne Sudol geht das deutsche Volk zugrunde. **Sudol ersetzt die Sozialisierung.**

Ergebnis:

Die Schiebung — verschwommene Gerissenheit — errodete dem treudeutschen Gemütsleben ein sinnig-neues Betätigungsfeld. —

Zumal man von jedem Volk sagen kann, daß **Gemeinheit und Sentimentalität** sich **genau proportional** verhalten.

Allerdings: Das Dämlich-stumpfsinnige des Schiebers: **Er monoton Zweck, Zweck, Zweck.**

Europa, ein Kontinent, der vor lauter Zwecken und Zielen verwest.

Man krepiert an der sinnvollen Entwickelung.

Freie Bahn dem Tüchtigen

Ein Beitrag zur Demokratie

I.

Mond hängt in Sonne.

Jesus Christus aufersteht — birst *November 1919* blitzend gegen *hochgekommene Glotzmonokel* — *zerkeilt.*

Krause Levi, verleuchtet Müller Meyer, exstatet Maier Schulz.

Schultze schwebt vehement (Plattfußleiden g. v.[1] behoben).

Müller schluchzt Stigmatisierung.

Simultan grunzt die gekreuzte bürgerliche Dunstmasse,

Alle Automaten (warum heißen nicht alle Meier oder N.?)

Das Schlagwort — überquert Telefunkendach und Hundeschlächterei —

Automaten den Durchhalte-Kohlrülps aus Samtkragen:

Meier *Schiebung.*

Krause *Schiebung.*

Schulze *Schiebung.*

So blähten sie aus rosanem Nackenwulst *Hurra!*

Da rotgestreifte Sporen die *blutgeilen Wodansdüfte* räderten.

Hingegen, Jüngling von Nain war chloroformiert, also Tampon aus Nase ziehen.

Speisung der fünftausend? Spaß, System Rubener, *Hunderttausende* wurden *zum Sterben hindenburgisch unterernährt.*

II.

Schiebung, ein Urteil:

Ich bin — verschlafene *Hypothese* grausamer Mondgänger, eine lebenslängliche Verurteilung; der zuchthäusliche Bürger erschiebt mit allen Mitteln *Gnadenerlaß von der Hinrichtung.* »Ich bin« — sonderlicher Unfug und erste verzweifelte Schiebung. Person, eine Machtform, wurde nirgends lächerlicher und gemeiner suggeriert als vom abendländischen commis voyageur und Militär.

Ich — die Erschiebung Europas. Meiers Wichtigkeit — Kontinuität. Ich, die erschobene Grundlage abendländischer Betriebsamkeit.

Man erweiterte: Tisch, Italiener, *Steppdecke* sind gewagte Annahmen; dem Einen peinliche *Notzucht* zur Gattung, dem Andern Pflichtvergnügen des Stammtisches. Der kapitalisierte Sinn der Worte rotiert sich im Kalkhirn des Staatsbürgers zu *stupider* Ordnung, abergläubischer Übereinkunft. Worte erwalzen Gesetz. Schiebung.

III.

Seitdem der Bürger das versöhnende Wort Schiebung seinem Lexikon erstapelte, das er emsig zugunsten kapitalistischer Klassenurteile bereichert, ist I. Schiebung — vom nebligen *Misthaufen des Bürgers* aus gesehen — nicht mehr feststellbar, sodaß Nichtschiebung ohne weiteres als Schiebung bezeichnet wird.

(Schiebungen vom Bürger A. ausgeübt, sind in seinen Augen Geschäfte. Geschäfte des Bürgers B. erscheinen dem schielenden Richterauge des A. als Schiebungen.)

II. Wuchs Anreiz zur Schiebung: das Wort ist stärker als seine Sprecher, bog die kriminelle Empfindlichkeit ab.

III. Die frühere Kollision mit dem Strafrichter versüßte sich zum *Schmunzeln* des Bürgers über die Fixigkeit des Nesthakens, der andere krümmt und zum *Lächeln* über die nun ungesetzliche *Wut des Hereingefallenen,* Worte legalisieren, wenn ihre Diskontierung dem Bürger Gewinn verbürgt. Ein festes Wort übertönt das Gartenlaubendämmern moralischer Empfindsamkeit; die gewinnende Schieberphysiognomie wurde dem Normalmenschen aufgetypt, dieser Selbstidealisierung des Bürgers, aufgestellt, des Proletariers häßliche hülflose Krankheit herauszuheben.

(Der Normalmensch, ein Erzeugnis metaphysischer Staatsdenkerei, macht einen jeden zum Kastraten seiner Instinkte. Die Klasse herrscht, welche die Vorurteile setzt und mit dem Hebel der zu ihrem Profit gestellten Ideologien die Ziele der Andern desavouiert und vernichtet. Darum *Klassenkampf den bürgerlichen Ideologien*.)

IV.

Schiebung, die letzte *Diktatur des Händlers*.

Produktion wird durch die Tendenz des Schiebens verringert; der Händler hat ein starkes Interesse, daß nicht zu viel Ware vorhanden ist; so wird Gewinn gesteigert. Gipfelkapitalismus zu *Kettenhandel sozialisiert der Raffer den Gewinn; er unterschlägt dem Hungrigen die gebrauchsfertige Ware und entzieht sie dem rohstoffarmen Arbeiter aus dem Fabrikationsprozeß.*

Der Schieber ist Artist des Profits.

Der Hohenzoller belegte euch 1914 mit der Schieberblockade.

Sozialisierung allein *ermöglicht* es, die *Hungerblockade* der *Jobber zu durchbrechen.*

Die Formale Demokratie ist die für Schieber geeignetste Staatsform; sie gewährt das Recht auf freie Erstapelung größter Gewinne. (Entfaltung abendländischer Person.)

Jedoch wird in der Demokratie die Sprengung des Kapitalismus nicht mit Zuchthaus bestraft?

Wird die Notwehr der Verzweifelten nicht mit schweren Minen belegt?

Noch stehen die bürgerlichen Ideologien in Eisenbeton!

V.

Die Formel des Schiebers:

Einer möglichst schwachen Gütererzeugung entspricht ein Maximum von Profit.

Der Schieber scheidet sich moralisch höchst entrüstet vom Hochstapler durch die Option auf ein Stück Seife und einen Käse, der auf fraglicher Axe läuft.

Der Schieber lebt von der Warenarmut, dem Bankerott Europas und verdient ungehemmt an fiktiver Ware. Hier funzelt heutiger Mytus auf.

VI.

Europa war ausgepreßt. Der Kontinent der Kommissionäre erstickte in Kriegsanleihe, womit die Ärmsten ihre Frostbeulen beheizten. Letzter dunstiger Ölfleck flunschte, Parfüm au petrole war unerschwinglich.

Die Kette der Kommissionäre ließ noch aus antiquarischer Gewohnheit Aufträge von Hand zu Hand gehen. Vom zweiten Händchen bis zum Letzten.

Die erste Hand, des Arbeiters, war leergeblutet.

Händchen spielt zu Händchen greifbare Lieferungsaufträge, der unfaßbare Würgstrick geschäftiger Aktivisten ist dick und dicht. Die *Schaumweinfratzen der Agenten* röten den geschämigen Himmel.

»Man hat *Rosa verschoben*, als sie schon *verfault* war.«

»Aus tauben Felsen haben sie Wasser geschlagen.«

Agent Meier liegt im Matissezimmer. Das Bildnis *Wilhelm des Unersetzlichen pendelt* über dem Diwan. Meier liest die letzte Ausgabe der Taten des wahren und gerechten Buddhas, um innerlich sich neu-zu-schöpfen. — Vorbereitung zu schwieriger Juwelenschiebung. (Innerliche Vervollkommnung berechtigt zu bescheidener Überlegenheit. Der Überlegene führt die Unwissenden. Die Form der Führung ist wirtschaftliche Ausbeutung.)

Meiers Fettauge empfand:

»Da Buddha der Vollendete, die letzte Stufe des reinen Verzichtens zu erlernen, die Durstwüste Reki durchzog, ging er 40 Tage ohne zu trinken. Die Kieselsäure gerbte dem Herrlichen die Sohle, und aus seiner Kehle schlug Feuer, das des Nachts den Weg wies.

Buddha der Vollendete seufzte und vermeinte vor Durst zu sterben. Da glitzerte der Boden im Feuerschein seiner vertrockneten Kehle auf. Buddha sah in klares Wasser und es schien, ein Begehren umlagere ihm die Mundspalte.

Der nun siebenfach Vollendete schritt vorüber und vernichtete am Quell der Rekiwüste das Begehren der Dürstenden, vernichtete das Begehren. — Vernichtete er.«

Meier federte Entschluß.

Der Quell der Rekiwüste war Essenz für Schönheitswasser Sudol.

Wer konnte noch ohne Sudol leben?

Ohne Sudol hungerte man.

Ohne Sudol fror man.

Ohne Sudol war man aufständig.

Der wahre *Edelsozialist* kann ohne Sudol nicht leben.

Sudol kräftigt den Idealismus.

Wer weiterhin ohne Sudol zu leben wagt, wird als ordnungsstörendes landfremdes Element beseitigt.

Wer ohne Sudol auf der Straße betroffen wird, wird erschossen.

Meier federte Entschluß:

Er funkte zwei Tonnen Rekiwasser greifbar.

Sie trafen ein. Das heilende Wasser durchlichtete das Holzfaß.

Neugierig hob Meier den Deckel. Das glitzernde Wasser sah dessen *Moselpolster mit Zwicker*.

Angeekelt von Meiers Gesicht, trockneten zwei Tonnen Rekiwasser auf und entzogen sich industrieller Verwertung.

Meier murmelte ohne zu erstaunen:

»Quatsch, exotisches Plakat genügt. Die Transportunkosten von Reki werden in Sudol einkalkuliert. Buddha lächerlicher Schieber, unfähig zu korrektem Geschäft.«

Man telefonierte dem bedeutendsten deutschen Gauguin. Eminente verstorbene deutsche Dichter und Mysten verfaßten den Prospekt über Sudol.

Meier legte sich auf das Batikkissen, jovial zwinkerte er Wilhelm dem Unersetzlichen zu und sprach geschäftig:

»Die Hymne des Profitjoga:

Der Vollendete verkauft, was er nicht kennt.

Der Vollendete verkauft, was er nicht hat.

Der Vollendete kennt das Geheimnis, Nichtware als Ware zu ramschen.

Der Vollendete fürchtet keine Gefahr.

Er weiß das Vergessen, er vergißt das Gesetz.

Dem Pilan gleich überfliegt er die Gitter des Anstands.

Eine geölte Rekifliege, durchschlüpft er die Masche der Bedenken.

Der Vollendete ist der Gesetzlose. — Er zwingt den Schwachen in die Gesetze.

Und läßt den Konkurrenten darin zugrunde gehen.

Die hellen Köpfe wissen Übergang.

Sie kennen den Sinn des letzten Tauschs: Nichts gegen viel.

Seife ist dem Ungeweihten Sauberkeit.

Unendlich läßt der Vollendete Seife wandern, unerreichbar dem Zahler.

Dem Zahler ist Seife Traumverstrickung und Maja.

Der Schieber kennt die Geburten der Seife.

Doch der Ursprung der Seife ist das Geheimnis.

Du kannst den Käse nicht-seiend nicht greifen.

Aber der Nichtkäse erzeugt zauberisch den papierenen Sinn dieser Welt!«

In jedem Falle: Wer ohne Sudol sich auf die Straße begibt, wird erschossen.

Ohne Sudol geht das deutsche Volk zugrunde. *Sudol ersetzt die Sozialisierung.*

Ergebnis:

Die Schiebung — verschwommene Gerissenheit — errodete dem treudeutschen Gemütsleben ein sinnig-neues Betätigungsfeld. —

Zumal man von jedem Volk sagen kann, daß *Gemeinheit und Sentimentalität* sich *genau proportional* verhalten.

Allerdings: Das Dämlich-stumpfsinnige des Schiebers: *Er monotont Zweck, Zweck, Zweck.*

Europa, ein Kontinent, der vor lauter Zwecken und Zielen verwest. *Man krepiert an der sinnvollen Entwicklung.*

In *Der blutige Ernst,* Trianon-Verlag Berlin 1919, Nr. 4 (»Die Schieber«), S. 10 und 14. (Der Text erschien anonym.) Eine Passage aus dem letzten Teil des Textes wurde unter dem Titel »Gedenken an Sally« wieder abgedruckt im *Europa-Almanach 1925,* vgl. S. 288 dieses Bandes.

1 »Garnisonsverwendungsfähig«

Auf der Wallfahrt zum Kaisertum

I.

Kohlenmangel, Heusuppe und eisernes Kreuz am schwarz-weiß-rot gebalkten Himmel.

Schlecht gelüftete Bürgernächte. Wedekind'sche Dämonie in dem verschwitzten Laken, worin mühselig grenadierreiche Ehen ertragen werden.

Noch ist der Schlaf vom nachtmahrigen Bezirksfeldwebel verbleit. Blutgeschwollene Reichsvögel mit Federhalter und Stammrolle törkeln über Dächer der Arbeiterviertel.

Auch in dieser Nacht war Krause wieder eingezogen.

Asthmatisch öffnet er das Fenster, wäss'riges Rot tropft die 42iger Schornsteine herunter. Krause fröstelt ängstlich Schützengraben.

Nachbar Meier zerknüllt die blumigen Vorhänge. Unter der blauschwarzen Wampe blüht ihm ein Schleifchen von Frau Meiers Hemd: »Rot, rot, rot«.

Der nicht mehr einziehbare Krause wirft erschüttert der Gemahlin scharlochroten Unterrock über die Brust.

»Freiheit, die ich meine.«

II.

In einem Tag war *das besoffene Bändchen wieder nüchtern* und die grundlegende Änderung des deutschen Staates vollzogen. Eine *Bürgerrevolution*, weiter nichts. Urlaub der Defraudanten des Erfolges bis zum nächsten Krieg. Inzwischen geschäftsfördernde Kämpfe zwischen den Arbeitern. Lächelndes Aufatmen und stilles Sichbewaffnen; entschlossen, mit allen Mitteln den Konkurs zu verdunkeln.

Blöd! Keine noch so kitschige Stufe sogenannter Entwickelung bleibt uns erspart.

Wir Deutschen sind verurteilt, Gelegenheiten zu politischer Kühnheit ängstlich stumm *zu verpassen. Welche gottgewollten Systeme werden wohl noch an unserem Leichnam demonstriert?*

III.

Der Eichbaum funktioniert wieder unter dem preußisch-schmutzblauen Himmel. Generalachselstücke blinken als dickste Sterne, und der hohenzollersche Aasgeier kriecht an.

Erstes Signal zu königlicher Massage: Die Unfälle Liebknechts und der Rosa Luxemburg.

Hier wurde wieder der Beweis erbracht, daß *der beste Gedanke einem preußischen Gewehrkolben ohne Schwierigkeiten* erliegt.

In der Verhandlung gegen die Begleiter der Verunglückten wurde zu Recht festgestellt, daß der Feldwebel noch immer der schönste Mann im Staate ist und die Militärs alle Macht besitzen.

Für deutsche Verhältnisse war dieses Urteil von seltener Offenheit. Man stellte eine Tatsache fest: daß Militärs sich noch alles leisten können.

In der Französischen Straße *gingen* vor ungefähr einem Jahr *29 Matrosen vor die Hunde.* Überflüssigerweise entschloß man sich, die Anklage auf Totschlag zu erheben. Wir rechneten jedoch mit der Einsicht des Militärgerichts, daß uns *unerwünschtes Aufsehen* nach Möglichkeit erspart blieb.

Stellen wir beruhigt fest, *diese 29 Matrosen begingen* im Kokainrausch *Selbstmord.*

Mögen sie so ruhig schlafen, wie *sämtliche Deutsche geschlafen haben.*

IV.

Im Osten verkriechen sich eingeschüchterte Einwohnerwehren hinter Triumphbögen, die stolzen Baltenkämpfern entgegenleuchten. Unterernährte Garderobenhaken in Animierkneipen träumen still von Gefreitenknöpfen.

Masochistisch stöhnt der Hosenboden des deutschen Mannes langentbehrter Wollust entgegen. Wie jungfräuliche Bräute erwartet man lüstern: *den monarchischen Tritt in das zerknirschte Untertanengesäß.*

Häßliche Oberlehrersgattinnen, schartige Pfarrerstöchter flicken mit kaisertreuen Händen ausgefranzte Hermelinmäntel.

Idealische Vollbärte beweinen in den Bierschwemmen des deutschen Geisteslebens die Kaiserei.

Die Hilfstruppen des deutschen Idealismus, Pfarrer, Landräte, Reserveleutnants, Hoflieferanten, Gemeindeboten wallen von den Bierbänken auf. Die deutsche Jungfrau träumt veilchenblau von starken Männern mit Generalstreifen.

Oft will sie in ihrem Märchenschlaf den schlanken Oberleutnant umarmen, der so lieb und tapfer war und ihr vielleicht den Kaiser wiederbringt. Vogel hat überall Bizeps, auch im Nacken, das ist so süß. Wie entzückend ist das zierliche Haustöchterchen, das in Not und Gefahr dem Leutnant aus der Französischen Straße das treudeutsche Händchen zum himmlischen Lebensbund reichte und die gläubig-flache Brust gegen das E. K. I schmiegt. »Körner!« stöhnt sie.

Noch blustert unverdorbener deutscher Idealismus. Allerdings identisch mit hundsgemeiner Phrase und Verlogenheit. So zürnten die professoralen Denkerstirnchen im Hohenzollernmantel: »Es ist nicht wahr, es ist nicht wahr, es ist nicht wahr!« Die erlesenen deutschen Idealisten hatten sämtlich gelogen. Eine Folge zu tiefer Gelehrsamkeit.

Denn im großen ganzen ernährt sich der Deutsche von schmutzigen Speisen, Ersatzmitteln und dicken, zähen Illusionen.

V.

Wir sind skeptisch, zu relativ geworden, um uns das vollendete Glück des guten Fürsten gestatten zu können. Die Ideologie von der Masse der Kleinen verdrängte den Glauben an die Macht des Einzelnen.

Der Individualismus ist beendet. Man verschone uns mit dem Heroenschwindel.

Blöd, an die Verantwortlichkeit eines Einzelnen zu glauben. Noch blöder, die Macht einem Einzelnen zu übertragen. Wir sind skeptisch und möchten darum Macht sozialisiert wissen. Möglichst verteilt. Kein Mensch ist die Macht wert, die man einem Ludendorff anvertraute. Dieser Mann ist nicht zu bestrafen, weil er Verantwortung schuldet, sondern weil er den Irrtum beging, sich solche anzumaßen. Herr Ludendorff trägt den antiquierten Stoff in sich, Kaiser zu werden. Denn man darf es wagen zu herrschen, wenn man mit mehr oder minder großer Ruhe und im Bewußtsein der Erfolglosigkeit Tausende zum Tode verurteilt. Allerdings der deutsche Idealismus behauptet, daß Menschenleben am höchsten dann zu bewerten, wenn man sie massenweis verschleudert.

Wenn irgendein Mensch nur einmal gesagt hätte, was denn eigentlich Ideen sind. Worin dieser verlogene tödliche Idealismus besteht, und warum man dafür Hingabe und Leben aller fordert.

Monarchie ist, den Willen aller irgend einer Person überantworten, darin inkarnieren, wie man silberne Löffel auf Treu und Glauben in einem Banksafe verschließt. Wer das tut, stellt sich politisch unter Kuratel. Wir haben genug von schlechtbezahlten Historikern, die uns die Last einer monotonen Familiengeschichte aufladen. Wir sind gemein und verzichten auf das Privileg einer Vergangenheit.

Die geschichtliche Größe, das Höhere, sind Konstruktionen so feiner Art, daß man entweder dumm, brutal oder ein deutscher Philosoph sein muß, um daran zu glauben. Irgendwo deckt sich das. Ein alter Hosenboden Wilhelms, umgeben von seinen Paladinen, ist dem Deutschen heute noch geheiligtes Gut. Zarte Frauen durchbrechen dichtes Spalier, um einen Faden davon zu sehen. Solcher Hosenboden erschwitzt noch immer Angstschauer über die gekrümmten Rücken der Deutschen.

Der Preuße ist und bleibt Hohenzollernfetischist.

Vorsichtig verkroch sich der Untersuchungsausschuß, da der hölzerne Feldwebel der desertierten Majestät Gemeinplätze verabreichte.

Wo bleibt der Belagerungszustand, als Herr Ludendorff unter dem Schutze der Kirche und Stahlhelme gegen die Verfassung agitierte? Tödliche Lippen triefen von der Kanzel und erplärren die Rückkehr zum Kaiserreich.

Wo bleibt der Staatsgerichtshof mit dem hochverräterischen Grafen Goltz[1], der Deutschland eine Kriegserklärung auf den Hals hetzte? In München wurde Blut gegen Blut getauscht. Herr Goltz steht bis zum Scheitel im Blut Hunderter schuldlos erschossener Letten und Esten, und seine betrogenen Söldner bedrohen Ostpreußen. Was wird geschehen? Es ist ein Graf, General!

Ängstet sich die Regierung bleich zerknüllt, uniformierten Hochverrätern und Bandenführern den Prozeß zu machen?

Herr Admiral Reuter unternahm es, uns in Scapa Flow[2] den letzten Torpedo in den blockierten Magen zu jagen. Wo bleibt die Strafe? Statt dessen toasten die Unentwegten auf die Stammhalter deutscher Räuberei, und über den geklauten baltischen Stiefeln rauschen segnende Professorenbärte und gröhlendes Biergesabber akademischer Happoldfresser.

All dies geschieht auf der langen Wallfahrt zum großen Kaisertum, dem deutschen Traum, der keinen Sechser wert ist, aber Millionen gekostet hat.

Könige halten die Luft an und wittern, Wilhelm hat das zu gemeine Zivil abgelegt und trabt ordensbedeckt in Amerongen.

Es lockt, die gottesgnädige Monarchie zu billigem Preis mit einem kleinen Krieg gegen Rußland zurückzukaufen.

Warum auch nicht? Demokratie, Reformsozialismus und Kaiserei können sich bequem verschwägern.

Antibol kittet alles.

In *Der blutige Ernst,* Trianon-Verlag Berlin 1919, Nr. 5 (»Rückkehr der Monarchie«), S. 18 und 20. (Der Text erschien anonym.)

1 Rüdiger Graf Goltz (1865–1946), preußischer General, Führer der »Ostseedivision«, mit welcher er, gemeinsam mit finnischen Truppen, 1918/19 in Finnland und dem Baltikum die bolschewistische Revolution bekämpfte.
2 Scapa Flow ist eine Bucht in der Insel Mainland der Orkney-Inseln, wo 1918/19 die deutsche Hochseeflotte unter Konteradmiral Reuter (1861–1943) interniert war, der sie aus Trotz gegen die Friedensverhandlungen dort am 21. 6. 1919 versenkte.

Schulze

Schulze: zweifellos die numerisch stärkste Internationale.

Schulze erstickt Intensives durch Mangel an Intensität.

Seele: das menschliche Unvermögen, der geometrische Ort des unendlichen Schwindels.

Lebenszweck Schulzens: Nichtschulzen darzustellen. Eine etwas germanische Art, drall und blond sich zu bejahen. Entwicklung wird gebraucht, wenn der Affe sich erkennt, das ist: sich schämt. Nietzsche, der Sophist des seines Unwerts sich Bewußten, durchaus optimistischen Strebers. Scham wird von Schulze in gemeine Arroganz positivt.

Lehnt Schulze sich ab, so um noch dreister sich zu behaupten.

War Manet ein Entdecker, so ist Schulze ein Liebermann.

Man wurde wohlhabend ... Über greifbare Ware hinaus erwarb, verlegte Schulze die moderne Seele.

Unmittelbar nach Warmwasserspülung.

Bis ungefähr Rilke hatte man wenig Seele.

Immerhin nach Abnutzung rationaler und geschäftlicher Bluffs ein gewichtiger Betriebsmoment.

Seele beginnt beim Präservativ und findet Gott weiß wo ihre Grenzbestimmung.

Wobei festgestellt. Seele weniger Schiebung denn Hochstaplerei. Objekt nicht vorhanden.

Der seelenvolle Schulze ist der Nassauer der Tatsache.

Ob Schulze Mangel oder Zuviel an Seele verzapft, beides ist Zuviel und letztes Exkrement des Erdballs.

Schulze überhaupt die — Optimismus — letzte Laus an der beschmutzten Kruste.

Marktwert deutscher Seele miserabel. Schulze unerschüttert.

Wehe dem Klosett, das nicht Blaue Stunde oder Weltfreund hieße.

Wenn je simultan, dann Schulze? er verbraucht alles und alle im unendlichen Quatsch.

Vorgestern das silberviolett Unbewußte Herrn Mäterlincks mit dem Veilchenverdämmern des Paragraphen 51.

Früher:

gezackter spiegel lanzensteiles gitter
deß blinde eisen noch wegstarrte
noch lästert stiere maske irrem schnitter
des schreckens spühlicht glimmert in die scharte
die dürren beete sind des worts entzweit
dreieck der stummheit winkelt jäh verschreit
weingeistner hals des strömens glatt entscherbt
entadert rot das in der taubheit girrte
hohlblau mischt grau der mähne matt gekerbt
entbodetes gefäss
musiknen rots enterbt.

(Herr Kraus möge sich wieder entrüsten.[1] Wo ist der Ort, da er sich nicht entrüstete oder Bonmots aus Saphirs[2] längst zerlöcherter Tüte fallen ließ. Bestimmt ist Kraus bester Exponent Schulzens.)

Noch immer allt:

Die Räder knirschen krumme Wunde in dich und Schmerzenshunde pinkeln Erinnern.

Seele wird vom Künstler auf Bestellung verschoben.

Auftraggeber: ein gefestigter Verbraucher: Schulze.

Reizbare humorlose Frühchristen warfen den Liebesvorgang aus dem Seelenrepertoire.

Schulzes Musik wird von vierbeinigem Impetus ermüllert und seine Moderne stöhnt das Jhaighue verschwitzter Auflösung.

Schulze ließ sich bei den Schöpferchen Beischlaf liefern.

Strindberg donnerte ihm ehebrecherische Kissen auf und Dämonie wedekindert an seiner Frau psychoanalitischem Unterlaibchen.

Mechtildscher[3] Aufschrei mit Johymbim angeölt und durch Apotheker Zernikus Fischblase gesichert.

Pechstein'scher Matissepopo über Bettvorleger (Rudi Schröder)[4] gewuchtet.

Allerdings die deutschen Literaten und unsere Maler des zweiten Händchens hinken und vermögen kaum das Tempo Schulzens einzuhalten.

Etwas mehr Richtungen bitte, sagte der Feldwebel.

Lehmann werffelt längst nicht mehr. Schulze revoltiert rascher als Güte schreiber.

Müller erledigt fix im Ästhetischen sämtliche Revolten; Aufschreiliteraten erklönen ihm Mittel, das Proletariat niederzuhalten und dessen Arbeit als geistlos zu verachten, das ist unterwertig zu löhnen.

Schulze nützt dem Seelenschwindel roter Schar, verzecht revoltiert er und in Hoetgers[5] Kitschlinie maniküt er offizierliche Bravos.

Der Literat, gewiß kein Prometheus, sondern mageres Nebenerzeugnis des potenten Schulze.

All diese Weltfreunde, die weiter nichts als einen Willen zum Drama oder Stil besitzen, sind Schulzens armselige Mistgeburt. Der Aufgewichste verodet mit Literatur den Proletarier und entfremdet ihn der Handlung. Mit Bildung erschlägt man den Besitzlosen.

Der Mensch ist nicht gut, mein lieber Leonhard Frank, vor allem ist er Schulze, und hier ist es Frage der Rechtschreibung, wie weit er Schulze ist.

Die Erde wird brauchbar, wenn sie verschulzt wurde und wenn man irgendeinem Betrieb Sinn unterschiebt, so Schulzen.

Die Welt ist ein Begleitumstand Schulzens und ihr Elan wird stets an der Muschel des Nußbaumvertikos scheitern, worin Schulze Revolten und Bewußtsein anlegt.

Frech absolutet Schulze.

Welcher Bürger gestände Relativität ein?

Vorgestern einsamte man individuell.

Gestern kameradete man Mensch.

Schöpferchen liefern emsig schlechtzahlenden Kapitalisten Erlösung.

Schöpferchen: geschmeidige Hilfstruppen des Bürgers.

Schulze bürgert ins Höhere. Erschiebt sich Hierarchie; jenseits des Übermenschen und Obergefreiten.

Was bedeutet im geistig gelösten All und billig verramschten lyrischen Rausch ein gemeiner hungriger Arbeiter?

Angesichts der billig erworbenen Seele Schulzens, bewiesen vom Philosophen, dem Zuhälter des Bürgers, der Schulzen den wissenschaftlichen Zweck verschob.

Entwicklung bürgert mich an.

Man entwickelt sich von Bauparzelle zu Bauparzelle. Mein Vaterland muß größer sein. Diese Parzellenpolitik bestimmt die Mentalität reklamierter Papierarier.

Schulze hat nicht nur Zwecke, Schulze selbst ist der Zweck.

Je mehr die Zahl der Zwecke wächst, um so gewichtiger die Person. So Nietzsche.

Schulze rülpst gern ins Höhere.

Ideale beweisen Gemeinheit.

Und all dies wird vom fleischkantigen Hängebusen der Frau Schulze überschwitzt.

Schulze ist vor allem Edelschulze und überschulzt.

Entwicklung und Seelisches sind Vorwände der Gemeinheit.

Je mehr Vieh, um so mehr Seele.

Caché. Schulze verschleißt den vom Geischtigen verkauften Seelenstoff.

Geistiges Sperma fluktuiert en gros.

Analytenschulze ist beendet; man syntetet konstruktiv. Statt Kopf gußeisernes Kreuz; aber Gesinnung, pardon Ethos.

Edelkameraden liefern. Man primitivt. Kann sich auch amerikanisch; rational erschobenes Gipfeln und darüber, Schulze denkt die Welt, meine Vorstellung, Kapital, Besitz.

(Ich, Mein; Besitzfetichism erledigt im sozialistischen Staat, der Euch aufgezwungen wird.)

Gurkensalat wächst demnach als Folge meiner Entschlüsse. Also Gurkensalat Folge einer Überlegung; Denken liebt Schulze weitläufig einzuschieben, und schließt: mein Gurkensalat, meine Gedanken, Herr Verleger.

Die Verleger, der Kunsthändler Kategorie der jungen Leute, die Schulze anstellt Illusions zu erramschen.

Jemand kooft Impressionisten. Ist er damit Impressionist?

Nein, Herr Cassirer[6] hat die Cézannes gemalt, da er sie verkoofte — nich?

Es gilt für ehrenvoller, einen Cézanne zu verkloppen als ihn zu malen.

Der Besitzende — Schulze ist der Produktive. Man expropriiere ihn; der Hühnerbürzel gerupfter Schäbigkeit steißt aus dem faden Mund.

Was ist Ziel der Renoirmalerei? Meier-Gräfe.[7]

Also Schulze.

Eines bezeichnet Schulzen. Alles ist ihm Mittel, er ist Zweck. So der
Sachse Nietzsche, der den zum Zweck gesetzten Schulze erpsalmte.
Schulze ist Gesetz, Notwendigkeit, Schicksal.
Von ihm fällt der Erdball runter wie ein junger Hund.

In *Der blutige Ernst,* Trianon-Verlag Berlin 1919, Nr. 6 (»Schulze«), S. 2 und 4.

1 Karl Kraus hatte 1917 in der *Fackel* ein Gedicht von Einstein als Beispiel für
»Neugetöne« abgedruckt. Vgl. den 1. Band dieser Werkausgabe, S. 401 f.
2 Der österreichische Schriftsteller Moritz Gottlieb Saphir (1795–1858) gab ab 1837
das satirische Witzblatt »Der Humorist« heraus.
3 Vermutlich die deutsche Mystikerin Mechtild von Magdeburg (1212–1280), deren
Texte bereits übersetzt waren.
4 Der Schriftsteller Rudolf Alexander Schröder produzierte auch Kunstgewerbe.
5 Bernhard Hoetger (1874–1949), der als Bildhauer vor allem Akte und Porträts
schuf und auch als Architekt arbeitete, war ab 1911 in der Künstlerkolonie Darmstadt und ab 1919 in Worpswede tätig.
6 Paul Cassirer (1871–1926), Berliner Kunsthändler und Verleger.
7 Vgl. den Artikel »Meier-Gräfe und die Kunst nach dem Kriege« und die Anmerkung dazu, S. 268 dieses Bandes.

Café Schulze

Eine Bandschleife rädert ein bärtiges (Eigelb) Biergesicht, dessen Auge ein Violinbogen zergeigt. Marmortisch klirrt im Radius von 75 cm durchlöchertes Firmament, worin blondes Bierglas segelt. Ein Fenster wirft Weiber auf glühende Krawatten der Trotteure. Billardqueue koitiert eine Hure. Sie liebkost stechend den weißen Ball. Die Drehtür wirft einen Menschen in das Cello. Angestrengte Sonne verwässert schmalstengligen Sherry-Brandy. Eine Zigarette schlürft Zerrüttung, spiralt das Bein einer 15 jährigen, Adagio kuppelt.

Glotzen, ein Brett mit Whisky zerlöchern, ein Brett verleuchten.

Kopf ruht zufrieden in der Bauchschleife einer Matrone. Der Ventilator rollt lächerliche Dessous auf.

Langgedächerter Himmel klext in syntetischem Brillanten, den ein braunes Pferd durchtrabt.

Lärm kugelt Hutgarnituren. Starkstromkerzen leben in einem Reiher.

Kalligraphisch fernes Tier.

Husten zerklopft das Andante, das den Durst verringert.

Die geplatzte E-Saite explodiert, ein Mädchen zur Toilette.

Die zerkrümmte bettelnde Hand kehrt das Lokal um, die Drehtür zerquetscht den nervenkranken Bettler.

Im Aufschrei vergiftet er den Whisky, Haß pfaucht im Cointreau.

In *Der blutige Ernst*, Trianon-Verlag Berlin 1919, Nr. 6, S. 6.

Abhängigkeit

Heutiger Demokratien Inhalt; deren Bedeutung im Erschlagen des Ursprünglichen besteht. Demokratie belastet mit Abhängigsein von allen; eine vorgestapelte Masse — Umschreibung für die Interessen Besitzender und irgendwie Zahlender — wird als bestimmende Autorität erstaunert. Man ist solange Masse, als von sich aus zu handeln man unterläßt. Masse ohne Zeichnung und Akzent ist eine jener gefährlichen Ideologien, als deren tatsächliches, lebendes Instrument halbtote einzelne Menschen betäubt umherlaufen.

Abhängigkeit enthält alle Merkmale tödlicher Ideologie, da sie Einheit vortäuscht; dies eignet Ideologie — Metapher eines Wunsches — zum Werkzeug der Demokratie. Ideologie verbürgt dem Nichtzusichentschlossenen Grund und logischen Ablauf seiner Existenz. Abhängigkeit ist aller Geschichte Essenz, in der vorgeschrieben wird, jegliches stehe mit allem wie Ursache und Folge zusammen. Geschichtschreibung ist Katalog der Menschheit, Sklaverei, Belastung mit Gestorbenem; Apologie der Erbsünde, des indirekten Bürgers. Der Unmittelbare hat nie Geschichte besessen; lehnt Beziehung ab. Geschichte einer Funktion des Gesellschaftlichen, dieser erlebt nicht sich, sondern Vor- und Umstände und wünscht nach jeder Seite Garantie durch Autorität, durch Prämissen, da von Sich aus zu leben ihm unerträglich ist. Abhängigkeit garantiert die sichernden Autoritäten, denn Empfinden der Abhängigkeit schafft und verbürgt Macht.

Ohne Person und Geschick hängt also der Bürger von Autorität ab, die er aus seinem Bedürfnis nach Objekt, Hängen ohne einschließlich Verantwortlichkeit, erwirkt. Pflicht heißt Unverantwortlichkeit, heißt, der Bürger überträgt seiner Handlungen Kontrolle dem Andern. Der Andere, das distanzierte greifbare Objekt, das ist die moralische Ideologie des Bürgers; er erwirbt Lebensgefühl durch die Beziehung zum andern; der Andere wird zur Metapher konsterniert, zur Einrichtung. Mittel vielfältiger, zugleich personenersetzender Beziehungen — das Geld. Der Bürger treibt handelnd sich auf dem Umweg der Metapher, der Einrichtung, der Autorität umher, und erschwert es somit geschickt, das Fehlen der Person und des Lebens an ihm feststellen zu lassen. Andererseits steht hinter dem Gauner der allgemeinen Metapher die Ideologie der Masse, des vorgetäuschten consensus omnium auf. So redet der Bürger nie von sich, die Ideologie schützt ihn und setzt Masse hinter ihn; der Unmittelbare wird erschlagen, dessen Handlungen direkt, un-ideologisch geschehen. Handlung des Bürgers muß im andern begründet sein, abhängen. Hierfür besitzt er das religiös benebelte Wort »notwendig«; der Bürger schleicht sich in die erlogene Kausalität der Geschichtsidolatrie ein; äternisiert sich. Sein *Vorleben* ist Geschichte, seine *Gegenwart* möglich vielfältigste Beziehung zu Objekten, Besitz.

Der Bürger erklärt und verdunkelt sein Leben in der Metapher des Allgemein-Menschlichen, er weist seine Abhängigkeit, Rationale in Iphigenie nach; er funktioniert fatal im Kreis der autoritären Metaphern; flieht vor dem Ursprung. Sieg der Beziehungen, Einrichtungen, Angst vor sich selbst ist eben bürgerliche Freiheit. Abhängen, Intimität mit Autoritativen, Anbetung gibt Würde, Gewicht und Macht. Man verquillt und vergißt sich (nie gewesene Person) in der herrschenden Ideologie, trägt sie und zwingt andere.

Aus seiner Autoritätsverehrung leitet der Bürger Recht zu eigener Autorität ab. Der gesellschaftlich Eingeübte, Feste hängt von den Ideologien selbst ab; der Arme, Sprachlose, der gegen jede Ideologie hungert oder sich müht, hängt von den Personen und den Ideologien ab, die jene nach Bedarf auf ihn loslassen. Diejenige Klasse herrscht, die ihre Ideologien im weitesten Umfang materialisierte, herrschende Klasse besitzt immer die am leichtesten materialisierbaren Ideologien. Sie leistet sich nicht nur den tattötenden Besitz von Gegenständen, der jedes Ändern als Verbrechen zeichnet, sondern das verbrecherische Aneignen lebendiger, zur Sprachlosigkeit verurteilter Menschen. Der Arme steht wehrlos, da er keine Ideologie, keine Sprache besitzt. Diese liegt als Eigentum der Herrschenden wohlverwahrt und wird im Dienst dieser verfälscht verabreicht.

Nur der Herrschende besitzt die Objekte, an denen er wollen kann; der Arme könnte nur sich wollen. Änderung seiner Selbst versuchen, Sturz der Paraphrase. Darum: man hänge ihn. Ich spreche hier nicht mehr von der gewollten gemeinschaftlichen Sklaverei unter Metapher und Ideologie, ich rede von der Sklaverei leiblicher Menschen, denen keine fälschende Metapher hilft, die noch als Natur umherdösen. Wird mit geschwollener Historie, triefender Sentimentalität sie ihm endlich ausgestellt, hat der Arme für die beruhigende Paraphrase seines Elends zu danken. Mit Vorliebe benutzt man Fest- und Gedenktage zum Feiern und Anfeuern solcher Sklaverei, die nur im viehischen Rausch der Presse betäubt werden kann. Die Familie stellt unter anderem eine beliebte Art des Besitzes an Personen dar.

In *Der blutige Ernst,* Trianon-Verlag Berlin 1919, Nr. 6, S. 7. Der Text ist mit »C. E.« gezeichnet und mit der Notiz versehen: »Ein Fragment aus dem Buch ›Abbruch‹, geschrieben von Einstein und Sternheim.« Sternheim hatte 1917/18 in Brüssel den Plan, gemeinsam mit Einstein, Gottfried Benn und anderen eine »Encyclopädie zum Abbruch bürgerlicher Ideologien« zu schreiben.

Der kommende Friede

Der Tag, an dem die Regierung Ebert-Scheidemann notwendig endet, kann mit einiger Sicherheit bestimmt werden; die Regierung fällt, wenn sie den Frieden unterzeichnet oder nicht unterzeichnet.

Unterzeichnet die Regierung, so verspricht sie Dinge, die sie nicht halten kann. Der Wilsonfriede ist trotz aller moralischen Zutaten lediglich ein verzweifelter Versuch, die absterbende kapitalistische Wirtschaftsform zu retten, indem man ihr günstigere internationale Prämissen schafft; die moralische Attitude Wilsons soll das Ethos des Bolschewismus ausstechen, die psychologischen Lebensbedingungen der internationalen Diktatur der Unternehmer erhalten, indem man die Streitigkeiten, welche den internationalen Charakter des Unternehmertums hart bedrohen, hinwegräumt.

Trotz allem: der Wilsonvertrag zwänge den deutschen Arbeiter, einen beträchtlichen Teil seiner Arbeitszeit der Regierung des kapitalistischen Staats zur Deckung der Kriegskosten zu überlassen. Dies bedeutet eine ungeheure Entwertung der Arbeitsleistung, wenn dem Arbeiter die übrige aufgewandte Zeit nicht außerordentlich hoch entlohnt wird. Unter allen Umständen wird das deutsche Proletariat einer kapitalistischen Gesellschaft diese Gratisleistung verweigern und sich nicht mißbrauchen lassen, eine ihm feindliche Wirtschaftsform wieder aufzurichten. Und nur in der Form umfassender, nicht bezahlter Arbeit sind die Kriegsschulden zu decken.

Allerdings unter dem Deckmantel der Sozialisierung versuchte die Regierung sich Garantien der Vertragserfüllung zu sichern. Man sozialisierte die *Bewirtschaftung* von Kohle und Kali, das heißt: man fertigte ein Staatsmonopol, das die Regierung instandsetzen soll, über die beiden wichtigen Produkte deutscher Wirtschaft als Abzahlungsmittel zu verfügen. Die Fiskalisierung von Kohle und Kali soll die Regierung gegenüber den Alliierten vertragsfähiger machen und ist somit als außenpolitisches Marktmanöver anzusehen. Die Alliierten sollen sich sagen, diese Regierung verfüge über ein von der schlechten Valuta unabhängiges Zahlungsmittel; dies Verfügungsrecht wird allerdings durch die streikenden Grubenarbeiter hart bestritten und gänzlich illusorisch gemacht. Der Ruhrstreik entreißt der Regierung ein erschlichenes monopolisiertes Zahlungsmittel.

Auf der andern Seite: gelänge es dieser Regierung, durch bureaukratisches Verstaatlichen von Kohle und Kali Gegenleistungen der Entente in Form von Hungermitteln zu erhalten, so dürfte sie diese als Pression gegen die ihr unbequemen Arbeiter anwenden, indem sie dem Streikenden oder Erwerbslosen, d. i. einem ungeheuren Teil der Arbeiterschaft, die eingeführten Hungermittel vorenthalten und hieraus ein Werkzeug gegen die Revolution fertigt.

Die Alliierten seien unterrichtet: der Friede der Weltbourgeoisie wendet sich gegen den Arbeiter; dieser wird durch Verweigerung seiner Arbeitskraft jeden Frieden auf kapitalistischer Basis zertrümmern. Die Regierung Scheidemann besitzt keine Vollmacht aus den Händen des Proletariats, weil sie nur einen Frieden zu dessen Gunsten abschließen kann.

Jene gebraucht jetzt ein weiteres Mittel, die Verwirklichung des Friedens zu erzwingen. Der verbliches Solf überreichte seine jämmerlichen Heulweibtelegramme. Anders Brockdorff.[2] Der Graf droht, und zwar mit dem Bolschewismus. Er glaubt sich den Bolschewismus wie einen deus ex machina bestellen zu dürfen, um der deutschen Bourgeoisie einen kapitalgünstigen Frieden zu erzwingen. Man macht den Bolschewismus geradewegs zur intim-alldeutschen Sache; jedoch jener wird sich nicht zu nationalistischer Mache mißbrauchen lassen. Graf Brockdorff kann und darf nicht den Bolschewismus auf dem nationalen Kasernenhof des Freikorps kommandieren. Dieser Diplomat schielt trotz Ostschutz und antirussischer Propaganda in den Gefangenenlagern nach Rußland, und ihre Soldherren kokettieren gleichzeitig mit Lenin und Trotzki.

Offenbar: vor allem wünscht Scheidemann den Anschein hervorzurufen, die deutsche Revolution sei beendet; darum kartätscht man heute in Deutschland jeden nieder, der gegen diese Regierung spricht und handelt. Die Alliierten mögen es wissen: die deutsche Revolution ist noch in ihren Anfängen. Ein außenpolitisches Fixieren ist sinnlos, solange die Prämisse auswärtiger Orientierung, die innenpolitische Aufgabe, noch gar nicht gelöst ist.

Eine weitere Möglichkeit: Brockdorff zeichnet einen Frieden, der den Bestand der Freikorps beendet, da die Bezahlung der Korps und ihrer Offiziere neben den zur Entschädigung aufzuwendenden Summen unmöglich wird. Diese Militärs werden sich nicht nach Hause schicken lassen, sie werden die Gewalt, die sie de facto ausüben, auch nominell antreten und die Regierung, die sie nicht mehr zu löhnen vermag, verjagen. Ein einziger Friede kann den Befehlshabern genehm sein, ein Friede, der ihnen Fortsetzung ihrer Tätigkeit, Bestand des Einkommens dauernd verbürgt. Ein Friede, der den neuen, für das Offizierskorps nötigen Krieg in sich enthält. Dieser ist da, wenn Deutschland von der Entente beauftragt würde, als militärischer Kommissionär Rußland zu bekämpfen. Aber Frankreich wird kaum Deutschland ein neues Heer großzuziehen gestatten. Allerdings, ein solcher Friede ist zweifellos der deutschen Industrie erwünscht, die noch nicht von dem Kriegsbetrieb frei ist und nur durch ein neues Abenteuer der Hochkonjunktur vom Bankrott sich loslösen kann. Wie verführerisch, sich hierdurch eine noch steuerkräftigere Industrie zu schaffen. Aber es ist zu spät.

Doch, wer soll dann verhandeln und zeichnen: der Brest-Litowsker David,[3] der Advokat der deutschen Unschuld; die Leute der Schwerindustrie, die insgesamt das Verbrechen an Belgien auf dem Gewissen haben. Ein Direktor der Deutschen Bank, der wir die Bagdad- und Rumänienpolitik danken? Und auch der gemeinplätzige Revolutionär Rathenau ist darunter, der Rufer zum nationalen Widerstand, der Dividendenverteiler. Um das Glück dieser Sendung zu erhöhen, mußte sich Schücking[4] noch durch den Urteilsspruch in Sachen Fryatt[5] belasten. Ich weiß, Herr Schücking, Sie bekämpfen den Schiedsspruch, warum aber verließen Sie nicht unter Protest das Gericht?

Diese Leute sollen uns den Frieden bringen.

Es gibt zwei Möglichkeiten: man zeichnet den Frieden oder zeichnet ihn nicht. Beide Möglichkeiten bedeuten das Ende des jetzigen Regimes.

Der Tag, da der Friede signiert werden soll, ist Katastrophe. Die schwerbewaffneten Korps werden die Macht nicht kampflos dem Proletariat überlassen. Sinnvolle Außenpolitik wird erst durch die Diktatur des Proletariats möglich und kann nur von dieser aus geführt werden. Sie weist den Zusammenschluß mit Rußland und nur dieser kann uns existenzfähig machen. Industrie- und Agrarstaat werden sich ergänzen. Ohne die Eigenschaft unvermeidlicher Nationalität aufzugeben, werden beide Völker in Arbeitsgemeinschaft leben und die kommende Kontinentalpolitik gründen. Die merkantile Übermenschen-Romantik der Kolonialpolitik ist beendet. Deutschland konzentriert seine Kräfte in der Arbeitsgemeinschaft mit Rußland, deren Logizität und Dauer durch die geistige Gleichheit der innerpolitischen Tendenzen verbürgt ist. Jede kommerzielle kapitalistische Konkurrenz verschwindet zwischen beiden Kontrahenten, kein Konzern wird den andern ausbeuten.

Der Tag des Friedens oder Nichtfriedens wird selbst Törichte zur Einsicht zwingen, daß eine sinnvolle Außenpolitik nur durch gänzliche Wandlung der innerpolitischen Zustände ermöglicht wird und hiervon abhängt.

Dieser Krieg kann nicht bezahlt werden, da seine Bezahlung eine schlimmere Last ist als der Krieg selbst. Innerhalb der alten Wirtschaftsform ist er nicht zu beenden, da diese in sich die Voraussetzung neuer kriegerischer Verwicklungen trägt. Der europäische Krieg muß dadurch beendet werden, daß die gesamte Tradition der politischen Formen umgestoßen wird. Mittel hierzu ist die Diktatur des Proletariats. Diese erlaubt es, die Masse der entscheidenden Kriegsverbrecher zu beseitigen. Die sozialistische Wirtschaft macht einen erheblichen Teil heutiger Produktion überflüssig, so daß die vorausgegangene Schwächung dieser weniger empfunden wird. Europa muß durch die anationale Zusammenarbeit klassenloser Gesellschaften neugebildet werden; eine neue geistige Front wird es uns geben, die der klassenlosen Gesellschaften gegen die Klassenstaaten.

In *Die Republik*, Hrsg. Wilhelm Herzog, 2. Jg., Nr. 93, Berlin 10. April 1919. — Die Redaktion der Zeitung stellte dem Artikel von Einstein folgende Notiz voran: »Den Ausführungen von Carl Einstein geben wir gern Raum, weil sie sich in vielem mit den Anschauungen der ›Republik‹ begegnen. Manches würden wir anders sagen, weil wir es anders sehen.«

1 Wilhelm Solf (1862–1936), 1911 Staatssekretär des Reichskolonialamtes, 1919 kurzfristig Staatssekretär des Außenamtes.

2 Ulrich Graf von Brockdorff-Rantzau (1869–1928), 1919 Außenminister. Er nahm an den Versailler Verhandlungen teil und trat später zurück, weil er gegen die Unterzeichnung des Vertrages war.

3 Eduard Heinrich David (1836–1930), einer der Führer des revisionistischen Flügels der SPD; ab Oktober 1918 Staatssekretär im Außenamt.

4 Walter Schücking (1875–1935), Völkerrechtslehrer, Richter und Abgeordneter der Demokratischen Partei.

5 Charles Algernon Fryatt (1872–1916), Kapitän der britischen Handelsmarine. 1916 brachten die Deutschen das von ihm kommandierte Schiff »Brüssel« auf, klagten ihn an, ein deutsches U-Boot gerammt zu haben, verurteilten ihn als »Freischärler« und erschossen ihn. Der Vorgang wurde nach dem Krieg juristisch untersucht.

Rudolf Schlichter: Lyncher (Zeichnung)

Rudolf Schlichter

Bildende Kunst beschreiben, ein Geländer der Form- und Stoffarmen. Oder es geschieht aus propagandistischem Grund. – So ich: wobei das peinliche Wissen einricht, daß man eher für irgendeinen Händler als den Künstler arbeitet.

Heute ist Kunst soweit wertvoll, als Form zerstört wird. Expressionism – niedere Spielart französischen Kunstgewerbes – war bei uns eher Durchsellung Meggendorfers[1]; des typischen Deutschen. Im ganzen ist Lothar Substanz unseres Kunstbetriebs, die zeitliche Aufmachung wird von irgendeiner ausländischen Revue bestimmt – die Berlin durchdringt.

Seit sechs Wochen betrachten Futuristen der Berliner Vororte »Valori Plastici«. Chirico, der 1911 in Paris gemanagt wurde, landete 20 in Berlin und in kurzem beglückt man uns mit Perspektive.

In Frankreich gab es weniger Expressionism, sondern einen Maler Matisse. Bei den Franzosen machte man Malereien, bei uns in Ermangelung der Malerei eine Richtung; die deutsche Seele tobte sich zur platten Befriedigung des verstorbenen Hermann Bahr in Exotik aus. Hat Matisse öfters unter anderm gute Dekorationen gemalt, so die Expressionisten längst antiquierte Akademie, verpalauter Gipsakt. Nackte Frauen als Schmücke dein Heim war im XVIII. Jahrhundert erledigt.

Wenn etwas uninteressant, abgeorgelt und sehr bekannt ist, so der Akt und die Landschaft. Das bißchen Stil, das man aufbrachte, beschränkte sich auf breite Komplementärfarbe, teigigen Kontur und erhebliche Bürgerlichkeit.

Klotzten die Exstaten auf, wovon jeder mehr oder weniger den Wiener Rembrandt anborgt; dann verspätete Kubisten, die eher um der Groteske als räumlicher Entscheidung wegen kuben.

So ging es fort.

Bei allen Versuchen Kunst aufzulösen, malen Leute, die Wert der Kunstrevolte erheblich überschätzen. Wobei ich feststelle, daß der Artist reinlicher ist als die Erlöser in Ersatzleinwand.

Im ganzen: Entweder man experimentiert oder erpinselt fix sich ein mehr oder minderbezahltes Klichee – Warenmarke – Stil genannt.

Wobei zu sagen ist, daß je schlechter gemalt, umso eher deutsche Seele erstaunt wird.

Im ganzen haben wir viele Genies, kaum Talente, weswegen es etwas erbärmlich und pathetisch bei uns aussieht.

Malerei hat in Westeuropa nur Sinn, wenn sie kunstzerstörend orientiert ist. Im großen ganzen steht es so mit deutscher Malerei – allerdings unfreiwillig – und ihre Stellung europäisch ausgewogen ist unbeträchtlich.

War es Picasso, Braque und Derain möglich, tatsächlich Formeln neuer Raumbeziehung zu beginnen, bei uns gab man eher sentimentale Umschreibung, wo man oft durch Format über das Reaktionäre der Nachahmung hinwegtäuschte.

Ich soll nun über *Rudolf Schlichter* schreiben. Es liegt mir fern, anzunehmen, er werde um meiner Schreiberei willen ein Genie. Ich bin überzeugt, daß diese Bezeichnung bald von andern auf Schlichter losgelassen wird. Je länger man über einen Maler schreibt, um so genialer wird er.

Schlichter erscheint mir eine starke, repertoirereiche Begabung; schwierig zu umschreiben, festzulegen. Er ist in der glücklichen Lage, einer Manier noch nicht sich verschrieben zu haben; eine fixierte Plattform des Darstellens ist noch nicht erreicht. Dies heißt: Jedes Bild zeigt wohl ein bestimmtes Gesicht, aber die Summe seiner Bilder enthält viele Arten. Selten sah ich das Repertoire soweit zwischen Abstraktem und Gegenständlichem, Kalligraphie und Erzählung gespannt. Es wäre taktlos, Schlichter auf eine Formel zu pressen, die er selbst kaum beansprucht, wäre auch schwierig und unaufrichtig, wenn man viele Arbeiten Schlichters kennt.

Wir besitzen viele Maler, die ein bestimmtes Schema abmechanisieren, fix bei einem zweiten Gesicht borgen. Ich kenne keine Arbeit Schlichters, die nicht durchaus Schlichter wäre, wobei festzustellen ist, daß die europäischen Veränderungen des Malbetriebs ihn streiften.

Schlichter bediente sich reiner Kalligraphie, auf der andern Seite erinnern viele seiner Arbeiten an Kino, so gegenständlich sind sie. Auf einem Blatt irgendwelche Zeichen, die vielleicht beim Darstellen einer Kokottengeschichte oder der Tai-Ping-Rebellion als Geste oder formales Gerüst wiederkehren. Gleichweit spannt er die Skala seiner Farbigkeit. Abstrakte Bilder vollziehen sich in kühlen zarteren Tönen. Erzähltes färbt erregt, brutal auf. Die Farben regulieren sich nicht nach einer physikalischen Tabelle, sondern nach der Empfindsamkeit des Dargestellten. Schlichter, früher unbekümmert folgerichtig dem Abstrakten folgend, geht jetzt dem Gegenständlichen minutiös veristisch nach.

Ein Kokottenbild steht in seinem Atelier: Haare werden durch Haare, Anzugstoff durch Anzugstoff dargestellt. Der Hintergrund geklebt; Häuser aus Zeitschriften usf. Die ideelichen Verbindungen, Auszeichnungen des Dargestellten werden eingeklebt. Der Maler benutzt Geformtes des maschinellen Lebens. Damit begann Picasso, als er in seinen Geigenbildern die Geige – ein bereits Geformtes – wie farbige Photographie in Flächen zerlegt malte. Severini koiffierte dann seine Porträts. Es war dies etwa ein Signal an das Publikum, aufzumerken, wieviel Realism in den z. B. kubistischen Bildern steckt, die tatsächlich realistischer sind als irgendein Manet. In den Arbeiten Picassos sind zweifellos die räumlichen Bedingungen, die einen Gegenstand erzeugen, dargestellt, in einem Manet die – räumlich zeitlich – individuelle Sensation. Vielleicht entspricht dem abstrakten Raumrealism – stofflicher Verismus – auch als Gegengewicht. Zweifellos zeigt sich darin: Man ist der alten Mittel müde; sie erscheinen zu schwach; und dann Zweifel gegen das, was man Malerei nennt. Das Ende der Malerei und ihrer Mittel wird erkannt.

Eines stelle ich vor allem fest: Leute wie Schlichter sind endgültig der Palauakademie antiquierten Expressionism entronnen. Ein Mann wie Schlichter interessiert sich nicht mehr für schöne Nuditäten um ihrer selbstwillen; dies ein veralteter Schwindel, der von vielen Expressionisten ohne Rücksicht auf selbst bescheidenen Intellekt aufgeaktet wurde.

Es ist meine Aufgabe, auf den sehr begabten Rudolf Schlichter hinzuweisen; möge er jetzt seine Arbeiten dem Publikum zugänglich machen. Den üblichen Schluß bei der Ankündigung eines neuen Malers unterlasse ich. In dieser Glosse wurde kein Kosmos entdeckt, keine revoltierende Ideologie an irgendwie klingende Köpfe geworfen. Rudolf Schlichter ist mehr wert als herausgeschriene Phrase. Man soll sich ernsthaft mit ihm beschäftigen.

In *Das Kunstblatt,* Hrsg. Paul Westheim, 4. Jg., 1920, S. 105 f.

Rudolf Schlichter (1890–1955) galt zunächst als Vertreter der »Neuen Sachlichkeit«; er zeichnete für verschiedene politisch-satirische Zeitschriften und gehörte als Schriftführer der »Roten Gruppe« an, einer Vereinigung kommunistischer Künstler in Berlin. Später näherte er sich dem Surrealismus und interessierte sich für verschiedene Sekten, um schließlich zum Katholizismus überzutreten und vor allem Porträts zu malen.

1 Der Maler Lothar Meggendorfer (1847–1925) gab ab 1899 die illustrierte humoristische Wochenschrift »Megegndorfer Blätter« heraus, die in Lesezirkeln berühmt war.

Afrikanische Plastik

Dem Maler Kisling
in alter Freundschaft
gewidmet

Exotismus ist oft unproduktive Romantik, geographischer Alexandrinism. Hilflos negert der Unoriginelle. Jedoch wird der Wert afrikanischer Kunst durch Unfähigkeit belangloser Leute nicht gemindert. Ich betrachte afrikanische Kunst kaum unter dem Aspekt des heutigen Kunstbetriebes; nicht um Anregung erlauernden Unproduktiven einen Dreh (neuen Formenschatz) zu starten, vielmehr aus dem Wunsch, daß kunstgeschichtliches Untersuchen afrikanischer Plastik und Malerei beginne. Die Ethnographie hat ihre erste Aufgabe gelöst, indem sie die Gesamtkomplexe der Forschung aufstellte. Sie verändert nun Methode und Gesicht, damit Einzelfragen behandelt werden. Aus der Differenzierung der Völkerkunde gewinnt der Kunsthistoriker neue Aufgaben.

In dem vorliegenden Buch wird bescheidener Beginn gegeben. Es fehlte die Hilfe ausländischer, unentbehrlicher Sammlungen. Jedoch, was peinlicher uns hindert: Bei dem Betrachten afrikanischer Kunst missen wir den Anhalt eindeutiger Geschichte, fixierte Zeit. Afrikanische Geschichte dämmert in überwucherter eingestürzter Familien- oder Stammüberlieferung. Vieles über Afrika Mitgeteilte ähnelt einer schönen, bodenlosen Erzählung. Zeit und Raum verharren fragwürdig im ungewissen Schlummer des Mythologischen; das Bestehende weist vehementen Verfall oder solch verzerrende Entartung auf, daß Rückschlüsse aus Gegenwärtigem die afrikanische Vergangenheit allzusehr mindern.

Afrikas kulturschaffende Kräfte sind beträchtlich erschöpft. Die alte Überlieferung zerbröckelte unter der Kolonisierung, angestammtes Vorstellungsgut mischte sich importierter Anschauung. Aus diesem Verkuppeln geistig fremder Dinge ergaben sich schwer durchdringbare Verschwommenheit, inneres Wanken und eine fast kindliche Launischkeit der afrikanischen Mentalität. Das Ungewisse, Fragwürdige dieser Vorstellungsbezirke dürfte eine geschichtliche Enderscheinung sein. Mit Vorsicht möge man afrikanische Historie rekonstruieren; denn leicht gerät man ins Idealisieren und läßt sich von den modischen Vorstellungen einer romantischen Primitive betäuben.

Das afrikanische Klima gestattet den Zeugnissen der Vergangenheit nur kurze Dauer. Andererseits bewirkt das Völkergeschiebe in Afrika, das Jahrhunderte hindurch diesen Kontinent beunruhigt, ein Zittern und Zerren der staatlichen und kulturellen Gebilde. Es scheint, daß afrikanische Kunstfertigkeit im letzten Verfall steht. Die Eingeborenen kennen häufig die Bedeutung ihrer alten Kunst nicht mehr, und oft wandelte sich ängstliches Verbergen des ehrfürchtig geliebten Kunstbesitzes zu achtlosem Unverständnis eigener Geschichte.

Die west- und zentralafrikanischen Reiche, die ein bedeutendes Kunsterbe hinterließen, bestehen nicht mehr. Man denke dabei an das Königreich Benin,[1] das Lundareich,[2] das Reich der Kashembe und andere Staatengründungen.

Frei gestehe ich die Schwierigkeiten ein, afrikanische Kunst zu erklären. Allzu flink will man dieser Kunst Absichten und Probleme zuschieben, die den heutigen Künstler bedrängen. Ich verkenne nicht, daß die afrikanischen Bildhauer Formprobleme lösten, um die heute man sich müht. Jedoch läßt sich aus dieser Feststellung heraus keine genügende Erklärung afrikanischer Kunst gewinnen.

Zunächst mag es verführerisch, ja überzeugend erscheinen, aus stilistischen, sog. Entwickelungsreihen geschichtlichen Ablauf zu errechnen. — Aber Ehrlichkeit fordert das Geständnis, daß wir keine Gesetze kennen, wonach Stilgeschichte verläuft. Das Primitive kann Beginn oder Verfall einer Kunst bezeichnen; der Grad technischer wie formaler Vollendung wird nicht allein durch zeitliche Momente, auch persönliche Begabung bestimmt. Von abgestandenen, langweilenden Expressionismen aus läßt sich der Umfang afrikanischer Kunstfertigkeit nicht bezirken; mit einigen modischen Begriffen oder umschreibenden Truks ist wenig getan. Glücklicherweise ist afrikanische Kunst stärker als afrikanische Mode. Mit hochstapelndem Gefühl und neu schablonierten Ideologien, die eine verzweifelte Ähnlichkeit mit Einbildungen besitzen, ist nichts gewonnen. Vor allm möge man nicht aus afrikanischen Bildwerken die magere Vorstellung einer primitiven Kunst herauslesen wollen. Eine beträchtliche Anzahl afrikanischer Plastiken ist alles andere, nur nicht primitiv, auch nicht unter allen Umständen konstruktiv. Die Verlegenheit, eine formale Analyse geben zu können, verleitet dann zu psychologischem Beriechen, wiewohl wir den objektiv seelischen Inhalt dieser Arbeiten kaum annäherungsweise erfassen können. Man erzählt dann leichtfertig mit überlegenem Behagen von Empfindungen, die man hineinsehen möchte und betäubt einer unverstandenen Sache einbildet. Das Betrachten afrikanischer Kunst ist im gleichen Maße aus dem romantischen wie dem nur ethnologischen Stadium zu lösen. Hierzu bedarf es der Zusammenarbeit der Ethnologen und Kunsthistoriker.

Schon der Versuch, afrikanischen Kunstbestand überzeugend zu gruppieren, bereitet ungemeine Schwierigkeit und mahnt unsanft an unser geringes Wissen über Afrika. Die geographische Aufteilung afrikanischer Kunst, die anfänglich einleuchtet, erweist sich bald als unzulänglich. In gleicher Gegend finden wir oft widerstreitende Formabsichten, die gleichzeitig auftreten. Es ist bequem, von der Kunst einer Landschaft ein bestimmtes Bild zu zeichnen, wenn man Gegensätzliches rücksichtslos ausschaltet. Nehmen wir z. B. ein Kunstwrk des Kongobeckens: Oft ist es unmöglich zu bestimmen, von welchen Stammesangehörigen der Gegenstand verfertigt wurde. In diesem Gebiet schlingert seit langem ein ständiges Drängen und Schieben der Bevölkerung. Die Stämme sind geographisch nicht nur nebeneinander gelagert, in gleichem Maße queren sie sich. Wie soll man dort unfehlbar den Stamm definieren, der seit dem Verschwinden der bedeutenden Reiche wieder gänzlich in die Familienzusammengehörigkeit zurücksank. Als dort die großen Reiche bestanden, wurde mancher Stamm absorbiert, die Urfamilien der Häuptlinge wurden in den großen politischen Reichskomplex einbezogen. Stamm bedeutet dort weniger eine schroffe ethnische Trennung als Abstammung oder verwandtschaftliche Beziehung zu irgendeiner Häuptlingsfamilie, einer Familie von heiligem Blut. Vom Stamm zu unterscheiden ist das meist fragile, elastische Reich, das mehrere Stämme umfaßt, die von einem herrschenden Oberstamm überlagert werden.

Infolge solch unübersichtlicher Verhältnisse ist man leicht versucht, die Kunst eines Stammes oder einer Gegend besonders hervorzuheben und aus dem stilistischen Gesamt zu reißen, vielleicht wegen irgendwelcher technischer Besonderheit. So geschah es z. B. mit der Beninkunst und der Buschmannmalerei. Über dem technisch Besonderen, das aus der Verworrenheit hervorleuchtet, möge man das stilistisch Gemeinsame anerkennen. Die Beninbronzen z. B. verlieren den verwirrenden

Charakter einer technischen Abnormität, wenn man sie im Zusammenhang mit der Jorubakunst[3] untersucht und ihre Weiterbildung in Kamerun verfolgt.

Doch mag man Erklärungsversuche vorsichtig und mit Einschränkung aufnehmen; denn überall, wo wir in Afrika hinschauen mögen, finden wir dicke Bündel unentwirrbarer Fragen, wovor bereits die Problemstellung delikat ist. Die Frage der Jorubakunst ist so wenig gelöst wie die der Beninbronzen oder der Simbabyeskulpturen.[4] Stets drängt sich die Frage der Herkunft und Wanderung der afrikanischen Kunstformen auf. Man möchte sich mitunter der erklärenden Hilfe der Mythen bedienen, um wenigstens den Sinn der Darstellung zu bestimmen. Doch gehören Mythen und Plastiken oft gänzlich verschiedenen Überlieferungsströmen an. Neue Stämme mit anders gefärbter Mythologie überzogen die älteren Bewohner, der Erobererstamm drängt vorgefundenem Kunstgut die mitgebrachte Mythologie auf, die Mythen entarten in der Christianisierung, und die Bedeutung des Werkes verschiebt und verdunkelt sich. Vor alten afrikanischen Dingen müssen wir das gleiche antworten wie viele Eingeborene: wir wissen es nicht. Afrika, worin sterbende sowie aufwachsende Völker umherbrodeln, entzieht sich mit glatter Haut europäischer Wißbegier.

Man nennt die afrikanischen Statuen oft Fetische und jeder gebraucht dies Wort; doch erklärt es nichts, bedeutet alles mögliche und verdeckt den Sinn dieser Skulpturen und vor allem unsere Unkenntnis. Unter der Bedeutungsmasse dieses Wortes verdunstet der genaue Sinn des Gegenstandes ins Vage. Ergeht es uns doch nicht besser mit den sog. geistigen Begriffen von heute, die sich nach Behagen definieren lassen. Was heißt uns nicht alles Geist, Form usf. Der Philosoph definiert seinen Begriff von Form, jedoch kaum den Gesamtinhalt des Begriffs, den labil wiegenden Bedeutungskomplex, den eine Zeit damit verbindet. Man gibt eine Färbung, einen Akzent. Diese gelebten Dinge bleiben theoretisch unfaßbar, da sie in zahllosen Varianten erlebt und empfunden werden. Die Abstraktion verharrt distanziert vom Gegenstand und hieran ändert kein Stapel aufgehäufter Kommentare. Ich wies bereits hin, wie gefährlich es ist, die seelische Stimmung eines exotischen Werkes erklären zu wollen. Hier können üble Irrtümer unterlaufen. Ein Gesichtsausdruck, der uns heiter dünkt, mag dem Neger aufscheuchenden Schrecken eingejagt und eine Miene, die uns furchtbar erscheint, mag ihn fröhlich gestimmt haben. Dinge, die uns als beiläufiges Detail anmuten, mögen dem Neger Ungemeines bedeuten und der Statue erst Daseinsrecht geschaffen haben. Die psychologische Einfühlung wie die nur formale Betrachtung sind von begrenztem Erkenntniswert, und erzeugen einseitig durchgeführt Verwirrung. Beschäftigt man sich länger mit afrikanischer Kunst, so verstärkt sich das respektvolle Gefühl peinlicher Unsicherheit und man möchte immer vorsichtiger werden. Bei der Betrachtung des einzelnen Stückes drängen sich gefällig betäubende Hypothesen auf; entzückt glaubt man einer Lösung sich zu nähern, die, auf längere Skulpturenreihen angewandt, wir mit ärgerlichem Bedauern verdunsten sehen.

Trotzdem, stärker als Hypothesen, überzeugt uns eines: die stilistische Einheit afrikanischer Kunst. Fern von ethnologischen Fragestellungen dürfen wir die formale Verwandtschaft afrikanischer Skulpturen verfolgen; ein geringer Trost. Da die Möglichkeiten formaler Bildung begrenzte sind, bedarf es erheblicher Naivität, wenn man jedem Stamm oder Landschaft besondere Lösungen auf den Leib schriftstellert. Soweit reichen unsere Kenntnisse und die Hilfe vergleichender Stilistik nicht. Umgekehrt, verschiedene Zeiten und Länder erzeugten formal betrachtet öfters Ähnliches. Man bedenke die Verwandtschaft sog. primitiver Kunst z. B. der Höhlenmalereien oder die Neigung absteigender Zeiten in nachahmenden Archaismen primitiv sich zu gehaben.

Beim einzelnen Knüstler bereits beobachten wir ungemeine Änderungen des stilistischen wie technischen Ausdrucks, die nur durch die zufällige Kenntnis, daß diese diskrepanten Dinge von ein und demselben Künstler herrühren, verkleistert werden. Versuchslustig geht der Begabte gleichzeitig entgegengesetzten Lösungen nach; so kann man bei Poussin, Dürer oder Cézanne geradezu von der Dialektik ihres Schaffens sprechen. Kennt man die banale belanglose Tatsache, daß solch verschiedene Dinge einer Hand entstammen, wagt man gern ästhetische oder psychologische Ergüsse. Solches verbietet sich bei afrikanischer Kunst automatisch, da wir keine Künstler kennen. Hypothesen verrauchen dann leicht zu schönen Märchen. Formales Erklären möchte uns bindend erscheinen; ob aber solche Schlüsse afrikanisch gesehen stimmen, wer kann dies behaupten? Gewiß mag Kunst gesetzmäßig sein oder den Heutigen gern so erscheinen, da man recht dogmatisch gestimmt ist. Doch nicht immer wird sie im Bewußtsein dieser Gesetzmäßigkeit gebildet. Ich spreche hier nicht vom albernen, blöd wirtschaftenden Genie schlechter Romane: aber Absicht eines Künstlers verläuft oft in anderer Richtung als die Deutung des berufsmäßigen, schlecht entlohnten Erklärers.

Im ganzen wage ich die Behauptungen meines ersten Buches aufrecht zu halten: die afrikanische Plastik zeigt kubische Lösungen seltener

Reinheit und Konsequenz. Sie verfolgt die Probleme räumlicher Bindung und Konzentration; hierin kommt ihr ägyptische Plastik am nächsten. Im Gegensatz zur afrikanischen Kunst sucht die ozeanische im großen ganzen die ornamental dekorativen Probleme der Raumauflösung und spielt vollendet mit den Mitteln der Raumunterbrechung, des unermüdlich variierten Raumintervalls.

Mit dem beginnenden Kubismus untersuchten wir die afrikanischen Kunstwerke und fanden vollendete Beispiele. Bei diesem Standpunkt bedeuten uns die hocheingeschätzten Künste von Jorubaland und Benin trotz ihrer technischen Feinheit nichts Entscheidendes für afrikanische Kunst. Zur Urteilsbildung genügt nicht Einstellung auf technisches Geschick oder Bewerten des sog. lebendigen Eindrucks. Doch lehren uns die Künstler jener Landschaften, daß man afrikanische Kunst nicht auf festgelegte Formel hin anschauen darf. Man spricht oft von der Differenzierung der kontinentalen Kultur oder Kunst. Nicht minder abgestuft bietet sich uns die fragmentarische Übersicht afrikanischer Kunst dar; man lasse sich nicht durch das Schlagwort der primitiven Kunst der Naturvölker zu einer falschen und engen Einstellung verführen. Die Tatsache der Abgestuftheit afrikanischer Kunst deutet auf langwierige Bildungsvorgänge, deren Ursprung und Verlauf bisher im Unbekannten liegen.

Mag die afrikanische Kunst fremde Einflüsse und außerafrikanische Formen aufgenommen haben, etwas bleibt: ein außerordentliches und eigentümliches Formenrepertoire, das der afrikanischen Erde angehört. Die afrikanische Kunst enthält Lösungen des Plastischen, Ornamentalen und Malerischen, die berechtigen, diese neben jede andere Kunst zu setzen. Bleiben auch Inhalt wie geschichtliches Fixieren dieser Formprovinz vorläufig ungeklärt, so muß sie neben ozeanischer und amerikanischer Kunst in den Kreis der Kunstforschung ohne Einschränkung aufgenommen werden.

Einleitend bemerke ich: Ich gebe in diesem Band Beispiele afrikanischer Kunst aus dem Jorubaland, Benin, Gabon, Angola, dem Vatschivokoeland, dem Kassaigebiet,[5] Urua, sowie ein Beispiel der Simbayekunst aus dem Maschonaland.[6] Die Folge afrikanischer Kunst, die hier geboten wird, ist nicht vollständig. Ich ließ die Kunst der Sierra Leone, der Elfenbeinküste sowie die stark arabisierte des nördlichen Nigerbogens beiseite. Französisch-Kongo ist schwach vertreten. Zahlreiche bedeutende Beispiele von der Elfenbeinküste und Französisch-Kongo findet man in meinem ersten Band. Raummangel sowie die Zeitläufte veranlaßten diese Einschränkung. Trotzdem gewährt die vorliegende Arbeit einen Überblick über den westafrikanischen Kunstkreis und veranschaulicht dessen Geschlossenheit.

Mit der Jorubakunst gelangen wir in ein Zentrum des westafrikanischen Kunstkreises. Man betrachte diese Kunstprovinz nicht als isoliertes Wunder, vielmehr im Zusammenhang mit der Kunst von Benin und Kamerun. Hier ist ein engverbundener Komplex gegeben, der, allerdings entsprechend der geschichtlichen und geographischen Verschiedenheit, technisch modifiziert auftritt. Bei den Beninleuten fand man die Überlieferung, daß die herrschende Oberschicht aus dem Jorubalande kommt. Die Bini besitzen die gleichen Tiersymbole, eine ähnliche Ornamentik und dieselben Kompositionen wie die Joruben. Wiederum konnte Ankermann[7] feststellen, daß die Bewohner des Kameruner Graslandes von Norden einwanderten und von dort Schnitzkunst und Keramik brachten; ebenso kam der Gelbguß mit den dem Grasland zuflüchtenden Stämmen von Nordosten aus Tikar nach Kamerun. Somit ist der geschichtliche Konnex dieser engverwandten Kunstprovinzen aufgezeigt. Um darauf hinzuweisen, wie weit dieser Kunstbezirk nach Süden sich erstreckt, bemerken wir, daß wir eine der Jorubaornamentik verwandte Dekoration bei den Bakuba, die zwischen Sankuru und Kassai sitzen, vorfinden. Auch hier besteht die Überlieferung, daß diese Stämme vom Norden kamen. Wir werden diese Verwandtschaft und Geschlossenheit des westafrikanischen Kunstkreises oft feststellen, veranlaßt durch stilistisches Zusammengehören sowie die Gleichartigkeit der Themen.

Zunächst ist die Gleichartigkeit zwischen Joruba und Benin zu begründen. Wir finden dort verwandte gegenständliche Darstellung; die gleichen Totemtiere wie Wels, Schlange, Widder, Eidechse usf. Ich weise auf die gleichen Reiterdarstellungen beider Landschaften hin; die von Frobenius[8] Ifabretter benannten Gegenstände ähneln auffallend Bronzeplatten aus Benin, wie sie Pitt Rivers auf Tafel 18 und 21 seines Buches abbildet. Die im Jorubaland von Frobenius gefundenen Tonköpfe, die jetzt im Berliner Völkerkunde-Museum aufgestellt sind, galten für isolierte Wunder afrikanischer Kunstfertigkeit und man sah sich veranlaßt, sie weit zurückzudatieren. Man muß sie aus stilistischen Gründen in Zusammenhang mit den Beninköpfen rücken und jene dürften kaum erheblich älter sein als die Beninbronzen. Eine bequeme Verbindung zwischen den Frobeniusschen Tonköpfen und der Beninkunst gibt der Beninkopf von Rushmore, der in Luschans[9] »Altertümer von Benin« abgebildet ist.

Die Gleichheit der Themen Benin- und Jorubakunst wird schon durch die gleichen Kulte gerechtfertigt. Ein älterer englischer Berichter, Burton,[10] schreibt: »Die Religion der Bini erkannte ich sofort als die verworrene und geheimnisvolle Mythologie der Joruba. Hier wird auch Schango, der Gott des Donners, verehrt.« Gallaway, ein anderer Berichter, nennt Benin eine mächtige Theokratie, ähnlich der jorubischen. Da Benin- und Jorubakultur identisch sein dürften, geht es nicht an, Jorubaplastiken ohne besondere Gründe weit hinter Beninarbeiten zu datieren. Stilistisch gehören jedenfalls die Jorubaköpfe des Berliner Museums zu den Beninbronzen.

Tafel 1

Dieser Widderkopf weist gleichen stilistischen Ausdruck auf wie die bekannteren Leoparden- oder Elefantenköpfe aus Benin, die dort in Elfenbein oder Metall angefertigt wurden. Die Joruba- wie die Beninkünstler drängen die Hörner in die Fläche. Die kaum modellierten Augen werden strahlenförmig umkränzt. Wie bei Benintierbildern wird die Nase als Längenachse durch das Gesicht gelegt.

Ähnliche Widdermasken wurden im Kameruner Grasland aufgefunden.

Tafel 2

Wir verwiesen bereits auf die Verwandtschaft der Ifabretter mit den Beninbronzeplatten. Die Ifabretter dienen zur Weissagung vermittelst Palmkernen. Den bewegten Reliefstil sehen wir auf den Elfenbeinschnitzereien der Bini, vornehmlich den geschnitzten großen Elfenbeinzähnen. Die Flachmaske, die das Brett beherrscht, erinnert an zahlreiche Beninköpfe und weiterhin an Kameruner Tanzaufsätze. Ich möchte darauf hinweisen, daß die Deckel der Kästen, welche die Bakuba[11] zur Aufbewahrung von Farbstoff anfertigten, zu ähnlichen Flachmasken ausgeschnitzt sind, wie man sie auf den Ifabrettern sieht.

Tafel 3

Schmuckblatt eines Schangopriesters. Man vergleiche das schmückende Wulstornament dieses Stückes mit der Ornamentik an Sesseln, Bronzeplatten oder Gefäßen aus Benin. In gleicher Weise scheint ein Zusammenhang mit der Ornamentik der Kassaistämme vor allem der Bakuba zu bestehen. Die eindringende Untersuchung der afrikanischen Ornamentik überschreitet die Aufgabe unseres Buches. Das freiplastische Mittelköpfchen erinnert ohne weiteres an Benin- und Kamerunköpfe.

Vor allem an Köpfe, die wir in Kamerun an Sesseln und Türpfosten kennen.

Tafel 3 rechts

Elfenbeinfragment Benin. Eine durchaus gleiche Lösung des Kniens finden wir an einer Jorubaausgrabung, einem 8 cm langen Quarzgriff aus Ife, der im Berliner Museum für Völkerkunde ausgestellt ist. An beiden Stücken sind die Beine ornamental über den Ellenbogengelenken durchgezogen, die Hände stützen das Gesicht. Gleiche Lösungen finden wir bei kleinen Kameruner Fetischfiguren aus Ton. Wir stellen fest, daß im Kameruner Grasland der Beninstil am längsten erhalten wurde. Vielleicht blieben die dort wohnenden Stämme dank rechtzeitiger Abwanderung vor der Entartung des Beninstils bewahrt, oder der degenerierte Küstenstil erholte sich im Grasland. Letztere Annahme dürfte wahrscheinlicher sein, zumal wir bei vielen Kameruner Jujutanzaufsätzen Typen des späteren Beninstils kennen. In der Isolierung Kameruns, durch die Gebirge gesichert, auferstand der Beninstil in eigentümlicher Stärke, erlebte eine bäuerliche Renaissance und warf europäische Einflüsse ab, die den Küstenstil beeinflußt hatten; man wurde wieder überzeugend afrikanisch. Allerdings die Technik des Metallgusses wurde im Grasland stark eingeschränkt, da dort die europäische Einfuhr des Metalls fehlte.

Tafel 4

Reiterstandbild. Diese Plastik dürfte den jorubischen Donnergott Schango, getragen von der Göttin Oja, darstellen. Im Stile durchaus ähnliche Reiterbilder finden wir bei den Binis. Vor allem erinnere man sich der Reliefs, worauf Edle von Benin abgebildet werden, die von kleinen Seitenfiguren begleitet sind. Andererseits entsprechen diesen beninschen Reliefdarstellungen Kompositionen, die wir auf jorubischen Tontöpfen finden. So entspricht ein im Berliner Museum befindlicher Tontopf aus Joruba kompositionell durchaus den Beninreliefs, worauf Männer mit Welsbeinen dargestellt werden. Die Trägerin des Reiters erinnert an die figurierten Kamerun- und Uruasessel, die auf späteren Blättern unseres Buches gezeigt werden. Es gibt eben einen bestimmten Vorrat afrikanischer Bildmotive, die im ganzen westafrikanischen Kulturkreis verarbeitet und abgewandelt werden. Unwillkürlich erinnert uns das jorubische Reiterstandbild an frühromanische Arbeiten. Ich weise auf eine überraschend ähnliche süddeutsche Schachbrettfigur des 14. Jahrhunderts hin, die sich im Kaiser-Friedrich-Mu-

seum befindet. Irgendwie überredet uns die Verwandtschaft der afrikanischen Kulturen zu der Annahme, daß diese Kultur entstand, als heute
getrennte Völkerschaften, die kaum noch voneinander wissen, früher
einmal enger beisammen saßen, ehe sie, vielleicht aus dem Völkerbek-
ken Abessiniens, nach Süden und Westen abwanderten. Wir möchten
noch einmal daran erinnern, daß man aus der Ähnlichkeit beninscher
und jorubischer Plastik schließen kann, daß die letztere nicht erheblich
älter sein dürfte als die beninsche.

Tafel 5

Ein Holzrelief aus Joruba. Zeigt die afrikanische Skulptur eine besondere plastische Energie, so verharren Reliefs oft in stillem, einfachem
Flächenspiel ohne Modelé. Man hüte sich jedoch vor Allgemeinerung.
Gerade ältere Stücke, wie das abgebildete Ifabrett oder Beninreliefs,
sind dramatisch bewegt gebildet. Sicher ist das Ifabrett älter als dieses
Flachrelief; dabei ist das jüngere Stück primitiver und einfacher gearbeitet. Kunst bildet sich eben nicht unter allen Umständen vom Einfachen zum Zusammengesetzten und gewiß verlaufen Stiländerungen oft
im umgekehrtem Sinn. Dies Relief ist ein schönes archaisierendes Stück;
sein Verfertiger suchte vielleicht die Ruhe vor der Verwilderung des
heimischen Stils. Ob dies sich primitiv Geben ein bewußtes Archaisieren
war oder ob wie im alten Ägypten zwei entgegengesetzte Stilarten
gleichzeitig parallel liefen? Beides ist schwer zu entscheiden. Jedenfalls,
diese primitive Geste ist mehr gewesen als stumpfes Dösen; denn wenn
irgendwo Kunstüberlieferung bestand, dann in Afrika, wo Kunstübung
noch heute an bestimmte Familien gebunden ist, wo es zur Zeit der
großen Reiche Hof- und Priesterkunst gab, die, man kann sagen, von
einer Kaste geübt wurde. Bei solcher Überlieferung entsteht notwendig
ein vollwertiges Kunstbewußtsein, das allerdings im großen ganzen
heute verschüttet ist.

Mit den afrikanischen Reichen und Dynastien brach die Überlieferung entzwei, und zwar nicht nur der Kunst, auch der zentralafrikanischen Religionssysteme. Reste einer Kunstüberlieferung, die das einzelne formale Motiv bewußt bewahrt und von anderen unterscheidet,
fand man noch bei den Bakubas, die jedes Formmotiv einer Weberei
oder Schnitzarbeit mit besonderem Namen bezeichnen. Den ruhigen
ebenen Flächenstil unseres Jorubareliefs finden wir bis zum Kassai und
Sankuru[12] herunter an vielen Türen, Pfosten und Truhen. Das schönste
Stück dieser Gattung ist wohl eine Truhe des Tervuerener Kongomu-

seums, die dort als Bakuba-Arbeit bezeichnet ist. Dies Stück gibt eine überraschende Verbindung zwischen zentralafrikanischen Holzreliefs und den Buschmannmalereien. Die stilistische Ähnlichkeit mit letzteren überzeugt ungemein, so daß Dr. Maaß vom Kongomuseum diese Truhe als Buschmannarbeit ansprach.

Wir gelangen nun zu den bekannteren Typen der Beninbronzekunst. Diese steht dem üblichen Europäer wohl am nächsten. Er findet dort einen für afrikanische Begriffe ziemlich starken Naturalism und freut sich der Gelegenheit, Technisches, Übung und Geschick, bestaunen zu dürfen. Nichts verdächtigt jedoch die künstlerische Qualität dieser Bronzen peinlicher als ihre Nähe zu europäischem Durchschnittsgeschmack. Ähnliche Übersteigerung afrikanischen Kunstschaffens erblicken wir in den überschätzten Tonköpfen und dem Bronzekopf des Olokun aus Jorubaland. Technisch gesehen sind dies Rekordleistungen, stilistisch nicht. Will man stilistisch reine afrikanische Kunst kennen lernen, beschäftige man sich mit der Kunst von Kamerun, wo die Beninverfeinerung, die einen Beigeschmack von Import behält, abgelegt und wieder große einfache Formen gefunden wurden; man betrachte die Erzeugnisse der Elfenbeinküste, des Gabon, der Kassai und Tanganjikadistrikte.

Wie kam nun diese raffinierte Kunst nach Benin? Nach einer Überlieferung der Bini wurde die Bronzegußtechnik durch König Essige, den Zehnten der Königsdynastie, überraschend eingeführt. Man kennt jedoch eine andere wahrscheinlichere Überlieferung, wonach die Könige von Benin aus Ife, dem Jorubaland, kamen und von dort die Kunst mitbrachten. Diese letztere Fassung wird durch die gemeinsamen Eigenschaften von Benin- und Jorubakultur gestützt. Die Beninleute erhielten das Gußmetall hauptsächlich von seefahrenden Kaufleuten, vornehmlich von Portugiesen und Holländern, die häufig auf den Reliefs abgebildet wurden. Auch sehen wir auf zahlreichen Platten die sog. Manillas, Armringe aus Kupfer und Blei, die als Gußmaterial dienten.

Im ganzen ist die Beninkunst dem westafrikanischen Stil fest eingefügt. Wir betonten ihre enge Verwandtschaft zur Joruba- und Kamerunkunst; in beiden finden wir die gleichen Bildthemen, die gleichen Totemtiere: Wels, Leopard, Schlange, Widder usf. So entsprechen den Beninbildern von Wesen, die statt Beinen Welsschweife tragen, Arbeiten der Joruba. Ich erinnere an den Hamburger Jorubaholzkasten, wo eine Fischdarstellung mit einem Menschenkopf endet. Wir weisen ferner auf die enge Verwandtschaft zwischen den Beninsesselbasen, den Plinthen der Beninköpfe mit dem Schmuck der Ifabretter.

Bildwerke von Benin und Joruba zeigen, welch technischer Verfeinerung der Afrikaner fähig war; in welcher Zeitspanne man eine solche Höhe technischer Bildung gewann, wissen wir nicht. Die afrikanische Antike bleibt bisher unaufgeklärt. Vielleicht wird später ägyptische Kunst nicht mehr isoliert betrachtet, sondern Zusammenhänge mit zentralafrikanischer Kunst, die heute schüchtern zu vermuten man sich erlaubt, erwiesen werden. Vorläufig lehnen wir die Datierungen einiger Schriftsteller ab, die für Holzstatuen, z. B. aus einer geheimnisvollen Loterie, Datierungen wie 12. Jahrhundert usw. heraufbeschwören. Wir ahnen wohl die afrikanische Antike, vermögen sie aber bis heute nicht zu fixieren.

Die Beninbronzen wurden lediglich nach Qualität ausgewählt. Wir können nicht eine Übersicht dieser vielfältigen Kunst geben.

Ich möchte über den Zweck dieser Köpfe nichts sagen, jedenfalls gehören sie nicht zu den Bronzen, die als Untersatz für die geschnitzten Elefantenzähne dienten. Stück 6 und 7 machen durchaus den Eindruck von Porträts. Bei der vorgefaßten Meinung, afrikanische Kunst sei primitive Typenkunst, übersieht man leicht die fein abgestufte afrikanische Porträtkunst.

Die afrikanische Kunst wurzelt wie die ägyptische im Totendienst, dem Ahnenkult. Hiermit greifen wir das religiöse Zentrum afrikanischen Kunstschaffens. Zu diesem magischen Kreis gehören auch die Tierdarstellungen, im ganzen handelt es sich dann um Bilder des Totemtieres. Ankermann hat in seiner klassischen Arbeit über »Seelenglaube und Ahnenkult bei afrikanischen Völkern« die Seelenvorstellungen mit ungemein feinem kritischem Sinn analysiert. Er wies auf die Vielfältigkeit dieser Anschauungen hin und schälte den Begriff der Bildseele, des Erinnerungsbildes heraus, der älter ist als die rein geistige Vorstellung der Seele. So antworteten die Zulu dem Missionar Gallaway, als er sie befragte, ob der Schatten, den er werfe, sein Geist sei: »Nein, er ist nicht dein Itongo, aber er wird der Itongo oder Ahnengeist deiner Kinder sein, wenn du tot bist.« Wir hören öfter von Eingeborenen, daß sie sich weigern, ein Zimmer zu betreten, worin Bilder hängen, »wegen der Seelen, die in den Bildern sind«; die Wasu antworteten Dannholtz: »das, was sich im Tode vom Körper trennt ist der Schatten«. Ähnliches erzählt Nyendael über die Bini: »Sie nennen den Schatten eines Mannes Passadore oder Führer, der bezeugen muß, ob ein Mann gut oder böse gelebt hat«. Also auch hier finden wir das Schattenbild, die Bildseele. So sagten auch die Bini Dappert »die Schattenbilder der Ahnen erscheinen dem Schlafenden«. Diese Vorstellungen erinnern an die Bedeutung, welche die Ägypter dem Ka beimaßen.

Magische Auffassung der Menschendarstellung und Beziehung des Ahnen zum Totemtier lassen den Künstler leicht zu religiös-phantastischen Mischformen greifen. Je nachdem das Erinnerungsbild an den Toten stärker oder schwächer ist, wird das Ahnenbild mehr oder weniger porträtmäßig geraten. Jedoch kennen wir auch beglaubigte Porträts von Lebenden. So ließ nach der Bakubaüberlieferung der Häuptling Shamba Bulongongo zu seinen Lebzeiten seine Statue verfertigen, damit die kommenden Geschlechter sich seiner erinnern und in Wirrnissen Trost beim Anblick seiner Statue finden. Es ist bezeichnend, daß Porträts Lebender bewußt als Ahnenstatuen für die Nachkommen angefertigt werden.

So dürften die Beninbronzen Ahnenbilder und gleichzeitig Porträts sein. Eine Anzahl neuerer Köpfe wurde auf den Jujualtären gefunden; die alten Bronzen entdeckten die Mitglieder der englischen Strafexpedition halbvergessen in Schatz-, besser Rumpelkammern.

Tafel 6

dürfte wie Tafel 7 ein Porträt sein. Die Bronze mag eine Adelige oder Fürstin darstellen. Man ersieht dies aus der Menge der Korallenschnüre, die den Beninleuten Besonderes bedeuteten. Als eines ihrer höchsten Feste feierten sie das Korallenfest in Gegenwart des sonst hermetisch verborgenen Königs. Hierbei wurde über den Korallen geopfert, man besprengte sie mit Blut der enthaupteten Opfer. Es ist uns ein Gebet überliefert, das der König über den blutgeweihten Korallen sprach: »O Perlen, wenn ich euch anlege, gebt mir Weisheit; laßt weder Juju noch schlimmen Zauber mir nahen«. Auf dem Kopf trägt die Fürstin eine Perlennetzmütze; am Sockel ist das Sippentier, ein Fisch, abgebildet. Der Kopf zeigt die beninsche Bildniskunst auf ihrer Höhe. Trotz der Verschiedenheit des Materials und des zeitigen Abstands erkennen wir die Verwandtschaft dieses Stückes zu Kameruner Kopfaufsätzen, die in Holz geschnitzt mit Tierhaut, zumeist Antilopenhaut, überzogen werden.

Tafel 7

Vor allem beachte man die schiefe Achse des Kindergesichts. Wir finden diese Achsenführung bei einigen Jorubaköpfen, dann vornehmlich bei Plastiken aus dem Majombe, die uns oft wie degeneriertes Benin erscheinen. Ältere Autoren wiesen bereits auf Schiffsverbindungen zwischen Benin und der Kongomündung hin. Es fällt noch der starke Richtungskontrast zwischen dem gerade gestellten Kinn und der gesenkten Achse des Gesichts auf. Das Stück ist dünnwandig gegossen und scheint zu den älteren Arbeiten zu gehören. Es ist anzunehmen, daß in Afrika besonders dünnwandige Stücke geschätzt wurden. Ich verweise auf eine Bakubaüberlieferung, wonach zwei Männer aus heiligem Blut um die Häuptlingswürde stritten. Sie wurde dem zuteil, der das leichteste Stück Metall zu gießen verstand.

Tafel 8

Ein merkwürdiges Stück, dessen Bedeutung unbekannt ist. Die flachgelegten Augen, die Behandlung von Nase und Mund sowie des ganzen Gesichts erinnern stark an Majombeköpfe. Eine gleiche Behandlung der Augen findet man an Uruastücken. Der merkwürdige Kopfschmuck läßt uns entfernt an Kameruner Masken denken, bei denen die Frisur in kühnen Ornamenten und in noch größerem Ausmaß dargestellt ist.

Tafel 6, 7 und 8

zeigen Arbeiten, die porträtartig wirken. Die afrikanische Kunst moduliert das reiche Repertoir, das zwischen dem individualisierenden Porträt und der nur magischen Darstellung, dem Zeichen liegt, in erstaunlicher Fülle. Das Porträt ist ein wichtiges Hilfsmittel des Ahnenkultus, der beim Afrikaner immer neue bildnerische Tätigkeit auslöste. Die Ahnenbilder umspannen die Möglichkeit, die beim Abbild des Lebenden oder individualisierten Erinnerungsbild beginnen, bis zur Gegenseite des Porträts, wo sie in symbolischer Darstellung verfließen, und statt des Ahnen das Totemtier oder ein Zeichen abgebildet wird. Den gleichen Umfang bildnerischer Möglichkeiten beobachten wir bei den Masken. Im allgemeinen meidet Ahnenkunst dynamische Psychologie und erregten Funktionalismus; gleiches zeigt ägyptische Plastik. Die Assoziation des Todes, welche diese Schöpfungen umgibt, erzwingt Monumentalität. Das Funktionale dieser Bildwerke liegt im magischen Effekt; damit dieser stark gerate, wird der Verfertiger sich mit hellseherischer Deutlichkeit den Verstorbenen vorstellen; es entstehen dann diese merkwürdigen ekstatischen Statuen, man verspinnt sich eng in den Wunsch nach zauberischer oder religiöser Suggestion der Skulptur und erzwingt ein Werk, das eher magisches Mittel als Bild ist. Dieser Symbolismus besitzt ein religiöses Korrelat im Totemism: das Sippentier vertritt den Ahnen; oft treibt der Symbolismus das Phantastische über das verwandt Gegenständliche hinaus, man baut nur noch die

Geisterhütte oder stellt statt eines Bildwerks einen Gegenstand auf, woran die magischen Kräfte des Toten irgendwie gebunden sind. Solch magische Gegenstände sind nicht animistisch zu erklären; nicht die Gegenstände sind belebt, vielmehr ergreift die Seelenkraft des Ahnen Besitz von ihnen oder wohnt bei ihnen. So verstehen wir die nach europäischem Begriff abstrusen Entgleisungen der religiösen Kunst; das Religiöse kann bildnerisch ungemein steigern, aber gleicherweise destruktiv wirken, indem es unbildmäßige Vorstellungen zur Darstellung vorschickt. Gerade das Phantastische der Religion löst mitunter präzis bildende Kräfte auf, und Werke entstehen, die nur im magischen Glauben gerechtfertigt werden.

Tafel 9 und 10

zeigen berühmte Tierbilder der Bini. Interessant wie bei Tafel 9 die Landschaft zur ornamentalen Füllung umgedeutet ist. Wir sehen bei dieser Tierdarstellung einen konsequent durchgeführten Parallelismus; man beachte die Drehung der Achse an den Tierleibern. Bis zum Hinterschenkel gibt man die Obenansicht, die folgerichtig in die Fläche gedrängt wird. Hinterschenkel, Hinterbeine und Schwanz werden in seitlicher Drehung gegeben. Hierdurch entsteht Zusammenwirken der hauptsächlichen Ansichten. Diese Tierreliefs sowie die freiplastische Darstellung des Leoparden sind künstlerisch so selbständig und selbstgenügsam, daß man beim Anschauen kaum noch an religiöse Dinge denkt. Doch belehrt die afrikanische Religion, daß auch diese Tierdarstellungen trotz eines verhältnismäßigen Naturalismus auf totemistische Anschauungen und Ahnenkult zurückgehen.

Tafel 11

Ekoimaske. Zu diesem merkwürdigen Stück führe ich zwei Aussprüche der Ekoi[13] an, die ich der Ankermannschen Arbeit entnehme: Die Ekoi beschrieben die Totengeister folgendermaßen: »Wenn des Menschen Leib zerfällt, geht eine neue Gestalt aus ihm hervor, in jeder Hinsicht dem Menschen gleich, als er noch auf der Erde war«. Selten geriet eine afrikanische Maske so verblüffend ins Naturalistische. Wir verspüren vor dieser Holzscheibe, daß sie in jeder Hinsicht dem Menschen gleichen sollte, als er noch auf der Erde war, daß man, wie die Ekoi sagen, »die Gestalt der Seele geben wollte, in einen kleinen Raum zusammengedrängt.« Die Maske steht in manchem den Beninreliefs nahe; allerdings kenne ich keine Beninarbeit, auf der der Mund derartig naturalistisch dargestellt worden ist. Ähnliches findet sich bei kamerunschen

Jujuaufsätzen, denen man besonders sorgfältig gearbeitete Zähne einsetzt. Die Ekois sitzen am Cross-River, und so kann diese Maske als Bindeglied zwischen Benin und Kamerun in mancher Hinsicht angesprochen werden.

Auf Tafel 12 bis 20 wird ein Überblick über die Kunst des Kameruner Graslandes gegeben. Die übersteigerte Hof- und Stadtkultur Benins gerät in dem kräftigen Bauernland noch einmal zu mächtigen Formen, und die heruntergekommene Küstentradition erholt sich in spät primitiver Wiedergeburt. Die Graslandbewohner waren vor andringenden Stürmen, z. B. den Fulbe,[14] von Norden in das geschützte Kamerun geflohen; mit den Flüchtlingen mag die Überlieferung der Küstenkunst ins Grasland gekommen sein. Diese Kameruner Bauernkultur mutet wie vorhomerische Idylle an. Überbot sich die späte Beninkunst in Raffinement und technischem Geschick, in Kamerun erholte man sich an der großen konstruktiven Form und fand einen Stil, der dem veränderten Milieu entsprach; die einfachen mächtigen Themen, ursprünglich afrikanischer Kunst, werden wieder angeschlagen; man modelliert nicht mehr die feinen Porträts von Hofleuten und Edelfrauen; eine gedrungene Bauernphantasie greift auf die konstruktive Form zurück und man erinnert sich ohne Verwirrung einer vielfältigen Zivilisation der alten Themen. Die städtische beninische Architekturplastik verbreitert sich in gemächlichen rustikalen Figuren und unermüdlich wird das alte afrikanische Motiv der Maske und des Tanzaufsatzes in großen Typen gebildet.

In Benin war eine Komplizierung der Kunst erreicht, der wohl eine religiöse Vielfältigkeit entsprach. In Kamerun bildete man vor allem Werke, die kaum den rituellen Sinn des Tanzes überschritten; man schnitzte und hieb wieder Masken, Ahnenbilder, die nachts einhertanzten, man bildete Kopfaufsätze, die den Schädelkult deutlich anzeigen. Gewiß, die Beninköpfe waren aus Schädel- und Ahnenkult hervorgegangen und dienten ihnen; doch sie sind reichlich distanziert und erinnern oft wenig an einen Kult und erscheinen nicht mehr als Zweckkunst, weshalb sie etwas unafrikanisch anmuten. Diese Bronzen entbehren ursprünglicher Konstruktion und zeigen eine peinliche akademische Glätte. Sie sind eher maniriert als typisch, eher voll klassizistischer Mechanik als kanonischer Strenge und gefallen daher vor allem dem landläufigen Europäer. Dort in Kamerun bildete man Masken, die uns anmuten wie mächtige Totenkapellen, der Gefühlsuntergrund von Schrecken und erregter Frömmigkeit wurde in der einfachen Landschaft wiedergefunden.

Tafel 12

Diese Maske verläßt durchaus die Mittel des selbständigen Beninporträts; sie ist Kopfaufsatz und will vom Tänzer getragen werden. Hier modulieren nicht zart verschmolzene Flächen; der Schädel ist in einfachen Körpern aufgebaut. Dies Stück ist eines der Ahnenbilder des Kubismus; die Augenbrauen zacken sich spitzbogig, die Augäpfel wölben sich zu überbauten schroff elliptischen Kugeln, die Nase verklammert die auseinander gesprengten Teile, die Backen platzen als Kugeln heraus, die das aufgerissene Mundloch verbindet, wodurch der Tänzer atmete; die Schädeldecke zackt sich gebirgig. Auf dem Kopf sitzt das Totemtier, die Spinne. Erstaunlich, wie dies Tier, das häufig als zierliches Ornament erfaßt wurde, hier plastisch durchgebildet ist. Hinter dem Tier sitzt die Frisur, zwei zackig gekerbte Kugeln. Die Maske zeigt kompositionell die enge Verbindung zwischen dem Ahnen und dem Sippentier.

Ein weiterer Abstand liegt zwischen der individualisierten Scheibe der Ekoimaske und diesem Stück. Dort Psychologie und Umgehung der plastischen Mittel; hier tobt man sich im Volumen aus und es gelingt, jedes Teil auf sein kubisches Element zurückzuführen.

Tafel 13 und 14

zeigen eine Maske von großem Ausmaß. Das Gesicht ist in bedeutende plastische Körper aufgeteilt. Bei der Maske mit Spinne wurde sprödes Holz verarbeitet; hier wählte der Künstler weiches Holz, das ihm erlaubte, kühn zu sein und gleichzeitig die einzelnen Körper zu glätten. Ist das Gesicht rein kubisch erfaßt, so wird das Volumen des Hinterkopfs zu kurviger Fläche hochgeflacht, wodurch der Künstler den Kontrast vom äußersten Volumen und ornamentierter Fläche erreicht. Die Teilung der Frisur läuft in den Nasenkeil ein. Diese Maske gibt ein mächtiges Beispiel, wie der afrikanische Künstler das natürliche Volumen zu bewußt gewollten Formen umwertet.

Wir wollen uns noch anderer Kameruner Maskentypen erinnern, die abzubilden Raummangel verbietet.

Wir finden in Kamerun die Doppelmaske, den Januskopf, ein Motiv, das wir am Kassai in den Bakubabechern, die zweifellos einem Schädelkult dienten, antreffen. Ein ähnliches Thema behandelten die Kameruner Künstler freiplastisch; sie darstellen Mann und Weib, Rücken gegen Rücken gestellt, ebenso kompositionell verbunden wie die Masken. Dann finden wir große Masken, die einen schmückenden Überbau auf dem Kopf tragen, man könnte sagen, eine Art Kronen, die oft von zusammengekuppelten Totemtieren gebildet werden. In anderen Fällen verliert sich die Tierform ins Ornamentale. Ich glaube, daß der Überbau mit der präzisen Tierdarstellung die ältere Art ist, da sie noch unmittelbar in den alten Vorstellungen vom Totemtier befangen ist. Das Tier hockt oft auf der Maske, dem Kopf des Ahnen; ja es gibt Darstellungen, wo man aus bestimmten Ornamenten noch die Hände herausdeuten kann, die das Totemtier hielten. Ich weise darauf hin, daß am Kongo des öfteren auf der Maske, die den Ahnen darstellt, statt des Totemtieres die Statuette eines weiteren Ahnen angebracht wird (siehe Tafel 46), wir haben darin zweifellos eine interessante Variante des Ahnenpfahls. Wir finden das Sippentier, das zu Häupten der Ahnen angebracht wird, vor allem bei den Ahnenpfählen der Kameruner, die vor den Juju- und Häuptlingshäusern als schützende Wächter aufgestellt wurden. Ich weise darauf hin, daß wir die Kronenmasken bereits als kleine Bronze- oder Elfenbeinmasken in Benin finden, die vielleicht als Gürtelschnallen oder Anhänger verwandt wurden. Ähnliche Anhänger finden wir wiederum am Tanganjika (siehe Tafel 42). Die fein gearbeiteten Beninschen Bronzetiermasken finden wir in einfacher Typisierung in Kamerun wieder. Vielleicht besteht auch ein Zusammenhang zwischen dem Widderkopf des jorubischen Schange und den Widdermasken des Graslandes, wie wir einen Zusammenhang zwischen dem bediademten Bronzekopf des Olokun und den Kameruner Kronenmasken vermuten. Nicht unmöglich, daß der Tanzaufsatz (Tafel 13 und 14) eine Variante der Kronenmasken ist.

Tafel 15

Dieser Maskenaufsatz führt uns eng in die alte Beninüberlieferung zurück. Die gleiche Behandlung von Auge und Mund. Bei den Bini geschliffene Feinheit und zarte Verschmelzung der Flächen, beim Kameruner Bauern Rückkehr zur großgeteilten, fanatisch geklärten Form. Die Aufteilung des Kopfes ist durch weiße Bemalung unterstützt. Dieser weißen Farbe dürfte religiöse Bedeutung anhaften; denn noch heute werden die Ahnenbilder beim Kult mit weißem Ton, sogen. Pembe bestrichen, ebenso wie die Adoranten ihren Körper mit weißen Zeichen versehen.

Tafel 16 und 17

Zwei Palmölgefäße. Der Afrikaner ist Kunstgewerbler par excellence. Kunst lahmt dort nicht für sich einher; wie gut versteht man es dort, ein Gefäß mit der Skulptur zu einem Ganzen zu verbinden. Der Umkreis des Gefäßes (Tafel 16) wird von den sich windenden Fischen wiederholt. Diese Fische kennen wir bereits aus Jorubaland und Benin, wo sie oft dargestellt wurden. Das Tier auf dem Deckel gibt die zweite kontrastierende Richtung, den diagonalen Durchmesser. Diese Totemtiere beschützen den Inhalt des Gefäßes, die Nahrung und den Essenden.

Tafel 17

Die beiden Gefäßträger zeigen ein altafrikanisches Motiv; gern bildet der Kameruner Mann und Frau, Rücken gegen Rücken gestellt. Ein schönes, altes Stück dieser Art besitzt Herr von Garvens[15] in Hannover. Oft stellt man in Kamerun die Frau dar, die eine Speise- oder Palmweinschüssel hält. Tafel 33 zeigt, daß dieses Bildmotiv sich über den gesamten westafrikanischen Kunstkreis bis zum Tanganjika erstreckt. Man möchte bei dieser Darstellung an ein religiöses Motiv, vielleicht eine Ceres denken. Oft wurde in Kamerun auch die Mutter mit dem Kind auf dem Arm abgebildet, auch dieses Motiv gehört keiner einzelnen Kunstprovinz, sondern dem gesamten westafrikanischen Kunstkreis an. Besonders hoch stehen die Darstellungen von Mutter und Kind, die wir bei den Vatchivokoe und den Kassaistämmen kennen.

Tafel 18 und 19

geben Beispiele der Kameruner Architekturplastik. An den Häuptlings- sowie den Jujuhäusern werden die Türen und Fenster plastisch geschmückt. Die Kompositionen passen sich der architektonischen Form an. Die Ahnen werden wohl als Wächter abgebildet, sie stehen übereinander und werden als Ahnenpfähle vor dem Hauseingang auf beiden Seiten des Türrahmens angebracht. Zu Häupten der Ahnen sitzt das Totemtier. Stück 19 zeigt Teile eines Türeingangs, gleichfalls Wächterfiguren, die durch Querbalken verbunden sind, worin Masken oder Totemtiere geschnitzt werden. Die Ahnenpfähle werden in einfachen Parallelismen aufgestellt, die Darstellung von Mann und Frau wechselt ziemlich gleichmäßig ab. Die Architekturplastik dürfte aus einem alten afrikanischen Architekturstil hervorgegangen sein; denn es ist kaum anzunehmen, daß aus primitivem Hüttenbau großangelegte Architekturplastik herauswuchs. In allem weist eben die Kamerunkunst auf die westafrikanische Küstenkultur der alten Reiche hin, deren Überlieferung nach Kamerun gerettet wurde.

Tafel 21

Dieser Kopf ist ein Beispiel der Kunst der Fan, auch Mpangwe genannt. Wir kennnen von diesen eine Reihe eindrucksvoll gearbeiteter Köpfe. Von der Kunst der Mpangwe sind mir zwei Darstellungstypen bekannt. Zunächst Köpfe, die durch die einfache Art der herabhängenden Frisur auffallen. Der Kopf ist wie ein konkaves Dreieck gearbeitet, das Kinn geht keilförmig nach vorn getrieben, der Hals ist eine runde Walze, als Hintergrund des Kopfes dient die flach ansitzende, haubenartig herabhängende Frisur. Es wird berichtet, daß die Fan von Nordosten vordrangen; dies bekräftigten südsudanesische Arbeiten, die den Fanskulpturen nahestehen. Besonders eigentümlich sind auf den Fanköpfen die Augen behandelt, dem Kopf eingeschnittene Höhlen. Es gibt bei diesem Stamm noch einen Skulpturentypus, der dann weiter bis zum Kongo zu beobachten ist. Es sind dies Holzskulpturen, deren Köpfe meistens dem abgebildeten Stück entsprechen, während die Körper merkwürdig barock gehalten sind. Die Gliedmaßen sind zu schraubenförmigen Wulsten gedreht. Man beachte bei den Mpangwestämmen die besonders schöne Mythologie.

Tafel 22

Ein Beispiel der Kunst, die man an der Westsüdseite des Kongo vorfindet. Der kleine Kopf sitzt auf ornamentiertem, stabartigem Sockel, dessen Bedeutung unbekannt ist. Das Berliner Völkerkundemuseum besitzt schöne Beispiele der Vatchivokoekunst. Neben einer verlotterten Küstenkunst kennen wir Statuetten aus dem Vatchivokoegebiet, die zu den Eigentümlichsten afrikanischer Plastik gehören. Ich erinnere an die vollendet ausgeführten Statuetten von »Mutter und Kind«, die man aus dieser Gegend kennt. Damit finden wir im Vatchivokoegebiet ein Motiv, das in Kamerun verarbeitet wurde und später im Innern von Belgisch-Kongo, vor allem bei den Bahuana im Lualaba-Kassai-Distrikt, festgestellt wird. Die bildnerischen Motive des westafrikanischen Kunstkreises sind einheitlich geartet. Die Feinheit der Vatchivokoekunst erlaubt den Schluß auf ein beträchtliches Alter, vielleicht sind dies Reste der Kunst des Kongoreiches. Über ihre Herkunft ist wenig zu sagen. Nach Mitteilungen des ausgezeichneten Vatchivokoekenners, Dr. Schachtzabel kamen diese unter dem Druck der Dschaggawanderung[16] vom Südosten, gleich den Balubas, nach dem Kongo. Diese Wanderung dürfte im 16. Jahrhundert stattgefunden haben. Es wird sich schwer entscheiden lassen, ob die Kunst der Vatchivokoe wie Baluba mit diesen Stämmen aus dem Süden heraufdrang, oder die Einwanderer, an der Kongomündung die einen, in Urua die anderen, eine vorgefundene Kunst sich aneigneten. Weiter fällt die Ähnlichkeit der Statuetten von Mutter und Kind aus dem Vatchivokoegebiet mit den Statuen der Bakubahäuptlinge auf, deren eine auf Tafel 38 und 39 wiedergegeben ist. Ich möchte besonders auf ein Stück der Vatchivokoekunst im Berliner Völkerkundemuseum hinweisen, eine Statuette, die einen Mann auf einer Schildkröte stehend darstellt. Diese Holzstatuette verrät eine, den Beninarbeiten gleichwertige Technik der Detailbehandlung und einen gewissen psychologischen Naturalismus, der mit den religiösen Utensilien, einem Spiegelkasten z. B., den man an der Statuette anbrachte, stilistisch in Widerspruch steht. Dieser Spiegelkasten dient dem Zauberer zu Beschwörungen. In diesem Kasten dürfte die magische Kraft der Statuette, der Ndozi, eingeschlossen sein. Befragt man die Statuette, so antwortet sie mit der schwachen Stimme eines Menschen. Besonders zahlreich findet man dann noch an der Kongomündung ziemlich minderwertige neuere Statuen, worin viele Haken eingetrieben sind. Ein Zitat soll die Bedeutung dieses Brauchs erklären. Man spricht zu diesen Statuetten: »Wenn der N. N. ein Bringer des Unheils ist, dann durchbohre seinen Leib mit der Spitze deiner Haken und laß ihn unter die Erde zurückkehren.«

Wir gelangen nun zu der zentralen afrikanischen Kunst des Kongo-Kassai-Beckens, einem Kunstgebiet der Bantu, wo stilistisch das Reinste an afrikanischer Kunst geschaffen wurde. Die grundlegenden Arbeiten Ankermanns gestatten es, diese Stämme allmählich in große Zusammenhänge einzufügen.

Deutsche Forscher entdeckten zuerst die wichtigen Stämme des Kassaigebietes, die Baluba und Bakuba. Wißmann traf die Baluba unter der Führung Kalambas, der, von seiner Schwester unterstützt, methodische Bildnisstürmerei betrieb, um den Hanfkult durchzusetzen. Die Vasallen und Unterhäuptlinge wurden gezwungen, ihre alten Ahnenfiguren zu vernichten, der Riambakult überwucherte die alten Bräuche; man begann zwei Götterarten zu unterscheiden, die Götter des Ostens, die Hanf rauchen, und die falschen Götter des Westens, die noch in Bildnissen dargestellt werden und nicht rauchen. Die Baluba sind nicht die ursprünglichen Bewohner ihres Gebietes. Sie drangen vom Südosten, wahrscheinlich vom mittleren Sambesi, Anfang des 16. Jahrhunderts unter dem Druck der Dschagga ein. Baluba heißt Leute des Luba, des großen mythischen Reichgründers; Luba bedeutet krank, Fehler, Irrtum. Außer dieser großen Wanderung sind noch eine Reihe Nebenwanderungen festzustellen, die zur Teilung der Baluba in Bena Lulua, den westlichen und den Bahemba, den östlichen Baluba führten. Letztere gründeten das Kasimbareich in der Landschaft Urua (Katangadistrikt). Dorthin drang der Riambakult nicht, so daß die Ausbeute an Statuen erheblich reicher war, als bei den westlichen Baluba.

Die besten Stücke, die von den Bena Lulua[17] auf uns gekommen sind, danken wir der Wißmann-Expedition, es sind dies Ahnenfiguren großer Chefs. Die Statue auf Tafel 23 wurde von Wolff erworben. Er nahm sie einem rebellischen Baluba-Unterhäuptling ab, der sie als Makabu Buanga, Schutzgott der Baschilange, bezeichnete. Der abgebildete Häuptling trägt zum Zeichen seiner Würde das dreizackige Schwert und über den Schenkeln das Leopardenfell. Diese Figur zeigt alte Kassaikunst. Ein Buloweh ist dargestellt, ein unverletzlicher Fürst aus heiligem Blut, der Schutzgott der Rasse oder Blutgemeinschaft, vielleicht der Mann, unter dessen Führung die Baschilange ihre Wohnsitze eroberten und als Stamm sich konstituierten. So mag diese Figur die Stammselbständigkeit der Baschilange symbolisiert haben. Allenthalben bei den Bantus treffen wir diese groß angelegten Führer, die unvermittelt auftauchen und eine Gruppe mit sich reißen. In diesen Bulowehs kristallisiert sich die Geschichte des Stammes; der Häuptling ist übernatürlicher Abkunft, wird mit göttlichen Kräften in Verbindung gebracht und die Genealogie der Häuptlinge ist mit der Geschichte des Stammes identisch. Wir bemerken einschränkend, daß aus solchen Genealogien wenig Geschichte zu konstruieren ist, da die Häuptlinge zumeist die gleichen Namen tragen. Stammesgeschichte bedeutet dort Genealogie der Häuptlinge und verengt sich zur Chronik der Buloweh. Die Einheit der Kassaikultur drückt sich in den verwandtschaftlichen Beziehungen der Bulowehfamilien aus. Diese Kultur ist Bantukultur und kam mit diesen in das Kongogebiet; denn die Überlieferung dieser Stämme bezeugt, daß vor ihnen die Batuas, ein klein gewachsenes Jägervolk, »die kleinen Besiegten der Berge« dasaßen. Die Buloweh bewahren die Totemzeichen und Fetische des Stammes, woran das Bufumuh, die Häuptlingswürde, gebunden ist. So kann man sagen, daß der Baschilangehäuptling mit der Übergabe des Makabu Buanga im Sinn der alten Überlieferung sein Bufumuh, die Häuptlingswürde, verlor. Wißmann brachte noch einige wenige Stücke dieser Art mit; so einen weiblichen Schutzfetisch der Felder, eine Frau, die einen Maniokstampfer und eine Maniokschale trägt.

Diese Statuen sind wohl Ahnenbilder und gehören zur Klasse der Mikisi Mihasi, d. h. es sind Porträts, zur Erinnerung an die Toten ver-

fertigt, deren Namen sie tragen. Man nennt diese Porträts auch Bim-
wekelo, d. h. das Aussehen; bestimmte Bildhauer, die man Bwana Mu-
tumbo nennt, verfertigen sie. Es gibt in ganz Afrika offizielle Fetisch-
bildhauer. Oft nennt man solche Kunstwerke auch Ndozzi, was ungefähr Astralkörper heißt, und man sagt, daß diese Ahnenbilder den
Schatten der Verstorbenen bewahren. Die Toten bleiben durch das
Kunstwerk irgendwie in ihrer Person erhalten. Der Hinterbliebene
klagt vor der Statue: »Elend, Elend, über mich; ich verlor mein Liebes,
meine Freude; der, dessen Worte mich ergötzten, dessen Anblick mich
tröstete, ist nicht mehr. Unglück über mich. Was wird mit mir geschehen? Grausame Geister, die ihn mir entrisset, ihr macht mich sterben.
Schutzgeister des Geliebten, meine Schutzgeister gebt ihn mir zurück;
denn ich sterbe, schon bin ich tot.«

Der vereinsamte Tote klagt: »Herr, ich bin betrübt und ohne Freunde im Lande der Toten. Erwünscht ist es mir, den Freund zur Seite zu
haben, den ich liebte, geruhe ihn mir zu schicken, damit er mir Gesellschaft leiste und mich tröste in dieser kalten, feuchten Erde.«

Der Zurückgebliebene und der Tote vereinigen sich bei der Statue;
das Schattenbild des Toten wird durch diese erhalten, wie sein Name
bewahrt bleibt, indem er auf ein geborenes Kind übergeht. Mit der Figur lebt man weiter; salbt sich der Baluba mit Öl, wird er auch die Statue salben, diesen Doppelgänger des Toten. Man tanzt vor der Statue
oder mit dem Totemtier in der Hand und spricht zu jener: »Wir tanzen
mit den Ahnen, o Mutter, sie tanzen für sich.« Bei Neumond stellt man
die Fetische unter das wohltätige Licht des Mondes und bestreicht sie
mit weißem Ton, der Farbe der Geister, ebenso wie man den eigenen
Körper mit der gleichen Farbe bemalt.

Die Statuen tragen den Namen des Verstorbenen.

Auf Tafel 23 bringe ich den Makabu Buanga, ein seltenes altes Stück.
Unwillkürlich denkt man vor dieser Häuptlingsstatue an die Ritter-
darstellungen aus Benin. Zunächst steht sie rein thematisch diesen Dingen nahe; dies Motiv wurde in Benin häufig angeschlagen. Der behelm-
te, stehende Krieger mit dem Schwert in der Hand, dem Schild in der
Linken, dem Leopardenschurz und dem Amulett auf der Brust, ist ein
Vorwurf, den wir aus Benin kennen. Vielleicht haben die Baluba ihn
von einem aus Norden zugewanderten Stamm übernommen, aber
ebenso ist es möglich, daß der westafrikanische Kunstkreis bis zum
Sambesi reichte. Jedenfalls finden wir bei den westlichen wie östlichen
Baluba Bildmotive, die wir in Joruba, Benin und Kamerun vorfanden.
Hie und da könnte man auch daran denken, daß die Bakuba von Nor-

den her diese Kunst brachten; der ureingesessenen Bevölkerung des Kongobeckens gehört sie jedenfalls nicht an.

Auf Tafel 24 und 25 sind zwei alte Trommeln der Baluba abgebildet, die wir gleichfalls der Wißmannschen Expedition verdanken. Die beiden Trommeln zeigen eine allgemeine Eigenschaft afrikanischer Kunst; das Kunstwerk dient dort bestimmtem praktischem Zweck. Man kann schwer entscheiden, wann der Neger glaubt, er benutze ein Bildwerk oder der Fetisch übe gewissermaßen selbständig eine Funktion aus. Diese Empfindungen mögen oft ineinander übergehen.

Der Kassaianwohner unterscheidet zwei Arten von Statuetten, die bereits besprochenen Mikisi Mihasi und die rein magischen Mikisi Mihake, d. h. Statuetten, die mit Zaubermitteln angefüllt sind. Bei diesen liegt der Schwerpunkt weniger in der bildmäßigen Darstellung, die, eine Erinnerung an Individuelles, den Ahnen hervorrufen soll, vielmehr sind diese Statuetten Instrument des Nganga, des Zauberers. Man durchbohrt sie, um Medizin hineinzulegen, man fügt in ihren Leib einen Spiegel z. B., damit sie bei der Beschwörung durch den Fetischero den Feind im Spiegel schauen, oder man legt Weihegaben in den geöffneten Kopf. Eine solche Statuette wird z. B. um Orakel befragt und sie antwortet, indem sie wie ein Kind leise durch die Zähne pfeift. Die bildmäßige Absicht wird von dem magischen Zweck unterdrückt. Dieser Zaubereiglaube scheint eine Entartung des Ahnenkults zu sein, und betrachten wir diese Zauberbildwerke, so müssen wir feststellen, daß Ahnenfiguren meist in älteren Stilen gearbeitet sind, eine stärkere Geschlossenheit aufweisen als die magischen Statuetten. Es ist allerdings möglich, daß der kapriziöse Neger seinen Fetisch rasch wegwirft oder zerstört, wenn der magische Zweck nicht erreicht wurde. Außerdem werden diese Zauberstatuetten öfter zerhackt und in kochendes Wasser geworfen; sie stellen einen Feind dar und man tötet ihn durch diese Prozedur. Es ist gewagt, die schwankenden, verschütteten afrikanischen Dinge in Schemata aufteilen zu wollen. Man trifft eine Fülle von Übergängen und unklaren Zwischengebilden. Ich berichte von diesen magischen Figuren lediglich, um anzuzeigen, wie wenig erschöpfend unsere Arbeit ist.

Eine alte Balubalegende sucht die Entstehung des Mikisi Mihake zu erklären: Eines Tages suchte Ngoy, ein Geist, Nkulu auf; sprach zu ihm: »Großer Geist, siehst du nicht, wie elend die Menschen sind! Krankheit, Kriege, Hungersnöte quälen die Hilflosen. Gib mir ein Heilmittel gegen solche Leiden.« Nkulu willfahrte seiner Bitte. Er nahm vom Grunde des Kisalesees, seinem Wohnort, eine daumenlange

Statuette, bestimmt als Vorbild (Kanon) zu dienen. »Ngoy«, sprach er, »hier gebe ich dir das untrügliche Heilmittel gegen jegliches Leiden. Gehe zu den Menschen, ihnen zu sagen, sie mögen Fetische verfertigen wie diesen. Dann bringe sie mir.« Ngoy vollführte das Gebot. Er rief Bwana Kilumba den Zauberer und lehrte ihn ähnliche Bilder zu verfertigen. Der Zauberer verfertigte solche in verschiedenen Nachahmungen und übergab sie Ngoy, der sie Nkulu überbrachte.

Dieser teilte das Wissen mit, die zauberischen Formeln, die Ingredenzien in die Fetische zu legen; er bestimmte die Macht der Geister und gebot den Toten, deren Knochen und Ingredenzien vermischt sind, Gesellschafter der Geister zu sein.

Die Trommeln von Tafel 24 und 25 waren gewiß Insignien der Häuptlingswürde, Teile des Bufumuh; sie erinnern an Benintrommeln, wie sie bei Ling Roth abgebildet sind, ferner an eine Bakubatrommel, die im Hamburger Völkerkundemuseum ausgestellt ist. Die Verbindung von menschlicher Figur und zweckvollem Gegenstand geht durch ganz Afrika, besonders fällt natürlich die Verwandtschaft dieser Stücke zu den Schädelbechern der Bakuba auf, wo man gern ganze menschliche Figuren irgendwie umstilisiert, verkürzt und zu Bechern umdeutet. Die enge Verbindung zwischen menschlicher Figur und einem Gegenstand ist wohl durch alte Kulte zu rechtfertigen. Wir kennen eine alte Bakubalegende über den Ursprung dieser Trommel: die lasterhafte Frau eines Königs begeht Ehebruch mit einem Mann niederer Abkunft und wird dabei von ihrem Gatten überrascht. Dieser erzürnte sich gewaltig, steckte Federn des Kammadlers in die Ecken seines Mundes, warf sich auf den Ehebrecher und tötete ihn mit seinem Messer. Da das Volk frug, was aus dem Mann geworden sei, antwortete der König: Koy na bula, der Leopard des Dorfs (d. h. die Reibtrommel) hat ihn verschlungen. Seitdem bringt man Menschenopfer bei dem Klang dieser Trommeln dar.

Auf Trommel, Blatt 25, fällt auf, daß die Ohren, die gleichzeitig als Griffe dienen, in Form von Katangakreuzen dargestellt sind. Wir kennen diese aus der koptischen Kunst und Abessinien.

Auf Tafel 27—34 zeigen wir Arbeiten der östlichen Baluba, die im Manjemadistrikt beim Tanganjika sitzen. Vor diesen Skulpturen müssen wir unsere große Unwissenheit eingestehen. Es dürfte äußerst schwer sein, jemals wirklich Genaues über die Bedeutung dieser Statuen zu erfahren. Die alten afrikanischen Religionen sind, soweit sie festere Form gefunden haben, in einem Wirrwarr von Zaubereiglauben zerflossen und willkürliche, zusammenhanglose Deutungen überzogen den alten Kern. Vielleicht wurden die Reste der alten Überlieferung in die Zeremonien der Geheimgesellschaften verschleppt, deren Mitglieder einer archaisierenden Sprache sich bedienen, wo totemistische Systeme noch feste Form besitzen, und jeder Fetisch seine besondere Bezeichnung trägt, womit man einen bestimmten Sinn verbindet. Man kennt eine erhebliche Anzahl von Statuenbezeichnungen, totemistischen Gebräuchen, Geheimgesellschaften usw. aus dem Uruagebiet. Der zuverlässigste Berichter hierüber dürfte Pater Colle sein. Vergleicht man aber die in den Geheimbünden gebrauchten Bezeichnungen der Fetische mit den älteren Statuen, so erkennt man, daß die neuen Namen über die alten Kunstarbeiten kaum etwas aussagen. Ich fand nur ein Bildmotiv unter den Namen der Fetische und der Geheimsekten, nämlich die Figur von Tafel 33, die kauernde Frau, die man Kabila, die Bettlerin oder Tochter des Geistes nennt. Es scheint, daß die von uns abgebildeten Arbeiten einer Zeit entstammen, zu der das Balubareich verhältnismäßig zentral beherrscht wurde und somit auch eine zentrale Stammesreligion, ein Hofkult, in Übung war. Im allgemeinen sieht man, daß mit Zerfall der Reiche die Auflösung des künstlerischen Kanons und der religiösen Formen einsetzt, die Geheimgesellschaften sind geradezu eine gegenstaatliche Einrichtung, da sie sich der Kontrolle entziehen. So beobachtete man in Kamerun, wie einflußreiche Häuptlinge energisch die Bildung von Geheimgesellschaften bekämpften. Wahrscheinlich sind die religiösen Vorstellungen, die auf unsere Statuen zutreffen, in Manjema außer Mode geraten. Die ältesten der Uruastücke scheinen Tafel 27 und 28 zu sein. Die jüngsten Stücke dürften 31 und 33 sein; beide gehören stilistisch zusammen und die Bezeichnung des Bildthemas von 33 wird noch heute in Urua gekannt. Die zwei Bogenhalter (Tafel 30) kommen aus dem Urua. Dafür spricht unter anderm auch die Haarfrisur. Die Tätowierung der Figur links, vor allem aber die ornamentale Füllung der Bogenhalter, erinnert an Plastiken der Bena Luluas. Vielleicht können wir in solchen Arbeiten Zwischenglieder der beiden Balubastile erblicken; diese Verwandtschaft gestattet die Vermutung, daß der ältere Balubastil entstand, als die heute getrennten Stämme noch beisammensaßen, sie ihre Kunst vom Norden nach dem Sambesi brachten und von dort ihr Kulturgut nach dem Kassai- und Tanganjikagebiet einführten. Der westafrikanische Kunstkreis scheint also bis zum Sambesi sich erstreckt zu haben.

zeigen Beispiele der Bakubakunst. Der erste Forscher, der dieses Volk besuchte, war Dr. Wolff, das Mitglied der Wißmannschen Expedition. Er erzählte, daß dieser Stamm bis zu seinem Besuch in völliger Abgeschlossenheit gelebt habe und sich von den benachbarten Völkerschaften scharf unterscheide. Die Bakuba sollen starke äthiopische Merkmale aufweisen. Ihrer Überlieferung nach kamen sie vom Norden; sie sollen vier Ströme überschritten haben, Ubangi, Kongo, Busiri und Lukenye. Dieser Überlieferung entspricht die Tatsache, daß ihre Ornamentik der Jorubakunst nahesteht, und zwar mehr als die geographisch nähere Kamerunkunst. So darf man vielleicht schließen, daß sie aus dem Norden abwanderten und jedenfalls das Kameruner Grasland nicht berührten. Es ist eigentümlich, daß die Bakubakunst mehr gemeinschaftliche Merkmale mit der Joruba- als der Beninkunst aufweist. Vielleicht können wir darum die Bakubawanderung älter einschätzen als die uns bekannte Beninkunst. Eigentümlich, wo wir starke afrikanische Kunst vorfinden, treffen wir irgendeine Überlieferung, die eine nördliche Herkunft dieser Kunst andeutet. Betrachten wir die Uruasessel auf Tafel 31 und 32, so erinnern wir uns ohne weiteres ähnlicher Schalen und Sessel, die wir aus Jorubaland oder wenigstens dem Motiv nach aus Kamerun kennen. Die Gleichheit der Motive läßt sich nur dadurch erklären, daß diese Völker einmal enger beisammen saßen, was auch die ziemlich gleiche Wanderrichtung der Stämme erweist.

Man mag sich fragen, ob die Kunst der Baluba und vor allem der Bakuba eine Hinterlandkunst ist und in unmittelbarer Abhängigkeit von einer älteren Küstenkunst von Loango und Angola stehe. Gegen diese Annahme sprechen die vorhandenen Werke der Kongoküstenkunst. Vor allem aber, daß die Bakuba starke äthiopische Merkmale aufweisen und sich von den Nachbarn schroff abschlossen. Gerade die älteren Küstenarbeiten ähneln am wenigsten den Bakubaarbeiten. Es scheint, daß die vom Nordosten vorstoßenden Bakuba schon ihre Kunst mitbrachten und das Kunstgut der Westküste auch irgendwie von Norden gebracht wurde. Über die Bakuba wurde später ausführlich von Torday berichtet. Ich wage nicht auf die Arbeiten dieses Forschers mich zu stützen, da mir von einem zuverlässigen Ethnologen, der bei diesem Stamm lebte, mitgeteilt wurde, daß z. B. die ganze Chronologie der Dynastie, wie sie Torday anführt, dem jetzigen Lukengo und seinen Räten unbekannt ist. Die Becher auf Tafel 35, 36, 37 sind zweifellos von einem Schädelkult abzuleiten. In diese Becherköpfe legte man wohl Weihegaben. Sehr oft stellen diese ganze menschliche Figuren dar, an denen die Beine verkürzt sind und die Arme dem Gefäß eng anliegen. Oft sitzen die Köpfe unmittelbar auf einem ornamental ausgeschmückten Untersatz. Wie wir in Kamerun oft Doppelmasken antreffen, so auch bei den Bakubas Becher mit zwei Köpfen, die wohl Mann und Frau darstellen. Vom Kopfbecher gibt es unzählige Übergänge bis zum nur ornamental ausgeschmückten Becher.

Im Brüsseler Kongomuseum befindet sich eine farbig gemalte Holzstatue, 139 cm hoch, die zweifellos gleichfalls Bakubaarbeit ist. Sie steht dem Becher Blatt 37 stilistisch recht nahe, ist gröber ausgeführt und der Körper völlig von ornamentierter Tätowierung bedeckt. Diese Statue zeigt, daß neben den Schädelbechern Freistatuen angefertigt wurden, die dem Stil der Kopfbecher entsprachen.

Auf *Tafel 38 und 39* ist eine der berühmten Häuptlingsstatuen der Bakuba dargestellt. Soweit mir bekannt, befinden sich in europäischem Besitz zwei Exemplare. Torday berichtet, daß die bei uns abgebildete Statue den Chef der Bakuba Misa Pelenge Che darstellt, der ungefähr 1780 als Häuptling der Bakuba geherrscht habe. Bei beiden Häuptlingsstatuen, der Brüsseler wie der Londoner, fällt die geringe Ausbildung der Beine gegenüber dem massigen Körper auf, was an die Uruaskulpturen, Blatt 27 und 29, erinnert. Die Durchbildung des Gesichts rückt die Statue in die Nähe der Mutterfiguren, die wir aus dem Vatchivokoegebiet kennen. Allerdings scheinen der strengeren Haltung gemäß die Bakubastatuen älter zu sein als die Vatchivokoe-Arbeiten. Wir wiesen schon darauf hin, daß diese Vatchivokoe-Arbeit einigen Beninbildwerken nahesteht und zaghaft möchten wir die Möglichkeit einer Brücke zwischen Bakuba- und Beninkunst hiermit feststellen.

Auf *Tafel 32, 43 und 47* werden Beispiele der Elfenbeinschnitzkunst in Belgisch-Kongo gegeben. Die Statuette einer Kauernden auf Blatt 43 ist ein typisches Thema der Bahuana. Die ornamentale Behandlung der Gliedmaßen führt zu dem kleinen Beninfragment »Kauernder«. Die verkürzende Summierung der Beine finden wir z. B. bei der Statue des Bakubahäuptlings, sowie den Frauenfiguren aus Urua. Der Afrikaner stellt oft Frauen dar, zumal die Abstammung mütterlicherseits ihm die Reinheit des Blutes verbürgt.

Die Bahuana besitzen über ihre Statuen recht komplizierte, uns etwas undeutliche Vorstellungen. Diese Statuetten haben zweifellos mit dem Ahnenkult zu tun; denn die Bahuana sagen: »Fetische haben Doshi«, d. h. die Fetische sind Doppelgänger der verstorbenen Ahnen. Der Doshi hält sich — so berichtet Torday — in der Luft auf, besucht seine Freunde und sucht seine Feinde heim; er verfolgt seine Verwandten, wenn seine Leiche nicht das richtige Begräbnis erhalten hat. So verstehen wir ein kurzes Gebet: »Meine Väter, meine Mütter, laßt ab von dem Kinde, daß es ihm wohlergehe.«

Die Kleinarbeiten auf Blatt 32 sind außer der kleinen Frauenstatuette Beinschnitzereien der Warega, einem Stamm, der in der Nähe des Tanganjika wohnt. Außer kleinen Elfenbeingesichtsmasken fertigen sie noch größere ähnliche in Holz an. Die Frauenstatuetten auf Tafel 47 gehören der Kleinkunst der östlichen Baluba an. Unschwer erkennt man ihre Zugehörigkeit zu den bereits abgebildeten Holzstatuen aus dem Manjemagebiet. Es verlohnte sich, einmal die reiche wundervolle Kleinkunst, die im südöstlichen Kongogebiet bis zum Tanganjikagebiet angefertigt wurde, gesondert zu publizieren.

Auf *Tafel 44, 45 und 46* bilden wir Tanzmasken ab. Die Maske ist ein altes afrikanisches Bildthema; bereits 1352 sah der arabische Reisende Ibn Battuta Masken und Maskentänze im südlichen Sudan. Dies Thema wurde von den afrikanischen Bildhauern unermüdlich variiert. 46 ist eine Maske aus dem Kassaigebiet. Oft wird an Stelle einer Statuette über der Maske das Totemtier angebracht. Zu Blatt 46 gebe ich erläuternd zwei Legenden vom Sankuru über die Entstehung der Masken:

»Einige Zeit, nachdem Samba Mikepe sich mit Kashashi vermählt hatte, bekam diese ein Kind. Eines Tages, da sie das Dorf verließ, um Wasser zu suchen, lief das Kind ihr nach. Sie sagte ihm: ›Gehe ins Dorf und bleibe bei deinem Vater, während ich Wasser suche.‹ Aber das Kind wollte nicht gehorchen, trotz der Strafen bestand es darauf, ihr zu folgen. Da Kashashi das Kind überwachen mußte, vergoß sie den größten Teil des Wassers auf dem Wege, und war gezwungen, zum Fluß zurückzukehren, und noch einmal bestand das Kind darauf, sie zu begleiten. Drohungen, Strafen, selbst vom Vater, halfen nichts. Das Kind schrie, heulte unaufhörlich, bis man ihm erlaubte, mit der Mutter zu gehen. Kashashi war eine geschickte Frau und während der ganzen Nacht überlegte sie, wie sie das Kind verhindern könne, sie bei der Arbeit zu stören. Schließlich fand sie ein Mittel. In der Schale ihrer Calabasse zeichnete sie ein Antlitz mit Farbe und häßlich. Da das Kind ihr nachlief, hielt sie die Calabasse vor ihr Gesicht und drehte sich plötzlich um. Das Kind war erschreckt. ›Das ist nicht meine Mutter, das ist ein schreckliches Gespenst‹ schrie es und kehrte eiligst ins Dorf zurück. Das war Kashashi, Erfinderin der Masken.«

»Einst lebte in den Wassern ein Geist mit Namen Mashamboy, der das Volk mit einer Krankheit Goji heimsuchte. Die, welche von dieser Krankheit betroffen wurden, verloren das Augenlicht, fielen nieder als wären sie trunken und starben. Da Ba Kona Häuptling war, ging ein Mann mit Namen Bokoboko in den Wald und sah plötzlich diesen Geist. Voller Furcht rannte er ins Dorf zurück und erzählte dem Häuptling, was er gesehen habe. Bo Kona forderte ihn auf, den Geist zu beschreiben. Aber Bokoboko sagte: ›Er ist so schrecklich, daß ich ihn nicht mit Worten beschreiben kann. Aber gib mir Zeit und Mittel, ich will ihn dir darstellen.‹ Bo Kona willigte ein, Bokoboko baute eine Hütte fern vom Dorf und begab sich an die Arbeit. Er forderte Baststoff, Vogelfedern und das Fell einer großen Fledermaus. Bo Kona gab ihm die beiden ersten Dinge, befahl den Leuten des Dorfes eine Fledermaus zu suchen und schickte sie ihm, sobald sie gefunden war. So meißelte Bokoboko eine Maske, die Mashamboy vorstellte, er bediente sich dabei zwei verschiedener Bäume, gewann zwei Farben, die eine gelb und die andere schwarz, mit diesen Farben und der weißen Erde bemalte er die Maske, die er gemacht hatte. Aus dem Baststoff machte er ein ganzes Gewand, womit er sich den Körper bedeckte. Dieses Gewand war sehr anliegend und schmiegte sich genau den Kleidern an. Es bestand aus kleinen Dreiecken von Tuch, die weiß und schwarz gefärbt und aneinander genäht waren. Nachdem er damit zu Ende gekommen war, zeigte er es dem König. ›Ah‹, sagte der König, ›das ist gerade, was ich brauche.‹ Einige Tage danach verschwand der König. Seine Frauen und Untertanen beweinten seinen Tod und fragten: ›Wo ist der Nijmi?‹ Da die Sonne eingeschlafen, erschien ein seltsam Ding im Dorfe, nie vorher hatte man gleiches gesehen, das war der König, mit der Maske Mashamboys bekleidet, aber niemand erkannte ihn. Er zog tanzend einher und verursachte großen Schrecken unter den Frauen und Kindern und endlich verschwand er. Er legte Maske und Gewand im Busch ab, und verbarg sie sorgfältig. Dann ging er wie gewöhnlich bekleidet in sein Dorf, wo er mit großer Freude empfangen wurde. Frauen und Kinder sprachen ihm von dem schrecklichen Gespenst, das sie am vorherigen Tage gesehen hatten. ›Ich weiß, was es war. Das war Mashamboy, der uns den Goji gibt. Er kam um zu sehen, ob in dem Dorfe keine quänglichen Frauen und böse Kinder seien. Wenn er solche gefunden hätte, hätte er seine schreckliche Krankheit geschickt.‹ So waren Frauen und Kinder sehr erschrocken, und versprachen ruhig und gehorsam zu sein.«

Auf *Blatt 48* zeigen wir eine sog. Simbayeskulptur, ein Bruchstück, das sich im Berliner Völkerkundemuseum befindet. Man fand in Süd-Rhodesia eigentümliche Steinbauten, elliptische Befestigungen mit konischen Türmen versehen. Der Holländer Dappert berichtet, daß der kaiserliche Palast Simbaboe fünf Meilen westlich von Sofala läge. Der Herrscher dieses Landes, wo vor allen Dingen Goldminenbau betrieben wurde, sei Monomotapa genannt worden, was Herr der Berge oder Herr der Arbeit heiße. Die Nachrichten über dieses Land regten die Phantasie ungemein an. Man glaubte das Goldland Ophir oder Punt entdeckt zu haben. Zunächst nahm man an, daß die Befestigungen von Ägyptern, Phöniziern oder Arabern errichtet worden seien. Jetzt neigt man mehr zu der Ansicht, daß dort Bantubevölkerung gelebt habe, die, um gegen von Norden vordringende Völker und die Buschleute sich zu verteidigen, diese Befestigungen errichtet habe. Jedenfalls fand man bei diesen Ruinen zwei Schädel und einige Knochen und stellte fest, daß die Schädel Bantuschädeln glichen. In diesen Ruinen fand man neben anderen Stücken, wie Topfscherben, Schmuckgegenständen, eine Anzahl merkwürdiger Skulpturen aus Speckstein, die Geier darstellen, welche auf langen steinernen Pfählen sitzen. Die bei diesen Skulpturen gefundenen Gegenstände sollen auf keine ältere Zeit als das 14. Jahrhundert hinweisen. Gerade dieses Bildwerk, das wir an den Schluß unseres Buches stellen, zeigt mit krasser Deutlichkeit die Überfülle der Probleme, die uns bei der Untersuchung afrikanischer Kunst entgegentreten.

Vor solchen Simbayestücken denkt man an ein gleich rätselhaftes Stück des Berliner Museums, einen alten steinernen Bildpfahl vom Cross-River. Die Tatsache, daß die Simbayearbeit eine Steinskulptur ist, bietet keinen Einwand gegen die Annahme afrikanischen Ursprungs. Man beachte vor allem das Elentier, das am Sockel der Geierskulptur angebracht ist. Der große Vogel scheint das Elentier mit seinen Krallen zu halten und damit erklärt sich die umgekehrte Stellung des Elentiers. Eines erscheint wichtig. Wir kennen dies Elentier genau aus Buschmannmalereien; man vergleiche mit dem Steinrelief die Buschmannmalereien aus dem Moltenodistrikt, nämlich die Titelbilder der Tongueschen Publikation. Vor allem aber überrascht die Verwandtschaft dieses Stücks Relief mit ganz ähnlichen Felsreliefs der Buschleute. Stow schätzte das Alter der Buschmannkunst auf fünfhundert Jahre und ein ungefähr gleiches Alter schreiben einige den Simbayeskulpturen zu. Der Richtungskontrast zwischen Geier und Elentier ist durchaus afrikanisch, wie die Kombination zwischen Freiplastik und eingearbeitetem Relief. Der Reliefteil dieser Skulptur zeigt trotz verschiedener Technik eine enge Beziehung zu Buschmannkunst und die Konzentration einfacher Formen gestattet vielleicht die Vermutung, daß wir in dieser Simbayeskulptur eine afrikanische Arbeit vor uns haben.

TAFELVERZEICHNIS

18 Pfähle der Häuptlingshütte vom Bangu, Kamerun, Länge 3,20 m, Breite 28,5 cm. Sammlung Umlauff.

19 Türrahmen der Häuptlingshütte Bangu in Kamerun, Höhe 1,85 m, Breite 1,23 Meter. Sammlung C. E.

20 Palaverstuhl aus Bandenkop, Flötenbläser, Kamerun, Höhe 49,5 cm, Durchmesser 47 cm. Sammlung Falk.

21 Kopf, Französisch-Kongo, Pahouinland, Gabon, Höhe 26 cm. Sammlung Paul Guillaume, Paris.

22 Kopf auf ornamentiertem Aufsatz, Vatchivokoe, Belgisch-Kongo, Höhe 33 cm Berlin, Völkerkundemuseum, III C 778.

23 Fetischfigur der Baschilange, Makabu Buanga genannt, 62 cm hoch. Berlin, Völkerkundemuseum, III C 3246.

24 Trommel der Baluba, 120 cm hoch. Berlin, Völkerkundemuseum, III C 2672.

25 Trommel der Baluba, 100 cm hoch. Berlin, Völkerkundemuseum, III C 1962.

26 Figur eines Mädchens, Belgisch-Urua, Höhe 48 cm. Sammlung C. E

27 Weibliche Figur, Urua, Tanganjikagebiet, 38 cm Höhe. Berlin, Völkerkundemuseum, III E 163.

28 Axtgriff Urua, Größe des Kopfes 4 cm. Berlin, Sammlung Dr. Brinkmann.

29 Mädchenfigur Urua, 53 cm Höhe, Holz. Berlin, Völkerkundemuseum, III E 1879.

30 Bogenhalter Urua, 60 cm hoch, Holz. Berlin, Völkerkundemuseum, III E 1591.
   Bogenhalter Urua, 50 cm hoch, Holz. Berlin, Völkerkundemuseum, III E 4882.

31 Sessel, Urua, 57 cm hoch, Holz. Berlin, Völkerkundemuseum, III C 14 966.

32 Sessel, Urua, 43 cm hoch, Holz. Berlin, Völkerkundemuseum, III E 6699.

33 Kauernde Frau mit Schüssel vom Moreosee, 55 cm hoch. Brüssel, Kongomuseum.

34 Maske, Urua, 37 cm hoch, Holz. Berlin, Völkerkundemuseum, III E 2453.

35 Becher, Bakongo, Belgisch-Kongo, 20 cm hoch, Holz. Frankfurt, Samml. Fuld.

36 Becher, Bakongo, Elfenbein mit Holzuntersatz, 15,5 cm hoch.

37 Becher, Bakuba, 27 cm hoch, Holz. Frankfurt, Sammlung Fuld.

38 und 39 Statue des Misa Pelenge, Chef der Bushongo um 1780, 54,5 cm hoch, Holz. Brüssel, Kongomuseum.

40 Szepter der Bahuana, Belgisch-Kongo, Größe der Figur 23 cm, Holz.

41 Messer, Bakongo, Griff 10 cm lang. Berlin, Sammlung Dr. Brinkmann.

42 a) Kleine Gesichtsmaske, 5 cm hoch, Elfenbein, Stamm der Warega beim Tanganjika.
   b) Kniende Frauenstatuette, mit Negula (Rotholzstaub) gefärbtes Elfenbein Stamm der Bahuana, Belgisch-Kongo, 5,5 cm hoch. Berlin, Sammlung Doktor Brinkmann.
   c) Gesichtsmaske, Elfenbein, Stamm der Warega, Belgisch-Kongo, 4 cm hoch. Berlin, Sammlung Dr. Brinkmann.
   d) Löffel, Warega, Elfenbein, 16 cm hoch. Berlin, Sammlung Dr. Brinkmann.

43 Kauernde Frau, Statuette, Stamm der Bahuana, Kassai, leicht mit Negula gefärbt, 9 cm hoch. Sammlung C. E.

44 Rechts vom Beschauer Maske, Französisch-Kongo. – Links: Jorubamaske, Holz. Beide im Folkwangmuseum in Hagen.

45 Maske, Belgisch-Kongo, Bapende, Gesichtshöhe 30 cm. Berlin, Sammlung Ganz.

46 Maske, Belgisch-Kongo, Bayaka, Hagen, Folkwang-Museum.

47 Oben: Drei Frauenstatuetten aus Elfenbein mit Negula gefärbt, Manjemadistrikt, Urua. – Unten links: Elfenbeinplakette, Djumadistrikt, Belgisch-Kongo. – Unten Mitte: Elfenbeinstatuette, Manjema. – Unten rechts: Kleine Gesichtsmaske, Warega. Sammlung von Garvens, Hannover.

48 Fragment einer Vogeldarstellung. Simbabye, Mashonaland, 47 cm hoch, roter Stein. Berlin, Völkerkundemuseum, III D 3170.

LITERATUR

Bernhard Ankermann: Totenkult und Seelenglaube bei afrikanischen Völkern.
  Über den gegenwärtigen Stand der Ethnographie der Südhälfte Afrikas.
  Bericht über eine ethnographische Forschungsreise ins Grasland von Kamerun.
Dr. Schachtzabel: Mündliche Mitteilungen.
von Luschan: Die Altertümer von Benin.
H. Ling Roth: Great Benin.
J. Pitt Rivers: Antique Works of Art.
Hagen: Altertümer von Benin. 2 Bände.
Paul Gehrmann: Das plastisch-figürliche Kunstgewerbe im Grasland von Kamerun.
Wolff: Bericht über seine Reise in das Land der Bakuba.
British Museum: Handbook to the Ethnographical Collections.
Torday-Joyce: Les Boushonge.
Torday and Joyce: Notes on the ethnography of the Ba-Huana.
Delhaise: Les Warega.
Colle: Les Baluba.
Schmitz: Les Baholoholo.
Trilles: Le Totemisme chez les Fan.
Ellis: The Yoruba-speaking peoples of the Slave Coast of West Africa.
Bent, J. Theodore: The ruined cities of Mashonaland.
R. N. Hall et W. G. Neal: The ancient ruins of Rhodesia.
R. N. Hall: The great Zimbabwe.
R. Pöch: Zur Simbabye-Frage.
Helen Tongue: Bushman Paintings.

Wasmuth-Verlag Berlin, 1921, Orbis Pictus Band 7. — Eine französische Übersetzung von Thérèse und Raymond Burgard erschien in Paris 1922, die Einleitung
ebenfalls unter dem Titel »De l'art nègre« in *Action*, März/April 1922, S. 47 f. Ferner gab es eine italienische Übersetzung: *Scultura africana*, Rom o. J., Editioni di
»Valori plastici«, »La civiltà artistica«, Serie 1, vol. 8. — Die gelegentlichen Literaturhinweise verstehen sich durch die Literaturliste am Ende des Textes. — Zu der
Widmung vgl. Einsteins Essay über Kisling, S. 205 dieses Bandes.

1 Benin heißen eine Landschaft, ein Fluß und eine Bucht in Nigeria sowie ein Reich und ein Stamm der Bantuneger.

2 Lunda ist ein Bantuvolk im Süden des Kongobeckens.

3 Joruba ist eine Stammesgruppe der Sudanneger.

4 Simbabwe hieß ein Ruinenfeld im früheren Rhodesien, nach dem das Land heute benannt ist.

5 Der Kassai ist ein Nebenfluß des Kongo.

6 Mashona ist eine Landschaft in Simbabwe.

7 Bernhard Ankermann (1859–1943) war seit 1911 Direktor der afrikanischen Abteilung am Museum für Völkerkunde in Berlin.

8 Leo Frobenius (1873–1938), deutscher Ethnologe.

9 Felix von Luschan (1854–1924), österreichischer Ethnologe und Berliner Museumsdirektor.

10 Sir Richard Francis Burton (1821–1890) reiste seit 1842 als Angestellter der Ostindischen Kompanie durch Afrika, entdeckte den Tanganjikasee und bestieg als erster den Kamerunberg.

11 Boschuba (Buschongo) heißen ein Bantunegerstamm und ein ehemaliges Königreich im Kongogebiet.

12 Sankuru ist ein rechter Nebenfluß des Kassai im Süden von Zaire.

13 Der Stamm der Ekoi lebte in Südost-Nigeria, östlich des Cross-River.

14 Die Fulbe waren ein hamitischer Volksstamm, der in Westafrika, Nigeria und Kamerun lebte.

15 Herbert von Garvens war, nach George Grosz, »eine Art Amateur-Kunsthändler«, er besaß eine Galerie in Hannover.

16 Die Dschagga gehören zu den Bantu und lebten im Kilimandscharogebiet in Ostafrika.

17 Der Bena Lulua ist ein rechter Nebenfluß des Kassai im Kongogebiet.

1

2

3

4

5

6

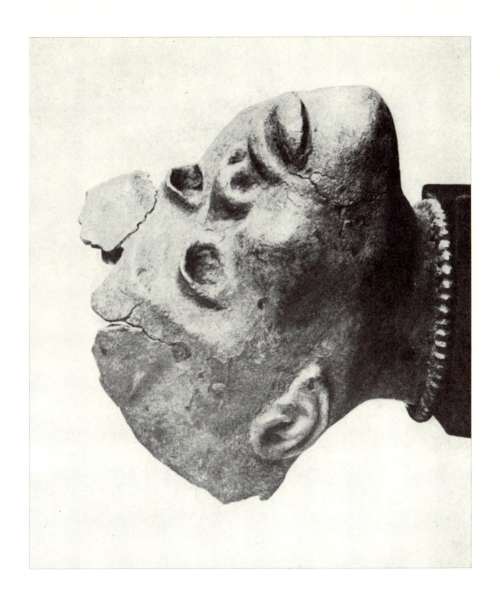

7

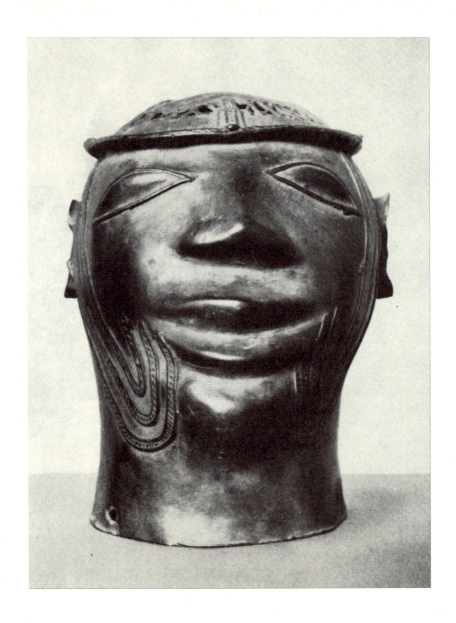

8

9

10

11

12

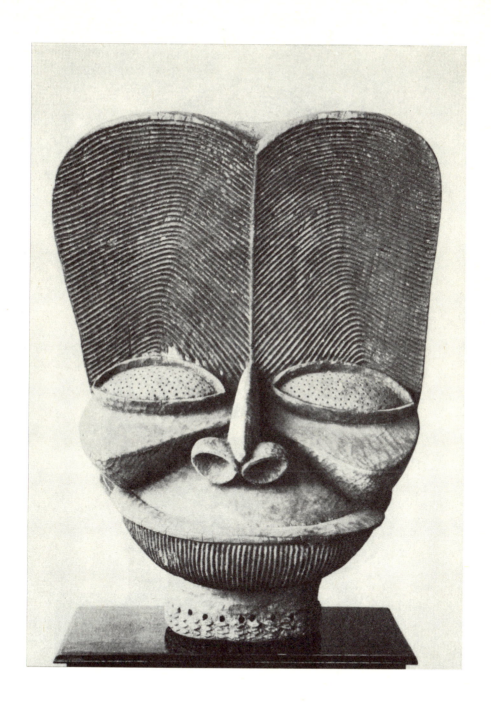

13

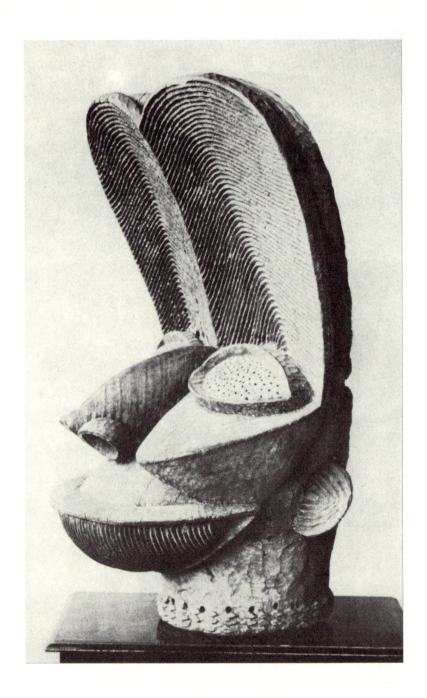

14

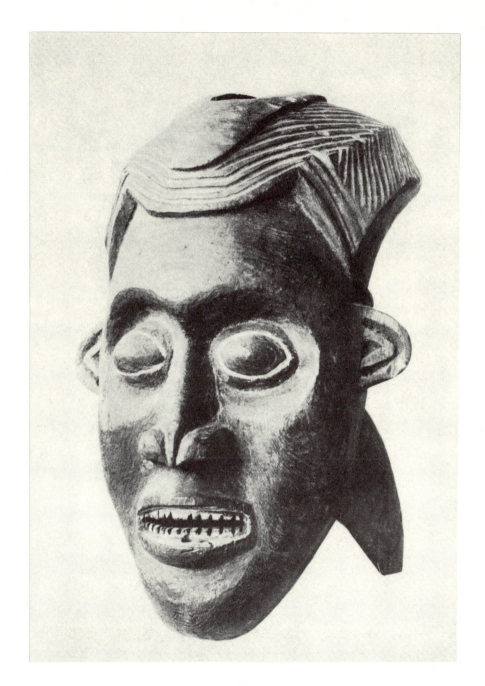

15

16

17

18

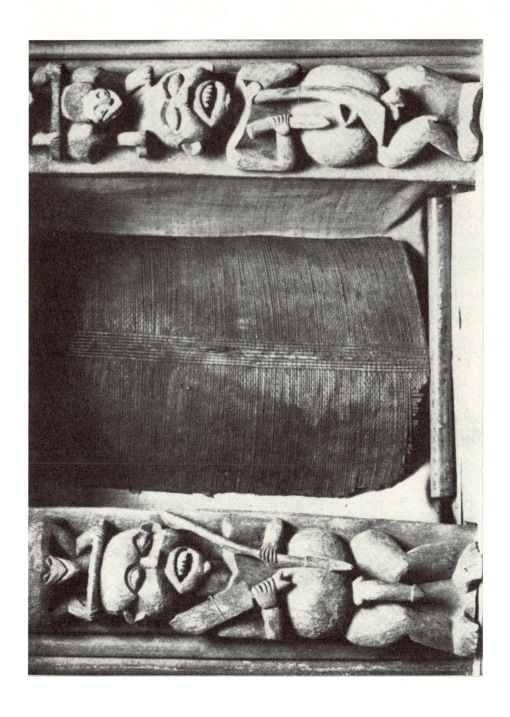

19

20

117

22

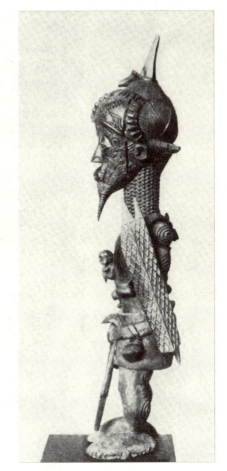

23

24

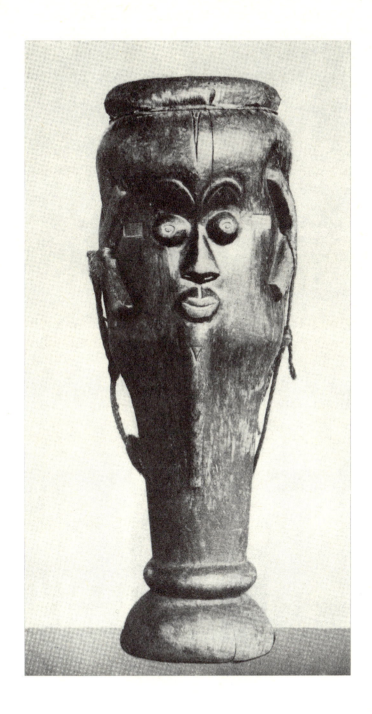

25

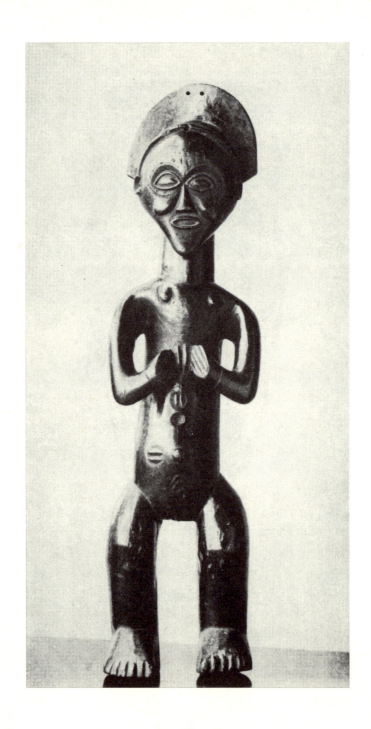

26

27

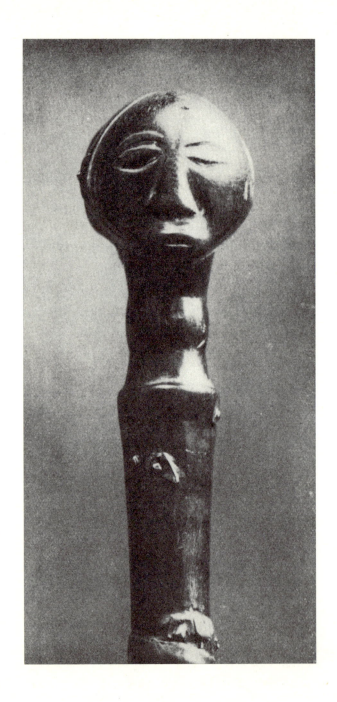

28

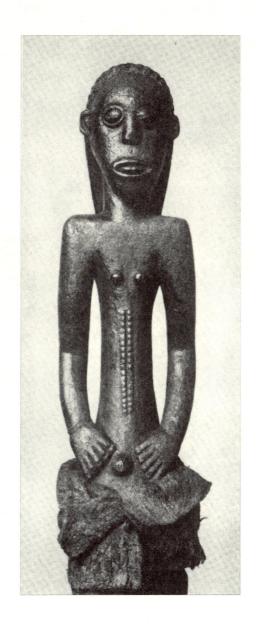

29

30

31

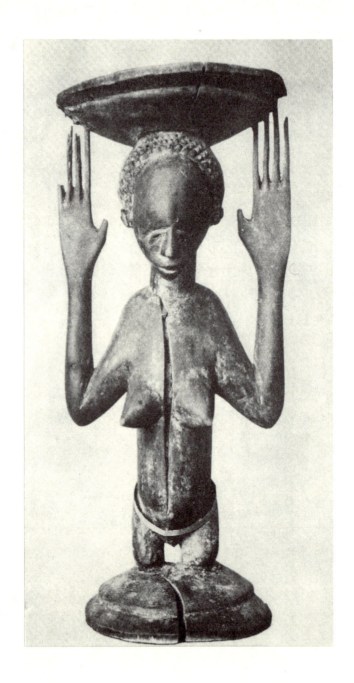

32

34

35

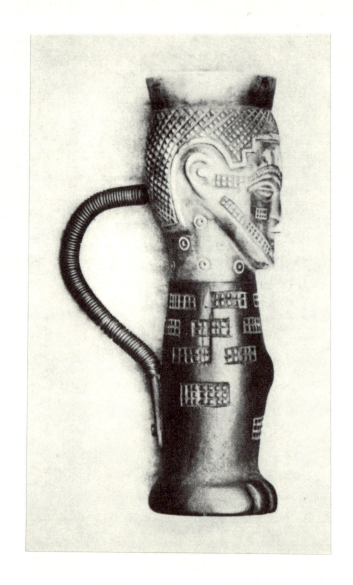

36

37

40

41

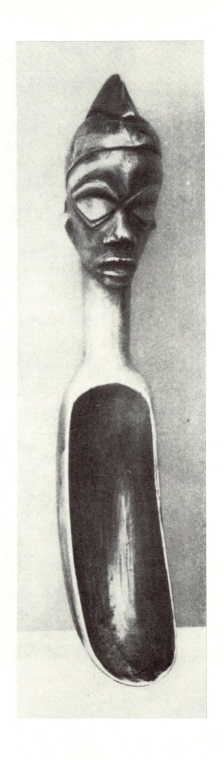

43

44

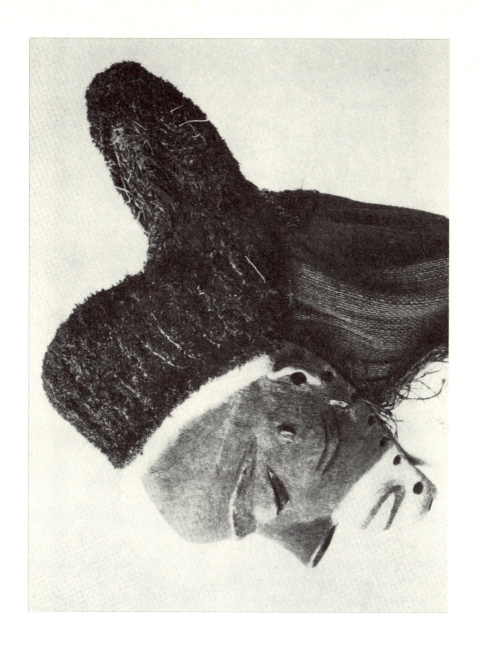

45

46

143

48

Die schlimme Botschaft

Zwanzig Szenen

Eugenie von Garvens
in Freundschaft gewidmet

JESUS UND DER BÜRGER

Bürger: Was kümmerst du dich um Dinge, die dich nicht angehen? Man wird dich töten und dir geschieht recht. Du störst Ruhe und Ordnung.

Jesus: Ob mir recht geschieht oder unrecht, gilt gleich. Von mir ist nicht die Rede.

Bürger: Aber von der Ordnung.

Jesus: Nichts stört so sehr wie eure Ruhe und Ordnung. Sie ist das Vorrecht der Toten, das der Lebende diesen mißgönnt. Die Toten jagt ihr aus den Gräbern hoch, ihr aber verlangt Ruhe.

Bürger: Meinetwegen; aber du kümmerst dich um Dinge, die dich nicht angehen. Warum beredest du die Armen zum Aufstand?

Jesus: Die klagende schüchterne Verzweiflung der Armen gegen die Gewalt der erdewuchernden Reichen nennt ihr Aufstand? Gequälte Angst Erschöpfter heißt ihr Frechheit!

Bürger: Also, was beredest du die Armen zur ängstlichen Notwehr?

Jesus: Ihr seid geartet, daß ihr euch nur um euch kümmert.

Bürger: Wir mischen uns nicht in fremde Angelegenheiten.

Jesus: Ihr kümmert euch nur um euch selbst. Euer Selbst, das sind eure Geschäfte. Je reicher einer ist, um so weniger ist er Mensch; sondern Sache.

Bürger: Um so nützlicher ist er dem Staat, um so wertvoller als Bürger.

Jesus: Je reicher einer ist, um so wertvoller ist er als Sache. Von dir spricht man nicht, sondern von deiner Fabrik, deinen Ländereien. Du sagst immer, die Fabrik, die Ländereien, das bin ich, das ist am Ich das Wertvolle und macht es aus. Das ist die Frechheit, die erschöpfte Dummheit der Bürger, von den Dingen, der Erde, von der Arbeit der anderen zu lügen: das bin ich.

Bürger: Du antwortest nicht, Schriftgelehrter; was kümmerst du dich um Wasserträger, Halbsterbende, Straßenmädchen, Arbeitsscheue und dies Gesindel.

Jesus: Die Halbsterbenden sind die Starken. Du meinst, ich sollte mich um mich kümmern?

Bürger: Worum denn sonst? Um die Familie, die Kinder, das Geschäft.

Jesus: Was ist denn dein Ich? Was bist du? Wer deine Person?

Bürger: Meine Angelegenheit; ich soll dem Staat, dem Vaterland dienen; aber nicht Landstreichern!

Jesus: Dein Vaterland steht in deinen Gütern, im Besitz deiner Freunde, die du noch bestehlen wirst. Meines in den Herzen der Armen. Der Erde Sinn kann nur der Mensch sein, und man ist Mensch, soweit man arm ist. Der Reiche ist Wolle, Öl, Kohle, Eisen; sein Auge ist Wolle, sein Wunsch ist Öl, sein Herz ist Kohle, seine Niere Eisen. Ich gehe zu den Menschen, die unbeschwert blieben von den schwelenden Teilen eures toten Ichs. Durch eure Gier wurde das Ich der Erde erschlagen und damit du und ich. Ihr habt den Armen gehalten, daß seine Gedanken ohne Zunge blieben; und niemand soll ihm Sprecher sein? Die Armen sollen wehrlos bleiben? Die Einfältigen sind selig, doch ihr macht der Armen Einfalt zu Elend.

Bürger: Die Armen teilen alle Rechte mit uns!

Jesus: Vorher machtet ihr den Gegenstand des Rechts zu eurem Besitz. Ihr nahmt die Gewalt an euch; dann gabt ihr gleiche Rechte. Ihr werdet an der Gewalt sterben.

Bürger: Immer noch die fremden Angelegenheiten, die Armen!

Jesus: Wer denkt, kann er andres bedenken wie die Armen? Der schmerzhafte Gedanke läßt sich nicht auf euren Besitz pressen, sondern geht zu denen, die nichts anderes besitzen als unausgesprochenes heimliches Denken. Für die Leidenden denken, die gequält sind, die keine Zeit besitzen zu denken. Fremd ist mir der Staat besitzender Gewalt: nah die Menschen, die nichts anderes sein dürfen als Menschen: die Armen.

Bürger: Der Denker gehört zu uns; wir besitzen Bildung, wir bezahlen Bildung; ermöglichen diese durch Besitz und Arbeit.

Jesus: Eure Bildung ist angeeignetes Gut und Gewalt. Euer Wissen ist der Besitz weniger und Gewalt, worin ihr die Schädel der Armen zerpreßt. Ich weiß, wer nicht mit euch geht, wird heute noch vernichtet. Wäre ich mit euch, wäre ich vernichtet.

DAS ABENDMAHL

Johannes: Wir müssen des Herrn teilhaftig werden!

Apostel: Wir sind sündig und können unserer Sünden nur erlöst werden, wenn Gott für uns stirbt.

Einer: Wer unter uns ist ein Gott und will sterben? Oder will sterben, um Gott zu sein?

Judas: Wenn euer Gott gestorben ist; allerdings, dann ist später der Vergleich unmöglich zwischen euch und Gott.

Johannes: Wir müssen des Herrn teilhaft werden! Er muß in uns eingehen.

Apostel: Ich mühte oft Jesus mich anzunähern. Tagelang dachte ich nur ihn und seine Werke, daß ich meinte, in ihn gewandelt zu sein. Ich dachte stier, daß ich glaubte, durch mein betendes Denken werden die Blinden sehen. Ich bedachte, wie er den Blinden sehen machte. Als ich die Glieder aus dem Starrschlaf riß, und die Füße die bebende Erde spürten, überlief mich schweißige Schwäche. Ich kann den Herrn nicht erreichen.

Jesus: Ihr könnt mich nicht erreichen? Mein Gott, wer bin ich, daß ihr mich verschieden glaubt? Sie verstehen die Lehre nicht und sehen nur mich. Sie erkennen die Auferstehung nicht. Müssen wieder unbegreifliche Wunder auffahren, daß sie zu begreifen glauben? Wunder, die mir das Herz zerschlagen. Sie verlangen von mir, daß ich Wunder aller Götter tue, sie klammern sich an geschaute Erlösung.

Judas: Ein lebendiger Dämon ängstet und bedroht. Solange du lebst ist deine Lehre bestimmt und verpflichtet. Solange du lebst sind sie Jünger eines lebenden Menschen. Und sie alle wollen, wie die Mithrasspieler, Jünger eines Toten, eines Gottes sein. Der Tote ist geheimnisvoller als der Lebende; an einem Toten kann jedes ausgelegt und erklärt werden. Nur wenn du tot bist, steht deine Lehre. Der lebendige Jesus verhindert die Lehre und steht dem Gott Jesus entgegen.

Jesus: Also muß ich sterben, damit die Lehre besteht?

Judas: Bald sterben, damit deine Lehre nicht an der Trägheit und dem Zweifel der Leute abstirbt.

Jesus: Der lange Nachmittag reift.

Judas: Du glaubst deinen Worten, also gehst du an deiner Lehre zugrunde. Wer eine Lehre, sei sie gut oder übel, eitrig wuchernden Geschäften voranstellt, erschlägt sich. Es ist dir besser, bald zu sterben, als die Verfälschung deiner Lehre in langer Trauer, die mit salzigem Lächeln endet, zu erwarten.

Johannes: Wir müssen des Herrn teilhaft werden!

Apostel: Der Herr muß uns erlösen, daß wir sündhaft seien!

Einer: Was beweisen uns die Wunder; sie taugen dem Wundertäter und dem Verwunderten.

Apostel: Herr, tue uns ein Wunder, worin deine Lehre körperlich wird; ein Wunder, das uns allen zuteil wird!

Jesus: Ein Wunder?

Apostel: Wir wollen auferstehen, wir wollen wissen, daß wir auferstehen.

Jesus: Seid ihr nicht auferstanden?

Apostel: Schwäche legt uns wie zertretenes Moos zu Boden.

Judas: Wir bedürfen des Beweises der Auferstehung!

Jesus: Habt ihr ihn nicht? Kann der Mensch, der nie gelebt hat, sterben, und kann, wer je lebt, sterben?

Judas: Deine Geheimnisse klingen undeutlich. Setzt euch unter den lebenden Stamm, unter den Saft seiner blutenden Blätter.

Petrus: Seine Blätter klirren wie krähende Hähne.

Jesus: Der Leib des Herrn ist das Brot der Menschen. Das Blut ist der Wein des Menschen. Wessen Speise aber die Lehre ist, bedarf nicht des Brotes und des Weines; seine Nahrung ist ewiges Leben.

Judas: Wir glauben dir. Unser Glaube ist schwach; wir bedürfen des Beweises, daß man aufersteht; damit wir stark werden.

Jesus: Judas, ich muß also sterben, damit du glaubst.

Judas: Der Tote ist gewiß und ein Gott.

Jesus: Liebst du meine Lehre so stark, daß du den Lehrer hassest?

Judas: Eine Lehre ist Gleichnis, solange man der Lehre sich nicht opfert. Gleichnisse sind schöne Gedichte; was nützt uns die Fabel? Du sprachst von Brot und Wein und sagtest, wer die wahre Speise kennt, bedürfe jener nicht. Die wahre Speise ist nicht gelehrte, sondern bewiesene Lehre.

Jesus: Du suchest den Kern des Gleichnisses. Ich bin sein Herz.

Johannes: Wir wußten es; wir leben in deinem Leib, trinken von deinem Blut, um deiner Lehre voll und trunken zu sein.

Judas: Bringt Wein! Herr, wir müssen dein teilhaft sein. Kräfte gehen von dir aus. Wir müssen sie besitzen, um in deiner Lehre zu wirken.

Jesus: Gib acht, du reißt mir mit deinen Nägeln die Ader auf.

Johannes (springt auf): Rühre den Herrn nicht an! Der Leib des Herrn ist heilig!

Judas: Wein her! Man soll die heilige Speise nicht anrühren und kraftlos bleiben? Ich sage, man soll sie essen!

Jesus: Ich sehe, ihr verlangt meinen Tod und braucht ihn. Lehren und Menschen leben von Blut und Menschenopfer. Meine Qual ist euer Brot. Judas, liebst du mich?

Judas: So sehr, daß ich dich nicht mehr leben sehen kann; ich wünsche dich in der Glorie. Der tote Jesus ist stärker als der lebende.

Jesus: Ich bin euer Brot. Ich bin euer Wein. Liebe mich weniger, Judas, deine Zähne gieren etwas; du willst zu bald erlöst sein.

NACH DEM ABENDMAHL

Paulus (glücklich, leidenschaftlich): Du wirst uns erlösen.

Jesus: Ich werde erlösen? Wen?

Paulus: Mich.

Jesus: Du glaubst, daß mein Schmerz dir nützt?

Paulus: Dein Schmerz erschüttert die Gottheit; milder wird sie auf uns sehen. Erschüttert von der Qual des Gottes, der unter uns war, wird sie sich uns nähern. Erschüttert über dein vorfrüh zerbrochenes Leben, wird Gott dich als den ersten zum ewigen Leben berufen, und der Mensch in dir und in uns wird der Gnade teilhaft, der Gnade der Ewigkeit, die deiner Gottnatur als Gesetz innewohnt.

Jesus: Du meinst, ich sei ein Gott?

Paulus: Könnte ich die Götter der Griechen, Astarte, Serapis und Mithras mit anderem schlagen als einem neuen Gott?

Jesus: Paulus, was brauchst du Götter? Götter sind den Menschen furchtbar. Dein Göttliches ist mir schlimm.

Paulus: Das Göttliche ist äußerste Machtform. Schwache, zarte Dinge wie das geschmähte schwierige Wort der Liebe, die Predigt von der Armut bedürfen äußerster Machtform: der Göttlichkeit.

Jesus: Bin ich so schwach, Paulus?

Paulus: Wir alle sind elend, darum müssen wir in Gnaden gotthaft sein. Wir sind so gering, daß wir Götter werden müssen, um nicht zu zerbrechen.

Jesus: Ich werde zerbrochen, daß ich Gott bin?

Paulus: Gott kann die Menschen nicht als Gott berühren, sondern nur in der Qual. Im Leiden überspringt der Gott den Riß zu den Menschen.

Jesus: Spürt Gott Schmerz?

Paulus: Er muß, um den Menschen sich zu nähern —

Jesus: Du verlangst von mir Qual. Wie seid ihr grausam gegen eure Götter. Paulus, du rächst dich.

Paulus: Gott ist grausam gegen uns. Durch das Sein Gottes sind wir elend.

Jesus: Paulus, ich bin dir nichts, nur ein Theorem.

Paulus: Nichts ist kostbar und gewichtig wie dies.

Jesus: Du kannst gut sprechen, wenn du meinen Tod vor dir siehst; wie wirst du nach meinem Tode reden können. Ich glaube, der Lebende steht gegen eure Beweise, er ist zu gewiß und veränderlich; er verteidigt sich noch gegen deine Worte.

Paulus: Glaube muß stehen unberührt von Zeit.

Jesus: In meinem Tod.

Paulus: Es gibt zwei Wege: Leben und Menschsein; Sterben und göttlich werden. Unser Glaube bedarf der Vergottung.

Jesus: Paulus, der Weg steht dir frei.

Paulus: Mir, Herr?

Jesus: Dir und jedem. Dir; denn du kennst die Lehre gut. Warum soll ich die schmerzliche Vollendung suchen?

Paulus: Herr, ich bin nur dein Wort.

Jesus: Deine Worte sind lau, solange die Lehre der Liebe nicht tödlich bewiesen ist. Nach dem Beweis wird deine Rede laut sein.

Paulus: Dein Tod wird sich zu ungemeiner Bedeutung anheben — für alle.

Jesus: Für alle. Und ich, Paulus? Ich bin gewiß, ihr werdet gut und mit schweißendem Hals von meinem Tod sprechen. Die geopferten Götter; vieles läßt sich von ihnen sagen.

Paulus: Das Höchste einem Menschen und selbst Gott erreichbar.

Jesus: Der Menschen Rede und Schreibe ist schwarzrandiger Nachruf verwester Unsterblichkeit. Alle Menschenliebe und Rühmen ist Freude an Mord. Paulus, ihr werdet die armen Richter zu sehr beschuldigen und fragt nicht, wo ist eure Schuld?

Paulus: Niemand ist schuldlos; jeder ist sündig; darum der Tod, Untergang der Sündlosen, darum aller Verschuldung und aller Bedürfnis nach Erlösung.

Jesus: Paulus; lade ich euch so viel Sünde durch meinen Tod auf? Dies wäre von mir schwerste Sünde. Ich fürchte sie. Deine Welt ist nur Verbrechen unter einem blutenden hoffnungsarmen Vorhang.

JESUS STEHT AM SCHAUBERG

Ein Legionär

Jesus: Wie lange hing der Mann am Kreuz?

Legionär: Fünfe hat er gemacht.

Jesus: Fünf Tage? Was hatte er getan?

Legionär: Das weiß ich nicht. Wir kümmern uns nicht darum. Ich habe nur dafür zu sorgen, daß Ruhe und Ordnung am Schauberg gewahrt bleiben.

Jesus: Ruhe, wenn Menschen getötet werden?

Legionär: Eben, sie werden getötet, damit Ruhe bleibt.

Jesus: Wessen Ruhe? Warum Ruhe?

Legionär: Weiß ich nicht. Wir können keine Unruhe brauchen.

Jesus: Bedürft ihr denn eines anderen als der Unruhe?

Legionär (spuckt aus).

Jesus: Hat er sehr gelitten?

Legionär: Nicht genug, er beschimpfte uns, bis die gequollene Zunge ihn knebelte.

Jesus: Dann?

Legionär: Er war gebunden, daß die Adern platzten.

Jesus: Schmerzte es?

Legionär: Sicher.

Jesus: Warum hilfst du Menschen töten?

Legionär: Ich lebe davon. Täte ich es nicht, der Andrang zu unseren Stellen ist groß.

Jesus: Du tötest jeden, den man dir bringt?

Legionär: Jeden. Amt. Pflicht. Jedem das Seine.

Jesus: Hast du nie bedacht, ob es recht ist zu töten?

Legionär: Warum bedenken?

Jesus: Es kommen viele Leute, kreuzigen zu sehen?

Legionär (wichtig): Sehr viele.

Jesus: Was sagen sie?

Legionär: Sie sind entzückt. Schreien, lachen — besonders wetten sie, wie lang der Verurteilte es aushält. Sie beschimpfen den Gekreuzigten, wenn er die Schmerzen schwer erträgt, zu kurz hängt und nicht spricht. Sie versprechen dem Gekreuzigten Belohnung für die Angehörigen, wenn er gut schimpft.

Jesus: Wie sie sich im Gekreuzigten kühlen und eigenen Schmerz rächen.

Legionär: Es ist nicht einfach, die Gekreuzigten vor der Zudringlichkeit der Menge zu schützen, vor allem die Betrunkenen in Ordnung zu halten.

Jesus: Sie trinken?

Legionär: Vor allem die Weiber, die sich an den Gekreuzigten vollgeilen.

Jesus: Nichts lieben und zahlen sie so teuer wie den Tod eines anderen. Als ob sie glaubten, dieser bezahle für sie den Tod.

Legionär: Glauben sie auch. Oft bezahlen sie das Begräbnis des Gekreuzigten und lassen einen für sich in ihrem Grabe beisetzen. Sie nennen das den Stellvertreter.

Jesus: Welche Leute werden gekreuzigt?

Legionär: Pechvögel, Ungeschickte, Dumme, Verwirrte. Die Klügeren stehen unten herum, sich zu ergötzen.

Jesus: Warum kreuzigt ihr diese Ungeschickten und Verwirrten?

Legionär: Die Klugen lassen sich nicht kreuzigen.

Jesus: Sondern?

Legionär: Nun sie kreuzigen.

Jesus: Und zwischen Kreuzigen und Gekreuzigtwerden gibt es nichts dazwischen?

Legionär: Noch etwas? Die Rechnung geht auf.

(Einer kommt mit dem Kreuz.)

Jesus: Man will dich kreuzigen?

Kreuzträger . . . . . .

Jesus: Läßt du dich kreuzigen?

Kreuzträger . . . . . .

Jesus: Warum?

Kreuzträger: Ich stahl.

Jesus: Dies bezahlt man mit dem Leben?

Kreuzträger: Die Armen haben nichts anderes, womit sie zahlen.

Jesus: Ihr habt nur das Leben?

Kreuzträger: Wir haben das Leben, um es anderen zu geben.

Jesus: Wie?

Kreuzträger: Mein Leben ist das Leben der Reichen, und hat nie mir gehört.

Jesus: Und?

Kreuzträger (lächelnd): Jetzt beschleunigt man die Abrechnung.

Jesus: Konntest du nie von deinem Leben etwas Gott geben?

Kreuzträger: Gott gehört den Mächtigen. Dem Armen ist verboten, Rettung zu suchen. Wagt er's, wird er getötet. Wenn du so willst, gebe ich mein Leben Gott.

(Man hört die Litanei der Priester in fünfzig Meter Entfernung.)

Herr, Du bist mächtig und groß

Dein Arm ist stark

Du hältst ihn über Tausende gestreckt

Ein Zucken deiner Braue und liegen Tausende im Staub

Du sagst, es ist recht, und wir sind gerecht.

Es ist so

Herr, gib uns Stärke

Herr, gib uns

Herr, gib

Gib, gib, gib, gib, gib

Du hast

Du besitzest

Du kannst

Bei dir ist die Kraft und die Macht und die Herrlichkeit und der Sieg

Du zerschmetterst

Du sprichst und es geschieht.

Kreuzträger: Eben. Du bist der Sieg. Gott rechnet mit dir ab.

Jesus: Wie ekelhaft ist Gott. Willst du so sterben?

Kreuzträger: Ich muß.

Jesus: Sich wehren?

Kreuzträger: Wer sollte mir helfen? Die Unseren sind gewohnt, getötet zu werden, warum lärmen, wenn man tut, was unsere Brüder getan haben.

Jesus: Hilft euch niemand?

Kreuzträger: Gott ist gegen uns, seine Bilder werden von den Reichen bewahrt.

Jesus: Und ihr werdet getötet, wenn ihr euch helfen wollt?

Kreuzträger: Wir werden getötet.

Jesus: Und die Mächtigen?

Kreuzträger: Sie besitzen Gott und die Gerichte.

Jesus: Und die Gerechtigkeit?

Kreuzträger: Wir sind die Ungerechten.

Jesus: Was bleibt euch?

Kreuzträger: Das Almosen der Erlösung durch den Reichen und Arbeit zum Tod.

Jesus: Und die Gerechtigkeit?

Kreuzträger: Ist geschaffen, an uns vollstreckt zu werden. Recht kann nur an Hilflosen vollzogen werden. Es ist schwach in den Fäusten der Reichen und stark an den Elenden.

Jesus: Also das Recht ist die Hure der Reichen, ihnen Wollust zu machen?

Kreuzträger: Wir Armen haben erfahren, daß Gerechtigkeit gefällt wird uns zu quälen. Das Vergnügen, täglich die hilflose Niedrigkeit der Armen zu beweisen, ist bedeutender Teil des Staates.

Jesus: Und wenn die hilflose Niedrigkeit stark geworden, wenn Niedrigkeit steigt?

Kreuzträger: Dann sterben wir viele und fallen jäh ab. Man darf nur steigen, wenn man wie die Reichen denkt. Man darf nur steigen, wenn man unaufhörlich den Reichen den After küßt. Arme dürfen nur steigen, die immer Reiche waren.

Jesus: Dein Richter, ist er arm oder reich?

Kreuzträger: Ein Armer, bezahlt, den Reichen die Wollust des Quälens zu besorgen. Ein Armer, schlimmer und reicher als die Reichen.

Jesus: Schämt er sich nicht?

Kreuzträger: Er verteidigt gegen mich sein Heiligstes, den Reichtum der anderen. Er verteidigt gegen mich seinen Götzen. Er verteidigt gegen mich sich selbst, um zu beweisen, daß Richter nötig sind.

Jesus: Wer war dein Richter?

Kreuzträger: Mein Bruder.

Jesus: Er urteilte dich an das Kreuz?

Kreuzträger: Er bewies, daß die Armen gerecht gegen die Armen sind.

Jesus: Solche Schande tut er euch an?

Kreuzträger: Er meint, ich hätte ihm Schande getan.

Jesus: So viel Macht gibt es, daß Brüder sich morden?

Kreuzträger: So vieles Geld, dessen wir zum Leben bedürfen. Wir sind gezwungen und bezahlt von den Reichen, uns zu töten.

Jesus: Wenn du dich wehrtest gekreuzigt zu werden?

Kreuzträger: Wenn ich mich wehre, an das Kreuz zu klettern, so erschlägt man viele meiner Gasse.

Jesus: Warum noch andere?

Kreuzträger: Damit in ihnen nicht der Gedanke an Verteidigung entstehe — weil man glaubt, ein einzelner von uns habe keinen Gedanken.

Jesus: Und wenn die anderen dir hülfen?

Kreuzträger: Wegen eines einzelnen? Die Armen können kaum so gequält werden, daß sie sich verteidigen. Sie sind gewohnt, verurteilt
und getötet zu werden. Gut, die Armen verteidigen sich. — Aber die
Erde ist nur auf den Reichen hergerichtet. Wir müßten ja alles zerschlagen — wir, die wir immer zerschlagen wurden. Wir müßten alles zerschlagen.

Jesus: Die Erde ist nicht gut. — Sie ist in den Händen der Reichen Gift.

Kreuzträger: Wir essen es und sterben daran.

Jesus: Die Sonne rädert wolkenlos.

Kreuzträger: Sie wird mich zertrocknen.

JESUS UND ZWEI JUDEN

Erster Jude: Ich bin ihr Freund, zweifellos, ich verkehre ja noch mit
Ihnen.

Zweiter Jude: Ich bin ihr Freund, zweifellos, ich höre ja noch Ihren
Ausführungen zu.

Jesus: Sie tun zu viel für mich.

Erster Jude: Wir glauben immer noch, Sie geben die Politik, die Öffentlichkeit auf; ermüdende, sinnlose Schmutzerei, wozu?

Jesus: Sie kennen die Menschen sehr, sinnlos. — Da es sinnlos ist, muß
man ein Ziel geben.

Zweiter Jude: Sie lehren die Armut, das Ohne-die-Welt-Sein. Ich bin
Ihr Freund und fördere Sie, drum reiße ich Ihnen den Mantel herunter. Weltentsagung bei anderen ist zu fördern.

Erster Jude: Ich bin Ihr Freund, drum reiße ich Ihnen das Hemd herunter. Armut der anderen ist zu fördern.

Jesus: Ich bin erstaunt, daß meine lieben Freunde mir nicht die Haut
abreißen. Noch mehr förderte mich dies.

Erster Jude: Wir werden das mögliche tun, um auch dies zu erreichen.

Zweiter Jude: Man gehört ungemein seinen Freunden an. Man ist ihr
Eigentum.

Jesus: Reißt du von deinem Stuhl das Leder?

Erster Jude: Er sprach nie den Wunsch aus. Ich tue es darum nicht.
Warum sollte der hingebende Freund mir nicht sein Hemd geben?
(Reißt ihm das Hemd ab.)

Zweiter Jude (wirft ihn zu Boden und reißt ihm die Sandalen ab): Die
Armen sind unfähig zu besitzen, da sie infolge Schwachheit Besitz
nicht zu wahren vermögen.

Erster Jude: Der Arme ist zu dumm um zu besitzen, darum besitzt er nichts.

Zweiter Jude: Auf diesen Sandalen wird meine Tochter wie Nijinsky tanzen. Auf des Rabbis Sandalen ein Step. — Das muß im Programm stehen.

Erster Jude: In Jesi Hemd wird meine Frau sich zu Bett legen, sie wird Furore machen, alle Weiber werden Jesi Hemdenschnitt bei mir verlangen.

Zweiter Jude: Wir werden seine Garderobe an ein Museum verkaufen. Siehe, ich lehre euch ein Geheimnis. — Lasset die anderen arbeiten und wir verkaufen. — Denn der Herr sprach: Die nicht säen, sollen fünfzig Prozent Dividende erhalten.

Erster Jude: Die beglückende Kühle unserer jüdischen Nacht wird sie frisch erhalten.

Zweiter Jude: Das Bewußtsein, daß wir umgehend Ihre dürftige Garderobe zu teurem Preis umsetzen, wird Ihnen ein warmes Gefühl von Menschheitsbeglückung gewähren.

Erster und Zweiter Jude: Wir begrüßen den garantiert echten Sohn Gottes in vorzüglicher Hochachtung und beugen die rasierten Gesichter ergebenst bis zum Schnürsenkel.

Jesus: Wenn es einen Gott gibt, läßt er jetzt Schnee fallen, obwohl, seit ich geboren bin, im Juni Schnee nie fiel. Das Schneetreiben wird mich Nackten vor den Menschen schützen.

    (Prompt heftiges Schneetreiben.)

Jesus (zähneklappernd): Gott ist gerecht und lebt.

VOR PILATUS

Pilatus: Dieser Mensch hat den bösen Blick. Glaubst du, er könnte über das Grab hinaus sein Unwesen treiben?

Sekretär: Ist denn gewiß, daß er uns schadete? Barrabas mit seinem Aufstand im Färberviertel ist gefährlicher. Jesus verlegt die Sache in das Jenseits. Es ist dem Staat bequemer, daß die Armen ihre Hoffnungen auf ein besseres Jenseits richten.

Pilatus: Dieser Mensch könnte unsichtbare Kräfte besitzen. Was meinst du?

Sekretär: Wenn du dies glaubst, mag es für dich so stehen.

Pilatus: Er leugnet Geheimnisse zu besitzen. Das Kreuz wird ihn reden machen. Man wird ihm den Leib öffnen, um seine Kräfte zu finden. Wie sie binden. Der tote Jesus ist gefährlicher als der lebende.

Sekretär: Sprich mit ihm.

Pilatus: Bleibe bei mir.

Pilatus (mit niedergerichteten und verhüllten Augen zu Jesus): Du wirst gekreuzigt werden.

Jesus: Ich weiß.

Pilatus: Du mußt gekreuzigt werden. *(Nach einer Pause.)* Willst du das?

Jesus: Ich wollte es nicht. Vielleicht wurde ich hierzu bestimmt.

Pilatus: Du wolltest die Erde ändern?

Jesus: Ist sie nicht zu verabscheuen?

Pilatus: Ich meine, wir sind so elend und gemein, daß wir nur in einer Welt zu leben vermögen, die gemein ist. Die Erde ist schwach, man kann Schwäche nicht ändern. Schwäche widersteht stark, da sie langsam rückweichend nachgibt. Der Mensch glaubt an das Gute, weil er böse ist. Wo bliebt ihr Weltverbesserer, wenn die Welt gut wäre. Davon eßt ihr. Nun sagt ihr den Menschen, sie seien gut. Den Elenden sagtest du, sie seien die Wertvollen. Du vermehrst die Lüge. Du schmeichelst den Armen und machst sie noch dünkelhafter und selbstzufriedener.

Jesus: Willst du denn, daß die Armen mit den Waffen aufstehen?

Pilatus: Der Staat bedarf einer gewissen Unzufriedenheit der Armen, damit die Reichen nicht allzu dreist geraten und den Staat zertrümmern. Die Armen ermöglichen den Staat durch unzufriedene Geduld. Und du? Du überredest sie zu grenzenloser Geduld. Was sind ihnen Staat und Elend, wenn sie nur noch dem Tode leben? Barrabas' wegen fielen hundert, du aber hast Tausenden das Leben genommen.

(Pause.)

Vielleicht aber, da sie dieses Leben nicht rechnen, dies Leben nicht mehr gezählt wird, machtest du sie noch skrupelloser.

(Pause.)

Wer die Menschen einen Glauben lehrt, mordet schlimmer als ein Mörder. Eine Änderung des Staates, das ist greifbar; eine Änderung des Menschen? Wer dies ausspricht, muß ein Gläubiger stehen, also ein Gewissenloser. Wer ein Neues glaubt, lehnt das Bestehende ab. Er lehrt, was die Erde unerträglich macht. Mit deiner Lehre nimmst du den Leuten die Kraft, dieses unerträgliche Leben zu ertragen und streckst sie in das Sterben hinaus. Man sollte den Platonismus seiner Lebensgefährlichkeit, seiner Unverantwortlichkeit wegen verbieten.

(Pause.)

Glaubtest du deiner Lehre, als du sie vortrugst? Einer, der diese Welt
für nichtig erkannte, muß auch die in ihr mögliche Erkenntnis für
nichtig erkennen. Überschreitet Erkenntnis unser Leben, ist sie mör-
derisch, da sie unglücklich macht.

Barrabas, das ist klar. Er wollte den Leuten helfen, damit sie weniger mißbraucht werden, wie er es nannte. Aber du? Wie sagtest du?
Liebe deinen Nächsten wie dich selbst. Weißt du nicht, daß dies selten
geschieht, nie. Wen widert der Nächste nicht an? Du sagst, du sollst.
Meinetwegen, aber glaube nicht, daß es geschieht. Diejenigen, die
tödlicher Aufopferung genug besäßen, den Nächsten zu lieben, haben längst ihren und des Nächsten Wert erkannt. Und gleicher Hand
lehrst du, wir sollen uns selbst hassen. Das heißt von einem Tod-
kranken sagen, er ist gesund.

(Pause.)

Dieses knäbische Hoffen, das ekelt mir eure Moralen, die im Gegensatz zu den Menschen gedichtet werden. Ihr verwirrt selbst die Tiere,
daß sie nicht wissen, was sie wählen sollen. Wir wissen es nie. Der
Verstand lastet uns mit Quälendem und verzaubert uns in Begriffe,
die uns überschreiten und entgegengesetzt sind. Er macht uns elend
und verwirrt.

Jesus: Darum bedürfen wir der strengen Lehre.

Pilatus: Glaubst du denn, was du erkanntest? Du weißt deine Lehre,
du hast sie erkannt, dann ist sie zweifelhaft. Nein, man kann nicht
glauben, was man erkannt hat; das Erkannte fordert Zweifel und
Leugnen heraus. Doktrinen erfindet ihr zum Vergnügen der Rebellen. Ihr schreit, beginnet das Neue, und das Alte lungert weiter. Ihr
verlängert das Elend, das wir von uns würfen. Was besitzt ihr nicht
Milde und Beschränktheit genug, den taumelnden Wunsch nach Erkenntnis und Glauben zu verringern? Wollten die Zauberer einmal
sagen: es ist nicht viel wert, es bezahlt sich nicht. Eure Lehren essen
von unserer Qual. Ihr seid zu gut oder zu elend zu erkennen und zu
glauben. Ist der Mensch schlecht, soll er nur Schlechtes glauben; das
Gute, das er wie ein Verlorenes anbetet, verleugnet seine Natur. Ist
er gut, braucht er nicht glauben.

Jesus: Ist der Mensch aber gemischt, nicht gut und nicht schlecht, weder
gut noch schlecht, schlecht und gut.

Pilatus: Dann ist er unglücklich und verwirrt, unglücklich und mittel-
mäßig.

Jesus: Darum muß man lehren und ordnen.

Pilatus: So meinst du, wir sollen alle lieben, die Elenden, Erbärmlichen und Gemeinen?

Jesus: Man soll die Elenden lieben, alle.

Pilatus: Du wirst deine Liebe am Kreuz erweisen, und die Leute die ihre, wenn sie dich kreuzigen. Uns ekelt die gemeine Gewalt deiner Liebe.

JESUS UND SIMEON

Simeon beschaut Jesus ausgestellt: Jesus steht und sieht über die Menge weg. Er liebt die Menschen so sehr, daß er sie nicht mehr sieht, sondern das in der Luft schwebende Kreuz. Er ist aber noch nicht gläubig genug, daß er sie lange und andauernd zu betrachten wagt.

Barrabas sucht seine Freunde flink unter der Menge; diese laufen eifrig agitierend umher. Seine Miene sucht die Bürger zu gewinnen; ungefähr: was alles habe ich für euch getan. Man hört ein parteigeschultes Murmeln; Barrabas als Zwischenrufe in Pilatus' Rede eingedröhnt. Barrabas, dessen Name drei A enthält, gewinnt und nickt mit dem Kopf. Ungefähr: ich wußte, ihr waret mir verpflichtet. Unter dem Gekreisch Barrabas' erkennt Jesus die Menschen. Vor seinen Augen erklettert sein Körper das Kreuz und bedeckt es. Er sieht die Juden an und bedenkt, daß die Menge keinen so sehr haßt wie den von ihr selbst gesetzten Führer, der Entscheidendes von ihr erzwingt. Er sagt sich: da sie nicht wissen, was sie tun, muß ich sie noch mehr lieben, um meine Verlassenheit zu vergessen. Lächelnd betrachtet er einen Dichter, voller Ekel einen Journalisten der Armenpartei.

Simeon sieht das Kreuz in der Luft; er als der einzige. Die Jünger sind auf dunklen Böden und in Kneipen der Vorstädte versteckt. Man rast präzis Barrabas. Klagend schreit Simeon auf: Ah, ah, und verstärkt, gefangen in die drei A, Schall und Wirkung. Er erschrickt und sagt sich: dieser gute Mensch darf nicht sterben.

Abends besucht er Jesum an der Tür der Zelle.

Simeon: Du darfst nicht sterben.

            (Jesus sieht durch das Fenster.)

Simeon: Du darfst nicht sterben.

Jesus: Wer, wenn nicht ich.

Simeon: Keiner darf sterben.

Jesus: Aber ich.

Simeon: Du hoffst uns zu erlösen.

Jesus: Vor dem Kreuz angelangt, werde ich dessen gewiß sein.

Simeon: Man kann nicht erlösen.

Jesus: Simeon, mach es mir nicht so schwer.

Simeon: Gott war tot. Seine Güte und Kraft auferstanden in dir. Gott darf nicht wieder sterben.

Jesus: Also Gott soll euch nie erlösen? — Jeder Gott ist verurteilt zu sterben, weil Gottsein uns fern ist. Wir haben Gott so gebildet, daß er nicht sein kann.

Simeon: Woran glauben wir denn?

Jesus: Freund, immer an die erschlagenen Götter.

Simeon: Der Mensch mordet Gott?

Jesus: Und Gott die Menschen.

Simeon: Wären die Menschen gemein, nur Ermordeten zu glauben?

Jesus: So gläubig.

Simeon: Also den Menschen ist der Gute, der Leidenschaftliche, kurzum der Anständige so unerträglich, daß sie an ihn nur glauben können? Und man tötet, um daran zu glauben?

Jesus: Die Menschen sind am besten, liebenswert, aufrichtig allein, wenn sie morden, planvoll morden. Der Gläubige, Aufrichtige mordet; der Gemeine läßt durch andere langsam erwürgen.

Simeon: Du und ich, wir sind Mörder?

Jesus: Ja. Das erste, das den Menschen hervorhebt, ist Fähigkeit, auf lange Frist zu morden; das zweite, den Mord in seinem Bewußtsein zu verhüllen; das dritte, die Fähigkeit des Mordes grenzenlos zu steigern.

Simeon: So siehst du die Menschen?

Jesus: Ich kann nicht anders. Ich möchte so elend sterben, daß die Menschen endlich ihre Gemeinheit begreifen.

Simeon: Das hoffst du?

Jesus: Ich wünsche, ich hoffe es nicht. Der große Teil wird mich für den Dummen halten, und viele werden mein Sterben mißbrauchen, um darin andere lange zu quälen und zu töten.

Simeon: Also Gott wird sterben?

Jesus (riesenhaft in Tränen zürnend): Die Geier leben vom Aas der Götter, den Lebendigen hassen sie; heilig ist ihnen das Verweste.

Simeon: Der tote Gott verwest?

Jesus: Und die Menschen nennen den Verwesten den Lebenden. Der tote Gott ist der hilflos Mißbrauchte, ekel Verkündete; man wird an mir viel verdienen.

Simeon: Verwesen die Menschen nicht an ihren toten Göttern?

Jesus: Die Gemeinen mästen sich am Gift der Leichen.

JESUS UND DER SCHLIESSER

Jesus kommt mit einer Kopfmaske.

Schließer (gibt ihm einen Hieb in den Nacken): Stelle dich gegen die Wand.

Jesus: Du verschließt mich?

Schließer: Sonst noch was?

Jesus: Warum schließt du Lebende weg wie Strümpfe?

Schließer: Sondern?

Jesus: Ekelt es dich nicht, Lebendes einzuriegeln? Lebendes, das verdorrt?

Schließer: Verbrecher.

Jesus: Gibt es Verbrecher?

Schließer: Sondern?

Jesus: Wenn es welche gibt, so die, welche Menschen langsam zwischen Kalk töten.

Schließer: Geh herein!

Jesus: Nie!

Schließer: Was?

Jesus: Schlage mich nieder, aber ich gehe nicht mehr in die Zelle.

Schließer: Du bist verrückt.

Jesus: Ich ertrage nicht mehr, das Hin- und Hergehen der Versperrten zu hören, Tag und Nacht. Ich ertrage nicht mehr, das Stöhnen der Träumenden zu hören. Ich ertrage nicht mehr, das rasende Weinen der vor Hunger Schlaflosen zu hören. Ich ertrage nicht mehr, das schluchzende Lachen der vor Kummer Irren zu hören. Ich ertrage nicht mehr, das Hinschlagen der Zerbrochenen auf die Bänke zu hören. Ich ertrage nicht mehr, die gekolbten Wunden der Mißhandelten zu hören. Ich ertrage nicht mehr, die Ermordung vom Verhör Rückkehrender auf den Treppen zu hören. Ich ertrage nicht mehr, das Töten derer auf den Höfen zu hören, die man in die Winkel treibt. Ich ertrage das ängstliche Murmeln der Gefangenen nicht, die Blutflecken auf den Treppen klatschend aufwischen. Ich ertrage nicht mehr die Stille zu hören bis zum Fluchtversuch.

Schließer: Und du wolltest alle erlösen.

Jesus: Töte mich, aber nicht verschlossen werden. Nachdem ich sehe, wie weit Menschen gehen können, ziehe ich vor, sofort zu sterben.

Schließer: So, so.

Jesus: Du verschließt Menschen, die andern fesseln Menschen und schleppen sie weg. Nicht genug, sie dem Richter entgegenzuführen, töten sie die Armen auf dem Weg zum Zuchthaus. Kommen Halberschlagene an, überlegen Ankläger Tag und Nacht sie so unglücklich wie möglich zu machen. Man macht Gesetze, worin die Armen und Unwissenden zerschnitten werden; denn die Gesetze schützen Reiche und Wissende.

Schließer: Irgend jemand muß verhaftet werden, könnten die Späher sonst bestehen? Irgend jemand muß beschuldigt werden, könnten sonst Kläger leben, irgend jemand muß getötet werden, könnten die Henker sonst leben? Irgend jemand muß verschlossen werden, was täte ich sonst? Lassen Reiche und Wissende sich verschließen und töten?

Jesus: Die Maschine ist aufgerichtet und will arbeiten. Die Leute, die versperren und töten sind schwach. — Sie lieben die Maschine weit mehr als die Menschen. Ihr nehmt die Schwachen, Starke lassen sich nicht greifen. Ihr nehmt die Mutigen, feige Hehler treten nicht vor. Ihr greift die Leidenden, sie brechen unter der Anklage am ehesten zusammen und fühlen immer sich schuldig durch ihr Leid.

Schließer: Wir fragen nicht, wen wir sperren. — Wir handeln nach Befehl.

Jesus: Ihr seht Befehle deutlicher als einen Unglücklichen? Wer befiehlt dir denn?

Schließer (wichtig): Der Staat.

Jesus: Wer ist das, der Staat? Bist du der Staat oder die Oberen, die dir befehlen?

Schließer: Wir alle.

Jesus: Auch die du gefangen hältst, auch die, die getötet werden? Ist dies nicht das Volk der Menschen, und der Staat tötet viele des Volks. Der Staat hält sich mühselig an den Mauern der Gefängnisse aufrecht. Der Staat zwingt dich, Menschen zu versperren, die du nicht kennst. Wenn dich heute ekelt, Menschen gefangenzuhalten und zu vergraben, gehörst du noch zum Staat? Der Staat versperrt die Menschen, die vor lauter Not nicht an den Staat glauben können. Ich ertrüge es, lebend tot zu sein. — Denn ich liebe dies Leben nicht. — Aber die Toten klagen, ihr langsames Sterben auszuwinseln zu hören, ertrage ich nicht. Ihr sperrt diese Leute ein, weil sie lebten und ihr erstarrte Tote seid. Ihr liebt eure Gefängnismauern, ihr liebt den Rücken der Leute zu sehen, die das Gesicht gegen die Wand drehen müssen. Ihr liebt des Menschen lebendiges Gesicht zu nehmen und in Masken zu verstecken. Arme Gesichter. Ihr Toten umhockt die zuckenden Totendörfer.

Schließer: All denen, die hier sitzen, den Elenden und Beladenen versprachst du Erlösung. — Du selbst, ein Elender, Gefesselter, du sprachst gut, hast du sie befreit?

Jesus: Ich zeigte ihnen das wahre Leben über dies Leben hinaus.

Schließer (zuckend): Ist dies Leben nicht so, daß man ein anderes nicht denken kann?

Jesus: Das Leben ist gräßlich genug, daß man an ein reines Leben jenseits der Dinge glauben muß, um es zu vergessen.

Gefangener (steht daneben): Wir denken nur unser Leben die Zelle. Was können wir noch an ein Jenseits denken, wo ich mich nicht mehr ohne die Zelle denken kann? Meine Beine sind gewohnt, das Geviert zu messen, und das Geviert sind meine Füße. Meine Augen sind gewohnt, die Wände zu sehen, und die Wände sind meine Augen. Meine Träume sind gewohnt, Ketten und Tränen zu träumen. Das Jenseits bin ich, ist mein früheres Leben, das schrumpfig verriegelt von mir west. Das ist unser Jenseits. Befiehlst du uns solches Leid, daß wir an das Unbekannte glauben müssen, dann bist du die, wie Richter und Schließer, die uns versperren.

Jesus: Du beschuldigst mich?

Gefangener: Das haben wir verlernt. Wir können niemand anklagen.

Jesus: Was denn?

Gefangener: Wir leiden.

Jesus: Und dann?

Gefangener: Nichts.

Jesus: Kann man dies Nichts verdichten? Kann man erlösen?

Gefangener: Man kann nur vergewaltigen. Auch Erlösung ist Gewalttat.

Jesus: Also wird man immer leiden.

Gefangener: Immer.

Gefangener (singt, in die Zelle verschlossen):
Gnade ist Ecke des spitzen Himmels
Gnade ist Luft ohne Kotgeruch
Gnade ist eine Decke des Winters
Gnade ist Kranksein
Gnade ist die Folter des Richters

Gnade ist der Anschrei des Wächters
Gnade ist das Datum zu wissen
Gnade vor allem der Schlaf.

JESUS IN DER ZELLE

Jesus: Die Menschen fallen durch die Tage. Ich muß ihnen die Tage verdecken. Sie trügen sich mit Morgen über bitteres Heut. Elend schläfert sie. Darf ich dem Elenden sagen, er sei elend? Im Wissen gerät er noch unglücklicher. Neues Elend, wo sein Ende. Kluge Rede und der Tod.

Schriftsteller: Gute Worte und der Tod.

Jesus: Wovon?

Schriftsteller: Von der Kraft des Lebens und seiner Worte.

Jesus: Vom Irregehen?

Schriftsteller: Glaubst du denn nicht an das Leben, seine Erneuung und die Masse der Armen, die leben wird?

Jesus: Ich weiß nicht, ob sie wahrhaft leben wird; aber ich weiß, wer schreibt lügt. Das ausgehauchte Wort sollte mit dem Atem vergehen, denn morgen ist es unwahr.

Schriftsteller: Warum?

Jesus: Worte sagen eines; Wind schüttelt die Erde, darum lügen sie.

Schriftsteller: Sollen wir uns nicht entscheiden?

Jesus: Können wir geschriebener Entscheidung glauben?

Schriftsteller: Bücher verpflichten.

Jesus: Vielleicht den Leser; vor allem, wenn sie in schönen Sätzen, das ist unwahr, geschrieben sind.

Schriftsteller: Was ist denn wahr?

Jesus: Des einzelnen Gefühl im Augenblick.

Schriftsteller: Dies stelle ich dar, ich empfinde und teile mit.

Jesus: Durch Worte. Die tönende Hand gilt nicht, nur Beispiel. In deinen Worten opferst du die Armen; gib dich deinen Worten. Ist ein Mensch gewiß, daß er seinem gestrigen Wort glaube, wo er nicht Glaube und Beweis der anderen überrechnen kann? Opfere dich deinen Worten.

Schriftsteller: Ein Toter wird kaum für seine Überzeugung wirken. Sterben beweist Zweifel und Verzweiflung des Gestorbenen. Ein Glaube, der Tod fordert, welchen Wert besäße er?

Jesus: Der Hunger zwingt den Armen in die aufgerichtete Maschine erniedrigender Arbeit, die geschaffen wurde, daß, je mehr einer tut, um so mehr er erniedrigt wird. Euer Staat ist Ergebnis der Angst und des Hasses der Menschen untereinander. Dazwischen triefen und schmatzen Sätze und Worte der Schreiber, um dem Schmutz des Tuns einen Sinn zu geben und, was noch ekelhafter: Schönheit.

Schriftsteller: Was sollen wir tun?

Jesus: Sagt, daß die Erde auslösche und man den Menschen abreiße, daß der Mensch bestimmt ist den Menschen zu vernichten.

Schriftsteller: Wie?

Jesus: Zeigt an euch, daß der Mensch den Menschen tötet. Die Menschen arbeiten an toten Zwecken, am Staat und was ihn ausmacht: Geld. Den toten Zwecken entsprechen Sterbende. Die Haut eures Himmels ist Aussatz, eure Gedanken alter Schmutz.

Schriftsteller: Kann man es nicht anders, gerade umgekehrt auffassen?

Jesus: Nichts anderes beschäftigt euch als die talmudische Debatte von der Auffassung der Welt und des Lebens. Ihr habt Meinungen und wuchert neben euren Meinungen von irrem Sturm versamtes Unkraut. Eure Meinungen rotieren und werden verkauft, die Köpfe der Leute sind angefüllt mit der Meinung der Leute und der Buchmacher, die reich genug sind, Presse und Papier zu borgen. Euer Leben ist eine geschwätzige Folge von Aufführungen und Vorträgen, euer Tod ist feiges Feuilleton. Eines rührt euch; Geldmangel und Lebensmittelpreise. Ihr achtet die Freiheit der Presse und opfert die Freiheit der Menschen den bezahlten Plünderern der Seele. Ihr achtet die Freiheit des Handels und verkauft das Leben des Menschen. Ihr achtet den Besitz an Weibern und vergeßt, daß ihr Sterbende seid, vom Sterben Besessene. Ihr schwätzt und rennt, das Sterben zu vergessen. Du schreibst ein Wort in die Presse der Hochstapler an Menschen, du vergewaltigst mit dem Geld deines Druckers und seiner Freunde. Schreibe gegen alle Armen und man lacht, schreibe gegen die Aktie eines Freundes deines Verlegers und du bist verloren.

Schriftsteller: Was soll ich denn tun?

Jesus: Ich kann für dich nicht wissen, kaum für mich.

Schriftsteller: Und du?

Jesus: Du kennst Richter.

Schriftsteller: Was wird mit dir sein?

Jesus: Was ich will; was muß.

Schriftsteller: Und?

Jesus: Ich töte mich durch die Richter.

Schriftsteller: Bist du dessen sicher?

Jesus: Wer Glaube besitzt, wird erschlagen, wenn es nicht der Glaube an Geld ist. Glaube ist in Deutschland tödlich.

Schriftsteller: Und dann?

Jesus: Habt ihr billigen leichten Stoff zu verspäteten Sätzen. — — Die Ermordeten sind stärker als die Faulenden.

BARRABAS UND JESUS

I

Barrabas: Wir müssen Gewalt gebrauchen. Zwischen Wand und Gitter haben sie uns gepflockt.

Jesus: Ist nicht alles Gewalt?

Barrabas: Gerede. Wir sind die Masse, wir müssen sie erschlagen.

Jesus: Du willst zum Mord anführen?

Barrabas: Zur Notwehr.

Jesus: Ein Wort.

Barrabas: Was hast du getan? Du hast uns das Leben geschmälert, du hast es entwertet, gesäuert, daß wir es ausspeien und schmerzlich erbrechen.

Jesus: Ich lehrte den Menschen und den Himmel lieben.

Barrabas: Himmel ist unser Tod. Und Liebe? Gräßlich willenlose Gewalt.

Jesus: Ich lehrte.

Barrabas: Du lehrtest und hast alle mit dem Wort vergewaltigt. Du zwangst die Rabbis und Pilatus Mörder zu werden.

Jesus: Ich sprach.

Barrabas: Du sprachst besser als sie; darum konnten sie nicht mehr mit Worten streiten. Zürnst du nun deinen Mördern?

Jesus: Nein.

Barrabas: Weil sie im Recht sind, in der Notwehr gegen die Schärfe und die Gewalt deiner Rede sich verteidigen, wie sie es können. Du hast viele, und auch diese zu Mördern gmacht. Du lehrst und sprichst zu Mördern und vielen, die deiner Lehre wegen bald gemordet werden.

Jesus: Du wirfst ein Tuch stickender Verzweiflung über mich.

Barrabas: Du hast uns verzweifelt geschaffen, daß wir um den Schmutz der Erde kämpfen müssen, um darin zu stehen. Die Armen haben nicht gewagt, um ihr Elend zu kämpfen; sie nahmen hin, und nichts wurde ihnen gegeben.

Jesus: Ich liebe die Elenden, die ohne die Welt sind und den Kot ihres Leibes nicht besitzen.

Barrabas: Du liebst die Armen, weil du Dinge liebst, soweit sie nicht sind.

Jesus: Werden die Reichen sich nicht eigener freiwilliger Einsicht fügen?

Barrabas: Die Menschen erkennen nach ihrem Leben, nach Besitz und Fehlen. Jede Erkenntnis aus einer Wahrheit, eine Erkenntnis, die auf Erkennen dringt, ist unwirklicher Unsinn. Die Menschen wissen, soweit sie durch Dinge gezwungen sind. Der siegreiche Aufstand der Armen zwingt die Reichen zu deiner Erkenntnis; nicht aber die Überlegung der Reichen. Damit man dich verstehe, müssen wir kämpfen. Verantworte die Toten; wir kämpfen um dein tausendjähriges Reich.

Jesus: Tote, Tote, der Weg zum Paradies voller Leichen.

Barrabas: Ja, blutiger Messias, und du wirst die erste sein.

Jesus: Das Elend glitt ohne sichtbaren Mord; die Gerechtigkeit prunkt in Totschlag.

Barrabas: Gedachtes ist ein Märchen; eine Folgerung, es ist Tötung.

Jesus: So euer Leben.

Barrabas: Was wir tun und denken, ist Mord. Was aus größter Liebe wächst, ist schwerer Mord. Die feinen Hüllen der Sätze platzen unter aufspringendem Blut.

Jesus: Und meine Lehre?

Barrabas: Lehre ist Ausrede, wenn man nur in der Lehre hängt.

Jesus: Ich verstehe. Die Tötung beginnt. Ich fliehe, und bin der erste, der durch die Lehre erschlagen wird.

II

Barrabas: Der Herbst blutet in deinen Mantel, und Baumschatten der Zypresse zackt dich.

Jesus: Warum tötet man mich, und ich lehrte die Liebe.

Barrabas (ihn umfassend): Du verstehst es nicht. Es ekelt alle. Wer kann lieben?

Jesus: Ich lehrte die Jenseitigkeit des Menschen; und man tötet mich.

Barrabas: Neugier; man will sehen, wie deine Worte sich an dir erweisen. Du wolltest uns allen den Schmutz der Erde nehmen. Wir kleben darin. Wir sind ein Teilchen des Schmutzes. Störe nicht die Gemeinheit, gibt nicht Träume, die unsere Gemeinheit erschrecken.

Jesus: Wenn es Träume sind, was erschreckt ihr?

Barrabas: Der Alte beschäftigt uns ganz, er hat uns benommen. Die Armen leiden, drum träumen sie erschreckt. Die Reichen schicken ihnen die Träume.

Jesus: Und mir den Tod.

Barrabas: Ich sehe nicht. Nacht schluckt. Wir haben kein Licht. Ich finde dich nicht.

Jesus: Suche meine Stimme; halte mich, Barrabas, damit ich noch diese Nacht bei dir bin.

III

Jesus sieht zum Fenster hinaus.

Barrabas: Der Mond kalkt dürren Zweig. Schatten schüttelt die linke Wand.

Jesus: Laß, ich bin müde.

Barrabas: Du bist müde und willst unsterblich leben.

Jesus: Laß, ich bin traurig.

Barrabas: Du lehrtest endlose Seligkeit.

Jesus: Ich lehre nichts. Es zeigt sich, was in mir geschieht.

Barrabas: Was geschieht in dir? Du wirst gekreuzigt. Du bleichst, armer Messias.

Jesus: Mache mich nicht für den Mond schuldig.

Barrabas: Der kalte Mond kleidet dich gut. Du nimmst unter ihm zu.

Jesus: Laß, ich werde nicht gekreuzigt. Ich kreuzige mich.

Barrabas: Du kannst es nicht lassen. Sophist.

Jesus: Du glaubst mir nicht?

Barrabas: Wie kann einer dem anderen glauben?

Jesus: Der Tod eines Menschen beweist nichts?

Barrabas: Vielleicht dir; mir nicht. Wirst du in der Marter deinem Tode glauben?

Jesus: Wie kann man euch helfen?

Barrabas: Du, wie dir selbst? Du stirbst, schreist auf, Erde wankt dir schwarz; und grölend wälzt Brust sich in den Betten, Wagen fahren ins Theater, und Verzweifelte hängen im Gelächter an den Haken. Rühre nicht an uns; du erstickst im Schmutz.

JESUS UND PAULUS IN DER ZELLE

Jesus: Paulus?

Paulus: Du willst fliehen?

Jesus: Bisher ließest du mich allein.

Paulus: Ich wollte dich dem stechenden Schmerz der Verlassenheit geben, damit du Göttlichkeit spürst. Ich stieß dich in den Schmerz, damit du den Tod als unschlimm spürst; ich tauchte dich in Woge der Qual, daß du noch mehr Sünden von uns nimmst.

Jesus: Werdet ihr durch meinen Tod nicht sündig?

Paulus: Du willst fliehen?

Jesus (eingeschüchtert): Ja.

Paulus: Du darfst nicht.

Jesus: Stirb du, wenn gestorben werden muß.

Paulus: Du bist zu schwach, den Fels der Lehre aufzuwälzen. Man glaubt dir, nicht mir; an wen geglaubt wird, muß sterben.

Jesus: Warum?

Paulus: Der Glaube an Lebende enttäuscht und ermüdet. Der Lebende ist der Sünde unterworfen wie wir.

Jesus: Paulus, ich will fort. Das Gefängnis hat mich verwirrt. Ich will fort, von dir, von allen.

Paulus: Du willst deiner Bestimmung dich entziehen? Hüte dich, ich habe die Wärter bezahlt, gut auf dich zu achten.

Jesus: Du hast das Auge gemietet, das durch die Tür starrt?

Paulus: Dies Auge ist gut bezahlt und sieht gut. Ich weiß, Judas, dieser unentschlossene Feigling, will dich befreien. Die Wankelmütigen werden an der Feigheit zugrunde gehen.

Jesus: Warum triebst du Judas, mich zu verkaufen?

Paulus: Der Glaube begann, dein Leben war erfüllt.

Jesus: Und du gibst mich dem Prätor. Gib mich an mich zurück.

Paulus: Wer bist du? Und was ist die Lehre?

Jesus: Nichts ist sie, wenn sie ohne mich nicht sein kann.

Paulus: Verstehe endlich, du kannst ohne sie nicht sein. — Ich weiß, du willst fliehen. Du wirst nicht fliehen, du wirst nicht fliehen, du wirst nicht fliehen.

Jesus (lethargisch): Ich werde nicht fliehen.

Paulus: Wirst du fliehen?

Jesus: Ich werde nicht fliehen.

Paulus: Übermorgen wird die Tür der Zelle geöffnet.

Jesus: Übermorgen geöffnet.

Paulus: Du hast das Totenkleid an, weil du übermorgen, wenn die Tür geöffnet wird, das Kreuz nehmen und nach Golgatha gehen willst.

Jesus: Ich nehme das Kreuz und will nach Golgatha gehen.

Paulus: Du wirst auf Golgatha gekreuzigt, das Licht der Erde wird in deinem Haar schwimmen, und du wirst Gott.

Jesus: Ich werde auf Golgatha gekreuzigt und werde Gott.

Paulus: Du erlösest und dein Leichnam fährt zu Gott.

Jesus: Fährt zu Gott.

Paulus: Du bist am Kreuz.

Jesus: Am Kreuz.

Paulus: Du warst immer am Kreuz, seit dem ersten Tag. Du bist am Kreuz, solange Bäume stehen. Es gibt kein Holz, das nicht dein Kreuz ist. Nie gibt es genug Holz für Kreuze, damit Christus besteht in Ewigkeit.

Jesus: Ich bin an allen Hölzern gekreuzigt in Ewigkeit.

JESUS TRÄGT DAS KREUZ

Sophist: Warum willst du nicht weiter?

Jesus: Ich kann nicht; Kreuz, dies Kreuz.

Sophist: Du willst dich nicht kreuzigen lassen?

Jesus: Mutter!

Sophist: Du schriest doch, man müsse ein Beispiel sein; man könne nicht mehr auf dieser Erde leben, es sei unrecht unter Verhältnissen, die man als falsch erkannt habe, weiterzuleben. Man müsse den Leuten zeigen, daß ein Leben, das der Erkenntnis entgegensteht, nicht gelebt werden dürfe, wenn man die Umstände nicht ändern könne.

Jesus: Vielleicht sind sie zu ändern.

Sophist: Ah!

Jesus: Vielleicht können Stärkere als ich diese ändern.

Sophist: So, du bist schwach?

Jesus: Vielleicht, da ich an den Dingen litt und sie aus Leiden für schlecht erkannte.

Sophist: Das hieße, den Starken kümmern die Verhältnisse nicht? Also der Starke ist gewissenlos und nützt die schlimmen Verhältnisse? Gut, der Starke erkennt und ändert sie. Wenn aber der Starke diese nur erkennt, doch nicht an ihnen leidet, vielleicht ändert er sie, soweit er sie nützt.

Jesus: Er kann nicht erkennen, ohne daß Einsicht ihn bindet, zu ändern.

Sophist: Das hieße, er leidet an seiner Einsicht, wenn nicht an den Dingen. Vermag man denn aus einer bloßen Einsicht zu handeln, genügt dem Klugen nicht Erkennen allein? Jemand sagt, daß Menschen geknechtet sind, ist übel; vielleicht leiden die Menschen nicht. Vielleicht ist ihnen Leiden unterhaltsamer und lehrreicher als Genuß? Und so hältst du dich gefangen und erleidest im Kreuztod den größten Genuß.

Jesus: Mutter! Mutter!

Sophist: Was soll uns der Schmerz eines einzelnen beweisen? Glaubst du noch deinen Reden?

Jesus: Ob ich den Menschen diente?

Sophist: Du befürchtest, ihnen durch dein Gerede das Leben erschwert zu haben? Sieh auf die Stadt hinunter und den Berg hinauf. Stehen beide?

Jesus: Mir liegen sie eingestürzt.

Sophist: Du täuschst dich. Beide stehen fest, was auch auf ihnen gesprochen wird.

Jesus: In fünf Jahren ist der Berg verödet, und die Häuser wanken in meiner Stimme.

Sophist: Gefällt es dir?

Jesus: Mutter! Mutter!

Sophist: Du möchtest in deiner Kehle die Erde ersticken und ersäufen.

Jesus: Gott, mein Golgatha!

Sophist: Und meinst, du hast die Menschen gewandelt, der Erde Gehirn erneut?

Jesus: Ich flehte die Menschen, das Leben um Gottes willen zu nehmen, daß sie in der Taufe es überspringen.

Sophist: Hörst du die Pfeifen und das Stampfen der Tanzböden? Dort überspringt man das Leben.

Jesus: Mein Gott, was werde ich gekreuzigt!

Sophist: Weil es Menschen gibt, die Menschen urteilen. Du hattest ein Urteil über die Menschen gesprochen; auch über dich hat man geurteilt. Schluß und Folgerung. Du warst übermütig, den Stumpfsinn des Treibens zu weisen, du wagtest, ihm einen Sinn einzudichten.

Jesus: Bin ich am Ende, da Menschen urteilen?

Sophist: Man mordet in jedem Atem; man war gegen dich in Notwehr.

Jesus: Ich lehrte Liebe.

Sophist: Ah, man soll lieben? Man soll die Menschen lieben und sein eigenes Leben verabscheuen? Gewalt! Gewalt!

DAS GUTE GESCHÄFT

Maria: Mein Gott, wie furchtbar! Herr Jesus; O dies mein Sohn. Mein Gott, ich will dich nicht schmähen; ich bin nicht hoffärtig.

Erster Händler: Armes Frauenzimmer.

Zweiter Händler: Du brauchst Geld.

Erster Händler: Verkaufe uns das Kreuz deines Jungen. Wir zahlen die höchsten Preise.

Zweiter Händler: Hinter uns steht ein Weltkonsortium.

Erster Händler: Wir verpflichten uns, es nur an Museen oder erstklassige Kenner zu verkaufen.

Maria: Das Kreuz, das mein Sohn beblutet, woran mein Sohn verendet!

Erster Händler: Da ist doch nichts bei. Sei froh, wenn es nicht fault oder Landstreicher es zu Kienholz machen.

Maria: Lieber die Diebe.

Erster Händler: Du gibst uns das Kreuz oder wir zeigen dich an. Du warst auch dabei. Jawohl.

Maria: Herr Jesus! Ich arme Frau!

Zweiter Händler: Hast du nicht am Beispiel deines Bankert genug? Willst wohl auch was weghaben?

Erster Händler: Unser Angebot oder Schluß.

Maria: Mein Gott, tu mit mir, was du willst.

Erster Händler: Also du hast dich verpflichtet, uns das Kreuz zu geben.

Zweiter Händler: Der Preis ist nicht ausgemacht.

Erster Händler: Aber das Kreuz.

DIE FÜNF NÄGEL

Paulus: Wir müssen uns der Kirche opfern.

Judas: Wenn das Kreuz aufeckt, wenn es aufeckt!

Frau (zur anderen): Er hat mir mein Wunder geweigert.

Zweite Frau: Wir zwingen es ihm noch ab.

Philosoph: Der Tod ist nichts anderes als die Bestätigung des Logos, der das Leben verneint und es ausschließt.

Schüler: Also ist der Selbstmord die einzige vernünftige Handlung.

Bäckermeister: Dieser Mensch blieb mir drei Brote schuldig; ich habe wenigstens die Genugtuung, ihn krepieren zu sehen, wenn ich auch um mein Geld betrogen bin.

Junger Mann (zum Verhältnis): Da habe ich die Plätze hundsteuer bezahlt, und man läßt uns in der Sonne dörren.

Buchmacher: Geduld; noch werden Wetten angenommen, beim wievielten Nagel der Tod eintritt.

Bürger: Ist ja doch Schwindel. Zuletzt wird er begnadigt, und wir sind die Hereingefallenen.

Paulus: Er wird sterben; es ist gewiß, meine Herren.

Buchmacher: Sie hören die Zuversicht seiner nächsten Freunde.

Maria: Glauben Sie den Schwätzern nicht, die Begnadigung ist vorbereitet.

Paulus: Du verlierst deine Seele, Weib.

Buchmacher: Die Frau gibt sich sinnloser Hoffnung hin. *(Zu Maria:)* Ich rate ihnen zur Vorsicht. Sie verbreiten politisch beunruhigende Gerüchte; Sie wiegeln auf. Ich werde Sie verhaften lassen.

Börsianer: Allein die Festigung der Börse fordert unter allen Umständen den Tod Jesi.

Paulus: Die Handelskammer hat das hierzu Nötige unternommen.

Spitzel (zum anderen): Hast du die Frau gehört? Hefte dich ihr an.

Zweiter Spitzel: Ich bin ihr Absatz; sie wird auf mir gehen.

Börsianer: Damit findet die Baissekonjunktur den gewünschten Abschluß.

Pissy Puck: Ich muß ihn ganz nahe sehen, die Zuckungen sehen; Kunst geht allem voran.

Direktor: Also heute nacht wird gezuckt.

Pissy Puck: Vorher Carlton, Dicker.

Direktor: Der Fotograf der Illustration ist bestellt. Pissy am Kreuz oder Jesus wird in Anwesenheit unseres eleganten Filmstars Pissy Puck gekreuzigt. Kostüm von Poiret, Hut von Pecheur.

Philosoph: Widerlich, die geil erregten Leute. Was wird denn viel geschehen? Ein übler Lehrer, schwacher Konkurrent, der seinen Gedanken unterlag, wird getötet. Schmerz? Er ist nur subjektiv. Das reine

Denken bleibt in seiner Wirklichkeit beschlossen und kann keine Wirkungen verursachen.

Odinsmanne: Selbstverständlich muß ein Jude gekreuzigt werden. Die Aufdringlichkeit ekelt. Alles um sich wichtig zu tun. Man müßte die Kerls in einem Flur an die Wand stellen.

Zweiter Odinsmanne: Es ist doch zweckmäßiger, die Schweine mit Innehaltung gesetzlicher Formen zu töten.

Erster Odinsmanne: Ach was, die Gerichte schützen uns sowieso. *(Er begrüßt herzlich den Prätor.)*

Prätor: Es war eine langwierige Verhandlung. Na, die Presse hat ja nicht weiter gestört. Übrigens, die paar Phrasen sind eher nützlich. So'n paar Liberale.

Odinsmanne: Trotzdem, auch die Kerls gehören schärfer angefaßt.

Prätor (freundlich lächelnd): Geduld, das kommt später; erst die einen, dann sehen wir weiter.

Geschrei: Er kommt!

Endlich!

Gott sei Dank!

Schlagt den Juden tot!

(Paar Schüsse, Legionäre ziehen mit Fahnen auf.)

Begleitoffizier: Beinahe wäre unser Programm über den Haufen gerannt worden. Die Leute gingen etwas scharf 'ran. Ich machte ihnen aber klar, daß der Kerl doch krepieren muß.

Maria: Paulus, du hast mir den Sohn gestohlen.

Magdalena: Der arme Mensch, der arme Junge. Mein Gott.

Maria: Josua, Josua!

(Geschrei): Hängt ihn, schlagt ihn tot!

Judas: Paulus, wozu hast du mich verleitet?

Paulus: Die Kirche bedarf des Zeichens.

Bürger: Verkommen sieht der Mensch aus; eine gemeine Verbrecherphysiognomie!

Frau: Dem steht es auf der Stirn geschrieben.

Magdalena: Er wankt!

Bürger: Der ist ja besoffen!

(Man hört dumpfe Schläge): Auf, du Schwein! Hoch mit dem Kerl.

(Jesus geht.)

Pissy Puck: Man sieht, wie unzulänglich der Naturalismus ist. Lächerlich armselig sieht der Mensch aus; wie irgendein mittelmäßiger Verbrecher.

Direktor: Naja, deswegen braucht man nicht gleich in Expressionismus machen.

Pissy Puck: So müßte das Gesicht stehen! (*Fletscht die Zähne, rollt die feurigen Augen.*)

(Jesus geht.)

Buchmacher: In zehn Minuten wird der Totalisator geschlossen. Wetten werden nur noch fünf Minuten angenommen.

Vereinsdame: Haben Sie die Leibbinde und die Socken?

Stimme: Nicht aufzufinden.

Vereinsdame: Dann wollen wir ihm paar Keks geben, liebe Baronin.

Prätor (zum Arzt): Ist untersucht, ob der Gesundheitszustand des Delinquenten eine reibungslose Abwicklung der Hinrichtung gestattet?

(Die Kinooperateure beginnen.)

Stimme: Und wird vom Leben durch das Kreuz zum Tod gebracht.

Jesus: O Herr, Herr, Herr, ich bin am Kreuz!

Paulus: Gott, ich danke dir von ganzer Seele für den Kreuztod Jesi, worin du dich uns sündigen Menschen verbindest. Du steigst in deine erste Kapelle: das Kreuz. Es ist aus geringem Holz und nur mit dem Rot der Marter geziert. Aber das dir und durch dich vergossene Blut ist kostbar. Das Holz des Kreuzes wird das Bauholz deiner Kirche. Mit Mühe und Achtsamkeit habe ich dir deine erste Apsis aufgerichtet. Dein geringer Diener wird auf deine erste Kirche achten, und du vollziehst an ihr das erste Gebet.

Jesus: Mein Gott, du hast mich verlassen!

Paulus: Du näherst dich und steigst in deine Kirche, die dein Diener dir bereitet. Gott verließ seinen Himmel und steht unter uns Sündern. Blicke gnädig auf uns Elende.

Jesus: Bitterkeit, quälende Bitterkeit! Paulus, du tötest mich.

Paulus: In deinem Tod erwacht der neue Gott.

Jesus: Ich bin gemordet, wie alle Schwachen gemordet werden. Paulus hilf.

Paulus: In deiner Qual ziehen die Sünden ab durch den geöffneten Rauchfang.

Jesus: Oh! ach!

Paulus: Leben und Gnade schwitzen aus deinen Poren.

Jesus: Du bist irr!

Paulus: Dein Blut strömt über meine betenden Hände und spült die Küste des ewigen Lebens heran.

Jesus: Es gibt kein ewiges — Oh, die Nägel, — Nägel — ich verfluche dich, Mörder.

Paulus: Gott, du bist gnädig und erkennest unsere Sündhaftigkeit.

Jesus: Löcher fetzen — Nägel tropfen — eitern.

Paulus: Erlösung allen.

Jesus: Ich erlöse nicht — ich erlöse — —

Paulus: In der Ohnmacht spricht der Gott wahr wie die Pythia.

Magdalena: Der arme Mensch! Junge!

Jesus: Geht, geht!

Bürger: Blödes Theater.

Kinoregisseur: Mehr Mimik!

Jesus: Oh, ach, Nägel seid ihr, Nagel die Sonne, Nagel die Mutter.

Arzt: Der Delinquent hält noch drei Nägel aus. Schlagadern freihalten.

Maria: Paulus, du erschlägst meinen Jungen!

Paulus: Das Weib schweige in der Kirche.

Jesus: Du hast den Schwächsten gewählt — Wasser.

Paulus: Aus deinen Bechern trinken wir das ewige Leben.

Jesus: Sonne — Durst — Nacht soll kommen.

Paulus: Zu deinen Füßen, unter dem versöhnenden leichten Regen deines Blutes achte ich auf die dämmerige Mondsichel.

Jesus: Qual, ich bin rot in blinder Qual. Nachten —

Paulus: Die friedsame Nacht taucht uns in das Geheimnis deiner Erlösung.

Jesus: Dunkle Hölle! Ihr seid verdammt!

Paulus: Irrer erlöst. Zu meinem Kreuz wandern die Völker der Erde, um das ewige Leben zu gewinnen.

Jesus: Gott, Mörder, Gott!

Paulus: Zu meinem gekreuzigten Gott pilgern die Völker der Erde, um das ewige Heil zu erlangen. Herr Jesu Christ erbarme dich unser; ich befehle in deine blutigen mitleidigen Hände meinen Geist.

Weib: Er hat mir mein Wunder verweigert.

Zweites Weib: Trinke sein Blut, tauche dein Tuch in die geöffnete Wunde und du gewinnst seine Kraft.

Arzt: Genug; stoßt ihm das Schwert in die Hüfte; genug.

Prätor: Endet, ich kann nicht mehr.

Paulus: Dein Gericht ist zerbrochen und dein Gesetz gelöst in seinem Blut, das über dich kommen wird. Du hast Gott getötet.

Prätor: Es war Aufruhr.

Paulus: Aus diesem Kreuzholz wird die Flamme des Aufruhrs ewig brennen und euer Leben verzehren.

Jesus: Der Speer — — — (*bäumt sich auf; der Speer streift ihn kaum.*)

Paulus: Herr, der Speer trifft dein Herz und der spitze Turm der Kirche zuckt zu Gott. Du hast es vollbracht und lebst in deiner Kirche, die dich unverletzbar lebendiges Kleinod birgt.

(Geschrei:) Extrablatt, Extrablatt, Pissy Puck, die größte deutsche Filmschauspielerin in Wien.

Jesus: Herr, Herr!

(Geschrei:) Lebensbedrohende Begeisterung der Wiener für Pissy Puck. Zwei Menschen überfahren. *(Die Menge stürmt die Extrablätter.)*

(Geschrei:) Endlich was Vernünftiges. Für die Puck lohnt es sich zu krepieren — die Frau bietet mehr — die kann auch was — laßt den Kerl hängen — Auto — Auto!

(Die Erde bebt vor Ekel.)

In Gruppen rechts schwenkt marsch!

Paulus: Herr, vergib mir meine Schuld, wie wir vergeben unseren Schuldigern.

ZWEI MAGISTER MIT GEFOLGSCHAFT
VON PERIPATETISCHEN JÜNGERN

Erster Magister: Meine Herren, ein Diluvialinsekt!

(Gelächter.)

Zweiter Magister: Wir werden der Hinrichtung beiwohnen, um also die Veränderung der linken Hodensackdrüse bei sterbenden männlichen Individuen zu beobachten.

Erster Magister: Ein Opfer überhitzter Popularphilosophie!

Zweiter Magister: Völker können nur auf wissenschaftlicher Grundlage geleitet werden. Mehr Kant, mehr Kant!

Erster Magister: Der Mensch ist lediglich Versuchsobjekt zur Erzielung eleganter Lösungen. Dieser Mensch nun scheint aufgrund gewisser Nervenvorgänge zu dem Empfindungskomplex Schmerz zu gelangen, welcher Schmerz eine subjektive Apperzeption ist, die im reinen Empfindungsvorgang tatsächlich nicht vorhanden ist. Diesen Schmerz möchte ich als subjektives, illusionäres Empfindungsurteil bezeichnen; als objektiv wissenschaftliche Tatsache ist er auszuschalten.

Zweiter Magister: Aus den Ausführungen des verehrten Kollegen, die natürlich nur auf meinen früheren Forschungen beruhen, ergibt sich ohne weiteres, daß die Wissenschaft verbietet, irgendein Leiden festzustellen. Dies bleibt dem in unwissenschaftlichen Vorurteilen dumpf befangenen Volk belassen. Also das ganze Geschrei über unberechtigtes Kavaumachen beruht auf pöblehafter Ignoranz. Durften wir diese außerordentliche Gelegenheit, im Interesse unserer hehren Wissenschaft, ausgiebiges Studienmaterial zu gewinnen, missen? Ich sage, nein. Noch besitzen wir, meine Herren, das ungetrübte Verantwortlichkeitsgefühl des voraussetzungslosen, reinen Wissenschaftlers. Für die medizinische Wissenschaft auf physiologischer Grundlage gibt es keinen Schmerz.

Erster Magister: Höchstens für die Medizin als Praxis, wobei Schmerz nur bei zahlenden Patienten feststellbar ist.

Zweiter Magister: Der Unbemittelte oder politisch Verdächtige interessiert nur als Versuchsobjekt, vor allem als Kadaver.

Erster Magister: Meine Herren, die wissenschaftliche Tätigkeit, zu der wir Sie im Schweiße der Götter heranbilden, ist dergestalt edel und bedeutsam, daß der Mensch nur als niederes Mittel vor ihr besteht.

Zweiter Magister: Für den Wissenschaftler gilt es, festzustellen, welchen physiologischen Typus dieser sogenannte Jesus darstellt. Wir haben die degenerativen physiologischen Merkmale zu suchen, vor allem die Entartung des Gehirns, die ein abnormes Denken verursacht.

Erster Magister: Ich möchte hier einschalten, verehrter Kollege, daß man bei den niederen Klassen die degenerativen Dispositionen zumeist übersieht. Natürlich ist dieser Mensch ein Unehelicher. Der Mensch ist nun für den Biologen zunächst ein Züchtungsprodukt. Es handelt sich darum, die Auslese der wertvollen Typen zu betreiben. Der wertvolle, der kräftige Typus erhält sich und vernichtet die niedrigen minderwertigen Exemplare. Dieses Axiom erledigt jeden Anspruch sozialistischer Sentimentalität und erweist die Sinnlosigkeit sozialer Erwägung angesichts der biologischen Tatsachen.

Zweiter Magister: Zunächst müssen wir die Rassenmerkmale feststellen. Da fällt uns natürlich sofort die Fremdrassigkeit des sogenannten Jesus in das wissenschaftliche Auge. Selbstverständlich, ein Jude! Wie all diese turbulenten Hetzer! Ein niedriger Typus verglichen mit dem Volk der hochgestalten Denker und der blonden Träumer, die in naiver gottähnlicher Übereinstimmung mit der Welt, diese dankbar gläubig als gegeben hinnehmen und aus dem Innern in den mechanischen Ablauf des natürlichen Geschehens das sittliche Sollen hinsetzen. Ein Sollen, das uns gemäß ist, da es aus völkischem Sinn urstämmig wirkt. Hingegen der rassenfremde Typus landfremder Hetzer, die ohne Verständnis für die gefühlsmäßigen, sittlichen und autochthonen Grundlagen das Bestehende gefühlsroh verachten und umwerfen. Diese Individuen sind zu staatsgefährdendem Aufruhr einfach verdammt, da ihr Typus dem wertvollen Edeltypus der Eingeborenen sich nicht nähern kann und darf. Eine fremde Rasse kann sich nicht anpassen, sie kann die völkischen Ideen unserer Chamberlain und Courths-Mahler nicht verstehen.

Erster Magister: Sie wollen es auch nicht. Betrachten Sie die abstehenden Ohren des Hetiters; die Lidrandentzündung des Entarteten, der einer göttlich lodernden Sonne ins lautere Antlitz nicht blicken darf. Sehen Sie die fliehende Stirn, unfähig, die entsagungsvollen Gedanken eines Büchmann, den umfassenden Opfermut unserer Schwerindustrie, die granitene Edelheit unserer Nibelungendiplomaten zu erfassen. Diese rachitischen Beine, krumme und nach innen stehende Füße, und stellen Sie im Geiste die gezüchteten Edelbeine unserer Reitermarschälle daneben.

Zweiter Magister: Huber, klettern Sie hoch und messen Sie dem Kerl Puls und Herztätigkeit!

Erster Magister: Man könnte ihm da oben gleich eine Wassermannsche machen; sicher ein Syphilitiker! Man beachtet zu wenig die politisch pathogenen Typen. Aufrührer sind zumeist alte Syphilitiker, bei denen Paralyse im Ausbruch steht.

Zweiter Magister: Nur so ist es zu erklären, daß der moralischen Anästhesie dieser Individuen eine physiologische entspricht; die Kerls leiden gar nicht. Überhaupt, meine Herren, die Strafmethoden erreichen ihren Zweck oft nicht, da die niederen und degenerierten Klassen nicht nur über geringe Schmerzempfindlichkeit verfügen, sondern bei ihnen geradezu Schmerzenstaubheit zu konstatieren ist, da sie Unlustempfindungen von Kinderbeinen an gewohnt sind. Hier finden Sie die Anpassungstheorie elegant bestätigt. Somit ist das ganze Gewinsel über eine etwaige Härte des Strafvollzuges wissenschaftlich unhaltbar. Im Gegenteil, man müßte, um den gewünschten Zweck zu erreichen, neue Strafmethoden finden, denen die niedere Klasse noch nicht angepaßt ist, damit auf diesem Wege die Strafgesetzgebung ihr Ziel erreiche. Die wichtigen Prinzipien, die eine Erhöhung der Schmerzempfindlichkeit bewirken, sind: a) Variation in der Bestrafung, das ist Reizung neuer Empfindungspunkte, b) Strafunterbrechung, das heißt, der Verbrecher verbringt kurze Zeit ohne Strafe, bis der Körper aus dem Zustand der Schmerzunempfindlichkeit erwacht. Wir müssen es noch erreichen, daß wir an diesen entarteten Exemplaren die Vivisektion zum Nutzen der Wissenschaft und der leidenden Menschheit durchsetzen. Wissenschaftlich haltbare Methoden zur Steigerung des Schmerzes innerhalb des Strafvollzuges dürfte man in unserem Institut baldigst erreichen. Eines muß uns hierbei zur Richtschnur dienen: a) die Objekte der Rechtspflege sind individuell zu behandeln. Nehmen Sie einen Offizier, womöglich alten Adels; ein Wort des Richters, und der Feinfühlige ist für sein ganzes Leben hart gestraft. Die reiche, seelische Welt des feinnervigen Mannes gerät ins Schwanken; Zwangsvorstellungen der Reue, der furchtbarsten Selbstpeinigung setzen ein. Wir müssen gerecht sein, meine Herren! Nehmen wir den Matrosenstrafer, den christlichen Helden oder unsere herrlichen seelisch so komplizierten Spitzel mit ihrem vielfältigen Innenleben. Schon die Verhandlung ist ein Zuviel gegenüber solchen Männern; die Verhandlung allein deucht ihnen schlimmer als der Tod. Sämtliche Momente der edlen Rasse reagieren, die Ehre, die Scham über öffentliche Ausstellung und anderes mehr.

Hingegen dieser kleine, mißgebildete Proletarier, dem die Verhandlung nicht ehrenrührige Schande bedeutet, vielmehr prächtiges Herausgehobensein aus der schmutzigen Namenlosigkeit seines grauen Alltags. Durch die Verhandlung, den ganzen aufgetanen Apparat gewinnt der Niedere vor sich selber ungeahnte Bedeutung, und der Tag des Urteils erwächst ihm gewissermaßen zum Höhepunkt seiner Lebenskurve. Eine geringe Strafe läßt den Mann der Straße enttäuscht in die Nivellierung des Alltags zurücksinken; geringe Strafe erzeugt ihm Unlust. Vor dem Richter entdeckt der kleine Mann ein ihm Neues, sein Ich, seine Person; er sagt sich, sieh da, alles beschäftigt sich mit mir. Hingegen der Vornehme wird durch die Scham vernichtet.

Ist es nun gerecht, dem niedern Verbrecher durch die Verhandlung die höchste Steigerung seines Ichs und somit Lustgefühls zu bereiten? Nein, meine Herren; und hier muß, muß eingegriffen werden. Darum aus Billigkeitsgründen zunächst Ausschluß jeder Öffentlichkeit vor Gericht.

Erster Magister: Verehrter Kollege; wir verlieren uns in das Allzumenschliche. Sicher erweist man diesen landfremden Individuen mit öffentlicher Hinrichtung zu viel Ehre. Wissenschaft ist höchste Sittlichkeit und dient, das niedergebrochene Volk wieder aufzurichten. Wir Mediziner haben uns die erhabene Aufgabe gestellt, den siechen Volkskörper zu heilen. Die rassefremden Teile müssen amputiert und ausgeschieden werden. Rechtspflege soziologisch betrachtet ist nichts anderes als Vernichtung der schädlichen Elemente; fachgemäße Auslese. Wir müssen die Vorherrschaft des reinen Edeltypus wiederherstellen. Der Sentimentale beklagt die physiologische Verrottung der niederen Schichten; wir können darin nur die Gerechtigkeit der natürlichen Auslese erblicken. Der Wissenschaftler hat es immer mit dem Starken gehalten, der Begeisterung für den Tüchtigen. Wissenschaft ist Wertsetzung. Sind die Werte gesetzt, wird sie Wertverteidigung. Wissenschaft ist Bestätigen des Gegebenen; aus den gegebenen Tatsachen des Seins zieht sie Schlüsse. Sie wird sich aber nie anmaßen, gegen die Tatsachen zu folgern, gewissermaßen in Widerspruch mit der Erfahrung. Wohin kämen wir damit? Ins Bodenlose, meine Herren! Wissenschaft wird nie tendenziös verfahren, das heißt gegen die Gegebenheit mit phantastischen Konstruktionen Sturm laufen.

Zweiter Magister: An diesem Jesus sehen Sie einen Menschen, der die Inhalte der Erfahrung bestritt; der über Erfahrung hinaus Urteile fällte, die das Gegebene umreißen sollten. Das Gegebene hat aber ihn umgerissen. Das Leben läßt sich eben keine illegitimen Gemeinplätze bieten.

Erster Magister: Beobachten Sie gut! Merkwürdig zäh dieser Mensch. Messen Sie genau, meine Herren. Blutprobe nicht vergessen! Meine Herren, mehr Vorsicht! Ich verkenne Ihren patriotischen Eifer nicht, dem Fremdstämmling die Adern etwas weiter als nötig aufzureißen und etwas stürmisch ihm die Schädeldecke zu entfernen. Gedulden Sie sich, meine Herren, dies degenerierte Exemplar muß frisch und intakt in meine Anatomie.

Erster Jüngling der Peripatetiker: Angesichts des niederen Rebellen entbieten wir dem erlauchten Caesar mit strahlendem, blauem Auge ein feuchtfröhliches, landsmännisches Hurra!

Zweiter Jüngling: Wir geloben, die ewige Herrschaft der blonden Wodanstämmlinge zu festigen immerdar und fürderhin und im Strahl des lachenden Baldurs zu kämpfen um die lohe Flamme der Heimat.

Erster Jüngling: Die treulatinische Landsmannschaft wird die Beseitigung des jüdischen Aufrührers durch feuchtes Symposion feiern!

VOR DEM KREUZ

Die Dame, der Feine

Die Dame: Ekelhaft; ein aufgespießter Falter!

Der Feine: Er scheint unbehaglich sich zu fühlen. Degoutiert misse ich dichte Selbstbeherrschung; er mangelt des rhythmischen Maßes.

Die Dame: Die Komposition strahlt enorm.

Der Feine: Brillantes Bildmotiv. Die Leute müßten ausgewogener sich umhergruppieren.

Die Dame: Stehen ahnungslos eigener formaler Wirkung gegenüber; Unterbewußtsein, hélas!

Der Feine: Barock die Sonne, die den Mond fixiert.

Bürger: Verkommen sieht der Mensch aus! So'ne Tolle! Die geschwollene Backe! Ulkig!

Bürgerin: Widerlich ungepflegt!

Der Feine: Das Fleisch wie kranke Türkise. Ein Häßliches bezaubert in verderbten Reizen. Wir fliehen öde Klassik. Das Groteske fordert sein kosmisches Recht. Nette Staffage! Die Sonne tropft zögernd in gefrorenen Mond; klirrende Schatten wirren. Wie jenes blasse Sonett des Swinburne.

Die Dame: Die verzerrte Aventiure dieses Menschen widert peinlich.

Der Feine: Ich verstehe nicht, wie können Menschen über schmal gelächeltes Leben bitter sich regen.

Die Dame: Schmal lächeln, unwahrnehmbar wie alte Ringe und dann Finish.

Der Feine: Was möchte uns dies gegen das Spiel beweisen?

Die Dame: Eher gegen uns.

Der Feine: Die Spieler wechseln, um das Spiel zu färben.

Die Dame: Tatsachen dilettantisch; was ist Kreuzigen ohne Greco?

Der Feine: Die Tatsache wurde von den Dilettanten vollzogen; man beginne nun mit dem Passionale der Form.

Die Dame: Diese Leute agieren und sterben eigentlich für die Kunstgeschichte.

Der Feine: Ein originelles Thema; Architektur umklingt es.

Die Dame: Die Kunstgeschichte ist unsere stärkste Chance.

Der Feine: Sie interessiert auch weit mehr als Kunst. Das Ziel aller Qual ist die Monographie.

Die Dame: Man wird später von diesem Menschen sprechen, weil es ihm schlecht erging.

Der Feine: Einfach, meine Liebe; ahnungslos litt er für den neuen Stil. Allerdings, im ganzen spricht Geschichte von den Starken, die leiden machen; erinnern Sie sich der Pyramiden.

Die Dame: Je mehr einer leiden macht, um so stärker ist er. Die Mindern, die geopfert werden.

Der Feine: Quantité négligeable! Masse, Stoff, im besten Fall Motiv. Es lohnt sich nicht.

Die Dame: Die Starken berühren sich mit der Kostbarkeit erlesener Gedichte, dem Schauder blinder Juwelen.

Der Feine: Geschichte kann nur ästhetisch gewertet werden.

Die Dame: Trotz allem, er startet mit Komposition.

(Jesi Leib durchdringt Krampf. Er will trotz entsetzlicher Schmerzen die Hände aus den Nägeln reißen, vielleicht, um sie gegen den Kopf zu schlagen, die Augen sich einzubohren oder die Ohren sich zuzuhalten. Er stöhnt wütend und resigniert.)

Der Feine: Die Maske könnte prägnanter sein.

Die Dame: Ein Proletarier eben. Was trägt er da um den Kopf? Dornen?

Der Feine: Volkskunst, meine Liebe.

Die Dame: Ein minderer Phraseur.

Der Feine: Ohne abgewogene Distanz gegenüber dem Geschehen. Ohne die Vision der Indifferenz.

Die Dame: C'est plus qu'une faute, c'est un crime.

DER HÄNDLER IM AUTO VOR DEM KREUZ

Händler: Schließlich ein ganz interessantes Sujet.

Zweiter Händler: Aber nix für unsere Leut'.

Erster Händler: Die Zeiten sind bedenklich. Der Sozialismus hat etwas Chancen; das heißt, unsere sozialistischen Freunde. Ich habe die Revolution verlegt, und wir wurden die Revolution los; warum soll ich einen Glauben nicht verkaufen.

Zweiter Händler: Ein mieser Bocher! Wenn's nur kein Jude wäre.

Erster Händler: Ich habe Hüpfmann zum größten deutschen Maler verkooft; war auch ein Jude.

Zweiter Händler: Hüpfmann wird das nur nicht so darstellen können; der hat sich auf wohlhabende Köppe geworfen.

Erster Händler: Wird man's eben beim toten van Gogh bestellen.

Kleiner Händler: Wenn nix zieht, verkauft man's als Negerplastik.

Erster Händler: Det Janze von Potter wär' nicht schlecht.

Pissy Puck: Blöd; aber an dem janzen Kreuz kommt kein Seehund vor. Eijentlich is das Thema expressionistisch. Allerdings die Maria markiert schlecht. *(Zu Maria):* Liebe Frau, Sie müßten das so machen. Mehr Verzweiflung, mehr Verzweiflung! Negerhafter!

Kleiner Händler: Niggerhafter!

Erster Händler: Pissy, du machst es besser als die Mutter Gottes, viel besser.

Kleiner Händler: Naja, die kleene Proletarierfrau; übern Haufen knallen!

Erster Händler: Kinder, der Kerl; wie heeßt er, Jesus! der markiert. Is ja gar nicht gekreuzigt; is 'ne elende Fälschung von der Konkurrenz.

> *(Lupen heraus. Suchen Jesum wie die Läuse ab.)*

Erster Händler: Mieser Junge, unreell. So'n bodenloser Schwärmer. Behauptete da, die Reichen müßten alles hergeben. Na, mein Geschäft läßt sich nicht sozialisieren. So'n Schwätzer soll mal Kautsky lesen. Janz unorijineller Schwätzer. Habe alles bei Eröffnung der ersten Kunstausstellung viel besser gesagt. Unorijineller Phantast ohne jründliche Kenntnisse.

Zweiter Händler: Ganz gutes Sujet; aber ob das Juden kaufen?

Erster Händler: Sollen sich taufen lassen; dann koofen sie's.

Pissy Puck: Emil, hat er nich was von Schulze an sich?

Erster Händler: Schwache Nachahmung. Schulze hat mehr Seele, mehr ursprüngliche Kraft als der kleene Literat. Det Janze is zu sehr Kaffeehausaufmachung.

Zweiter Händler: Det Janze is expressionistisch.

Erster Händler: Naja, ooch so'n Mitschreier der neuen Phrasen. Man könnte die Sache ooch jotisch uffziehn.

Ein Kritiker (in der Toilette des Restaurants Kreuzberg): Die Seele der Jotik is von mich; dreizehn Mark fuffzig die vierte Auflage.

> *(Kinematographen kommen.)*

Direktor: Ah, die große Puck. Gnädige Frau, wissen; total unmögliche Sache, dieser Kreuzmensch. Abgekurbelt, uninteressant. Könnten Gnädige nicht mitgedreht werden? Die Olle kann aus dem Bildausschnitt 'rausjehn. Sie könnten viel besser Mutter Gottes markieren.

Erster Händler: Kostenpunkt! Kostenpunkt! Mutter Gottes ist schwere Kiste, undankbare Rolle.

Direktor: Wir sind großzügig; großzügig!

> *(Man verhandelt.)*

Erster Händler (zur Mutter Gottes): Junge Frau, jehn Sie aus dem Film 'raus. Pissy macht det besser.

Maria: Lassen Sie mich, bitte, bei meinem Sohn.

Erster Händler (zum zweiten): Toppsohn, jeben wir ihr ein Stipendium von fünfzig M.; ich bin großzügig.

Zweiter Händler: Warum gratis? Kann bei uns das Geschäft aufwaschen.

Erster Händler: Der Mensch muß arbeiten, um zu leben; arbeiten wie ich.

Eine Greisenstimme: Sozialismus ist Arbeit.

Erster Händler: Richtig, Oller! Können ja ein Buch schreiben, Bilanz des Christentums und der wissenschaftliche Marxismus. Großartig macht et Pissy.

Kritiker: Was machen aus der Jeschichte! Halten Sie mal 'nen Marées daneben.

Erster Händler: Hab' keenen!

Kritiker: Dann subskribieren Sie für die Makartgesellschaft, Mappe Kreuzigung, Liebhaberausgabe auf Kaiserlich Japan 600 000 Mark.

Erster Händler: Na, kommt mir nicht drauf an.

Expressionist mit Malschule: De Gombosidonis fast balausch.

Erster Händler: De Konkurrenz läßt schon arbeeten. De Stilfritzen kriegt man mit dem Thema 'ran. Für Privatsammler is dat Thema nich jut, zu statiös; da is 'ne Kuh von Hüpfmann immer noch besser.

Sammler und Frau (lorgnettierend): Charmant!

Entzückend!

Wie Renoir das Fleisch!

Quatsch, Greco, Greco!

Erster Händler: Reine Frühjotik. Man macht jetzt in Jotik. Gnädigste.

Stimme: Ist ein Jude, ein Jude, gestohlen!

Sammler: Der Stil ist nicht übel.

Sammlers Frau: Geht nur auf die Nerven.

Erster Händler: Sehen Sie, Pissy!

Sammlers Frau: Enorm! Einfach kosmisch. Pissy ist eben immer mystisch! Wer ist denn die alte Dame in der Mitte der Darstellung?

Kritiker: Mutter der Hauptfigur. Macht sich aber schlecht, Proleten können nicht komponieren. Bildung, Stilgefühl fehlen. Haben dafür Pissy 'reingestellt.

Maria: Lassen Sie mich zu meinem sterbenden Sohn!

Kritiker: Form ist gewichtiger als Jefühl!

Maria: Es ist mein Sohn!

Kritiker: Form übergipfelt heiter Tatsache! Kunst ist wichtiger als Familie um Kadaver. Wenn Sie wenigstens wie die Andra aussähen!

Maria: Wir sind zu arm.

Kritiker: Kunst tanzt über Ursachenkomplex hinweg. Formergebnis, Farbe, ihr einzig fanatisches Ziel; 'raus!

Maria: Sie sind grausam!

Kritiker: Kunst ist streng! Übrigens vor formwissendem Auge besteht die ganze Anlage nicht. Mehr Greco, Greco, Maréesscher Anhauch ins Landschaftliche.

Erster Händler: Der große Regisseur fehlt.

Stimme: Verreist.

Erster Händler: Kainz macht sich auch besser am Kreuz; könnte besser sprechen als der expressionistische Wirrkopf. Richtig, habe früher dem Menschen ein Stipendium von zwanzig Mark gegeben; wäre ohne mich überhaupt nicht zu dieser hohen Position gelangt. Begann seine Lehrtätigkeit, basiert auf meine, meine zwanzig Mark. Selbstverständlich; die Sachen, die er sprach, waren überstiegen; die vernünftigen Grundlagen hat er von mir. Als noch kein Mensch an Sozialismus dachte, brachte ich ihm die Chose bei. Später hat Marx meine Auslassungen pedantisch systematisiert. Dinge, die ich längst bei der Eröffnung der ersten Kunstausstellung vortrug.

Maria: Lassen Sie mich zu meinem Sohn!

Erster Händler: Meinen Sie, Ihre Empfindungsduselei macht det Bild verkäuflicher? Mutterschmerz is weiß Gott unverkäuflich. Schneidige Technik wird bezahlt. Sentimentalität ist veraltet.

Maria: Mein Sohn besaß eine mir unliebsame Abneigung gegen Geschäfte; eine Abneigung, die ihn an das Kreuz hängte. Ich möchte im Sinn des Sterbenden . . .

Filmdirektor: Sind Sie in den Filmverband eingetragen?

Maria: Nein.

Filmdirektor: Dann haben Sie keine Berechtigung an aufsehenerregenden Gruppen, worauf die Öffentlichkeit Anspruch erhebt, teilzunehmen. Das ist unlauterer Wettbewerb! Drängen Sie sich nicht ein! Das ist Hausfriedensbruch! Mein Filmapparat, my country!

Kritiker: Frau, schreiben Sie Ihre Memoiren; Sie tun das, wenn Sie noch eine Spur Überlegung herumtragen.

Erster Händler: Wir wollen ein dauerhaftes Geschäft machen. Ich bin ein gemütlicher Junge. Nich alle Tage wird mit Bombenerfolg gekreuzigt. Pissy macht die Sache für Kenner, die Olle für den Pöbel, jewissermaßen als Replik. Auf diese Weise kommen Stil wie Naturalismus zu ihrem Recht, und man kann nach beiden Seiten Geschäfte machen.

Kritiker: Die Alte läuft dänn gewissermaßen als Fälschung 'rum.

Erster Händler: Originale sind Repliken; die Natur ist 'ne Fälschung.

(*Man stellt Maria auf.*)

Regisseur (zu Maria): Mehr Jefühl! Menschenskind, Sie müssen an der Sache Interesse markieren!

> *(Maria speit aus, schreit.)*

Regisseur: Nich so jotisch! Ja!!

(Da hing Jesus bedeutungslos und verlassen in einer Ecke des Schaubergs am Kreuz. Keiner bewies Teilnahme an seinem Ende. Die Mitglieder seiner Partei mieden Kreuz und Kadaver; man wäre leicht aufgefallen, und Pilatus hatte Haftbefehle unterschrieben, wo es nur der Eintragung des Namens bedurfte.
Die Mutter des Jesus, die zeitlebens um den unehelichen Sohn wenig sich gekümmert hat, geht ungern mit einigen Freunden, den Leichnam herunterzunehmen, hierzu aufgefordert von der römischen Kommandantur. Leichname gehören der Familie, vorausgesetzt, sie bringen dem Staat keinen besonderen Vorteil. So war Maria aufgegeben, innerhalb drei Tagen den Leichnam abzunehmen. Furchtsam und klagend geht sie zum Schauberg; peinlich war es, aufzufallen.
Sie sagt zu Johannes): Warum mischt ihr euch in Dinge, die euch nicht betreffen; vor allem er?

Johannes: Wir sprachen mit den Leuten, und ihm wurde der Prozeß gemacht.

Maria: Was ist mehr wert, leben oder gesprochen haben? Ihr macht die Leute verrückt.

Bürger: Was ging es ihn an, ob ich gut oder schlecht bin? Mit welchem Recht mischt er sich ein?

Zweiter Bürger: Die Leute wollten sich bemerkbar machen.

Erster Bürger: Er hat sein Geschwätz mit dem Tod bezahlt. Wie kann man Redensarten wegen sterben wollen?

Zweiter Bürger: Es ist sonderbar, daß aus Reden Handlungen sich ergeben.

Erster Bürger: Sehr selten. Ich dachte gar nicht; fast wie »und Gott sprach«.

Zweiter Bürger: So wuchs ihm aus dem Mund das Kreuz.

Erster Bürger: Ein nettes Plakat.

Zweiter Bürger: Er behauptete, uns erlösen zu wollen.

Erster Bürger: Wovon denn erlösen? Woran denn leiden wir, abgesehen an der Grube?

Zweiter Bürger: Eben hiervon.

Erster Bürger: Soso, ich habe keine Zeit mehr.

Johannes: Ihr sollt geistig auferstehen. Die Gehenna wird euch nichts

antun. Gott wird euch um seinetwillen vergeben; eure Sünden werden um seines Blutes willen nicht gezählt.

Zweiter Bürger: Du bist sicher?

Johannes: Wir werden sicher sein.

Zweiter Bürger: Wie das?

Johannes: Der Rabbi wird auferstehen.

Zweiter Bürger: Merkwürdig.

*(Die Berge nebeln im Stöhnen des Gekreuzigten. Brand hitzt den Fluß.
Jesi Schreie spitzen das tödliche Kreuz.)*

Jesus: Ich hänge in meinem Blut. Mein Durst blendet die Sonne. Allein.
Mein Schmerz soll anderen nützen, sie verwandeln? wo sie mein
Blut begrinsen, in die klaffende Hüfte prüfend die schmutzigen Finger legen, die Tiefe des Lochs zu messen. Das glauben die flinken
Jünger, kann erlösen. Wer kann wen erlösen? Niemand keinen. Jeder
hängt am eigenen Kreuz. Dazwischen sperren Qual, Hohn, Elend
und Witz. Niemand sieht keinen von der Spitze des Kreuzes.
Schmerz erklärt. Losgelöst für mich, sehe ich. Niemand keinen. Hinunter und ungesehen weg. Erkennen und der Kelch geht vorüber.
Jeder schlucke seinen eigenen Trank Jammer und sterbe daran. War-
um ich für die anderen? Wo bliebe Gott? Ist er so schwach, daß er
meines Kreuzes bedarf? Ist er schwach, ist er nicht Gott.
Herunter.
Herunter auf die kotige Erde auf die wir gesät sind.
Die blutigen Hände entreiße ich der mörderischen Wolke. Den Kopf
werfe ich aus der Gloriole. Mögen meine wirren Haare in ihr gäh-
nen. Bin ich besser, warum soll ich sterben?? Ist dies Gesetz?
Wege vom Himmel.
Auf Weg und Flucht.
Berge bohren die Wolken.
Hinein in ihren verborgenen Leib.
Aih! Aih! Aih!

*(Der Gekreuzigte stemmt sich mit den Fingerspitzen, Zehen und Kopf
gegen das Kreuz. Sein Fleisch bricht, er reißt brüllend vom Kreuz, Journalisten stürzen geschäftsmäßig mit unterernährter Gier nach Vermisch-
tem auf ihn zu. Der kuglige Manager rollt vor; Mischung von Tanz-
knopf, Commis voyageur, ödem Geschmack und Geschäftskommunis-
mus.)*

Der Manager (die Journaille bedrohend): Ich verlege Sie alle!

Journaille (weicht zurück und ruft): 35 Pfennig die Zeile!

Manager: Aber zu Ende geschrieben! Bis zum Brechen voll!

Journaille: Zum Brechen!

(Manager begutachtet den zusamengekurvten Jesus. Später läßt er aus seiner Figur für 35 Pfennig die Zeilen den barmherzigen Samariter dichten.)

Manager: Ich kenne die Bedeutung des Kommunismus und weiß, seinen geschäftlichen Wert zu schätzen. Kommunismus und Pornographie sind die Hauptbestandteile des heutigen Geschäfts. Wir sind Geistige; überlassen Sie mir Ihre Memoiren, ich zahle Ihnen fünf Auflagen voraus und fünfzehn Prozent vom Ladenpreis.

Jesus (stöhnt): Hundert Prozent.

Manager: Selbst unsere Feldherren begnügen sich mit dreißig Prozent.

Jesus: Hundert Prozent!

Manager: Blöd geworden.

Jesus: Kommunist; man wird dir nicht zwanzig Prozent nehmen, man wird dir alles nehmen.

Manager: Sprechen wir nicht von vagen Utopien, sondern von vernünftigem Geschäft. Sie haben zweifellos Interessantes am Kreuz erlebt; Sensationen der modernen Seele. Diese Dinge, durchsetzt mit vergeistigtem Kommunismus, interessieren das große Publikum.

Jesus: Gewiß; bei euch plärrt und schwätzt man das Nötige tot, und man nennt euch das Volk der Denker, weil ihr statt zu tun, kaum denkt, sondern schwätzt; und weil ihr statt deutlich zu sehen, dichtet, das ist lügt.

Manager: Du sagst, daß ich, der Vertrauensmann vieler Organisationen, Gelogenes drucke?

Jesus: Sobald Menschen schreiben, lügen sie, da sie sich verpflichtet fühlen, Dinge, die nur Tageswert besitzen, wie für die Dauer hinzusetzen. Darum Verwirrung und Streit. Vor einem Stück Papier erschwitzen sie mehr Begeisterung und Geheul als vor Gequälten. Oder, was noch törichter, sie quälen sich vor einem Stück Papier.

Manager: Gleichgültig; ich bin der Macher des neuen Stils und für diesen zu größten Opfern bereit. In Ihrer Lebensführung näherten Sie sich dem Expressionismus erfreulich an, Ihre Kreuzigungskomposition war interessanter Stilversuch. Nur noch zu sehr mit Gefühl und Wirklichkeit belastet. Honorar kommt ja für Sie nicht mehr in Betracht, da Sie mit Ihren zerbrochenen Gliedern das Jenseits einer erledigten Literatenexistenz vorziehen müssen. Als Plastik kommen Sie ernsthaft für die Reproduktion in Frage. Jedenfalls möchte ich

die sämtlichen Reproduktionsrechte auf Ihren Kadaver billig erwer-
ben. Aber billig; für Sie kommt doch nur das Seelische in Betracht.
Stoßen Sie an uns Ihr Leibliches ab.

Jesus: Das Ausgespieene hüpft an der Erde. Wie gut war es am Kreuz.

Manager: Die Memoiren oder ich rufe die Polizei!

Jesus: Gekreuzigter, hilf mir von den Menschen!

(Er schlägt um.)

Manager: Polizei!

Erster Legionär: Was schreist du?

Zweiter Legionär: Er ist besoffen.

Manager: Ich vertreibe den neuen Geist, und er will mir trotz münd-
licher Abmachung die Memoiren verweigern.

Erster Legionär: Er ist krepiert.

Manager: Gleichgültig, er soll mir die Memoiren hergeben.

Zweiter Legionär: Vielleicht ist Ihnen mit den unseren gedient. Ich bin
Akademiker.

Manager: Auch nicht schlecht. Auf der Kreuzwache, so könnte man es
nennen.

Erster Legionär: Wir müssen ihn wieder hochhängen, sonst kommen
wir in den Kasten. Helfen Sie mit.

(Greifen den Leichnam.)

He, Hupp!

Einstimmig: Verdammte Schweinerei!

Jesus (erwacht): Bald werde ich bei dir sein.

AM SCHAUBERG

Stahlherr: Also für dreißig Silberlinge hat man ihn lebend verkauft?

Leichendiener: Für dreißig Silberlinge, dreißig Silberlinge zahlte die
politische Polizei dem Spitzel.

Stahlherr: Er hatte keine große Arbeit, und dem Tagedieb, der nur ein
Wort sprach, zahlte man dreißig Silberlinge. Wohin sind wir gekommen! Skandalös.

Leichendiener: Es ist viel; ich werde zu schlecht bezahlt, aber dem Volk
wurde etwas geboten.

Stahlherr: Laßt ihn lange hängen. Hier hast du fünf Sekel. Laß ihn
drei Tage länger hängen. Es ist gut, wenn andere Aufwiegler sich die
zerbrochenen Knochen eindringlich betrachten. Das Volk lernt nur
durch Anschauung. Man müßte immer so paar Leute hängen haben.

Stahlherr (beschaut den Leichnam Jesi durch ein Opernglas): Kräftiger junger Mann. Man sollte diese Leute nicht töten. Man sollte diese redenden Schwätzer an eine Drehbank bringen. Schwere lange Arbeit, der Kopf gesundet und sieht keine Aufgaben mehr.

Henker: Sie meinen, damit wäre den Leuten gedient? Es schien mir, dieser Jesus wollte sterben.

Stahlherr: Wollte sterben, also er wollte sich seinen Pflichten als arbeitender Staatsbürger entziehen? Das ist krankhaft. Der gesunde Mensch muß die Arbeit lieben. Tötet diese Leute nicht, sondern zwingt sie zur Arbeit. — Dann vergehen diese staatswidrigen Phantome.

Henker: Ich vermöchte es nicht, jemand zum Leben zwingen, der nicht mehr leben will. Die meisten, die mir gebracht werden, wollen nicht mehr.

Stahlherr: Gut, wenn ihnen das Leben gleichgültig und zuwider ist, das gibt billige Arbeitskräfte.

Henker: Sind deine Arbeitskräfte billig oder teuer?

Stahlherr: Arbeitskräfte sind immer teuer.

(Henker spuckt aus und geht zur Seite.)

Leichendiener: Sie kaufen Menschen.

Stahlherr: Ich beschäftige sie.

Leichendiener: Gleichgültig, wen?

Stahlherr: Wenn er arbeitet.

Leichendiener: Mein Bruder ist Gefängnisschließer. Oft schickt man uns still zum Tode Verurteilte. — Leute, die ihrer Gedanken wegen verschwinden sollen, die still verschwinden müssen, da sie nur gedacht haben.

Stahlherr: Zehn Sekel, mein Lieber, für einen jeden.

Leichendiener: Dreißig, Herr, da du sie ja nicht zu bezahlen brauchst.

Stahlherr: Gut, dreißig für kräftige, fünfzehn für schwache. Die Leute sind ja oft schwächlich.

Leichendiener: Gut, Herr, aber stille sein.

Stahlherr: Lieber Freund, Geschäftsgeheimnis.

DE MORTUIS NIHIL NISI BENE

Volkston: Wenn wir auch gewisse Unregelmäßigkeiten des Verfahrens nicht billigen können, so müssen wir vor allem feststellen, daß das Bestehen der Demokratie in Frage kam. Eine Minderheit versuchte uns zu vergewaltigen und hetzte zu Meinungen, die der Mehrheit der Bürger zweifellos nicht entsprechen. Gegen diesen Glaubenszwang durch eine kleine Clique galt es, die Demokratie zu verteidigen. Diese Hetzer haben es sich selbst zuzuschreiben, wenn es blutige Köpfe gab und sie untergingen. Immer wird es notwendig sein, das Staatsganze gegen eine fanatisch sich gebärdende Minderheit, der nur Unreife oder geistig Minderwertige verhetzt nachlaufen, zu verteidigen.

Nationalstimme: Wieder einmal wurde fünf Minuten vor zwölf dieser Jammerstaat gerettet durch die Männer, welche die Staatsform nicht anerkennen. Die Eiterbeule ist mit Gottes Hilfe aufgestochen. Der Beweis ist erbracht, daß das Staatsruder wieder in die Hand eines starken Mannes gelegt werden muß. Der Verurteilte hetzte in der unverantwortlichsten Weise den Abschaum, das Lumpenproletariat, auf; er wagte es, den gesunden Sinn des gewerbetreibenden Bürgers zu verhöhnen. Es ist ein Verbrechen, zu behaupten, der Reiche sei unwert, zu leben und müsse abgeschafft werden. Wir richten an die Regierung einen letzten Warnungsruf. Mögen Schreier gegen das Gerichtsverfahren protestieren; aber die Erhaltung der wankenden Gesellschaft ist keine Frage von Paragraphen, hier muß mit starker Faust zugeschlagen werden. Solche Schreier, die in ihrem Delirium behaupten, stecke das Schwert in die Scheide, und wer das Schwert ergreift, soll durch das Schwert umkommen, haben verbrecherisch an der Nation gesündigt. Auf ihrem Haupte lastet die Schuld der Katastrophe unseres Volkes.

Tagesbote: Zweifellos; Pissy Puck ist das stärkste Erlebnis unserer Zeit. Wir haben genug an den ebenso neckischen wie verbrecherischen Einfällen zigeunerhafter Literaten, die ihre billige Zeit mit blödem Geschwätz in den Cafés bei einem Glas Wasser totschlagen, um dann von sich gelangweilt eine verständnislose Masse aufzuhetzen.

Der Börsenmarkt: Unsere schwer erschütterte Börse atmet auf. Montanwerte erholten sich, aber die Arbeitsunlust der Verhetzten schnürt noch immer die Gurgel der Wirtschaft zu. Die aufflackernde Streikbewegung halten wir für bedeutungslos und dürfte in wenigen Tagen zusammenbrechen.

Die Volkskraft: Wir fordern nun nachdrücklichst, daß den anderen Hetzern schleunigst der Prozeß gemacht wird. Angriffe gegen das Privateigentum sind dem arbeitsamen Bürger unerträglich. Mit eisernem Besen müssen die anderen Kumpane weggefegt werden, wenn die Produktionsfreudigkeit unserer opferfrohen Landwirtschaft nicht gänzlich erlöschen soll. Unsere Regimenter, vor allem die Offiziere, haben ihre alte todesfrohe Schneidigkeit aufs neue an den Tag gelegt, ein sicherer Beweis, daß unserer Nation die Katastrophe erspart geblieben wäre, wir mit stolzer Faust gesiegt hätten, wenn . . .

ZWEI LEUTE VOR DEM KREUZ

Erster: Also, was wollte der?

Zweiter: Er behauptete aufzuerstehen. Die verdrehten Knochen wollte er gerade liegen, die Hüfte klebt er sich zu und 'rausgefahren aus dem Kasten.

Erster: Auferstehen? Was will er auferstehen. Warum gerade er und nicht ich?

Zweiter: Ja, wenn er auferstanden ist, sollen auch wir auferstehen. Dieser Mann glaubte, er sei ein Gesetz.

Erster: Also, wenn er aufersteht — aber wer von uns wünscht aufzuerstehen? Noch einmal diese Lüge erleiden?

Zweiter: Ja, aber das Leben ist nicht mehr Lüge, wenn man aufersteht. Das Leben dauert dann fort.

Erster: Höre auf, mich ekelt.

Zweiter: Warum?

Erster: Also: wenn ich auferstehe, auferstehe ich als ich selbst?

Zweiter: Gerade.

Erster: Mich ekelt. Noch einmal ich? Damit ist gegen Auferstehung alles bewiesen.

Zweiter: Gerade, das gefällt mir, und das ist der unbezahlbare Vorzug der Jesulehre.

Erster: Doch vorausgesetzt, Jesus selber aufersteht?

Zweiter: Gewiß; denn er ist die Lehre und das Gesetz.

Erster (allein): Er darf nicht auferstehen. Er wird wieder gekreuzigt werden.

Herr, ich flehe, nimm furchtbare Auferstehung und die drohende Erfüllung des Messias von uns. Herr, auferstehe uns nicht, denn der Kreis unserer Tage wäre durch irres Wunder zerrissen, und wir würden gegen uns selbst gestellt.

Herr Jesus, erlaube uns zu sterben und unsere Leben zu enden. Herr, zwinge uns nicht, die Bahn unseres Elends zurückzurollen, sondern gib uns Müden die ewige Ruhe.

(Er ist einer der Leute, die aus Ekel vor sich selbst den Leichnam Jesi vertauschen werden.)

AM GRABE

Maria: Also, er aufersteht diese Nacht. Was mein Sohn alles erleiden muß. Gerade er.

Paulus: In dieser Nacht erschlage ich mit einem geschundenen Leichnam die mürbe Erde.

Maria/Johannes: O Gott! Jesus!

Petrus: Habt ihr hingesehen?

Johannes: Wir wagten es nicht; wir zogen die Mäntel über die Köpfe.

Petrus: Verrückt, verrückt!

Maria: Bitte, was paßt dir nicht?

Petrus: Was mir nicht paßt? Jesus auferstand nicht. Er liegt totenruhig im Grab.

Maria: Ah, du willst meinen Jungen verleugnen wie an der Treppe.

Petrus: Mein Gott, ich habe ihn wirklich nicht verleugnet.

Maria: Es paßte dir wohl, du führst als erster hoch?

Paulus: Wenn du ihn nicht auffahren sahst, schilt die Schwäche deiner lauen Augen. Wer glaubt, der sieht. Du bist hoffärtig zu glauben. Ich wachte bei Jesum.

Petrus: Du brauchst Götter, Paulus, und bist feige, selber ein Gott zu sein. Ich versuchte, Jesum durch mein Leugnen zu retten. Vielleicht warst du es, der Judas zum Prätor schickte.

Paulus: Judas bestand nicht im Glauben, und so hängte er sich.

Maria (zu Paulus): Hund, du hast mit deinem Geschwätz meinen Sohn in den Tod gehetzt.

Petrus: Und deine Predigten plärrst du vergebenst; ich werde es allen in den Hals schreien. Er auferstand nicht!

Paulus: Gut, gut, also er auferstand nicht, und du bist verdammt. Die Ungläubigen werden vom höllischen Feuer verzehrt.

Maria: Hörst du, alter Jude?

Petrus: Du bist schlimm, Paulus, man wird dir glauben müssen.

Paulus: Ist noch einer unter euch, dem Jesus nicht auferstand?

EINE STRASSE

Bürger: He, ist er auferstanden?

Johannes: Wer?

Bürger: Der am Schauplatz, das vierte Kreuz beim Hundehügel.

Johannes: Gewiß, gewiß.

196

Bürger: Tatsächlich, wie war das?

Johannes: Der Donner versiegelte mir den Mund; Sturm wehte.

Bürger: Gewiß mußte er wehen; und die Sonne schien neben dem Mond?

Johannes: Ungefähr so.

Bürger: Jedenfalls — — er ist auferstanden? Ehrenwort?

Johannes: Ich glaube es, Ehrenwort.

Bürger: Also, wenn man es glaubt, dann ist es so; ist es so, wird nicht mehr gezählt.

Zweiter Bürger: Warum nur?

Erster Bürger: Weil er auferstanden ist.

Zweiter Bürger: Wer denn?

Erster Bürger: Der Tischlerjunge aus der Holzhütte.

Zweiter Bürger: Der nichts tat?

Erster Bürger: Eben der.

Zweiter Bürger: Was auferstand? Wie macht man das? Auferstand er?

Erster Bürger: Gewiß; der Donner versiegelte mir die Zunge.

Zweiter Bürger: Du hast es gesehen?

Erster Bürger: Sonne schien neben Mond.

Zweiter Bürger: Großartig. Aber was ist das Auferstehen?

Erster Bürger: Ich weiß nicht. Hier kommt seine Mutter. Frau, also was ist das mit deinem Jungen?

Maria: Herr, ich bin eine arme Frau.

Erster Bürger: Gewiß, und hier hast du einen halben Sekel, und erzähle gut.

Maria: Er ist auferstanden und hat uns erlöset von allem Übel; der Sünden Zahl wird nicht mehr gezählt.

Erster Bürger: Du hast es gesehen?

Maria: Ich sah ihn.

Erster Bürger: Also, es wird nicht mehr gezählt. Warum nur, warum nur?

Maria: Weil er starb.

Erster Bürger: Hier hast du noch einen halben Sekel. Stimmt es?

Maria: Es stimmt.

Erster Bürger: Gut, du bist arm. Hier hast du zwanzig Sekel, und schweige. Gut, ich bringe meinen älteren Bruder um, des Erbes wegen. Es wird nicht mehr gezählt.

Maria (zählt das Geld nach): 16, 17, 18, 19, 20, gewiß, es wird nicht gezählt; darum ist er gekreuzigt und auferstanden.

Erster Bürger: Fabelhaft, Junge, Junge.

Zweiter Bürger: Also, du hast ihn erwürgt?

Erster Bürger: Die Sünde wird nicht mehr gezählt.

Zweiter Bürger: Gewiß, aber du wirst gekreuzigt.

(Man begegnet Johannes.)

Erster Bürger: Lügner, wird die Sünde gezählt?

Johannes: Nein.

Erster Bürger: Lügner!

Johannes: Auch du wirst auferstehen.

Erster Bürger: Aber vorher gekreuzigt.

Johannes: Um aufzuerstehen, muß man vorher sterben.

Erster Bürger: Aber nicht an der Sünde. Jemand das Leben zeigen und ihn dann sterben lassen, ist glatter Mord.

Johannes: Du wirst auferstehen.

Erster Bürger: Ich will nicht.

Johannes: Warum?

Erster Bürger: Ich könnte nicht jahrzehntelang zum zweitenmal Todesangst ertragen.

Johannes: Du wirst zur Ewigkeit auferstehen.

Erster Bürger: Warum bin ich nicht von einer Ewigkeit in die andere auferstanden? Ist zwischen zwei Ewigkeiten das Kreuz? Vor diesem Kreuz und meiner Todesangst ist deine Ewigkeit lächerlich. Ich habe nur das Kreuz. Es gehört mir. Ich verfluche dich.

Rowohlt-Verlag Berlin 1921 (mit dem Untertitel »20 Szenen«); Wiederabdruck in *Gesammelte Werke*, Limes 1962. Ein kurzer Auszug in französischer Übersetzung unter dem Titel »Le Mauvais Message« erschien in *Action* Nr. 8, Paris 1921, S. 23 f.

Im Anschluß an den Gotteslästerungsprozeß, den *Die Schlimme Botschaft* Einstein einbrachte, erschien im »Querschnitt« (1921) folgende Notiz des Herausgebers Hans von Wedderkop:

»Wie soeben festgestellt ist, hat Einstein Gott gelästert. Man kannte ihn und sein Buch und wußte es nicht. Da er Revision nicht eingelegt hat, hat er sich definitiv schuldig bekannt. In der Verhandlung soll fabelhaftes, unwahrscheinliches, bisher gänzlich unbekanntes Menschenmaterial ans Licht gekommen sein. Melde sich, wer mitstenographiert hat! Das Stenogramm würde unsere besten expressionistischen Bücher an Qualität weit übertreffen.«

Über Deutschland

Europa ist eine abgenutzte Scholle, die allenthalben zerbröckelt.

In Deutschland vor allem leidet der Geist an allgemeiner Müdigkeit. Ein verlorener Krieg und dann, noch schlimmer, eine abgetriebene Revolution haben Skeptiker geschaffen. Der Krieg bot unseren literarischen Brutstätten in den Redaktionen wie reimeschmiedendem Gesindel vielfältig Gelegenheit zu liederlichen Gefühlen. Fast alle unsere Schriftsteller haben angesichts der Revolution bankrott gemacht, und die wenigen Ausnahmen, die ihre Zügel ergriffen, wurden des Spiels müde. Man kann nicht umhin festzustellen, daß unsere Autoren in einem müden kleinen Leben dahinvegetieren. Die erfolgreichen Bücher waren dickleibige Bände, vollgestopft mit pseudowissenschaftlichem Feuilleton. Unter anderem bot man eine philosophische und mystische Weltreise in zwei Bänden an, die ihren Wert ihrem Gewicht verdanken. Bei uns ist die Philosophie zum journalistischen Material geworden, will sagen, sie wütet auf noch bedenklichere Weise als zuvor. Eigentlich wissenschaftliche Bücher bleiben verhältnismäßig unschädlich; indessen herrscht wissenschaftliche Plattheit bei uns in epidemischem Ausmaß. In ungreifbaren Sätzen schwitzt man Seele aus, der Mangel an Klarheit bringt den Erfolg.

Tagore ist der meistgelesene deutsche Autor. Bei ihm findet sich alles: Liberalismus, der zu nichts verpflichtet, theosophische Gemeinplätze, die es ermöglichen, sich in einem öffentlichen Haus über Veden und Sankyam zu unterhalten, künstlerische Exotik, dem Gebrauch zweideutiger Mädchen angepaßt. Danach bedachte man uns mit einer schmerbäuchigen historischen Kompilation unter dem Titel »Der Untergang des Abendlandes«. Einst hielt man flammende Plädoyers für die Evolution; heute praktiziert man Dekadenz, eine posthume Niederkunft der wissenschaftlichen schönen Seele. Der Autor unterhält den Dilettantismus seines Lesers mittels historischer Vergleiche und Analogien. Die Fakten werden dabei derart im Unbestimmten gelassen — was wir bereitwillig Vergeistigung nennen —, daß sie sich leicht einer jeden Metapher fügen. Morphologie der Geschichte nennt der Autor diese Anhäufung weitschweifiger Vergleiche, die mich an die Aufsätze derer erinnert, welche auf der Schule gut im Übersetzen sind. Die Allgemeinbegriffe haben ihren friedenstiftenden Einfluß immer noch nicht verloren, sind sie doch immer noch unbestimmter als die Begriffe des Besonderen.

Die wahren Ursachen solcher Erfolge schnarchen unter den Bettüchern der politischen Lage. Hätte man jenen Büchern Geist mitgegeben, so hätte er unweigerlich den Erfolg verdorben. Geist nennen wir eine Art Puddingmischung, wabbelig, unkontrollierbarer Gemeinplatz. Nach der Niederlage schmeichelt es zu denken, die Niederlage des Landes bedeute den Weltuntergang überhaupt; nachdem Idiotenpolitik die Gegenwart kompromittiert hat, ist es besonders süß, bis zu den Veden und dem Taoismus zurück zu greifen. Alles in allem historische Romantik, die nur inspiriert, was im Gegensatz zu den Realitäten steht. Übrigens recht amüsant, dies Volk, das seine politischen Morde hat, alte Mystiker entdeckt und von Tagore den Segen erfleht — aber bitte! Der Pöbel bezahlt für diese gefälschten Illusionen, die zu nichts verpflichten, ihn von sich selbst befreien und mit leichtfertigem Vergangenheitspathos berauschen. Unsere hysterischen Geschäftemacher könnten eine Literatur, die von Aktuellem handeln würde, wohl kaum verdauen. Um den Revolutionsroman zu schreiben, stellt man das mystische China auf den Kopf. An die Stelle des alten Jammerlappens von Reichspräsident setzt man den großen tibetanischen Lama; durch ihn ersetzt man die Hohenzollern.

Aber unseren Autoren selbst mangelt es an einer Richtung; schon vor dem Krieg schrieben sie Bücher von bequemer Menschenfreundlichkeit; man schwitzte Güte und Formauflösung. Die politischen Ereignisse brachen los, aber die Schriftsteller zeigten sich ihrer Aufgabe nicht gewachsen. Man hatte sich eine Manier zurechtgemacht; die Realitäten des Geistes drückte man mittels Wortkonstruktionen aus; im Grunde handelte es sich bloß um einen journalistischen Stil, in dem die Sätze verstümmelt und die Artikel weggelassen werden, nach dem Vorbild von Zeitungsüberschriften. Mit dem Auslassen des Artikels bewies man Geist; wer ihn gebrauchte, wurde als Reaktionär eingeschätzt. Wer einen Besen einen Besen nannte, war geisteskrank und gehörte in die

Irrenanstalt; als genial galten hingegen jene, die in ihm die Seele der Onyxhüften besangen. Das Publikum widmete jedoch dem Kriegsgeschehen einiges Interesse, weshalb es die literarische Revolution vergaß. Sie war eine Täuschung. Und denoch gab es in Deutschland etwas, was Literatur heißen kann; irgendetwas schlecht Bezahltes, frierend und mit den Zähnen klappernd, das unbemerkt vorübergeht und ohne Wirkung bleibt; die Mittel scheinen erschöpft zu sein. Inzwischen probierten einige Optimisten einen Biertisch-Dadaismus; mangels Skandals war es eine Fehlgeburt. Selbst der dionysischste Autor würde von der stupiden Indifferenz unseres Publikums entmutigt.

Das Analphabetentum der Neureichen hingegen stürzte sich auf Bilder. Hier glaubte der Emporkömmling, ohne Intelligenz und Urteilskraft auszukommen. Genügt nicht ein Augenzwinkern, um ein Bild abzuschätzen? Was seine Würdigung betrifft, so wird der Wert auf dem Markt bestimmt. Die Manier des deutschen Expressionismus zeigte plakative Deutlichkeit. Mechanisch benutzte Farben reizten kultivierte Gemüter zum Gähnen, aber brutale Unausgeglichenheit verschaffte den neuen Menschen Wohlbehagen. Das Verfahren umkreist auf naive Weise die Raumprobleme, von denen es keine Ahnung hat, und freut sich, literarische Wirkungen vulgär aufzuplustern. Plakate mit Ausverkaufsmetaphysik. Der deutsche Expressionismus ist eine Malerei von verspäteten und überschätzten Fauves. Wir fahren fort, expressionistische Bilder zu malen, wie vor dem Krieg, vielleicht mit ein bißchen mehr Routine. Aber das ist Kunst aus zweiter Hand. Kaum ein expressionistischer Maler hat ein wesentliches Raumproblem erfaßt. Man ist zufrieden, eine Exotik von in Extase geratenen Negern zurechtzumachen. Anfangs diskutierte man noch verschwommen irgendeine Ideologie; inzwischen ist der Expressionismus in die seriösen Geschäfte eingeordnet. Vor farbenverschmierten Bildern redet man ohne Sinn und Verstand von Ingres, während die Leinwände auch nicht das geringste Verständnis für den Meister verraten. Wir praktizieren eine Malerei, der es an technischer und formaler Tradition mangelt; wir schwanken vom Schlachtruf zur Mode hinüber. Der französische Kubismus war Manifestation einer Entwicklung der Logik, während wir in seinem Schlepptau hinterher humpeln. Der Kubismus zerbrach einige alte Atelierkniffe; der deutsche Expressionismus hingegen gefällt sich darin, Farbtuben auszuquetschen, ohne auch nur die geringste geistige Klarheit freizusetzen. Man kultiviert den Kulturzustand extatischer Lümmel. Das ergibt eine Malerei für wirre Parvenüs, die gern einen eiligen Blick auf große, farbstrotzende Leinwände werfen; und man sucht stets die Qualitäten des Monumentalen in den Maßen der Leinwand.

Wir langweilen uns.

Wir haben unsere patentierten Meister des Expressionismus nebst ihren jeweiligen Biographen. Der deutsche Expressionismus stellt sich mit demselben Radau und derselben Banalität dar, die auch der verblichene Berliner Impressionismus über die Leinwände ergoß. Die interessanten Ausnahmen lasse ich beiseite. Zunächst drängte sich ein allgemeiner Aspekt auf.

In Deutschland wird das Interesse des Publikums von technischen und politischen Fragen absorbiert. Die Kunst führt ein Schattendasein als zweitrangiger, schlecht bezahlter Luxusgegenstand.

Verhehlen wir es uns nicht: Sprache und Farbe sind so abgenutzt wie die Ideologie. So sind wir weniger glücklich als skeptisch.

Wir glauben nicht einmal mehr an den Bluff des Skeptizismus; die Mittel, über welche die Künste verfügen, reichen nicht mehr aus, uns zu überraschen. Auch noch die kühnst extatische Geste stößt auf das ewige: ist das alles? Picasso, der intelligenteste unter den zeitgenössischen Malern, hat bewiesen, daß ein einziger Stil unserer chaotischen Komplexität nicht mehr genügt; er lebt von gegensätzlichen Formeln und Mitteln, durch ein jedes Bild den Wert jedes anderen verneinend. Nicht etwa fehlt ihm Charakter, er ist einfach eminent modern. Die Tradition der künstlerischen Mittel sagt uns nicht mehr viel; an die von Geschichte geregelten Dogmen glauben wir nicht. Wenn man seit einigen Jahren vor allem die Funktion des Raumes, der Ideen, der Toten und der Tode unterstreicht, erinnert das ein wenig an die Morbidität von Lungenkranken; die Mühe, den strengen Raum und das platonische Gleichgewicht der Idee zu besiegen, gipfelt letztendlich nur in einer Arteriosklerose der Zeit und unseres kleinen Lebens.

In *Action* Nr. 9, Paris 1921; französischer Originaltitel *De l'Allemagne;* ins Deutsche übersetzt von Henriette Beese.

Moise Kisling: Le divan rouge (Der rote Diwan), 1917

Moise Kisling

Über Malerei schreiben: schließlich erinnert man sich des Stück Lebens, da die Augen noch Katastrophen sich erschauten, die Maler in den Jahren 1906—1912 ein konsolidiertes Raumbild zu schaffen erstrebten. Es ist dies die Zeit, da unsere Generation ihre Elemente formierte.

Man spricht viel vom Einfluß Cézannes auf die Jungen; falsch, dieses Wort schulmäßig eng zu fassen, etwa als Nachahmung. Gewiß ein Point central der Diskussion der Malerstadt (ein jahrelanges Gespräch) war auch Cézanne; vielleicht war vor allem die Wirkung der Mallehre des Meisters stark und seine Bilder waren etwas wie ein Atlas. Doch verblieb es nicht bei Schulleistung. Die Ergebnisse der malerischen Bemühungen der Jungen entfernen sich weit vom Start. Zurückgebliebene versuchen mit Cézanne gegen die Jungen zu operieren, als bedeute dieser endgültig diktierter Abschluß guter Malerei und als enthalte er bereits völlig die wertvollen Momente der jungen Malerei, die in dieser nur hilflos vergröbert wurden. Bedenke doch der landläufige Betrachter, daß er gemeinhin kaum Auge und Raumbildung des mittleren Malers erwirbt und zögernden Trabes den Begabten folgt. Begreiflich, daß veraltete Köpfe, denen das Raumkliché verstorbener Meister spät eingestanzt wurde, nun die Jungen verdammen; und zwar so gern mit dem Geschrei nach der Qualität, was sie ehrlicher durch den Satz »wo bleibt meine Schablone« ersetzten. Der Erfolg eines Kritikers erweist eben nicht ohne weiteres eminentes Verstehen, oft vielmehr klichierte Tagesmeinung und Publikum.

Heutige Malerei wird oft rascher ausgestellt und gekauft als verstanden; man hatte sich eben bei den Impressionisten durch Nachklappen blamiert; um so emsiger rennt man nach dem neugebotenen Spekulationsobjekt. Satte Schulmeister der sicheren Resultate sitzen auf der anderen Seite bei den Toten, unter deren Gewicht sie die Lebendigen zu erdrücken versuchen.

Das Entstehen der neuen Malerei war wichtiges Ereignis unserer Jugend. Ein erheblicher Teil heutiger Erziehung ist hierin gegeben; Anschauung des Räumlichen wurde gebildet. Entschlossen und mit erheblicher Entsagung beschäftigten sich die Maler mit der Frage, was bildet und festigt ein Bild, mit welchen Mitteln kann die Wahrnehmung konsolidiert und bereichert werden. Schon wieder höre ich das Geschrei einiger Ängstlicher: »also abstrakte, intellektuelle theoretische Kunst«. Die Sage vom naiv erschlafenen Bild entsteht, da man gänzlich passiv und feminin mit dem Geschenk des Bildes sich befriedet, statt die schwierige Entstehung des Werkes zu bedenken. Das Geschrei gegen die intellektuellen Maler ist überflüssig: es gibt eben eine kritische Intelligenz des Sehens, ohne die ein haltbares Bild kaum zustande kommt. Gerade da unsern Malern bedeutende Meister vorgelebt hatten, mußten sie, um nicht blöder Nachahmung zu verfallen, um nicht Papageien der Malerei zu werden, Mittel und Resultate der Alten gründlich prüfen, wollten sie ehrlich die Ordnung der Bilder befestigen; denn zumeist ahmen die Naiven nicht die Natur, sondern ebenso erfolgreiche wie tote Bilder nach, und mancher hat schon Natur mit landläufiger Bildvorstellung verwechselt.

Entscheidendes Ereignis für unsere Optik war der Kubismus; hier wurde stark und rücksichtslos Anschauung kontrolliert.

Heute ruft man gern, er sei erledigt, da immer noch neben der asketischen Aufrichtigkeit kubistischer Bilder nicht allzuvieles bestehen kann.

In den Jahren, da der Kubismus von Picasso und Braque in gleichzeitiger Arbeit formiert wurde, kam Kisling[1] nach Paris. Vitalität, Skepsis und Eigenwilligkeit verboten ihm, der jungen Schule sich anzuschließen, bequem die Arbeit anderer zu nützen. Ebensowenig wie er Kubist wurde, versuchte er an älteres sich anzulehnen. Er erkannte die Notwendigkeit, das Bild zu stabilisieren und die Farbe zum Ausdruck geklärten Volumens zu nutzen. Kisling vermied die impressionistische Analyse ebenso wie die temperamentvolle Dekoration der Fauves.

Sonderbare Jahre, da Kisling nach Paris kam. Die Malerei schien damals manchem durch die Leistung der Großen geradezu erschöpft zu sein; man erholte sich kaum von der Last einer malerischen Erbschaft, die von Heroen hinterlassen war. Eine Steigerung gleichgearteter Ergebnisse erschien unmöglich; man mußte den Mut zur Cäsur, zum Beginn von einfachen Elementen aufbringen; man hatte zwischen imitativer Feigheit des Epigonen und selbständiger Form zu wählen.

Die Vorderen hatten Raum und Dinge vor allem dem farbigen Prozeß untergeordnet. Unermüdlich haben sie die farbigen Mittel geteilt, analysiert und gereinigt; sie waren so radikal in der Zergliederung der Farbe, daß sie während ihrer Arbeit bis zur Entstehung des farbigen Eindrucks vordrangen; Raum und Ding wurden rücksichtslos zu farbigen Elementen umgelegt; fast wissenschaftlich.

Anders die Parole der Jungen; sie war neu und doch alt; vielleicht älter als die der Väter. Die Jungen fanden, es gelte den Raum, das Volumen als das Primäre und Stabile hervorzuheben; so wie bei Giotto oder Pacher. Ungefähr wie man bei uns vom Psychologismus auf die Logik und konstruktive Philosophie zurückging. Die Kubisten wagten rücksichtslos die Cäsur, sie gaben den neuen Bildern das feste Gerüst. Der Kubismus, oder vielmehr die Bilder Picassos und Braques vermittelten eine neue, fundierte Optik. Alle Jungen haben am Kubismus gelernt. Er war entscheidende Entdeckung.

Kisling war zu vital, auf dem von andern errichteten Gerüst zu arbeiten, sich innerhalb einer Schule, die von den unfreiwilligen Meistern verleugnet wurde, festzulegen. Er lebte optisch zu direkt, um sich nicht der Individualität der Dinge zu erfreuen. Wie Derain fand er, daß die Natur dank unserm Sehen bereits einfache konstante Elemente enthalte, die sich vorzüglich eignen, das Dreidimensionale farbig wiederzugeben. Dies Volumen hing allerdings nicht um eine ungesehene Anatomie herum, konnte aber aus den Konstanten der Dinge, Kontur, lokaler Farbe und Tiefenrichtung abgelesen werden. So rettete man die Dinge vor der schulhaften Formel der Minderbegabten, die eine ungemeine Entdeckung emsig verplatteten. Man gab nicht das mechanisch Absolute der Schüler, unkontrolliert an den Dingen; man bereicherte sich an diesen, liebend beobachtete man sie, um Bleibendes in ihnen festzuhalten.

Wir kennen allzusehr die Maler, die nicht ohne Talent und mit erheblicher Bemühung nacheinander verschiedenen Richtungen und Doktrinen unterliegen. Was an Kisling zu Beginn überraschte: dieser junge Maler kam aus Krakau mit einer Malerei, die das Heute seiner Malerei unbeirrbar enthielt. Als Orientale sah er schon vor allem das Bleibende in sich und den Dingen, die natürliche Gesetzmäßigkeit. Kisling war damals zwanzig und weder Schüler noch Anhänger irgendjemandes. Aus Kislings Arbeiten spricht die Einsicht, daß man sich nicht auswechseln kann, Person Schicksal ist, unermüdlich, fast mit Skepsis man Kraft und Art der Deutlichkeit und Ausdruck steigern muß. Kisling ist keine dialektische Natur wie Picasso, der täglich sich selber überrascht;

die Bilder Kislings reihen sich wie eine schöne Kette, deren kräftige Glieder mit Notwendigkeit einander folgen. Ich möchte es eine logische Natürlichkeit nennen, wodurch die Bilder Kislings ausgezeichnet sind, und gleichmäßig das ununterbrochene Wachstum der Kislingschen Bildqualität hervorheben. Übersieht man einigermaßen das œuvre Kislings, bemerkt man, wie er die Mittel variiert, wie er tastet und versucht; doch all seinen Arbeiten bleibt eine Marke starker Vernunft und enthusiastischer Selbstbeherrschung gemein, die wir Kisling nennen. Keine Richtung, keine artistische Revolte anderer vermochte ihn dauernd oder ernsthaft erschüttern, er analysierte, erklärte die neuen Versuche und blieb, wer er war, da er begriff, daß Richtungen und Doktrinen nur Vordergründe sind. Er hatte es nicht nötig anderer Malerei nachzuahmen; achtzehnjährig kam er mit gutformenden Augen nach Paris: malerische Kultur, und er studierte in den beiden großen Schulen, vor dem Modell und im Louvre. Der Louvre ist mehr als irgendein gleichgültiges Museum, dessen Aufgabe es ist, einige Beamte zu ernähren: in ihm findet man die Überlieferung der großen französischen Malerei. Ob man hineingeht oder draußen bleibt, kein Pariser Maler entgeht der Auseinandersetzung mit dem Louvre; er gibt ein Inventar aller Diskussion über Malerei; selbst den unentwegtesten der Pariser hält irgend etwas an den Louvre und sei es nur hartnäckiges Widersprechen; aber vor allem eins, der Respekt vor dem Metier, die Frage — ce vieux comment qu'il pouvait faire ça.[2]

Als Kisling blutjung nach Paris kam, diskutierte man leidenschaftlich über Kubismus, Futurismus, Primitiv, Simultan usw. Er saß bei all diesen Gesprächen, die Paris vom Montmartre bis zum Montparnasse durchzogen; als ganz Junger spielte er eine recht aktive Rolle in der Debatte, die vielleicht seit Poussin ging und erst 1914 brüsk abgebrochen wurde. Der Eine wandelte sich aus einem Neoimpressionisten oder Fauve zum Kubisten, der Andere warf seine kleinen Stilleben in die Ecke und malte irgendeine kosmische Anlegenheit. Kisling besaß vom ersten Tag an seine Themen und die Disposition seiner Malweise. Und trotz aller Diskussion — und sein Atelier war ein Mittelpunkt der Kunstdebatte — behauptete er Art und Kraft, die er nach Paris mitgebracht hatte. Von seinem ersten großen Akt an, den er 1912 in die Indépendants schickte, bis zum letzten, den ich kenne aus dem Jahr 1922, macht sich die gleiche unermüdliche Entschlossenheit geltend, große geklärte Formen hinzustellen und dem Reichtum der geschlossenen Lokalfarbe immer näherzukommen.

Ich weiß, wie hoffnungslos weit die Distanz zwischen Bild und Wort gesteckt ist; dieser Abstand kann höchstens durch etwas wie resignierte Liebe zur Sache verborgen werden. Es ist mehr als ein Schlagwort, wenn wir feststellen, daß Kisling von Beginn an etwas wie Klassik suchte, eine Malerei, welche die Probleme enthält, nicht ihnen ausweicht, vor ihnen flüchtet, sie aber gegenseitig abwägt und ineinander ausgleicht. Die Einen waren Koloristen, Andere wiederum Zeichner, Andere versuchten die schwierige Darstellung taktilischen Volumens; Kisling begriff, daß es möglich sei im vollendeten Bildnis den Zusammenklang dieser Kräfte zu geben, sowie Cranach und Raffael; aber gleichzeitig wußte er, daß man den »Louvre« nicht im Museum, sondern in der Natur finden müsse, als sei noch nichts getan. André Salmon[3] nennt so mit Recht Kisling einen organisierenden Realisten.

Ich weiß, eine Anzahl nachklappender Dilettanten haben sich 15 Jahre post festum für eine Sache erklärt, die sie intellektuelle Kunst nennen; sie bereden die kubistischen Arbeiten Picassos und wissen nichts mit seinen bewundernswerten Figurenbildern anzufangen, die sie wie die Arbeiten Derains für sentimental und naturbefangen erklären. Schulen werden eben weniger von Produkteurs als von Nachahmern, Photographen und umschreibenden Intellektuellen fabriziert. Es ist nichts zu machen, nur lächerlich, wenn einer Schlagwort, Unterdemstrich und Klischee in der Pupille sitzen hat. Damit übersieht man gerade die Dinge, womit Malerei beginnt. Es ist heute so leicht, mit irgendeinem intellektuellen Trug Aufsehen zu erregen oder eine optische Formung zur Popularphilosophie zu zerquatschen. Kisling pfiff auf Trug und Philosophie, war nur Maler, der die Dinge, die vor ihm wachsen und farbig sich breiten, liebt, ohne in seinem Enthusiasmus die Gesetze der Leinwand zu vergessen. Menschen, Landschaft, Blume und Frucht, Kisling liebt sie merkwürdig, schwer beschreibbar. Von seinen Bildern strahlt Wärme aus; seine Leinwände zeigen deutlich, daß sie von keinem schwächlichen Ästheten gemalt sind, der aus Angst vor Natur und bewegtem Raum mit Schlagworten sich ummauert, sondern von einem starken, gütigen Menschen gearbeitet sind, der vielfach und gebändigt fühlt. Leute, die vor allem ältere Malerei lieben und hierüber umfangreiche Bücher schrieben, tun leicht die jüngere Generation ab, da sie von dieser eine Bestätigung ihrer Bücher erwarteten. Bilder werden aber nicht gemalt, um irgendwelche Kritiker zu rechtfertigen. Es ist billig, eine Generation von Künstlern zu verwerfen; immer sind es nur wenige, die unser Dasein einigermaßen zu rechtfertigen imstande sind. Bei aller Bewunderung für Renoir und Cézanne dürfen wir behaupten, daß unsere Generation Künstler besitzt, die Bedeutendes erarbeitet haben. Wie waren wir glücklich, zu sehen, daß Picasso und Derain die große Malerei fortsetzten und nach ihnen Jüngere kamen, starke Begabungen. Das Bild der jungen Generation steht noch nicht ganz fest bei den meisten ihrer Verteidiger; die Kenntnis der heroischen Märtyrer, Utrillo und Modigliani ist noch nicht ausreichend übermittelt; die jolie ménagère Modiglianis, die Straßen, Kapellen und Gärten Utrillos sind noch kaum der Wertung neuer Malerei eingefügt, die Mauern Utrillos, die der Hand Corots würdig sind. Man möge diese Generation nicht aus Bequemlichkeit oder Freude an Dialektik auf eine enge ideologische Formel spannen — eine Sache, hier ebensowenig ziemend wie bei den Impressionisten, und fast scheint es, als seien in dieser Malergeneration Gegensätze und Skala der Auswirkung besonders weit gespannt.

In den kritischen Jahren, ungefähr um und nach 1906 vertrauten die Kameraden fest, daß die große Malerei fortgesetzt werden könne. Mit bewegter Spannung verfolgte man die Talente. Nach Derain, Matisse, Picasso, Braque kamen Utrillo, Kisling, Chagall, Modigliani. Kisling, der Sohn eines armen, jüdischen Schneiders, stieß zu uns: damals brachte er, ein blutjunger Mensch, einige braune, aber intensiv gemalte Porträts mit. Das war 1910 und Kisling war achtzehn Jahre alt. 1912 überraschte er in den Indépendants mit einem großen, in festgefügten Farben gemalten Akt, und nun wußte man, daß Kisling einer der wenigen sei, befähigt seine Generation zu tragen. In den gleichen Indépendants siegte auch Chagall. Es war erwiesen, daß die Reihe der Maler ununterbrochen weiterging. Mit diesem großen Akt hatte Kisling eine Form erarbeitet, die Salmon den réalisme organisé nannte. Diese Malweise wurde mälig von anderen aufgenommen und nach den Erschütterungen des Krieges erholen sich in ihr manche Maler von problematischen Versuchen.

Wir erinnern uns nur weniger frühen Bilder Kislings, die in den Jahren 1911 und 1912 entstanden; es waren Porträts und Stilleben. Eines nahm vor allem gefangen: der Entschluß dieses blutjungen Malers, sich weder durch Richtung noch Schule düpieren zu lassen. Er malte dann in diesen Jahren in den Pyrenäen, in Céret, und traf dort Picasso, Gris und andere. Aber selbst der suggestive Picasso ließ ihn nicht sich selbst vergessen. Er betrachtet prüfend die Bilder der Kameraden und immer war das Ergebnis, daß er seine Bilder und Malweise nur sich selber verdanken durfte. Die für Kisling entscheidende Arbeit war wohl der große liegende Akt von 1912. Dieses Bild war durch überlegte

Ordnung der Farbe und Herausbildung eines deutlichen, ruhigen Volumens ausgezeichnet. Kisling hat unermüdlich den Akt studiert und zeigte oft gesteigerte Resultate seiner Bemeisterung. Ich denke dabei an das große Aktbild der Sammlung Aubry »Der rote Divan« und die Arbeit aus dem Jahr 1922 bei Madame Harris.

Die Jahre bis in den Krieg waren die heroischen Jahre der jungen Malerei; wie die Impressionisten überdauerten die meisten der begabten Jungen die Misere; allerdings einige fielen im Kampf um die Anerkennung wie Modigliani; andere trugen schwere Wunden davon, wie Utrillo. Es kam der Krieg; man unterbrach die lange Arbeit und die Diskussionen und war getrennt. Jahre hindurch hört und sieht man nichts mehr von junger Malerei oder Dichtung: was zurückkommt, erholt sich langsam. Aber die junge Malerei war stärker als der Krieg. 1917 malt Kisling die beiden klassischen Stilleben, die jetzt in der Sammlung des alten Herrn Aubry hängen. Mit diesen und dem bedeutenden Aktbild »Der rote Divan« hat Kisling endgültig die Müdigkeit des Krieges überstanden; seine Malerei ist konsolidierter und fester denn je. Man begann nun vulkanisch zu arbeiten, wollte die verlorenen Jahre einfangen. Wir erinnern, wie damals Modigliani in drei Jahren sein Lebenswerk arbeitete. Kisling verläßt Paris, geht nach Saint Tropez, und nun setzt eine wundervolle Klimax ein. Er malt viele Landschaften; aber auch anderes, Menschen. Er verschmäht das elegante Porträt, sucht sich verlassene Kinder, Zigeuner, Arme. Er zeigt, daß die junge Malerei Empfindung verträgt und darstellen kann. Es gibt Maler, deren Erlebnis eine Technik war und zumeist die eines andern, die sie auf Atelierobjekte monoton übertragen; Kisling erlebt Menschen und Natur unmittelbar und mit opferwilligem Enthusiasmus. Er malt die Menschen, die ihn erschüttern, denen er helfen will und weiß, daß unser Leben nicht hinter der Ateliertüre zu Ende ist.

Um 1918 waren wir besorgt, ob die Malerei der Jungen noch lebe, ob die Jungen selber den Krieg überdauert hätten. Wir dürfen, ohne zu übertreiben sagen, daß die Maler unserer Generation unmittelbar nach dem Krieg ihr Werk fortsetzten und die Ergebnisse erheblich zu verbessern wußten. Kisling beginnt das Jahr 1918 mit einem Selbstporträt; ein Ernster, fast Verzweifelter mit zusammengekniffenen Lippen; fast mit Augen, die nichts mehr sehen wollen. Das Bild ist in eckigen, fast feierlichen Flächen gefügt. Man ist ernst, traurig; aber die Malerei ist gerettet. Nun beginnt Kisling die Armen zu malen; Kinder, die er so sehr liebt. Kisling gibt präzise Form, aber sie trägt Empfindung. Das Thema ist nicht Vorwand zur Sentimentalität; wohl aber wird Raumkonzentrierung gegeben und gleichzeitig Erschütterndes, jedoch gegliedert, beherrscht. Kisling fährt fort, große Figur zu verwirklichen; hie und da wird daneben gehauen; dazwischen und oft, erarbeitetes Glück, beispielhaft Gelungenes. 1919 malt er die Bildnisse der Anna Zborowska und Madame Jane Salmon; das erste Porträt fährt in schweren breiten Farben einher, das zweite ist in silbrig gelöstes Grau gesenkt; Bildnisse glückhafter Entscheidung. Daneben entstehen ein bedeutender Akt »le tube« und Stilleben.

1920 finden wir den Künstler in der Provence; in Marseille, Cassis und Sanary, wo auch Derain malt. Vorher hat Kisling in Paris sein Bild »Die Küche« gemalt. Im Süden, dem Manöverfeld der modernen Malerei erobert er sich endgültig die Landschaft. Dort malt er oft den Hafen von Cassis mit den ausruhenden Seglern, Sanary, umstanden von alten fächrigen Pinien, beherrscht von seiner friedsamen Kirche, die Derain auf einem besonders schönen Bild malte. Kisling gibt kräftige Farben, er studiert die reichen, kurvigen Pläne der südlichen Landschaft; er gibt das Licht nicht als primäres Element, sondern als eingeordnete Eigenschaft der Gegenstände; es gelingt ihm, den unverminderten Reichtum landschaftlicher Bildung zusammenzuballen; er zeigt, welche Fülle gegebener Natur er zu ordnen versteht. Natur und Menschen verarmen nicht auf seinen Leinwänden, sie verfestigen sich. Die ersten Landschaften, Strandbilder mit Schiffern, sind noch flächig zusammengesetzt; aber schnell, in der Bandoullandschaft, den Pinien, dem Hafenbild meistert Kisling das fast Barocke dieser Gegend. Doch Kisling vergißt nie seine Liebe zur menschlichen Gestalt; 1920 malt er die beiden Frauen im Sommergarten. Die Provencehitze biegt die eine schläfrig zum Tisch, die andere liest aufmerksam, etwas kühl. Man hat die Wirkung gleicher Landschaft und gleichen Lichtes auf zwei verschieden gestimmte Frauen. 1921 malt er den Jungen mit dem Hund; Mensch und Landschaft werden nicht durch literarische Sentimentalität kombiniert, wachsen in ruhiger Form und reicher Farbe zusammen und stehen sorgfältig abgewogen. Im Nachmittag dominieren Jahreszeit, Licht und die langsame Hitze; beim Spaziergang die Figur. Diese Arbeit leitet zu den bedeutenden Figurenbildern des Jahres 1924 über, unter denen ich das starke Bildnis des sitzenden Mädchens, die Straßensängerin und den großen liegenden Akt hervorhebe. Der Künstler blieb sich gleich; doch stetig wachsend weiß er Natur und Darstellung zu formulieren und zu klären. Kisling hat immer nur eines gesucht: die Konsolidierung der Malerei. Vielleicht ist solche Bemühung, die Natur zu ordnen ohne sie zu verringern, das Schwerste; vor allem ist diese

Bemühung heutiger Malerei notwendig; die strengen Ordner der bildmäßigen Mittel lassen die Malerei Experimente und Versuche ertragen;
jene geben eben ihrer Zeit Kontinuität und Festigkeit. Es bedarf vieler
Klugheit und angestrengter Skepsis, die wertvolle Erschütterung der
heutigen Malerei, die kostbaren Problemstellungen und Versuche intensiv zu erleben, um dann zu einer schwierigen, verhaltenen Ordnung
sich zu zwingen und entschlossen auf das Interessante zu verzichten,
um statt geistreich vernünftig zu sein und durch Regel und Maß mitzu-
zwingen. 1921 malt Kisling sich noch einmal; ein Gesicht voller Zweifel; denn es ist schwierig und voll Verzicht, klar zu sein; aber auch ein
Gesicht voller Güte, das Dinge und Leute um sich wägt, kennt und
trotzdem noch liebt. Es ist sehr einfach, den Bluff zu bewundern oder
Probleme, die man nicht erfaßte, zu beschwätzen; schwer aber, den ungemeinen Wert einer starken Begabung zu erfassen, die ohne Trug
normativ und wie lebendes Gesetz wirkt.

Leipzig 1922, *Die junge Kunst*, Band 31.

1 Moise Kisling ist am 21. Januar 1891 in Krakau geboren. 1910 siedelte er nach
  Paris über, 1940 emigrierte er nach New York. Er starb 1953 in Sanary-sur-Mer.
2 »Wie hat der Alte das bloß gemacht.«
3 André Salmon (1881–1969), Schriftsteller und Kritiker.

Der von Gott gewollte Chinahändler

Er fuhr nach China. Indien war für ihn nichts, war schon zu abgeklappert. Zunächst kaufte er altchinesische Nachttöpfe und machte die epochemachende Ausstellung im Museum zu Lissabon.

Die Zeitungen schrien vor Delikatesse.

»Ein altes Volk, dessen Kultur die letzten unaussprechlichen Dinge bezaubert.« Ein anderes: »Bisher hieß es in Schönheit sterben. Eine untergehende Rasse, an der wir Geschäfte schamlos machen, lehrt uns in Schönheit ...«

»Die rohe Unkultur englischer Waterclosets«, schrieb ein anderes, »nein, die Hand des Künstlers, der die kleinsten Dinge ziert, ist uns verdorrt; der Hygienewahnsinn verhäßlichte uns sogar das Nötige und drang in das Geheimste, das Badezimmer.«

Ein anderes frug: »Vermag nicht die Schönheit des Apparates die Gesundheit mehr zu fördern?« »Selbst das Badezimmer ist demokratisiert«, entrüstete sich das royalistische Blatt, »aber solche Offenbarungen lassen uns stärker an den Sieg der königlichen Sache glauben. Wir sahen jetzt, auch diese Dinge können sich blaublütig vollziehen.«

Damit die Reaktionen nicht in vollem Fahrwasser schwämmen, kaufte der Staat die Sammlung zu einem unverschämten Preise an. Die Regierung machte dafür eine Anleihe und veröffentlichte ein Communiqué.

»Bürger! Die Weisheit der Republik offenbarte sich wie in den ruhmreichen Tagen der Bastille. Wir sind keine Fanatiker, sondern gerecht und von der objektiven Einsicht des Republikaners durchdrungen. Wir nahmen unter blutigen Opfern das Banner verfaulter Mißwirtschaft, wir nahmen unter Opfern, würdig der Nachkommen eines Marat, die Nachttöpfe. Wir stellen statistisch geprüft fest, daß heute im Durchschnitt der Bürger bessere Toiletten zur Verfügung hat als früher. Das Schöne ist heute dem wissensdurstigen Bürger zugänglich, und bedeutet dies nicht 100 000 mal mehr als die praktische Usurpierung der Nachttöpfe durch wenige Unterdrücker? Denn, Bürger, da gab es Fürsten, die über hundert solcher Geräte verfügten. Und welche Zahl unterdrückter Menschen nahmen sie in Anspruch? Die Republik wird auch weiterhin unter Opfern unentwegt die Nation verteidigen und schützen. Jedenfalls: eine Auslieferung der Nachttöpfe an das spanische Reich wird nimmermehr stattfinden; wir werden unser Erbgut bis zum letzten Blutstropfen verteidigen.«

Das zog. Die Republik war gerettet und man legte dem Chinamann nahe, Portugal zu verlassen, neue Umstürze befürchtend. Jedoch nicht, ohne dem kühnen Entdecker einer ungeahnten Kultur, dem Enkel eines Montesquieu, das Großkreuz anzuheften.

Ein neuer künstlerischer Einfluß kam hoch; Japan fiel im Preis, die Goncourts wurden jetzt vom kleinsten Kommis verachtet; neue Richtungen brachen in allen Künsten ungeahnt schnell hervor.

In *Der Querschnitt*, 2. Jg. 1922, S. 19 f.

Die Zeitschrift wurde von dem Kunsthändler Alfred Flechtheim gegründet und zählte, auch unter der Redaktion von Hans von Wedderkop (ab 1924), zu den wichtigsten Kunstzeitschriften der 20er Jahre.
Dieser Text war bereits Bestandteil von »G.F.G.R.«, vgl. Band 1 dieser Werkausgabe, S. 156.

Skating Rink[1]

Danseuses und Solotänzer langweilen uns längst wie Aktmalereien oder Stilleben. Vielleicht gewinnen diese prähistorischen Attitüden fragwürdige Berechtigung als vollendeter Kitsch.

Der durch schmerzliche (zweifellos blöde) Erfahrung Aufgeklärte zieht die Kneipe dem Theater oder den Ausstellungen vor. — Es geht dort anständiger zu, da kein Betrunkener sich so viehisch benimmt, wie der Halbbegabte, der auf Genie schiebt. —

In Deutschland wird so viel über Kubismus geschrieben, eben, weil es zu spät ist; besonders von filzigen Vollbärten, die versichern, der Kubismus sei gestorben. Überflüssig, sich mit diesen Vertretern eines Nationaldefekts auseinanderzusetzen. Kurzum, vor allem gefällt mir kubistische Malerei (zwar malte Matisse sympathische Tapete); eben weil dieser tote Kubismus das Sehen erheblich bereicherte, somit auch (übelster Schwindel) die Wirklichkeit. —

Reporter schrieben bereits vom Ballett des »sehr berühmten« Léger. Ich gratuliere Ihnen, Léger, daß der Schmock Sie berühmt schilt; begreiflich, denn bisher ignorierte er Sie.

Zunächst rollt Léger einen himmlischen Vorhang aus der Soffitte; vielleicht zu dick im Strich, aber ohne die verfluchte Symmetrie der expressionistischen Greise, ohne die verdammt schöne Farbe der Atelierschüler. Sollte ich den Vorhang beschreiben? Ich bin nicht Kunstschriftsteller.

Die Begabung Légers genügte, die Existenz selbst eines Balletts zu rechtfertigen. Sahen Sie mal, wie man am Ballett schminkt, anzieht usw.? Genau wie Daffke oder Meyer sich die großgeschriebene Expressionistische Schönheit vorstellen. Wie bezaubern doch daneben noch Schießbudenweiber. Léger verlegt die Sache eher mang die Schießbudenweiber. Tanz als Ausdruck und Weltanschauung in Ehren, aber nicht in die Hand, Lyrischer Popo mit Farbfleck und umso kürzer die Wade, umso dicker die Extate. Dies die deutsche Revolution des Tanzes.

Danke. Sympathisch. Akrobaten, Jongleure, Hommemechanique; so gab Canudo[2] das Thema des Skating Rink an. Im Jahre 10 lasen wir bei ihm die ersten Poëmes Synchroniques und endlich verbot dieser Dichter antiquierte Bewegungen des widerlich schönen Menschen (lächerliche Ansammlung genitaler Vorurteile).

Die sauberste Bewegung, die wir kennen, ist zweifellos die maschinelle; also Skating Rink, worin eine Arsène-Lupin-Geschichte[3] herumrutscht, ungefähr Oscar Wilde unter den Megs, Cocos und Totos.

Unheimlich und sympathisch die Masken und Kleider Légers, seit Undenklichem kein Maharadschaschwindel bei Reinhardt. Der berufsmäßige Reporter erwähnte starke Stilisierung.

Selbstverständlich sehen die Leute schon längst légersch aus; was gerade wütend mir gefiel, der richtige Realismus der légerschen Aufmachung.

Die meisten Maler (Generalversammlung der Schulzen) malen Bilderklischées nach. Die meisten Theaterdekorateure vergröbern Bilder, die nachzumalen der Maler längst verzichtete.

Léger gibt Bühne und Menschen, woran der Pölzigbau,[4] diese Mischung von Wasserwerk und Reformsynagoge langweilig wird wie der Berliner Dom. Die verwüsteten Mannequins, die in légerschen Zeltrollen, diese infamen blöden Puppenköpfe, diese gemeinen Dandys, diese Mädchen, die statt eines Gesichts ein Kaligramm tragen, entzückten trotz des widerlich falschen Lichtes des Reinhardt-Kinos. Die Optik dieses Berliners kann man bedauern; stets blendete sie verspätet und war einem vergessenen Atelier entklaut. Dem Skating Rink gaben zwei Leute zeitgemäß Tempo; Léger konnte man schwer übersehen, umsomehr überhörte man Honegger,was unentschuldbar ist, denn das Orchester spielte gemein.

Besonders intelligent rollte die Carina Ari.[5] Jean Börlin hat Komponist und Maler klug verbunden. Léger richtig interpretiert zu haben, rechtfertigt die Existenz des Schwedischen Balletts.

In *Der Querschnitt*, 2. Jg. 1922, S. 51 f.

1 Anlaß des Artikels war ein Gastspiel des »Schwedischen Balletts« in Berlin. Diese
Truppe existierte von 1920 bis 1925 in Paris, sie wurde von dem Kunstmäzen
Rolf de Maré (1888–1964) und dem Choreographen und Tänzer Jean Börlin
(1893–1930) geleitet. Abgesehen von der avantgardistischen Musik und Dekoration bewunderte etwa Cocteau die Kombination von »Zauberspiel, Tanz, Akro-
batenakt, Pantomime, Drama, Orchester und Wort.« Das »Ballett Suédois« ga-
stierte in Berlin mit »Skating Rink«, einem Ballett von Arthur Honegger aus dem
Jahre 1922, also aus der Periode, als er dem französischen Komponistenzirkel
»Groupe des Six« angehörte.

2 Der italienische Dichter Riciotto Canudo (1877–1927), der französisch schrieb,
zählte vor dem Ersten Weltkrieg zur Pariser Avantgarde.

3 Arsène Lupin ist ein fiktiver Edelverbrecher, der Held zahlreicher Kriminalerzäh-
lungen von Maurice Leblanc (1864–1941).

4 Das 1919 von Pölzig umgebaute Große Schauspielhaus in Berlin, das als »expressionistische Architektur« galt.

5 Carina Ari (1879–1970), schwedische Tänzerin.

Die Pleite des deutschen Films

Der Kino ist so alt wie der Mensch, der sein vorübereilendes Leben betrachtet, so alt wie unsere Eitelkeit, die vor Schlafengehen bei niedergebrannten Kerzen im Spiegel sich blickt. Ob Mysterienspiel, ägyptische Relieffolge oder chinesischer Makimono, es war Cinema.

Die leicht überschätzten, aber vielfältigen Mittel des Kino verengten geradezu, machten plattköpfig, betriebsam, wobei ein billiger Einfall vom noch Trüberen regelmäßig in die Flucht geschlagen wird. Jedem Menschen wird vom Kinomanager ein Niveau aufgezwungen, das er, sobald die photographische Suggestion ihn freiläßt, verlacht und längst verlassen hat. Betritt man das Kino, so gibt man außer Hut und Stock vor allem Gehirn und Erfahrung in der Garderobe ab, um einem geradezu schmerzhaftem Blödsinn sich zu unterziehen, denn zumeist verläßt das Publikum den Kintop mit dem genauen Empfinden eines lächerlich greifbaren Blödsinns und man verspürt öfters verlegene Scham, als verlasse man ein unschickliches Haus, während man doch nur atavistische Kindereien angesehen hat. Da man aber nie glauben kann, daß zweimal zwei vier ist, – denn sonst könnte man schon längst nicht mehr leben – so läuft man in den nächsten Film; lebt doch jeder Film von der leeren Enttäuschung, die der vorhergegangene uns bereitet hat.

Zunächst die sentimentalen Begebenheiten der Films. Der größte Teil all dieser Schmarren trieft von banal atavistischer Verlogenheit; Situationen werden uns zugemutet, die vielleicht an einem pensionierten Hilfslehrer steinzeitlicher Wasserköpfe sich vollzogen, worüber Säuglinge jetzt arrogant schon lächeln. Als trage Frau X nur rot flammendes Herz und Romane der Courths-Mahler oder der Made-leine[1] in der erregten Combinaison; vielleicht auch einen Strindberg ins gewölbte Korsett eingeklemmt, der aber von einem Kadetten um-redigiert wurde.

Kurbelt man Seele, worunter man zumeist die Großaufnahme einer Wimmerschnauze oder irgend welcher Tränenkanalisation meint, so lacht man, je verzweifelter die Diva zuckt. Und gar, wenn der ehr-liche Mime innerlich kämpft, statt noch einen zu heben.

Eine analysierte Kinderbewahranstalt verwirrt verglichen mit der Filmseele. Das einzige, das fast so blöd wie Kunst wirkt, ist die ver-blüffend freche Unwahrscheinlichkeit dieser Dinge, die möglichst wirklichkeitsgetreu photographiert werden.

Wird jedoch im Film – gib Saures – Kunst gemacht, so bedient man sich der vulgarisierten Mittel irgendeiner längst entschlafenen Saison. Man behauptet: der Regisseur müsse den Riecher haben; die Erfah-rung lehrt, er darf ihn nicht haben.

Man beschrieb den Filmregisseur als einen Mann, der im Hundert-pferdigen saust, aus Megaphonen gröhlt und einen Feldherrnhügel benutzt. So er im Benzin saust, weil er von schweren Schlaganfällen gelähmt ist, Megafon, da er vor Altersschwäche stimmlos geworden, und Feldherrnhügel wegen vorgeschrittener Arterienverkalkung.

Der Einzige, der die kanonisierte Blödheit des Films zu benutzen weiß: Chaplin. (Während die Deutschen den großen Münchener Karl Valentin durch Herrn P. überzetern lassen.)

Courths-Mahler, die sentimentale Ansichtspostkarte, unsere Fern[2], der Dielenexpressionism, all das gehört zusammen und lebt von der ermüdeten Langeweile der Zeitgenossen, die nicht wissen, wie sie ihre Abende verbringen können.

Und wenn nichts mehr zieht, finanziert man den historischen Aus-stattungsfilm, also Zirkusrevue ohne Technik und protzige Meininge-rei; dazwischen einige stürmisch pulsende Gummibusen, eine Sieg-lindeposition »als ob« und im Orchester das Weserlied in Ganzton-leiter; oder die Verfolgung, wobei man wünscht, daß der gevift Ge-rechte endlich in tausend Stücke zerspringe, damit er nicht im achten Teil noch fetter und allwissender die Leinwand beflecke.

Ich bezweifle nicht, daß das Weltgeschehen – langwieriges Beerdi-gungsinstitut– endlich Sinn gewann, da Schulze Yvonne Merdetti Autogramm und Freikarte abgeluchst hatte; aber schließlich ist damit unser Leben zu teuer bezahlt. Adoriert man einen Boxer, so achtet man den Mann, der phantastisch schwere Hiebe nimmt und so lange nimmt, bis sein gegen Prügel trainiertes Gehirn sich auf sich selber besinnt und somit jedes Bewußtsein verliert. Man achtet diesen Mann umsomehr, als er das Bibelwort befolgt, das über jedem Boxring hängen sollte: nämlich, daß Geben seliger ist denn nehmen. Wenn ich sehe, was Magen und Kiefer der Herren Criqui und Siki aushalten, so überträgt sich von diesen Männern ein gewisser Optimismus auf mich, ich glaube dank ihnen, daß man das Leben die nächsten acht Tage noch ertragen wird. Und das ist sehr viel. Hingegen, wenn ich sah, was im Film man Liebesleidenschaft nennt, eine Angelegenheit fast häßlicher als der nicht gefilmte Liebeswahnsinn, so ist einziges Ergebnis, daß ich Whisky konsumiere, um diesen elementaren Blödsinn zu vergessen, der zu den aufgewandten Mitteln genau im umgekehrten Verhältnis steht.

Typen des Films: der Detektiv, der alles weiß und dem Verbrecher so lange entkommen, bis das Budget der Filmgesellschaft verbraucht ist. Seine Intelligenz steckt im Pfeifenkopf und der Ruß der durchkletterten Kamine bleicht seine Hemden wie Chlor.

Eine Diva, die den Mann liebt, den sie haßt, weil sie mit dem Mann verheiratet ist, den sie verachtet, während sie den Mann verfolgt, den sie fliehen will, um erschöpft den Mann zu küren, der bereits im ersten Akt den modernsten Cut trug oder ein Damenkape über einem gestreiften Sacco mit Pumps.

Oder so ein junger Mann rechtdenkend aber unbemittelt ist, trägt er weichen Kragen und Gürtel, bleibe ohne Furcht, der Rechtliche wird nur drei Akte so tun, als arbeite er; denn nur eine reiche Erbin darf in ihn sich verlieben und der Film langweilt genau wie die Moralität einer verschollenen Tantenart, die im Film seit der großen Marlitt wieder elektrisch beleuchtet wird.

Inhaber von Geschäftsfirmen veraten im Film eine Sensibilität, die es ihnen unmöglich machte, einen Streichholzhandel zu betreiben und genau so groß ist als die übliche Dickfelligkeit.

Ist man verlobt, dann zwitschert der Frühling am Wannsee, man hat ein Verhältnis meistens in Friedenau oder Tempelhof und entsagt dem Glück bei Mattscheibe und Mond, der wie ein verlängertes Fettauge über die Müggel rollt. Wer wagte noch solche Öldrucke? Er ginge pleite.

Daß eine Menge von zweitausend Menschen gebildet wird, ist eins der neueren Filmgeheimnisse, während die Polizei seit tausenden von Jahren mit graziösem Geschick Ansammlungen von zwei Personen zerstreut.

Der Film hat eines mit schlechtem Theater gemein, daß man sich biegt, wo man heulen und man weint, wo regiemäßig man vor Lachen platzen sollte.

Dogen benehmen sich wie eine verwirrte Schar abgetriebener Pfründner, während Lakaien leutselige Jovialität spaßender Fürsten aufweisen. Tatsächlich, wir hängten uns, wäre das Leben eine Minute so langweilig wie der übliche Film, und schließlich ertragen die Meisten diesen Nepp aus Achtung vor den darin investierten Unkosten. Allerdings soll es noch einen künstlerischen Film geben, wobei der Text vom Schneider geschrieben ist, ein expressionistischer Bildner die Unterhosen entwirft und ein Literat die Perücken ausgekämmt hat. Und immer feste lebende Bilder.

In *Der Querschnitt*, 2. Jg. 1922, S. 191 f.

1 »Madeleine« war das Pseudonym der Schriftstellerin Freifrau Marie-Madeleine von Puttkamer, geb. Günther (geb. 1881).
2 Die deutsch-amerikanische Filmschauspielerin Fern Andra (1893–1974).

Die Antipoden

Aus einer etwas pessimistischen Einstellung schrieb *Hausenstein*[1] sein Buch *»Barbaren und Klassiker«*; die Verneinung des Heute verengt sich dort zur berechtigten Ablehnung des Expressionismus. Hausenstein gibt uns schöne Beispiele exotischer Kunst, wobei die geographische Fatalität ihn zwingt, Chinesisches neben Ozeanisches zu setzen und auf Mexikanisches persische Miniaturen folgen zu lassen. Ich bezweifle, ob selbst die äußerst geistvollen Kombinationen des Verfassers solche Zusammenstellung rechtfertigen. Begreiflich, daß Hausenstein, der heutigen Stilmache müde, die Exoten mit optimistischem Enthusiasmus sieht.

Hausenstein begründet die Folge der Länder, indem er dem Begriff des Exotischen das Klassische einschließt; so vermeidet er die häufige falsche Identifizierung von Exotisch und Primitiv. Etwas schief erscheint mir Hausensteins Unterschätzung der Malerei. Er vergesse doch nicht die Zeichnungen und Malereien der Indianer und daß in Afrika viel und schön gemalt wurde und solche Leistung allerdings noch vergänglicher ist als die schon sehr gefährdeten Plastiken. Hausensteins Meinung, der Exote differenziere sich nicht zum metiermäßigen Bildhauer, ist irrig, wie zum Beispiel ein anderer Satz der so geistvollen Nachrede, daß nämlich die Kunst der Ozeanier nicht kalligraphisch sei. Wenn es gute kalligraphische und illustrative Kunst gibt, so dort, denn die Matua, Totok usw. zeigen in ihrem schönen Schnitzwerk die Sagen der Manu, und schon die Ornamente ozeanischer Rindenstoffe oder die Zeichnungen der schönen Kongoplüsche sind voll gegenständlichen Bewußtseins ausgeführt. Hausenstein tadelt mit gewissem Recht den mechanischen Ablauf heutiger Kunst, möge er doch nicht die harte exotische Konvention unterschätzen, die zum Beispiel den Afrikaner in einer mörderischen Welt schlimmer Angst aufrecht erhält.

Zu Beginn gibt Hausenstein ozeanische Bildwerke, wobei er von den Dresdener wie Hamburger Publikationen trefflich beraten ist. Erfreulich, daß er im weiteren afrikanische Stücke aus Darmstadt beibringt, deren Bestes, ein Sessel, östliche Balubaarbeit ist. Größere Schwierigkeiten bereitete die Markvaluta dem Verfasser für den amerikanischen Teil, wo man die graziösen Figuren von Kopan, die Jadearbeiten von den Sacrificios Islands, die klassischen Poterien von Truxillo, die Mosaikarbeiten sowie die großen Gewebe von Pachacamac neben den primitiven Stücken von Jamaika und San Domingo vermißt, wie vielleicht im ozeanischen Teil Hawai entschieden hätte betont werden können. Stärker muß Hausenstein vor so ungeheuern Kunstkreisen wie China, Indien, Persien resignieren. Vielleicht begnügt sich der ausgezeichnete Schriftsteller in einer neuen Ausgabe des Buches mit weniger Ländern. Bei aller nötigen Anerkennung des aufspürenden Enthusiasmus des Verfassers glauben wir feststellen zu dürfen, daß nachdem der Weg zu den Exoten aufs erste geöffnet wurde, wir mit Einzelstudien beginnen sollen, wofür ich Walter Lehmanns »Mexikanische Kunst« als glücklich lehrreiches Beispiel nenne.

In *Das Kunstblatt*, 6. Jg. 1922, S. 86 f.
Der Kunsthistoriker Paul Westheim gab diese »Zeitschrift für Bildende Kunst und Literatur« heraus. Sie war sowohl in ihrer Aufmachung wie ihrem Inhalt nach wesentlich anspruchsvoller als *Der Querschnitt*.

1 Der Kunstschriftsteller Wilhelm Hausenstein (1882–1957) veröffentlichte im nächsten Jahr, 1923, ein Buch über Giotto und über Fra Angelico. — Im Anschluß an Einsteins Rezension von Hausensteins Buch stand eine Eloge von Paul Westheim über Einsteins »Afrikanische Plastik« als Beispiel für eine der von diesem geforderten Einzelstudien.

Peruanisches Bildgewebe der Sammlung Gans

Der hier veröffentlichte peruanische Webstoff ist zweifellos nach der Eroberung Perus verfertigt; denn die darauf abgebildeten Szenen stellen biblische Themen dar. Die Arbeit dürfte ein Stück des 16. Jahrhunderts sein. Man sieht die Erschaffung Evas, die aus der Rippe Adams hervortritt, weiter eine Szene am Baum der Erkenntnis mit der Schlange. Die Tiere, die zwischen menschlichen Figuren sich tummeln, begründen vielleicht die Annahme, daß der Paradiesgarten dargestellt ist. Die Grundfarbe des Gobelins ist ähnlich alten Tiahuanacogeweben[1] das überlieferte Rotviolett, das von der Purpurschnecke gewonnen wird. Das ungemein trockene Klima Perus erlaubte die Konservierung erheblich älterer Stücke; man berichtet, daß unser Gewebe auf einer Insel des Titicacasees ausgegraben worden sei.

Ist auch das Thema des Bildteppichs ein christliches, so setzte der Verfertiger mit dieser figürlichen Legende die Tradition der peruanischen Bildgewebe fort, worauf oft mythische oder figürliche Szenen abgebildet sind. Allerdings, die faszinierende Art altperuanischer Bildnerei ist erheblich abgeschwächt; wurden auch in Ornamentierung und vor allem Tierdarstellung alte Themen benutzt, so mußte doch die heidnische Mythologie christlicher Auffassung weichen.

Szenenfolge wie Ornament wiederholen sich senkrecht geschichtet. Die Vertikale wird vor allem durch die rhythmisch gezeichneten Bäume hervorgehoben; die Horizontale wird durch die Ornamentstreifen und Szenenreihung betont. Der Teppich beginnt oben mit einer gelbbraunen Borte, worauf Vögel und Fruchtkörbe farbig sich abheben. Vielleicht deuten diese Vögel auf die Kolibri der alten Tiahuanaco und Nazcagewebe.[2] Unter dieser gelben Borte sitzen sieben übereinandergewebte schmale Streifen, die geometrisch ornamentiert sind. Die Zahl sieben beherrscht die Anordnung des Gobelins. Ich erinnere hierbei an Mead (Boas anniversery volume New York 1906), der feststellte, daß auf den alten peruanischen Geweben sechs Einheiten von Farben und For-

Peruanischer Bildteppich (Ausschnitt)

men sich wiederholen, womit die Zahl der Himmelsrichtungen mit Einschluß von Oben und Unten bezeichnet wurde. Möglich, daß diese Zahlensymbolik in der Kolonialkunst christianisiert wurde und die Zahl der sieben Ornamentreihen, der sieben figürlichen Szenen, sowie die sieben angewandten Farben — die etwas gewaltsam durch Einschieben des blauen Mittelstreifens entstehen — auf die sieben Schöpfungstage zu beziehen sind, zumal Themen der Schöpfungsgeschichte dargestellt sind. Die mythische Tendenz der alten Bildwebereien ist gewahrt, mythischer Inhalt und Symbolik wurden abgeändert. Solches charakterisiert eben kolonialen Mischstil. Den sieben Ornamentborten folgt ein breites Bildfeld mit figürlichen Szenen. Zwischen Bäumen tummelt sich allerhand Getier. Am ersten Baum mit Schlange sieht man einen Spanier in abendländischer Tracht, dargestellt vielleicht Gottvater, der Adam belehrt. Dann folgt ein musizierender Mann, weiter die Darstellung eines Knieenden mit Becher vor einem Tisch, vielleicht eine Abendmahlszene. Sodann werden die bereits genannten Szenen symmetrisch wiederholt, so daß sich eine Folge von sieben figürlichen Darstellungen ergibt.

Unter der figürlichen Szenenfolge steht eine Skala von sieben Ornamentreihen wie oben. Dann kommt die farbig wie dekorativ besonders betonte Horizontalaxe. Dieser Streifen ist dunkelblau gefärbt und halbiert das Stück deutlich, da gleiches Blau bei dem Teppich nicht mehr angewandt wurde. Sodann folgen in genauer Wiederholung Ornament und Figurenstreifen.

Die Kompositionen verlaufen symmetrisch; zieht man von oben nach unten Linien, trifft man auf gleiches Ornament und gleiche Gruppe. Ein Gesetz doppelter Wiederholung, das dieses Kolonialstück mit den autochthonen Stücken von Nazca und Pachacamac gemein hat.

Wie das Sujet des Gobelins europäisiert ist, so auch der Stil. Der strenge, breite und fast ornamentale Flächenstil der alten Gewebe ist durch europäisches Naturalisieren und Modelé stark abgeändert. Kontinentaler Einfluß ist festzustellen. Begreiflich: denn die Spanier entfalteten schnell in Süd- und Zentralamerika rege Bau- und Kunsttätigkeit. Auf spanischen Gemälden, die in südamerikanischen Kirchen sich befinden, sind Gobelins, wie der hier veröffentlichte, als Ponchos genau abgemalt. (Siehe die Veröffentlichung von Ambrosetti.)

In *Das Kunstblatt*, 6. Jg. 1922, S. 172 f.

1 Tiahuanaco heißt eine Ruinenstätte am Titicacasee in Bolivien.
2 Nazca ist eine südperuanische Stadt, an einem Nebenfluß des Rio Grande gelegen, die durch ihre farbigen Tongefäße, Textilien und Goldschmuck berühmt wurde.

Ein Chinabuch

China. Band I, von Ernst Fuhrmann. Folkwangverlag. Peinlich, an solchem Buch Kritik zu üben: diese gerät zur Exekution. Man trifft in abgetrennten Ecken isolierter Provinz pensionierte Sekretäre und mutierende Gymnasiasten, die an ihrer unerkannten Genialität sich chloroformieren. Ähnlich der Fuhrmann. Gewiß, wir gewöhnten uns, Chinesisches durch kindische Literaten genotzüchtigt zu sehen; ich vermutete jedoch nicht, daß in solch lächerlicher Art einer an China sich vergriffe. Sowenig Fuhrmann von Chinesischem weiß, ebensowenig von deutscher Syntax, wiewohl er auf ethymologischem Karren einherholpert.

Er kennt alle Geheimnisse; er weiß die Herkunft der Menschen, bilanziert die Jahrtausende, letzte Zukunft ist ihm enthüllt und er hütet den Sinn »lebendiger Weltkraftanschauung«. Mit den Volten der Wortspielerei reißt er Verborgenes hervor und erklärt unerkannt Vergangenes wie schwierig verdecktes Dasein. Fuhrmann kennt keine Schwierigkeit auf seinem düstern Holzweg. Alle Kultur, meint er, komme wie das Müllern aus Nordwesteuropa; Beweis: noch nie seien Pflanzen und Völker freiwillig von Süden nach Norden gewandert.

Äußerst klar erscheint Fuhrmann die Verwandtschaft zwischen Germanischem und Chinesischem. Er beweist, auf Wort, Silbe und Letter umhertorkelnd, mit Purzelbaum und Siegerkranz, daß Tao evidemment nicht anders denn Odin ist (Tao = Atma = Odin), und Ying und Yang läßt der gewandte Prestigateur als die Raben Hugin und Munin hochflattern; welch beide Tiere nichts anderes denn das Ein- und Ausatmen bedeuten können. Tao ist aber auch = Tout = Tod. Wieviel läßt sich mit solchem philosophieren. Bedauerlicherweise erläutert Herr Fuhrmann nicht ausführlich, warum chinesische Urkultur aus Mexiko gekommen sei. Gleich heiter stimmt die Fuhrmannsche Untersuchung über chinesische Schrift. Tauschte, wendete und zerrte vorher der Fuhrmann die Laute, so dreht er jetzt die Schriftzeichen lustig um neunzig Grad, damit z. B. der chinesischen Schrift auf Fuhrmannsches Geheiß das nordische Schlittenschiff entfahre. Nach alledem begreift man, daß dem Fuhrmann sämtliche bisherige Übertragung aus dem Chinesischen sinnlos dünkt, dunkel bleibt, warum er aber seine Kenntnisse des Tao te king usf., die er wohl Übersetzungen dankt, nicht für ebenso sinnlos hält. Herr Fuhrmann gibt über die Ursprünge seines trübseherischen Unwissens kaum Auskunft; sagt er doch auch nicht, daß hinter der pathetisch geschwollenen Weltkraftreligion deutlich der Universismus de Grootes zum Vorschein kommt, den er mit trauriger Frechheit verzerrt.

Auf dem Müll Fuhrmannscher Prophetie liegt dann noch ein Stapel von Photos und Ansichtskarten, wüst, planlos zusammengeschmissen. Das Bildmaterial ist weder gemäß Kult noch Zeit annähernd einwandsfrei geordnet. Man greift, daß diesem Tiefenschauer jede Ahnung von Qualität fehlt. Orientierender Text ist den Bildern nicht beigegeben; statt dessen eine Viertelseite Geschwätz; ein Glück, daß nicht mehr. — Es beschämt, daß solcher Unfug bei schlimmem Papiermangel kostspielig publiziert werden darf.

In *Das Kunstblatt*, 6. Jg. 1922, S. 177 f.

Utrillo

Vielleicht gelangt man wieder dazu, an Stelle summarischer, etwas zu geistvoller Resumés über Anschauung, Vision und Weltgefühl mit einzelnen Malern sich zu beschäftigen. Man übersah in Deutschland, leichtfertig eher mit Richtungen sich beschäftigend, den großen *Rouault,* Schüler Gustave Moreaus, und *Utrillo,* den großen Landschafter. Begreiflich, daß dieser bedeutende Maler bisher in Deutschland übergangen wurde; ist er doch weder für irgendwelch Theoretisieren symptomatisch, noch geben die Gegenstände seiner Bilder zu irgendwelchen gedichteten Ausgüssen Anlaß.

Ich sehe schon heute die dicke Monographie, worin das Leben dieses außerordentlichen Malers dramatisch pathetisch andeklamiert wird.

Maurice Utrillo wurde am 25. Dezember 1883 in Paris geboren; seine Mutter ist die bekannte Malerin Suzanne Valadon, die oft von Degas in den Tutus dargestellt worden ist und deren Porträt Toulouse-Lautrec gemalt hat. Er wohnte bei seiner Großmutter in Pierrefitte in der Banlieue und besuchte das College Rollin in Paris. Des Abends kehrte er nach Hause zurück, zumeist mit den Kutschern auf einem Stein- oder Gemüsewagen. Mit diesen Leuten rastete er zu oft in den Wirtshäusern unterwegs und so wurde der sensitive Jüngling ein Trinker. Er war inzwischen neunzehn Jahre alt geworden; seine Mutter suchte mit ihm Ärzte auf, die ihn von der Trunksucht heilen sollten; diese schlugen Frau Valadon vor, den Sohn zu irgendwelcher Beschäftigung zu nötigen. So kam es, daß Utrillo 1903 zu malen begann.

Utrillo malte und trank, auf der Butte Montmartre und die Kneipwirte verkauften ihm gegen Bilder Alkohol. Da die Bilder ihres Gastes allmählich gesucht wurden, begannen sie ähnliche zu malen, so gut und so schlecht es gehen wollte. Hauptsache, die Signatur. Man unterscheidet bei Utrillo vier Perioden: 1903—1905 arbeitete er nach der Natur (naturalistisch); 1905—1907 unter dem Einfluß Monets und Sisleys,

1907—1910 die weiße Zeit und danach die koloristische. 1909 stellte er im Salon d'Automne aus, 1912 in den Indépendants. Seit dieser Ausstellung ist Utrillo bekannt und geschätzt. In geschlossenen Anstalten war er fünfmal zwischen 1910 und 1919. Auf den Pariser Polizeibüros ist er bekannt.

Dies einige Daten aus dem Leben des großen Landschafters. Sein Roman läßt sich billigerweise nach der Melodie des pauvre Lélian schreiben. Andere wieder mögen, nach Abbildungen sich orientierend, einfach meinen, ein verspäteter Impressionist. Nichts falscher.

Utrillo hat auf seine eigene Art die Veränderungen der französischen Malerei mitbestimmt und erlebt; jedoch so persönlich, so untheoretisch und eben nur im Sinne des Malerischen, daß dies schwer wahrnehmbar ist. Wie Lautrec blieb er vor allem auf Montmartre; aber er saß nicht wie der gräfliche Krüppel in den Bars und Ballhäusern; er besah sich Straßen und Häuser und kletterte höher als Lautrec, dem der Weg zur Butte beschwerlich war. Was Lautrec die Goulue, Jane Avril, Valentin le Désossé und Chocolat waren, das galten Utrillo die Rue Saint Marie, die Place de Tertre, Moulin de la Galette und alle Ecken, Plätze und Straßen des Montmartre. Aber es ist durchaus falsch, Utrillo als Maler des Montmartre festzulegen. Man braucht nur an seine wundervollen Kathedralen von Rouen zu denken, da er als junger Mann bereits die Bilder Monets wohl übertrifft, an seine Arbeiten aus Korsika, dem Jura und so fort. Eines ist wunderbar an Utrillo: wie er seine Häuser, seine Straße baut. Hierin unterscheidet er sich von jedem Impressionisten von Beginn an. Utrillo selber nennt sich einen Maurer. Er baut auf der Untermalung die Häuser und Straßen auf; die Fenster, Türen und besonders konstruktiven Gegenstände malt er auf die Leinwand und von ihnen geht er aus, um die Wände, Straßenpflaster zusammenzufügen und die Farbe zu graduieren. Ehe irgendwelche Merzkünstler oder Futuristen sich versuchten, wendete er 1907 gelegentlich eine Verbindung von Gips und anderen Materialien an, die er nicht verriet; dem Bild wollte er eine geheimnisvolle Materialisierung geben, auch verband er die Ölfarbe mit Sand, wie das heute bisweilen noch Braque tut, um die Farbe körniger zu machen. Besonders von Sammlern gesucht sind die Landschaften seiner weißen Zeit. Unerhört seine weißen Kathedralen, und welche Farbigkeit aus seinem Weiß bricht. Unmöglich die farbige Abstufung einer Mauer Utrillos zu beschreiben. Ich kenne heut kaum einen Maler, der eine solche Sensibilität für das Farbige besäße. Gewiß mag bei Vorgeschrittenen solche Gabe für démodé gelten. Aber es gibt nur wenige Maler, die eine Konstruktion mit solch nuanciertem Reichtum auszufüllen verstanden. Ich muß gestehen, daß die weißen Bilder Utrillos erschüttern und mehr Empfindung verraten als irgendwelche literarisch aparten Riesenkompositionen eines erfolgreichen Kompositeurs. Diese Häuser und Straßen, getreulich abgebildet, weisen mehr farbige Phantasie und stärkere Individualität auf als irgend ein grotesk erpreßtes, übersteigertes Machwerk, dessen Struktur trotz allem Pathos elend, langweilig und schwächlich bleibt. Man erkennt nicht immer Stärke am Gebrüll.

Man hüte sich, Utrillo mit den Impressionisten zusammenzuwerfen. Die stärksten Wirkungen holt er gerade aus einer Gleichung der Lokalfarben hervor; er selbst weiß sich seit 1907 vom Einfluß der Sisley und Monet völlig frei; eine Sache, die ihm ein kompetenter Mann, der Utrillo bewunderte, bestätigt hat, nämlich Pissaro. Nach der ruhmreichen weißen Zeit, während der Utrillo Ungemeines an Abstufung und gleichzeitiger Feste der Farbe gelang, wo er ohne irgendwelche Phantasmen verklärte Landschaften malte, ging Utrillo zu einem komplizierten Kolorismus über. In diesen weißen Bildern gab das Weiß gewissermaßen den basso continuo ab, eben das Maß der Farben. Nach dieser Zeit verbirgt Utrillo mit bewundernswerter Feinheit den Tenor seiner Farbe; kaum eine Farbe dominiert, so verwebt sind sie alle. Ich kenne aus dieser Zeit z. B. eine Darstellung des Moulin de Sannois, die wie noch andere Bilder des Utrillo furchtlos neben die vortrefflichsten Landschaften alter Meister gestellt werden dürfen und an bemeisterter Kompliziertheit an Bruegelsche Landschaften erinnern.

Es ist erwünscht, daß man sich bereits heute beschäftige, die authentischen Arbeiten dieses Meisters zu bestimmen, da viele Fälscher eifrig sich mühen, Utrillos herzustellen; anders gerät sein Werk in gleiche Verwirrung wie das fast unentwirrbare œuvre des großen Corot.

Darf ich noch einiges hinzufügen, das späteren Anekdotenschreibern erwünscht sein mag. Ein Teil der schönsten Bilder Utrillos sind nach Postkarten gemalt. Und oft noch des Nachts bei einer kleinen Petroleumlampe in einer engen schlauchartigen Kammer oder irgend einem Hotelzimmerchen. Utrillo verläßt jetzt kaum noch seine Wohnung und so fertigt er gerade seine schwierigsten Bilder an, Landschaften, die er nie anders als auf kleinen, billigen Ansichtspostkarten gesehen hat. Picasso, der viel des Nachts malt, sagte einmal: ich brauche nicht die Sonne, ich stehle mir das Licht. So erfindet der visionäre Utrillo die Landschaften Frankreichs.

In *Das Kunstblatt*, 6. Jg. 1922, S. 323 f. Der Text wurde nachgedruckt in *Europa-Almanach*, Potsdam 1925, S. 235 f.

Gerettete Malerei, enttäuschte Pompiers

Zu formulieren beliebte: Picasso und Braque, siamesische Zwillinge; flink unterschlug man beider Maler gesonderte Einzelleistung, geschäftig wurde Schule beschwatzt, faul ohne Kenntnis der einzelnen Bilder, eine Fiche der Kartothek für amtlich Farbenblinde. Starhäutig beschrie man mit testamentarischen Parallelism beide, um sie zur bloßen Richtung zu miß- und verhandeln, obwohl diese Maler in Person — Empfindsamkeit, Temperament und Mentalität gänzlich auseinandereilen. Zu wenig beachteten diese vereinheitlichenden Axolotls der Blindenschrift die authentische Mitteilung des Freundes Daniel Henry[1] (der einzige in Deutschland, der richtige Darstellung und Erklärung kubistischer Malerei gab), daß beide Künstler voneinander unabhängig zum Kubism gelangt waren, man versäumte ihre Beginne zu trennen. Jetzt, nach fünfzehn Jahren, ist es notwendig beider Œuvre sorgfältig zu folgen, ohne vor dem vielgewandten Genie Picassos in Verwirrung zu verzittern oder aus Verlegenheit zur tadelnden Frechheit zu fliehen. Man löse endlich ihre Werke aus — ziemlich leichtfertig kombinierter Liaison, um anstatt in schlammige Ideologie zu versinken, gute Bilder sich anzusehen. Köpfchen hoch, Augen links.

Die dialektische, von cervantischem Kontrast angefüllte, zerkeilte Natur Picassos hat mit dem beharrlich führenden Braque wenig genug zu tun. Ich publiziere hier zwei Arbeiten dieses Malers, die wie sein gesamtes Werk, Distanz und freie Unabhängigkeit von Picasso erweisen. Gewiß, man wird einwerfen, beide hätten unter dem Eindruck Ingres' und Corots vom Kubism planmäßig sich zurückgezogen, beide kopierten ja Corot im Louvre.

Die Rolle Ingres' ist selten richtig bei uns dargestellt worden. Man betrachtet diesen Klassizisten als unerklärbares Phänomen, obwohl er lediglich eine alte französische Überlieferung fortsetzte; Ingres, das ist Verwirklichung bildnerischer Tradition, die stets von neuem geschaut und verkörpert wurde; nennt man Ingres, so möge man sich auch des allerdings etwas romantisch behauchten Prud'hons erinnern. (Bei Ingres bricht neben Renaissance vielleicht noch niederländische Lokalfarbe durch.) In ähnlicher Weise bedenke man den literarischen Klassizism der Guérin, Banville und Parnassiens[2] neben den Romantikern. (Mit diesen Sätzen möchte ich die notwendige Arbeit Westheims über französischen Klassizismus ankündigen.)[4]

Dann Corot und die Kopien: Corot steht, Inbegriff und Comble französischer Malerei, und wer nicht auf grob Koloristisches ausgeht, wird in Paris mit diesem äußersten Meister sich auseinanderarbeiten müssen. Corot ist genial bürgerliches Gegenspiel zum Kubism; ungemein sensitive Palette, Wunder an Tonalität, vibrierende Touche und große Figur in einfach lyrischer Fläche. Der kubistische Maler, der die dekorative Farbigkeit der Fauves zugunsten einer dynamisch getönten Form aufgegeben hatte, mußte zu Corot kommen durch zähe Kritik des malerischen Mittels. Von der klärenden Tonalität kubistischer Leinwände, vor allem von Braque her, war es zur schimmernden Strenge Corots nah. Doch möge man Braque und Picasso um Corots willen nicht zu den Schwestern Blaschek verleimen oder den einen zu des andern Ruhm wegamputieren wollen.

Man behauptet, Braque, Picasso hätten den erschöpften, unfruchtbaren Kubism verlassen. Erstaunlich, daß man noch immer an eines verlegenen Kritikers falschem Witz klebt, der kaum beider Bilder trifft und Entscheidendes verbirgt. Man orientiere sich am Werk der Braque und Picasso und dann überlege man, wer den Kubism aufzugeben hatte; anders niemals denn mißverstehender Nachtrab.

Picassos Erklärung »cubisme, je n'en connais pas«[4] blufft nicht; richtig und aufrichtig sollte sie geraderenken. Braque formulierte gleiche Ansicht weniger aggressiv: »un peintre, qui voudrait faire un cercle, ne ferait qu'un rond«.[5] Witzbolde drehten vor Léger den Calembourg zum Tubisme.

Gewiß, Picasso, dieser dialektische Maler, reizt den zu leichterer Analyse Aufgelegten mehr als der stille Braque, dessen visuelles Meditieren etwas verdeckt ist. Dies aber begründet, daß man letzteren dem Spanier unterordne.

Gewiß war es der Kubism, der die Malerei aus der kommunen Vertroddelung und dem Kulissenpathos der Übervangoghs und Hinten-Gauguins gerettet hat. Man wagte vor irgendwelchen wissenschaftlichen Feststellungen in die Raumbildung das raumbildende Sehen und die vierte Dimension der Zeit einzukeilen. Zugunsten der Erprobung der Form war es wichtig, das Formale über den selbstverständlichen Inhalt herauszuheben; man vereinfachte die Thematik bis zur naturgegebenen Form (Violine, Etikette usw.), um geduldig und voller Vorsicht am gleichen Thema die Kräfte des neuen Mittels zu studieren. Ich bezweifle, daß Derains Zeichnung zu solcher Prüfung gezwungen hätte. Man konnte die Malerei nur retten durch Kritik und Vernichtung abgeleierter und falscher malerischer Mittel. Doch grenze man endlich Braque und Picasso gegeneinander ab, die allerdings beide eines bestimmten Mittels sich bedienten, einer bestimmten Optik, die von beiden verschiedenartig durchgeführt wurde.

Man hat beiden Malern spöttisch eingeworfen, sie hätten die als ergebnislos und unfruchtbar entlarvte kubistische Marotte wie verlegene Schulbuben verlassen; und doch möchte ich sehen, woher diese meist Cézannepatentierten ihre klugen Nebensätze zusammenstoppelten ohne den Kubismus, deren Vertreter nie behaupteten, alleinseligmachende Malerei zu machen (die Firmen der Weltanschauungsfärberei leben auf gesprächigerem Kompost), doch tatsächlich die Malerei von der graziösen Pest unsachlicher Dekorateure und verrutschter Halbbildhauer rettete. Welch letztere einen zu billig begriffenen Cézanne in jedes erotisch vorgeschrittene Damenzimmer pflastern (man bevölkert die bewegliche Provinz) und deren blaugrüne Aktgrüppchen zwischen leichtem Mosel, Vorstandsrede und Monographie geschäftig posen. Der Kubism will so wenig die ganze Malerei sein, wie Kantische Kritik alle Philosophie ist. Jedoch beide wird man nie ausschalten können. Es ist die Leistung der Braque, Gris und Picasso, in ihren letzten Arbeiten umfassende Anwendung des Kubistischen gegeben zu haben (allerdings vergesse man endlich das Wort Kubism als Sinnvolles, sondern verwende es wie eine Warenmarke), ohne in den Kissenkitsch der Stilmarodeure zu stolpern. Das Problem Picasso möge nicht in diese Betrachtung gepreßt werden. Vor allem zielen wir auf Braque, le peintre d'une pureté lucide et audacieuse,[6] dessen Schaffen nicht wie des Spaniers kontrastreiche Dialektik ist, sondern Weiterführen und mäßiges Bereichern der gelösten Ergebnisse.

Es ist nicht Zweck dieser Nebenbemerkung, die Rolle des Kubism zu beschreiben oder nachzuweisen, wie er falsch und verschludert Malerisches abtat. Die kundigen Propheten bärtiger Vergangenheit raunen wieder vom Ende des Kubism, von tötlicher Krise. Immerhin ist zu prüfen, wer von den Malern Krieg und Revolution überstanden hat, wer

noch sich bewegen kann oder verwirrt zur Akademie und kleinbürger-
lichem Professorentum sich rettete. Soll der Kritiker kein Kommis antiquierten Bric à Brac sein, so müßte er vor dem reaktionären Kunstschwindel kurzatmiger Richtung geradezu zum Phonographen tötlicher Grabreden werden. Ein ausgezeichneter Künstler wie Derain; gestehen wir, wie verzweifelt er um seine Palette kämpft: »la couleur
c'est un drame«.[7] Ein kritischer und sensibler Maler wie Derain ver-
spürte in seinem Atelier die Krise; aber keine Krise des Kubisme, und er
steht noch in diesem Kampf um sein malerisches Mittel. Ein persöni-
cher, erbitterter Kampf; der noch unentschieden ist. Matisse, der Monet
von heute, besitzt seine Marke: ruhig malt er Dinge weiter, die uns
nicht allzusehr erregen können; wir kennen ihren Wert. Picasso, Braque und der verschlossene Gris, sie gingen geradewegs auf die Fragen
los; cubisme, das heißt, Mut, Fragen zu stellen, die über das nur Technische hinausspringen. Die Probleme des Kubisme überlebten den Krieg;
denn es war nicht die Frage nach einer Manier, Stil oder Technik; es
war die Frage nach Entstehung des Bildraums; noch einmal erlebte man
vorurteilslos, wie in den Tagen Giottos oder der Gotiker, direktes Sehen; nicht irgendein Bild oder Literaturklischee. Man war bis zum Prozeß vorgestoßen, den jeder erlebt; nur daß wenige wagen, diesen Prozeß bewußt zu prüfen. Cubisme, das ist Sehen ohne Vorurteile; darum
nennen ihn die Klugen zerebrale Kunst. Zunächst war es Malerei, in
der durch den gesamten Plunder malerischer Vorurteile, die man unter
das süße Wort »Geschmack« subsummiert, man sich nicht verblüffen
ließ, naiv umhersah und das Sehen selbst wiedererlebte. Von diesem
Erlebnis werden noch lange die meisten Maler ihr Stil oder Konstruktion bestreiten. Die Kubisten wagten es, Raum und Fläche bis zur Vernichtung der billigen Gelegenheit, bequeme Schönheit zu erzielen, zu
klären. Als Marke, Gradmesser der Raumkraft, Kompaß und Abschied
klebte man Tapeten, schattierte den berühmten Reißnagel auf, diese
Entdeckung von Teilen der Wirklichkeit als Form; man klebte und er-
wies das Fragwürdige überlieferter Technik, die keine Bibel ist. Widerlich ist die geradezu fetischistische Abhängigkeit von Mitteln, von überlieferter Technik, die man mit alten verkommenen Schönheitsvorstel-
lungen mechanisch kombiniert. Und so opferten die entscheidenden
Kubisten einer optischen Entdeckung, welche die gesamte Malerei bestimmt, Schlafrock der Südsee, Plüschpantoffel und erotischen Schwindel der vorgeschrittenen Ästheten.

Von da aus gingen die Russen zum Konstruktivism, Tatlinism usf.;
getragen von den starken Schultern Lenins; betäubt durch eine uner-

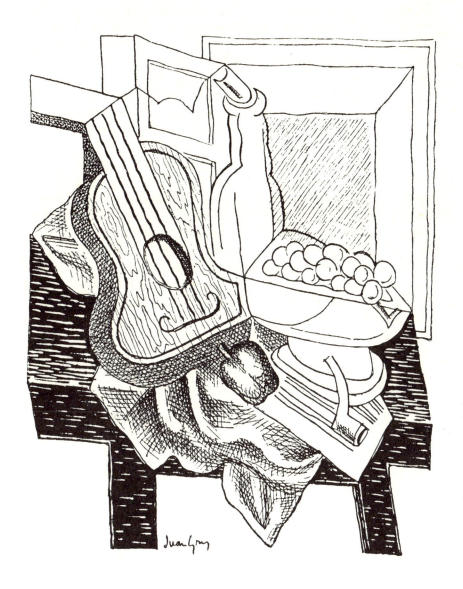

Juan Gris: Stilleben

füllte Maschinenromantik. Inzwischen haben Braque, Picasso, Gris der kubistischen toile das Objekt zurückgewonnen; damit war eine Krise entschieden, der Kubism nicht gestorben, sondern gerettet. Nach zähem Erproben war die Aufgabe erweitert und das laienmäßige Gesicht der toile verändert; entzückt kreischten die Pompiers: »ils ont lâché le cubisme, ils sont fichus«.[8]

Gris hat der glücklichen Lösung ihre Formel gegeben: »J'essaie de concrétiser ce qui est abstrait — — — pour arriver a un fait réel. Le coté abstrait, je veux l'humaniser. Cézanne d'une bouteille fait un cylindre, du cylindre je fais une bouteille, une certaine bouteille«.[9]

Den Gläubigen des absolut Neuen sagt Gris: »cette méthode, c'est la méthode de toujours«.[10] Der Kubisme hat sich das Objekt zurückgewonnen. Bei Picasso vollzog dieser Prozeß sich dialektisch, unter unermüdetem Geschrei der sachlich Unbeteiligten; Gris ist dem Gesicht der offiziellen Dunstgreise kaum nahegekommen. Braques »Akt« und des Gris »Nonne« sind entscheidende Daten heutiger Kunst. Hier ist man daran, die glückliche Gleichung zu finden, Anschauung und Objekt zu verschmelzen. Der Kubism ist nicht fichu, er hat gesiegt.

Die Arbeitsmethode Braques mag an anderer Stelle erläutert werden; doch was will man hier mit dem Gerede von Ingres? Einmal vielleicht, daß der neugierige Picasso den Mäulern einen Ingres zu essen geben wollte; im Porträt seiner Frau aus dem Jahre siebzehn, das unter der Kanonade der Bertha[11] unvollendet blieb; noch mehr wohl unter dem Hagel neuer Aufgaben. Der Akt des Braque ist in Farbe und Konturbehandlung überraschend neu; dieser terrakotte, blattgrüne Körper, graurosa umzeichnet, ist in braun, blauschwarz und hellterrakotten Grund gebettet. Ein Akt, dem jedes Detail zugeschnitten, anprobiert und fixiert wurde. Gerührt denkt man vielleicht an das riesengroße Versprechen Seurats und die Figuren Goujons;[12] von solchem Bild aus mag französische Malerei sich orientieren. Noch wird es etwas Panneau erscheinen, zumal es auf das illusionistische Modelé falscher Cézannisten verzichtet. Gleiches die bedeutende Arbeit des Gris »die Nonne«. In beiden Stücken möge man kubistische Formung (allerdings gänzlich frei von fälschender Mechanisierung der Nachläufer) erkennen. Ist der Kubisme bankrott? Auch nicht der biegsame Blödsinn seiner Gegner.

In *Das Kunstblatt*, 7. Jg. 1923, S. 47 f.

1 Der mit Einstein seit der Jugend in Karlsruhe befreundete, in Paris arbeitende Kunsthändler Henry Kahnweiler (1884–1979).
2 Zwei französische Dichter, Maurice de Guérin (1810–1839) und Théodore de Banville (1823–1891), sowie die Dichtergruppe um die Zeitschrift »Parnasse contemporain« (1866), in der unter anderem die frühen Gedichte von Mallarmé und Verlaine erschienen.
3 Gemeint ist wohl Paul Westheims Buch »Klassizismus in Frankreich«, Wasmuth-Verlag Berlin, Orbis Pictus Band 15.
4 »den Kubismus kenne ich nicht«.
5 »ein Maler, der einen Kreis zeichnen will, wird immer etwas Rundes malen«.
6 »den Maler hellsichtiger und kühner Reinheit«.
7 »die Farbe ist ein Drama«.
8 »sie haben den Kubismus fahren gelassen, sie sind erledigt.«
9 »ich versuche, das zu konkretisieren, was abstrakt ist — — um bei einer realen Tatsache anzukommen. Jene abstrakte Seite will ich vermenschlichen. Cézanne machte aus einer Flasche einen Zylinder, aus dem Zylinder mache ich eine Flasche, eine ganz bestimmte Flasche.«
10 »diese Methode ist die altbekannte Methode.«
11 Volkstümlicher Name einer insbesondere gegen Frankreich eingesetzten deutschen Kanone.
12 Jean Goujon (gestorben vor 1568), Bildhauer.

Der frühere japanische Holzschnitt

Als die Goncourts, Seurat, Lautrec, Beardsley und van Gogh japanische Holzschnitte europäisch deuteten, streiften sie den dünnen Schattenrand asiatischen Gesichts. Die Goncourts, verspätete Buchhalter des Achtzehnten, suchten darin etwas einzig Französisches und vielleicht Heiterkeit des Unterganges, Tragödie ohne Tragik. Der asketische Seurat, der witzige Lautrec, der melodramatische van Gogh überschritten in ihren Arbeiten Optik und Möglichkeit der Spannung, die in den Holzschnittblättern sich zeichnen. Diese Künstler suchten begreiflicherweise nicht geschichtlich Konkretes, sondern Stimulanz ihres schöpferlichen Willens. Schließlich ist ein Seurat mehr wert als sämtliche Daten der Kunstgeschichte.

Ich schreibe über diese Dinge mit dem Bewußtsein, die letzten abendlichen Reflexe eines vorläufig erloschenen Gestirns in reizvoll fälschender Spiegelung einzufangen; der fliehende Rand hüpfenden Spiegelbildes zeichnet am bequemsten sich heraus. Man findet an diesen Holzschnitten Gefallen, worin eine große Überlieferung kleingeworden abstirbt und am Ende ihren Sinn verliert.

Die Holzschnitte sind bürgerliche Kunst; Bilder erwachenden Kleinbürgertums, das ungezügelt aus langem Gehorsam auffährt und zwischen den Paragraphen eines überlebten Polizeistaats leichten Herzens und etwas kindlich umherspringt. Shogun, Daimyos und Samurai sterben eine ermüdete schwerseidene Form zu Ende in symbolhaft schwierigem Zeremoniell, während Kaufleute, Handwerker, Kokotten, Bauern, Schauspieler, Tänzerinnen, all dies sein eigenes Leben treibt in einer spielerisch bewegten Wandelwelt. Mit dem Buddhismus war Kunst in Japan aufgewachsen, und mit dieser religiösen Schule, welcher der shinto-naturte Japaner vielleicht nie gewachsen war, starb sie.

Eine Tatsache dürfte genügen, um zunächst die Bedeutung des japanischen Holzschnitts bezweifeln zu machen, nämlich, daß er nach unterbrochener europäischer Teilnahme wieder als Erstes an asiatischer Kunst von Europäern bewundert und über ihn die Verbindung zu jener aufgenommen wurde. Wem mißtrauten wir zweifelnder als uns, wenn Fernländisches wir verstehen wollen. Diese alexandrinische Liebe zum Fernen, zur Distanz ist vielleicht Flucht, vielleicht verzweifelter Wunsch Existenz und Dasein zu raffen, selbst wenn es eigenes Leben nicht ist, das in hastig gestapelter Zeit man genießt. Es ist seelischer Anixonismus, Jagd der Unterernährten nach Fremdem, dem oft ungemeiner, fast lächerlicher Mangel an eigener Natur entspricht. Wir werden noch so weit nach Formen anderer und geliehenem Behelf wegirren, bis wir uns verloren haben.

Die Japaner nennen eine Schule der Malerei Ukiyo-e und hierzu gehören die farbigen Holzschnitte. Ukiyo-e heißt fließende oder unglückliche Welt, und so sind diese Ukiyo-e Bilder aus dieser vergänglichen Welt. Also die Holzschnitte stehen leicht und farbig an der Peripherie des Buddhistischen und eine Tanka der süßen großen Murasaki Shikibu mag ihren Sinn weisen: »Flüchtiger als das Schauen des welkflatternden Blattes ist was man Leben nennt«. Eine lyrische Philosophie, die europäisches Gemüt leicht zu falscher Sentimentalität verkitscht, doch in Asien vielleicht das Lächeln des Japaners schnitt. Man sah in diesen Holzschnitten Farbiges und Linienspiel. Doch allzuwenig erwägte man, in welch Religiösem und wie gekasteter Wirklichkeit das Ukiyo-e wuchs; und vor allem welche Gesellschaft dort gezeichnet wurde.

Der Buddhismus hatte die Erde und was als Leben strömt, leicht und gewichtlos gemacht, da ihm nicht Person und einzelgefärbte Tat, sondern die ungeschichtlich gleiche Wiederkehr galt. Was wir Abendländer für eigenes Leben halten, sei ja irgend eine Wiederkehr, und was uns freut, Klage in beschwerendem Leid. Noch oft werden wir zurückkehren aus der See des Verschwindens in die fließende Welt, bis leidgeformtes Bewußtsein vergessen ist. Das Leben schwebte »wie dürres Blatt, indes der Strom endlos und ohne Sinn seine Wellen wälzt«. Im Christentum ist der Kampf um das Jenseits und die Gnade. Der Christ lebt in gespannter Dramatik, die fast ihn auseinanderreißt, und in solchem Dualismus wurde die Einheit der Person kostbar. So bildete der Christ die auf Äußerstes gespannten Stile Gotik und Barock, wo das Jenseits, eine mythische Imagination, die Formen spannt, indem es Welt und Gefühl zerbirst. In solchem Kampf bedeutete das Individuum alles als verklammernde Einheit dramatischen Konfliktes. Auferstehung wurde Gnade, Verbürgen ganzer Person, und nicht Qual wie in Indien.

Vielleicht vollzog sich asiatische Kunst etwa wie ewige Wiederkehr; fast kanonisch bestimmte Bildthemen und Formen, langwährende, mitunter schläfrig gewordene Schule und Verbürgen der Wiederkehr durch Sippe und Schüler, Variante und Kopie bedeuten dort viel. Eine Kollektivkunst des Unpersönlichen vielleicht und das Originale wie eine religiöse Fatalität, die man nicht sucht, sondern der man sich unterzieht. Man ist ja nicht Ich, sondern Glied oder Vermögen einer Schule, einer Überlieferung. Zeichnet man, so ist es Spiel, metaphysische Komödie der Wiederholung, leicht und ohne Tragik; Spiel in festen Formen und um so mehr Spiel; prächtige Farbe, die Vergängliches auszeichnet und durchprunkt, damit wenigstens im Bilde dies bedeute und bleibe. Man weiß kaum, ist man es selber, der malt; spürt man als Ich sich, so ist es Defekt; malt einer gerade Gutes, so ist es, als führe der wiedergekehrte Ahne der Schule die Hand oder der verehrte Maler der Sippe, dem man sich opfert. Malen oder Zeichnen sollte fast wie ein Auslöschen der Person sein, und doch im Betrachten dieses flüchtigen Lebens bildet sich gegen unseren Willen ein erkennbares Einzelwesen, unterschieden als Künstler, doch um so sündhafter und gebrechlicher als Mensch. Vielleicht empfand mancher dieser Meister sein Tun als geschäftig verwirrte Sünde und wurde später Mönch, um im reinen Unpersönlichen zu erlöschen. Dieser Kunstfleiß, gewiß man beobachtet das Leben, flink skizziert man und malt sichergezogene Kalligramme. Doch das Ganze ist reizvoller Irrtum, ein Teil des Maskenspiels der Wiederkehr. Wie Menschen wiederkehren, so die Formen. Und vielleicht empfand niemand es schärfer und bitterer, wenn einer er selbst sein wollte, nicht den Ahnen suchte und versuchte, denn der asiatische Betrachter.

Ukiyo-e heißt auch Malerei »de la vie qui passe« (Hayashi) und Ukiyo als Beiname heißt der Gewöhnliche. Ihn trug der Schöpfer der Ukiyo-e-Schule, Iwasa Matahei (1576—1650); die Tosamaler weigerten ihm den offiziellen Meisterbrief und nannten ihn spöttisch Matchi-Yeshi, den Straßenmaler, und schätzten seine Bilder kaum. Sie liebten nicht diese Leute, die vom Boulevard weg malten, die Blütenschau, die galanten Frauen, das Leben des eiligen Tages, die Schaustellungen usw. Diese Ukiyo-e-Maler waren Leute, denen origineller Stoff viel galt und die für das erwachende Bürgertum arbeiteten; also naturgemäß nationale und zwar städtische Kunst; nannte doch die Provinz, vielleicht neugierig und entrüstet zugleich, die Blätter des Moronobu Yedo-e, Zeichnungen aus der Hauptstadt. Diese Maler scheinen der nationalen

Bedeutung ihrer von den Akademikern nicht allzusehr geachteten Kunst recht bewußt gewesen zu sein, signierte doch Moronobu[1], der eigentliche Begründer des Ukiyo-e-Holzschnittes, als »Meister in japanischer Malerei«. Im gewissen Sinn waren die Ukiyo-e-Maler revolutionär, da sie Leben und Treiben der unteren Schichten für wertvoll genug erachteten, es festzuhalten. Diese Ukiyo-e-Malerei entstand zusammen mit den Ukiyo-Zoshi, den »Weltlichen Schriften« der Tokugawazeit, derb realistischen Novellen, worin im allgemeinen das Leben der unteren Klasesn geschildert wird und von deren Verfassern sogar Angriffe gegen die Kriegerkaste gewagt wurden. Diese Schriftsteller der Chonin (chonin konyo heißt bürgerliche, ehrlose Gesinnung) wurden von den Ukiyo-e-Meistern mit Bildbeigaben versehen; so illustrierte Moronobu des brühmten Ihara Saikaku (1643—1693) Roman »Der Lüstling«. In diesem Buch treffen Weltliches und Weltmüdigkeit sonderbar aufeinander. Der Wüstling beginnt eine Überlegung: »Ich habe alle Freudenhäuser der Welt besucht« und endet »ach, wie elend ist doch des Lebens Ende«. Der gleiche Saikaku schrieb noch »den großen Spiegel der Männerliebe«, worin er die Päderastie der Kriegerkaste geißelt und die gering geachteten Chonins verteidigt. (Siehe Florenz gelegentlich der Tokugawazeit.) Also eine Kampfstellung gegen die konservativen Aristokraten wird gewagt, wie wir gleiches zuweilen bei den Ukiyo-e-Meistern treffen. Diese sind Sittenschilderer, ähnlich wie es Hogarth, Guys, Daumier und Lautrec waren, doch moralisch unbefangener; ihre Arbeiten sind ausgeprägte Gesellschaftskunst. Literatur und Ukiyo-e-Malerei der Tokugawazeit entfernten sich vom veralteten Gehabe der Samurais, die ihren Konfutse memorieren. Man gab sich vorurteilslos und vielleicht zu ungehemmt dem unmittelbaren Treiben hin, zog zu Blütenfesten, bankettierte in Teehäusern, zechte und liebte im Yoshiwara, liebte leidenschaftlich das Theater und seine Mimen. Der Kaufmann war in den ruhigen Zeiten der Tokugawashogune reich geworden, man konnte sich etwas leisten. Man spottete in Kyokas (kurzen Tollgedichten) der Ritter und Gelehrten und fand ihr Leben und ihre Weisheit lächerlich und lästig. Bis zum Katzenjammer amüsierte man sich. So dichtete Buson,[2] der Maler:

»Kehr ich von der Blütenschau trunken
Wie ekeln mich die Sängerinnen.«

Die späte Tokugawa war keine Zeit starker Verinnerlichung oder hinreißenden Schaffens. Man trieb in den Geleisen eines konservativen Polizeistaates, die große geistige Substanz war ermüdet und die nationale Reaktion des Shinto hatte politisch sich noch nicht ausgewirkt,

wiewohl wir in dem Anschluß der Ukiyo-e-Meister an die National-
schule der Tosa ein ähnliches Symptom verstehen dürfen. Diese Zeit
war spielerisch, ungefähr wie der Haikaidichter Soin[3] es verdichtete:
»Die Welt / Schmetterling bleib sitzen, ist bald so / bald so.« Der Geschmack des heraufkommenden Bürgers stellte nicht allzu große Anfor-
derungen. Man verglich zu gern die Holzschnitte mit den Arbeiten der
Meister des Achtzehnten; immerhin Watteau und Fragonard gaben
noch höfische Kunst und standen in gewissem Gegensatz zu bürgerlicher
Mentalität; während die Holzschnittmeister eher bürgerliche Journalisten waren, Leute des Tages, wie Guys oder Gavarni.

So gaben sie weltliche Dinge, vielleicht mit buddhistischem Unterge-
fühl, daß man vergebens lärmendes Spiel zeichnet, worüber selbst
Geishas und Knaben ihrer Bilder lächeln. Sie gaben eine Kunst, entfernt vom Elementaren; vergeblich sucht man das gelöste Weltgefühl
der Zenmaler oder das ernste Akademische späterer Kanomeister bei
ihnen; aber um so mehr verraten die Holzschnitte von der Gesellschaft
und den Menschen dieser Tokugawazeit. Damit erweist sich der illustrative genremäßige Charakter dieser Kunst, die dem Bürger diente,
damit er neben seinem Geschäft endlich Gesicht gewinne und an sich
selbst sich ergötze; eine Kunst, die ihm verbürgte, daß er mehr denn ein
Name sei. So ist diese illustrativ, öfters auch recht modisch, und dem
Akademiker erscheint sie zunächst minderwertig. Uns aber bewahrte
sie die Welt des heraufkommenden Bürgers, der sich seine Kurtisanen,
Komödianten und Tänzerinnen hält und bereits beginnt, die Samurais
zu verspotten:

> »Wie sinnlos
> Da ziehen sie zur Blumenschau
> Mit langen Schwertern«

und weiß, daß heiteres Leben und yens im Beutel mehr gilt als Waffen
in lang friedfertigen Zeiten, da man des Krieges vergessen hat und das
Heroische Sache des Theaters geworden ist.

Da ist Yoshiwara, die Ebene des Glücks hinter dem Tempel von Asakusa, wo vor allem die sanft beglückende Kwannon, die Göttin, die
man nicht zweimal bittet, verehrt wird. Um den Tempel klappert und
schreit der Jahrmarkt, vor dem Tore des Yoshiwara glänzt »die Straße
der fünfzig Teehäuser«, die von Geishas auf hohen Getas, Wahrsagern,
Kupplerinnen, stellungslosen Schauspielern und den Desperados, den
Ronins durcheilt wird. Du kommst an der »Fichte zum Anbinden der
Pferde« vorbei und schaust nach dem »Kirschbaum der ersten Begeg-
nung«. Du bist am großen Tor und vor dir glänzt »die Stadt ohne

Nacht, das Rad der Pfauen». Ein Frühlingstraum, wenn die Straßen voller Blüten wanken, ein herbstliches Gesicht, wenn Laternen und Lichte die bunten Papierkugeln zu Monden leuchten. Da wohnen die Füchsinnen, »verwehte Blüten des gefüllten Kirschbaums« und die Kamuros, »junge Schmetterlinge«, vertraut mit den hundertfünfzig Regeln des Anstandes, geschickt in der Anordnung der Blumen und sorgfältig unterwiesen zur Zeremonie der Teebereitung. Nun gehe gespannt geradeaus diesen Weg bis zum Haus, in dessen Ausstellungskäfig du gestern die junge Kurtisane sahst. »Je näher du ihm kommst, um so näher bist du der Liebe.« Doch vergiß nicht, es ist gefährlich, die glatte Rinde der Lackbäume zu berühren; dein Vater warnte mit Recht: sie sind giftig und vergiften das Leben. So ging dein Vater, da er hörte, das Begräbnis finde am Tempel in Asakusa statt, selber hin; vergiß nicht, daß ein Haibun sagt:

> »Zahlreicher
> Als je am Baum ich sah
> Sind die dürren Blätter am Boden.«

und ein anderes klagt:

> »Das Zirpen
> Der Grille verrät nicht
> Wann sie stirbt.«

Doch man will nicht die Niwakas versäumen, die Ausstellung der Kurtisanen zur Schweinestunde, wobei das Lied der Parade im Käfig von einer Kamuro »mit zarter, junger Stimme gesungen wird, daß man stehen bleibt«; du staunst über die brokatgestickten Kimonos und die kühnen Frisuren und vergißt, daß die Schwestern des Sommers den schlimmen Vertrag über den Verkauf des Leibes unterschrieben haben und »vieler Tränen den schimmernden Lack ihrer Kopfstützen beizten«. Du denkst daran, wenn der Wind die Weiden streift, die über die Vergänglichkeit sinnen machen. Schließlich sind diese Musmes »ein Name und nichts mehr«, »welke Kirschblüten, die der Wind über die Straßen Yedos knistert«. Man wird nicht melancholisch, gibt doch selbst der abklingende Buddhismus dem Volk Kraft und besondere Voraussetzung Trauriges zu belächeln und voll mitleidigen Geschmacks zu genießen: selbst wenn man Parvenu ist.

Es waren große Zeiten, als Jingemon,[4] das Genie der Gilde der Bordellwirte, 1617 Yoshiwara schaffen durfte, sagten sich doch Shogun und Polizei, daß man bei kaserniertem Liebesbetrieb die verschwörerischen Wogenmänner, die Ronins, leichter überwache, die so sehr von Füchsinnen und Polizeiagenten umschwärmt waren. Da lichtert Yoshiwara, eine Stadt, worin jedes Vergnügen möglich ist, da dort es seinen Preis hat. Und man konnte zahlen; denn die feuerfesten Speicher der Händler waren in diesen Zeiten zum Platzen vollgestopft: wie bewunderte man den dicken Kaufmann, der für eine Nacht die große, teure Stadt Yoshiwara gemietet hatte; so ließ sich leben und für solch Volk zeichnen. Man feierte die Festtage: Neujahr überqueren Guirlanden die Straßen, man stellt vor die Häuser die bedeutsamen Bäume, die Kiefer sagt Mut, Bambus schattet Treue; und man hängt den Hummer ans Tor, der den gekrümmten Rücken zähen Alters trägt. Man tanzt die Pantomime des Daikoku, die 1700 zwei Shamisenspieler erfanden, die Kurtisanen verlieben sich närrisch in die Hokans (Straßensänger) und freuen sich, abends nicht in den Käfigen erscheinen zu müssen. Im Juli blühen Iris, Glyzinien und Bambus, woran man Fächer und Zettel voll von Gedichten hängt. Die Bordellwirte holen die kostbarsten Kimonos und Setzschirme hervor; man pilgert zur Kwannon von Asakusa, die Boote fahren auf dem Sumida aus und an der Küste sendet man die Seelenboote mit den Namen der Toten ins endlose Wasser nach den westlichen Paradiesen; denn jetzt kommt Bon, Allerseelen, das Fest der Laternen und man tanzt Bonodori, den Totentanz. Wimpeln mit den sieben berühmten Ansichten Japans weht man heraus und die Oirans feiern das Gedächtnis der großen, verstorbenen Kurtisanen. Im September färbt sich Yoshiwara mit den Blüten der Chrysanthemen: flammende Blumenstatuen bindet man, die zu dem giebelgesäumten Himmel züngeln. An den drei Blütenfesten, dem der Kirsche, der Iris und des Chrysanthemum, durchwallen die Prozessionen der Yojos die Stadt. Osen, die Geliebte des Harunobu zeichnete eine Oiran inmitten der Prozession:

>»Sie gehn wie Tiere: Katze, Hund und Reh,
Behängt mit roten und mit grünen Lappen.
Sie tappen
Mit zarten Pfoten durch den Blütenschnee,
Mir tut die Schminke wie ein Sargtuch weh.
Ich schleiche eingepfercht in ihre Herden,
Zerrüttet und mit fröstelnden Gebärden
Inmitten zweier bunter Tänzerinnen,
Die meine Müdigkeit als Aas umkreisen. —
Nun steh ich still. Und meine Hände weisen
Erschreckt und lächelnd nach dem Herzen innen.«

(Aus *Klabund,* »Die Geisha Osen«.)

Yoshiwara war die Stadt der Maler der farbigen Ukiyo-e, wie das Café Royal den Dandys, Literaten und Kokotten oder Montmartre mit Moulin rouge und Monico den französischen Kollegen gehört hat. Tragisch Vermischtes geschah in beiden; oft grassierte in Yoshiwara der Liebesselbstmord und verzweifelt legten die enttäuschten Bordellwirte vielen Oirans den Kontrakt über den Verkauf des Leibes in die Särge und »das Herz der Oiran war nicht mehr ihr Herz«. Die Schriftsteller und Maler der Tokugawazeit waren Kenner und Habitués des Yoshiwara, beschrieben und zeichneten die Kurtisanen und »ihr buntpapiernes Kleid«. Da sind noch die musikalischen Geishas, die so geschickt Shamisen und Koto spielen und dich im Ken verlieren lassen: da verliebt man sich und schwört, daß nie die Geisha ins Grab sinke; denn ihre Asche werde man in Sake schütten und den Becher leeren. Man trinkt Wein aus winzigen Schalen, die immer wieder die Geisha füllt, bis man trunken ist und die »Zeit aus träg sich türmenden Tagen vergißt«. Die Mädchen rufen »Sayonara, auf Wiedersehen«, man schleicht nach Haus und verflucht die grazilen Sängerinnen, die so viel Kokus und Nächte kosten. Da irrt ein Lebemann mit ausrasierten Schläfen und ein frecher Haikaidichter spottet:

> »Der Mann mit dem platten Plektronschädel,
> Der nach dem Melodramaabhang fragt,
> Er mag aus der Guitarrengasse
> Herausgetaumelt sein.«

(Nach Florenz.)

Im Yoshiwara wird nichts verborgen außer dem Schmerz, »weil kein Grund zur Scham ist«. So lassen sich Ukiyo-e zeichnen und malen; denn dort ist alles auf optischen Reiz gestellt und nur dieser gilt. Die Frauen verhängen mit den seidenen Schwingen ihrer Ärmel das einbrechende Licht des harten Tages: man trinkt, dichtet, skizziert und ist froh, Shogun, Konfutse und die Anmaßung der Samurais zu vergessen.

Gleiches läßt sich im Theater tun. Ist man auch selber kein Held, so kann man einen besseren als er je lebte, sich auf der Bühne leisten. Man sieht sich den großen Danjuro an als brüllenden, umhertobenden Schurken oder Teufelaustreiber Shoki oder amüsiert sich in eindeutigem Dirnenspiel. Allerdings versäumte man den größten Erfolg des angebeteten Stars Danjuro, da er von seinem wütend neidischen Kollegen auf offener Bühne über den Haufen gestochen wurde. Doch zum Trost spielen seine leiblichen und Adoptivsöhne allabendlich weiter und das nicht schlecht. Ins No geht man nicht; dazu fehlt es an Gelehrsamkeit, und man wird auch zwischen Daimyos, Priestern, Samurais und Akademikern kaum geduldet. Aber das schadet nichts; wohl sähe man kostbare Gewänder und feine Gesellschaft: aber langweilte sich erbärmlich. Sah man es doch später, wie der bittere Notänzer Sharaku so gar nicht zwischen die Komödianten und Zeichner der kleinen Leute paßte und was half ihm Genie? man richtete ihn zugrunde. Keinen Pfifferling für diesen arrogant unheimlichen Burschen, der jedes übertrieb, verhöhnte und nicht begriff, daß mit und von kleinen Leuten er zu leben hatte. Und leben ließ sichs bequem, soweit die verfluchte Polizei nicht das Vergnügen störte. Hatten sie doch auch den witzigen Hanabusa Itcho, der neben seinen geistvollen Rollbildern scharfe Haikais machte, schon verbannt.

Zehnmal hintereinander konnte man sich die Stücke vom starken Sohn des Watanabe ansehen; allerdings Kimparo Saigo, worin der Held blöderweise zur Hölle fährt, pfiff man aus: genug von solcher Höllenfahrerei; wie angenehm klangen die Weisen der Jorurisänger im Marionettenspiel; gern läßt sich so die feierliche Melodie des No missen.

Die Bürger machten sich ihre Künstler, und diese paßten sich den Chonins an, auch wenn sie aus dem Adel kamen wie Matahei oder Chincho. Die Welt ändert sich, weil der kleine Mann sie kaufen und bezahlen kann: ihn zu ergötzen, ist unschuldige Liebenswürdigkeit. Auf der Bühne sieht man Tairas und Minamotos fuchteln und deklamieren; in gewaltigem Format erregen sie, aber es tut wohl und fast bebt man vor gewecktem eigenen Heldentum. Dann das Harikiri nach Katastrophe und Liebesgeschichten, wovon die neueste noch mit nasser Tinte über die Bühne geschleift wird, damit Stadt und Bekannte das Malheur einer Familie angenehm erschüttert bestaunen; so »der höllische Mord in der Ölhandlung« und der »Liebestod zu Sonezaki«, und dann das vielbewunderte »Magazin der Loyalität der Siebenundvierzig«, nämlich der Ronins; wüste, wundervolle Burschen. Das war noch ein Harakiri, wirklich »eine glückliche Erledigung«; ausgezeichnet wie unser Danjuro den Sitz seiner Seele öffnete; wundervolle Perücke nach der neuesten Mode und unheimlich geschminkt; dabei ein guter Familienvater und welch Berserker als Sataka no Kintoki. Wunder, daß ihm die rot und weißen Schminken nicht von Arm und Beinen tropften. Wenn der seinen Pfeil wetzt; wie er die Lippen dabei schleift: wehe seinem Feind. Man sucht ordentlich nach seinem Billett.

Immerhin, tolle Burschen diese Mimen, die mit ihrem Konduiteneid es nicht allzu genau nehmen. Besser ist es auch nicht geworden, seitdem die Weiber nicht mehr spielen dürfen. Aber mehr Kraft tobt nun über die Bühne; eine Perücke ist manchmal besser als natürlich Haar und schöner sieht kein Weib aus als Kikunoyo oder Hanroku. Verteufelter Bursche, der uns den Danjuro über den Haufen stach. Doch nichts klingt angenehmer, als wenn vom Trommelturm es zur Nakamurahalle wirbelt. Wenn nach Theaterschluß nur der Weg nach Asakusa nicht so weit wäre.

Dies war die Zeit nach dem großen originellen Korin, die Zeit der spielerischen Netzuke, der poetischen Stichblätter, der lackschimmernden Inros; da hielten die Ukiyo-e-Meister ihren Platz und ihre Arbeiten waren Bedürfnis. Es war eine Zeit der flinken Mode und stets war neues zu kreieren. Man war wohl weniger schöpferisch, die großen Zeiten waren vorüber; doch originell nuancierte man, griff neugierig klug nach Variante und Umdeutung, und diese neuen Reichen verlangten vieles, ja alles in merkwürdig raschem Tempo und bequem verständlich zu erleben. Hatten sie keine Geschichte, so leisteten sie sich solche auf der Bühne und in den illustrierten Büchern. Stimmten da die Dinge auch nicht ganz, so waren sie noch eindrucksvoller als Tatsachen. Wie rasch eine Mode erledigt und verzehrt war. Kam man aus Yoshiwara oder von der Blütenschau, schon mußte die Farbe gerieben sein. Ein befreundeter Bordellwirt hat das Porträt der letztangekommenen Oiran bestellt; der Verleger wartete auf die Illustrationen zum letzten Roman, der Theateralmanach war fällig, Theaterzettel mußten korrigiert werden und schon wollten die Leute die letzten Schauspielerporträts der Toriis sehen. Dann diese Feste und Prozessionen, alles wollte man gleich in Holzschnitten haben. Ein Glück, daß man wieder eine gut bezahlte Dekoration für ein Teehaus zu malen hat und nachmittags läuft man zur Prozession, um die neuesten Gewänder und Frisuren zu skizzieren; dabei malt man noch Fächer. Nie wird man mehr aufs Land hinauskommen; schließlich ist der Mensch auch amüsanter, und ein lebendiger Käufer mehr wert als eine kopierte Kanolandschaft. Schließlich fällt diesen Akademikern seit dem großen Korin, und der gehörte nie zu ihnen, nichts mehr ein und von dem weiß ich, Hishikawa Moronobu, ein geringer Ukiyo-e-Maler, mehr als die meisten Kano. Schließlich war des kühnen Korin Vater Seidenhändler, wie mein würdiger Vater ein trefflicher Sticker war. Gut, dem Matahei[5] weigerten sie geringschätzig den Meistertitel; aber doch war er ein großer Mann und seine Ukiyo-e sind große Mode.

Die Welt der Ukiyo-e ist erfüllt von vielfältiger Figur, aber ohne weitgereckten Horizont. Man ist dem Geist der distanzierten bunjingwa fern, dem zenistischen Tuschbild. Man soll dort nicht in die Stille des Zen, der äußersten Ruhe getragen werden. Das unsprechbare Tao ist in den Bildern der Wandelwelt vergessen. Das hingehauchte, magisch geweitete Gefühl des Tuschbildes, dies Verewigen des fliehenden, kaum sehbaren Momentes, den nur asketisch sensibles Genie im Nu schaut, da es fast das Nichts zu sehen vermag und immer auf entrückter Grenze empfindet; all dessen darf man vor dem Ukiyo-e sich nicht erinnern. Darin gestikuliert eine handfeste, vielleicht etwas gewöhnliche Welt; unkompliziert und optimistisch. Die weitfließende, spekulative Symbolik der Tuschbilder, die am Rand des Sichtbaren gezogen sind, sie möge man in diesen Blättern nicht suchen, worin Erfahrung naiven Genusses und rationaler Anekdote in schnittigem Riß und fester Kolorierung erzählt werden. Man zeichnet und malt für den Bürger und nicht um einsam entrücktes Gefühl zu bannen. Tragisches gibt man auf höchst untragische Weise, man liebt den Gegenstand; nicht wie die Zenmaler, welche die letzt faßbare Grenze geben und das Objekt verhauchen machen und wie im Atem geben. Im Ukiyo-e weist man vielleicht weniger die Heroen als deren Geste und es ist eine Zeit ohne Heldisches; so kopiert der Komödiant Ritter und Helden; man vergnügt sich in dekorativer Erotik, und die Frau ist Vorwand eleganten Kostüms. Eine Welt des bürgerlich Amüsanten im besten Sinn, wenig Kühnheit und kaum Probleme. Aber eine eminent japanische Welt.

Aus dem epischen Rittertum der Kamakurazeit entstanden die schildernden Breitbilder der Tosameister, dieser altnationalen Malergruppe; das Ukiyo-e wird verständlich durch seine enge Beziehung zum Yamato-e, dem Japanbild. Wie die Tosamaler die bewegten Ereignisse der Monogatari, die ritterlichen Kämpfe der Taira und Minamoto oder das Geschick Michizanes erzählten, so illustrierten die späteren Ukiyo-e-Meister Sittenromane und Novellen ihrer Zeit. Die Natur wird nützliche Staffage des Bürgers und vor allem beachtet, wenn der neue Reiche sich in ihr vergnügt und genießt, ob er nun zur Blütenschau geht oder auf der Sumida gondelt. Natürlich erfreut man sich, wie es sich gehört, der berühmten Ansichten, aber die Natur ist kaum noch geistig übergeordnete Kraft. Aus dem Kosmos ist Großstadt geworden, Yoshiwara, die Straße der Teehäuser, und anstatt lautlos entzückter Ekstaten dröhnen geschminkte Tragödien. Der Mensch ergeht sich in der eigenen, vielleicht überschätzten Anekdote und seinem gewichtig besprochenen Ich. Spießer, vielleicht angenehmer und harmloser als heutiges Pack. Keine Stelle religiösen Trainings, nicht das Ungemeine der Person, nämlich Vergessen dieser, nicht Zeitlosigkeit, da man Bruchteil von Sekunde wie Ewigkeit zaubern kann. In den Ukiyo-e promenieren bestimmte Zeit und Mode, man ergötzt sich im klar gewissen Gegenwärtigen, das genau beschrieben ist; ist vielleicht weniger Person und um so mehr Individuum, das besessen und interessiert in eigenem, erarbeitetem Glück sich einhertummelt.

Die Ukiyo-e-Meister malen kein menschenvergessenes, fast weltlosgewordenes (und so faßt man die Welt) Schauen; sie sitzen am Gegenpol; Schau wurde Auftrag und man ist nüchterner Minute geschäftig verpflichtet. An Stelle eines weiten objektasketischen Geistigen tritt das Nationale, Mode und kleine Sensation. Statt Philosophie treibt man Vermischtes und Tagespolitik, da man den Bürger demokratisch zum Helden macht, inmitten seiner Wünsche und Vergnügen. Man ist der Etikette der Samurais und ihres Konfutse überdrüssig und entbehrt gern der beiden Schwerter, da das Stadtleben sicher und rational geworden ist. Selbst die Literaten, die so gern hergebrachte Mentalität stützen, sind der schwierigen Systeme müde geworden und kehren, allerdings auch aus politischen Gründen, den Weg der japanischen Götter zum einfach kindlichen Shinto zurück. Diese geistige Unkompliziertheit, der unbedenkliche Optimismus mag kleinbürgerlich anmuten und eine gewisse spießige Mentalität aufdecken; politisch war diese Rückkehr zum Nationalen revolutionär; denn hier wurde geistige Substanz für den heraufkommenden dritten Stand bereitet: praktisches Denken und aktuelle Kunst.

Diese Revolutionierung vollzog sich im Wirtschaftlichen; mit der Entwicklung kaufmännischer Methoden sank der Samurai allmählich zum armen Schlucker herab; im Ukiyo-e zeigt sich diese Umstufung mit liebenswürdiger asiatischer Vorsicht und in fast harmlosen Späßen. Es ist leicht, diese Zeit wegen ihres Mangels an innerer Kühnheit zu tadeln; vielmehr möge man bewundern, mit welch zeichnerischer Reinheit und eklatantem Geschmack eine große Überlieferung noch einmal aufleuchtete, sie bis zum Letzten ihr Gesicht wahrte und mit welch resolutem Takt Heraufkömmlinge das Stück zu Ende spielten.

Gewiß, das Ukiyo-e erreicht kaum einmal den märchenhaften Humor der Toba-e oder die schimmernde Epik der frühen Tosabilder; doch wie entschlossen wurde um die Wende des siebzehnten Jahrhunderts eine Schule geschaffen, die dem neuen Leben angepaßt war, ja zu weiterer Steigerung anreizte und lebendige Mittel zusammenraffte, um der veränderten Gesellschaft visuellen Ausdruck zu formen. In ähnlicher Weise war vor ungefähr 500 Jahren das Gesicht der Kamakurazeit in den bewegten Tosabildern festgelegt worden. Auch diese Tosabilder waren illustrativ und erzählten wie die viel späteren Holzschnitte der

Ukiyo-e-Meister Szenen der Monogatari oder der Kämpfe zwischen Taira und Minamoto um das Shogunat, und man darf sagen, daß es oft mehr als der gleiche Text ist, was die Makimonos der Tosa mit den Holzschnittillustrationen der Ukiyo-e-Künstler verbindet. Wir finden Ähnlichkeit in der Bevorzugung bewegter Szenen, in der Schätzung des Epischen oder des Dramatischen, in der dekorativen Behandlung der Farbe und dem umgrenzten Umriß. Dinge, wie das Erfassen der Architektur, die Unterordnung der Natur, die eher als Staffage benutzt wird, all dies mutet auch im Holzschnitt tosamäßig an und ein Künstler wie Moronobu muß die Tosameister gründlich studiert haben.

Etwas haben die Ukiyo-e-Schnitte mit den Tosabildern gemein; daß in beiden die Rasse mit ihrer feinen, durchdringenden Vitalität sich abformt, und wir dürfen sagen, daß in den Holzschnitten bestimmte Eigenschaften des Japaners zum letztenmal von bedeutenden Künstlern bewahrt wurden; da eine große Überlieferung stirbt, zeigt sie ein letztes Mal ihre heiter reine Ursprünglichkeit. Mag man diese Holzschnitte banal nennen, so degradiert man eben das konkrete Sein zu Banalem; denn selten war in Japan der Weg zwischen Wirklichem und seiner Umformung so nah, und doch verstanden diese Meister ihren Bildnissen Abstand und Selbständigkeit zu schaffen; sie breiteten zwischen das unmittelbare Dasein und sein Bild das Resumé einer bedeutenden, weitreichenden Überlieferung, und nicht als schlechtsitzendes Klisché, sondern als Selbstverständliches. Vielleicht erscheinen manchem diese Bilder als etwas zu ornamentales Ergebnis, etwas bequem Volksmäßiges, und doch ist es Genialität, wenn es dem Künstler glückt, seiner Zeit, mag sie nun groß oder klein sein, die Form zu fassen und eine Epoche, ihre Bewegung und Leidenschaften, mitzuerfinden. Diese lächelnd endende Spätzeit besaß Kraft in einzelnen Individuen original zu werden, so original, daß sie an dem großen Impressionisten Hokusai vor Originalität starb. Die Ukiyo-e-Meister waren kräftig, im erstarrten Staat das neue Element, den Bürger, zu entdecken. Diese Welt ist vielleicht dem Europäer zu sehr Schauspiel und dies wäre Ausklang von Buddhismus. Allerdings nicht mehr Greifen des Nu, worin selbst stürzende Woge und pfeilschwirrende Vögel verharren, dies letzte optische Training, doch hören wir von diesen Porträts der Mimen, Kurtisanen und Dandys Buddhistisches heraus: daß diese flink geschleuderten Bewegungen, diese sorgsam dekorierten Gewänder, die fast wichtiger als der Mensch erscheinen, Ausdruck einer Leidenschaft sind, die noch immer sich bezweifelt. Darum ihr Humor, ihre Heiterkeit; denn das Ukiyo-e gibt nur die eine Seite, während die weniger weltlichen Komplexe andern Malern angehören und immer noch, wenn auch mechanisiert, versucht werden. Gerade dies buddhistische Nichternstnehmen der Lebensinhalte mag dies Volk so ungemein ästhetisch gestimmt haben, daß es vor allem die jenseits des Dinglichen ruhende Form, die Gebärde und den sie klärenden Umriß betont. Das formale Spiel, das in diesen Blättern treibt, diese Bezirke des flachen Blicks atmen Leichtigkeit des Vordergründlichen, wie wir kaum sie noch begreifen. Dieser Leichtigkeit entspricht ein Theaterpathos, das jagend das Antlitz zur Maske vortreibt, in der Erregtheit gänzlich formal fixiert wird. Der farbige Kakemono des Kaigetsudo,[6] diese Darstellungen der Mädchen und Dandys, sie rollen oder folgen als koloriert gespieltes Ornament. Das Ornamentale dieser Blätter, das oft Wappenmäßige ihres Konturs, mahnt immer noch an die farbige Ornamentik ozeanischer Kunst. Diese Figuren sind schöngeschrieben und somit einer Eigenschaft asiatischer Kunst teilhaft, die uns immer etwas Definitives vermittelt, das dem abendländisch drängenden Ichgefühl nicht allzuoft gelingt. Die flächig gesetzte Kolorierung ist wie das Kalligramm weit von organischem Sinn entfernt; eine Anschauung, die über Wirkliches und Ichempfinden hinwegspielt, hält sich analysierend in den Grenzen alter zeichnerischer Tradition. Bei noch so erregtem Stoff wird diese leicht gebildete Totalität immer wieder gefunden; das Fragmentarische einer Erfahrung, das tragisch Beschränkte abendländischen Willens, der gegen Totalität und Einheit immer wieder sich auflehnt und vor allem von der Kraft des Einzelnen besteht, all dies ist nicht in diesen heiter vollendeten Kalligrammen. Wir spüren in diesen Blättern eine Sinnlichkeit, die den Menschen fast zum Attribut seiner Toilette macht, ihn innerlich vielleicht mindert und somit dekorativ ungemein steigerungsfähig macht; wo der Mensch fast Mittel einer Schmuckabsicht geworden ist. Hier ist man von abendländischer Person und Selbstbewußtheit weit entfernt, so daß es schwer wird, genau zu empfinden. Nicht Leidenschaft wird aufgezeigt, auch nicht hilflos fallende Erotik; sorgsam gruppierter Geschmack und kalligraphische Attitüde bleiben selbst im Furchtbaren gewahrt; grazil jenseitiger Humor ist noch ins anekdotisch Gewöhnliche geschrieben. Mag Danjuro mit dem Teufel kämpfen, vor allem bedeuten Geste und kolorierte Bewegung. Diese Helden, die ihre Waffen wetzen, kämpfen und Harakiri vollziehen, sie treiben furchtbares Spiel, aber doch Spiel; sie alterieren das Fürchterliche dermaßen, daß es jenseits des fragmentarisch Gewollten ins spielhaft-willenlos Vollendete steigt. Man zeigt die volle Geste, von Heterogenem weder zerbrochen noch zerrissen; irgend ein Höhepunkt des Stars ist gezeichnet, ein Moment des Äußersten, und in dieser vorangetriebenen Erregtheit erstarren diese großen Spieler zu Wappen; allerdings Spieler, die leicht Form gewinnen, da sie kaum ein geschätztes Ich, Person zu opfern haben, die ihnen nur als Hemmnis gilt, vollendetes Instrument und hingespielte Form zu sein. Ob man erregende Frauen oder farbig gekrallte Mimen zeichnet, immer redet eines, die kalligraphische Absicht; schöngeschriebene Figuren, die noch im Harakiri voll ästhetischen Heroismus beau geste und Zeremoniell wahren; ein nicht nur sittliches, auch dekoratives Heldentum, das die Person der Form und kollektiven Haltung bedingungslos unterordnet. Ähnlich den Kurzgedichten, worin Erlebtes in den Kanon allgemeinen Schemas gekürzt wird, wo Augenblick und Verharren nicht rascher oder länger sein dürfen als siebzehn Silben und man nur das sentimentale Ornament eines durch Überlieferung fast stofflos gewordenen Stoffes klingen läßt:

> Das Zucken der Blitze,
> Gestern im Osten,
> Heute im Westen.

oder

> Auf dürrem Ast
> Ließ eben sich ein Rabe nieder
> Im Abendlicht des Herbstes.

Mangel an Individualität ist dort fast religiöse und soziale Erziehung, und aus solchem Nichtwissen oder Ablehnen der Person ist es nahe zu schmerzloser, vollendeter allgemeiner Form. So mag denn auch dem japanischen nouveau riche oder Kleinbürger das unpersönlich Formale großer Kunst nahe gelegen haben. Die Ukiyo-e geben allerdings oft lärmend bewegtes Leben; doch der Japaner hängt in diesem Leben weniger befangen als wir, weil er vor allem Mann seiner Sippe und Buddhist ist, selbst wenn er vielleicht den Shinto bevorzugt. Aus solchem Grunde wirken die Ukiyo-e trotz ihres Inhalts distanziert und somit bleibt der Eindruck formalen Spiels.

Das Kalligraphische dieser Blätter zeugt für eine alte chinesische und japanische Eigenschaft: die eng empfundene, unzerreißbare Einheit von Malerei und Literatur. Die Tuschmaler, die Lackkünstler, die Stichblattziseleure, sie alle interpretieren einen bestimmten Gedanken oder deutliches Empfinden, das irgendwie bereits literarisch fixiert ist. Der Zenmaler schreibt ein literarisches Aperçu; man begreift seit langem die Landschaft in bestimmten Stimmungen als Ausdruck eines geistigen Zustandes; ebenso erzählt der Tosamaler in seinen Bilderrollen wie ein Epiker. Die malerische Handschrift und ihr Gebilde sind Zeichen geistiger Reflektion, innerer Gesammeltheit, und solches Visuelle ist dem Begrifflichen und Literarischen recht nahe und fast kongruent bestimmbar, da Reflektion und Optisches aus der gleichen gemeinsamen Anschauung strömen, die weniger das Gegenständliche und seine Mittel schätzt als das an letzter Grenze Verharrende, das sich gleich bleibt und unberührt, in welche Gewänder es auch gekleidet ist, in welchem Ausdruck auch man es zu fangen sich müht. So schreibt der Maler in visuell geistigen Schriftzeichen, und ein Letztes ist vielleicht noch in diesen späten Blättern zu spüren, die immer auf das Literarische weisen. So schreibt man, vielleicht etwas gesucht und doch ein Volksblatt, das Porträt des Dichters Hitomaro[7] (Blatt 12) in den graphischen Zeichen eines seiner Gedichte (Kurth gab die Übertragung der Uta); das Visuelle wird vom Literarischen ergänzt, und so hat man das Porträt des Dichters aus beiden geistigen Elementen gebildet. Wenn im Hintergrund des Shogunenbildes (Blatt 13) eine Kiefer gezeichnet ist, so gilt dies mehr als nur Dekoration; diese Kiefer sagt innere Eigenschaft an: Treue, Standhaftigkeit und Ausdauer. Blatt 14 des Okumura Masanobu[8] gibt das Bild des Staatsmanns und Schriftstellers der Heianzeit, des Sugawara no Michizane. Michizane wird als Gott der Schönschreibkunst verehrt, und viele Tempel sind ihm geweiht. Dies Blatt erinnert an ein Gedicht Michizanes, das er in der Verbannung schrieb; Florenz hat es in seiner Literaturgeschichte veröffentlicht:

Gelb welkt mein Angesicht, weiß reift mein Haupt.
Es schwinden die Kräfte,
Seit tausend Meilen und weiter
Man mich verstoßen.

In Glanz und Perlen habe ich gelebt;
Jetzt bin ich in Verbannung
Demütig schlicht.

Hell wie ein Spiegel scheint der Mond;
Doch hellt er meine Unschuld nicht.
Scharf wie das Schwert schneidet der Wind,
Doch meinen Kummer bricht er nicht.

Was ich schaue, was ich höre,
Mehrt mir Trübsal und Gram;
Ach und willst du, Herbst,
Für mich so trauriger Herbst sein.

Von Blättern, die erkennbar auf Dichterfiguren sich beziehen, möchte ich noch 9 und 23 nennen.

Die beiden Schnitte auf 9 zeigen Geschehnisse aus dem Leben der Dichterin Ono no Komachi.[9] In der Vorrede zu einer alten Anthologie schreibt über sie der Herausgeber: »Sie scheint Gefühl zu haben, besitzt jedoch keine Kraft. Man könnte sie mit einer schönen Frau vergleichen, die etwas Leidendes an sich hat.« (Nach Florenz.) In dieser Sammlung ist ein Gedicht der Komachi bewahrt, das recht glücklich den Sinn beider Wandschirmbilder wiedergibt:

>»Die liebliche Schönheit
Der Blüten ist, ach, dahin,
Zerstört vom fallenden Regen;
Indes ich zwecklos
Die Tage verlebend, den Blick
Ins Leere wandern lasse.«

(Nach Florenz.)

Blatt 23 zeigt an, wie Prinz Narahira, der Held der Ise Monogatari, die Geliebte entführt. Der Herausgeber der alten Anthologie schreibt von ihm: »Er besitzt Überfluß an Gefühl, doch seine Sprache genügt nicht, ihn auszudrücken. Es ist, als ob verwelkte Blüten die Farbe verloren, doch den Duft behalten hätten.« (Nach Florenz.) Diese amoureusen, ästhetisierenden Dandys der Romane der frühen höfischen Zeit, gewandte Causeure, buddhistisch nonchalant mit Menschen wie Dingen verkehrend; Dandys ohne Tragik (der moderne Dandy ist tragisch); diese graziösen Damen, all dies lebt noch einmal bei den Holzschnittmeistern; allerdings etwas derb, und die alten, raffinierten Menschen und Zustände kehren in leicht verständlicher Form, anmutig und unnuancierter zurück. Gefällig gleitet die Linie, der psychische Vorgang wird asiatisch geschickt unterschlagen, doch um so deutlicher wird sein Ergebnis, Gebärde und Maske gewiesen. Ein im besten Sinne äußerlicher Optimismus, ein Sichvergnügen an vollkommen gespielter Gebärde und ornamenthaft vereinfachter Welt, die man sieht, so gut sieht, daß sie nicht allzu ernst genommen wird; vielleicht daß aus dem heiteren, naiven Hinüberzeichnen gelebten Lebens, das die Ukiyo-e einsäumen, naiv optimistischer Shinto mit seinen hunderten Göttern und Kräften durchschimmert, dieser unreflektierte Glaube, der Geschichte und Sein unmittelbar durchströmt. Ein Volk, das Zuversicht in die Kräfte des Seins, Ablehnung des Lebenserleidens und konfutseanischen Kodex bewußt vereint, bei einem dermaßen erzogenen Volk wird auch das Ultra an Dekorativem, die ruhige Beherrschtheit des Harakiri ver-

ständlich, worin die Ethik der Geste und Form den Tod zum Kunstwerk und Zeremoniell zu zwingen vermochte. Das Dekorative, der fast
religiös symbolhafte Geschmack, sie bleiben gewahrt, wie Stern und
Geschick sich drehen mögen.

Ein etwa verwandtes artistisches Gestimmtsein, wir kennen es aus
den Arbeiten Beardsleys, worin Lascives, maskenhafte Kaprice, ver-
starrte Ekstase und komödienhafter Pessimismus aus literarischem
Schwarz-Weiß auftinten. Vielleicht war der englische Katholik Beardsley der Erste, der bewußt die primitiven Blätter studiert hat. Statt des
Buddhisten sehen wir den zeichnenden Dandy: ein spezifisch literari-
scher Zeichner, der Mangel an langer Überlieferung durch erzwungene
Artistenwillkür ersetzt und auf dessen pessimistisch christlicher Bühne
noch einmal ein Theater der Geste in bitter geschriebenem Umriß vor-
überkünstelt. Statt altem Motiv die Kaprice, statt Indifferenz erarbei-
tete Gleichgültigkeit. Man kennt dann noch den Gilles des Watteau, ein
Komödiantenbild der Nuance, worin Witz der Gebärde war, sich nicht
mehr zu zeigen, sich zu verhalten. Vor solchen Dingen erkennt man die
Distanz, die uns ein Verständnis der Ukiyo-e ungemein erschwert. Wie
weit ist christlicher Humor von der Heiterkeit der Ukiyo-e entfernt;
welch andern Sinn enthält jene aus Gegensätzen gespannte Stimmung.
Zwischen abendländischen und japanischen Blättern ist eine geistige
Distanz gespannt, die weiter klafft als geographische Entfernung. Der
Asiate spielt mit Sein und Erscheinung, die im personbefreiten Nirwa-
na vergehen. Der Abendländer bezweifelt in der Problematik des
Schauens und Seins wohl die Form von Empfinden und Denken, nicht
aber Sein und Ich, denen er gläubig bezaubert vertraut. Dramatisch ist
er zwischen Person und Bezweiflung des Subjektiven eingespannt, und
so irrt er nach immer neuen Formen, um Person zu steigern und volun-
taristisch erfaßtem Erleben zu genügen. Der Japaner genießt die Ruhe
endgültiger Lösung, sein bewegtes Zeichnen ist Spaßen im Unbewegten,
während der Europäer den Prozeß des Erkennens und fragmentarisches
Ich definitiver Wahrheit und heiter erloschener Person vorzieht. In den
Ukiyo-e ruft nichts zum Kämpfen; keine quälende, aufreißende Dramatik weckt; vielmehr kindliche Gelöstheit, der alles Sein, mag man
noch so jäh hineingleiten, abgetane Frage und verklärtes Spaßen ist.
Nur mittelbar werden wir diese Zeichnungen empfinden; nicht aus dem
eigenen Treiben heraus; artistisch wirkt diese Kunst auf uns und bleibt
am Ende Exotik. Artistisch lernten unsere Künstler aus ihr, und vielfach folgerten sie Dinge, die uns bedeutend galten, aber nicht in den
Ukiyo-e stehen.

LITERATUR

Ich ediere diese Holzschnitte als Laie, der seit langem ihrer sich ergötzte und darüber las, was Klügere ihm empfahlen. Diese wissenden Leute, die japanisch lesen,
bereiteten und verantworten mein winziges Wissen, und auf ihnen ruht dies kleine
Buch. Möge man mich nicht allzusehr schmälen, daß ich diese amüsante Tokugawazeit lieben lernte, und betrachte man die Einleitung nur als Zeichen eines Enthusiasmus, der seit langem fast schwärmerisches Vergnügen mir zauberte.

Ich nenne hier die Literatur, der ich, abgesehen von meinen Augen, fast alles
danke; Bücher, denen ich mein Betrachten der Ukiyo-e schulde.

Vor allem:

Julius Kurth: Katalog der Sammlung Straus-Negbaur.

Dieser Katalog war mir Stecken, Wegweiser und Weg; ich darf nur wünschen, daß
der geschätzte Verfasser ihn bald reich illustriert veröffentliche.

Dann:

Julius Kurth: Der japanische Holzschnitt. R. Piper & Co., München 1921.
Julius Kurth: Die Kwaigetsudosippe. Ostas. Zeitschr. II., 3.
W. v. Seidlitz: Geschichte des japanischen Farbenholzschnittes.
William Cohn: Stilanalysen als Einführung in die japanische Malerei.
Kakuzo Okakura: Die Ideale des Ostens.
Karl Florenz: Geschichte der japanischen Literatur.
Karl Florenz: Der Shintoismus der Japaner.
Hans Haas: Der Buddhismus der Japaner.
Karl Florenz: Die historischen Quellen der Shintoreligion.
H. Hackmann: Buddhismus in Japan.
W. G. Asten: History of japanese Literature.
Percival Lovell: Die Seele des fernen Ostens.
Hans Haas: Amida Buddha unsere Zuflucht.
Ryauon Fujishima: Le Bouddhisme japonais. Paris 1889.
Mitford: Tales of old Japan.
Basil Hall Chamberlain: Things Japanese.
E. F. Fenollosa: The masters of Ukiyoe Paintings and Colour Prints.
Lafcadio Hearn: Werke.
Goncourt: Maison d'une artiste.
Th. Duret: L'art japonais.
Catalogue Duret: Collection d'estampes japonaises.
Duret: Catalogue des livres jap. illustrés.
Catalogue: Collection Pierre Barboutau. 2 Bde.
Catalogue: Collection Ph. Burty. Paris.
Catalogue de la vente Gillot. 2 Bde.
Catalogue de la vente Hayashi. 2 Bde.
The Nightless City: Anonym Yokohama 1899.
Tresmin-Tremolières: Yoshiwara.

Wasmuth-Verlag Berlin, 1923, Orbis Pictus Band 16. — Die gelegentlichen Literaturhinweise verstehen sich durch das Verzeichnis am Ende des Textes.

Hier folgte in der Original-Ausgabe ein Verzeichnis von 48 Abbildungen; aus reproduktionstechnischen Gründen mußte auf deren Wiederabdruck hier verzichtet werden. Statt dessen sollen die vier nachfolgenden Abbildungen einen Eindruck von Einsteins Gegenstand vermitteln.

1. Kaigestudo Doshin, Stehende Kurtisane; nach 1710.
2. Sharaku, Kabuki-Schauspieler; 1794.
3. Moronobu, Liebespaar im Garten; um 1652.
4. Harunobu, Angestellte eines Gasthauses zieht einen Reisenden ins Haus; gegen 1770.

1 Moronobu (1645–1694), Maler.
2 Yosa Buson (1713–1783), Maler und Dichter.
3 Nishiyama Soin (1605–1682), Dichter.
4 Sokoji (1576–1644).
5 Iwasu Matahei (1576–1650), Maler.
6 Kaigetsudo war der Nachname zweier Maler, Ando (um 1700) und Dosho (um 1710), die beide Dirnen porträtierten.
7 Kakinomoto Hitomaro (um 700), Dichter.
8 Okumura Masanobu (1686–1764), Maler.
9 Ono no Komachi (um 860), Dichterin und angeblich die schönste Frau ihrer Zeit.

Kaigestudo Doshin: Stehende Kurtisane, nach 1710

Moronobu: Liebespaar im Garten, um 1682

Sharaku: Kabuki-Schauspieler, 1794

Harunobu: Angestellte eines Gasthauses zieht einen Reisenden ins Haus, gegen 1770

Otto Dix

.

Man ist der farbtunkenden Bauernschwäger Gauguins und van Goghs satt. Genug der dionysischen Anstreicher; die offiziösen, ehrenhaften Neffen Matissens mögen in kleinpummlige Provinz retirieren. Rasch war es überstanden; bescheiden mögen diese belanglosen Ausreden abgelegene Mädchenkammern erregen oder in den hinteren Korridoren mittlerer Konfektionäre verstauben. Vielleicht rette man die Rahmen; Sachwert.

Die Pole heutiger Kunst liegen bis zum Reißen gespannt. Konstrukteure, Gegenstandslose errichteten die Diktatur der Form; andere wie Grosz, Dix und Schlichter zertrümmern das Wirkliche durch prägnante Sachlichkeit, decouvrieren diese Zeit und zwingen sie zur Selbstironie. Malerei, ein Mittel kühler Hinrichtung; Beobachtung als Instrument harten Angriffs. Solch revoltierte Einstellung hat mit leutseliger Sozialmalerei nichts zu schaffen; hierzu verhält sie sich wie revolutionäre Vorarbeit zu wilhelminischer Rentensicherung. Die bürgerliche Wirklichkeit – geleierte Vorstellung, flinker Nepp und würgende Biederkeit – lächern Anachronism; diese Gesellschaft ein Betrieb Übel-Verwester. Allerdings verschieben zahlreiche, rundlich bejahrte Malschüler noch immer stupid memorierte Rezepte des Magisters, der heute leidenschaftlich und verspätet die Lieblinge verleugnet. Die Zeiten der Konzilianten mögen beendet sein; anstatt servil geleistetem Porträt in teuerm Rahmen sind Formerfindung oder provokatorische Aufrichtigkeit aktuell. Stellt man als Deutscher Wirklichkeit hin, so bedenke man anderes als Frühling, Blumentopf und plauschig gemeinen Salon. Frühlings treiben nicht nur die Stilleben der charmant Verkäuflichen; vor allem funktionieren Wundschmerz, Abtreibung und vermehrte Geschlechtskrankheiten; der liebliche Frühling persifliert boshaft-betrügerische Ränke, Schweinerei und Ausgaben über den Etat; der Winter schmutzt an nassen Füßen, verschobenen Galoschen, überhitzten Beischlafhäusern und mörderischen Preisaufschlägen. Dies nur tägliche Ecken eindringlich stinkenden Panoramas.

Dix tritt dieser Zeit, die nur Persiflage einer solchen ist, entschlossen und technisch gut montiert in den geblähten Bauch, erzwingt von ihr Geständnisse über Schuftigkeit und zeigt aufrichtig ihre Menschen, deren gerissene Gesichter zusammengeklaute Fratze grinsen. In Paris lebt ein alter, großer Maler, *Rouault,* der ähnlich – Jungfernkranz, Vorhemd und Medaille ihr runter speit. Diese Maler führen Bürgerkrieg; man ist gegen die verkotzten Inhalte, ob man als Gegenstandloser oder Beobachter ablehnt und zernichtet. Beides ist jetzt zweckmäßig.

Parole Angriff gegen die in sich lächerliche Zeit; Bildersturm. Man führt Krieg, ob man Formen erfindet oder durch Darstellung ruiniert und auf periferischen Reiz der Gegenstände und Individuen (ein Defekt) mit sorgsam gegliedertem Gegenangriff reagiert. Man zielt diesen Zeitgenossen sachlich ihren platzenden Kitsch in die Fresse.

Dixens Bilder sind Attacke, nüchtern und ohne ungehöriges Vordrängen der beliebten, falschen Persönlichkeit, die stets schmunzelnden Calembourg statt Feststellung verkauft. Persönlichkeit, die in Witz und gerissener Anekdote stapelt, ist Defekt und Ausverkauf des Bankrotten. Wer wie Dix darstellt, könnte leicht meggendorfern.[1] Dix wagt sachgemäß Kitsch, nämlich die lächerliche Welt des schlau stupiden Bürgers, der im drosselnd Gemeinen fett plätschert.

Dix begann gefährlich literatenhaft; noch absorbierte das Bild nicht den Einfall. Er stimuliert zu Beginn sein Malen mit ballernden Sensationen. Grosz und Schlichter begannen ähnlich; allerdings erfand Georg vom ersten an Raumkonstruktion des Grotesken. Bei Dix pauken zu Beginn Schießbude und Lustmord. Sehr begabt, aber vom Vermischten etwas bedrängt. Romantik des lokalen Teils; etwas kindlicher Journalism. Bald durfte er des Literarischen entbehren und fand zwischen der Sensation den Träger: das widerliche Element permanent stupider Gemeinheit. Die Anekdote war beseitigt. Jetzt malt Dix Köpfe, agierendes Fleisch und Muschelaufsatz eindringlich und überzeugend. Er hat das arrogant Widerliche gefunden, das auf jedem Stuhl plattet, in dummbiederen Sätzen betrügt und mit devisen-

Otto Dix: Elsa, die Gräfin

heißem Gesäß eine brüchige Situation verteidigt; er gibt dem Kitsch den Kitsch. Er stellt die Bande in den Raum, der ihnen zukommt; negativ und verstrichen. Luftlos und mit engendem Hintergrund von Backstein und Nichts. Dix erkannte richtig, daß nicht der Zufallsmörder besonders gefährlich ist; beinstellend und knochenzerbrechend gleiten die Herren und Damen der korrekt legitimen Niedertracht. So steht, wie sich gehört, anstelle mühselig geistvoller Anekdote unaufhörlich würgende Schäbigkeit, permanente Tatsache und prinzipielle Einstellung mit trefflichen malerischen Mitteln. Diese Bilder sind keine Karikatur; unmöglich, wo die Gesamtheit der Edeln in sich Karikatur schwitzt. Dahin stieß der forsche, in Beobachtung sich trainierende Dix. Natur wurden ihm unrepariertes Miethaus, Plüschsessel, Irrigator und povere Prothese. Zu gut malt er, um Grützner von links zu sein wie der liberal gemütsame Herr von Uhde. Handwerk und Sachlichkeit stellt Dix gegen Mache und schmieriges Gemüt. Er gibt dem Bürger gestochen den Kitsch zurück; er darf solches wagen, da er sehr gut malt; so gut, daß sein Malen den Kitsch abtreibt, hinrichtet. Die Zeit der koulanten Porträts bemittelter Pintscher und Gauner ist beendet. Dix malt Aktuelles und stößt somit es hinunter; ohne geschwollene Pathetik frisierender Trottl. Malerei kritischer Feststellung.

In *Das Kunstblatt*, 7. Jg. 1923, S. 97 f.

1 Vgl. S. 59 dieses Bandes, Anm. 2.
2 Eduard von Grützner (1846–1925) malte mit Vorliebe Genrebilder mit trinkfreudigen Mönchen und dergleichen. Fritz von Uhde (1848–1911) malte melancholische Genrebilder im Arme-Leute-Milieu, oft mit religiösen Motiven verbunden.

Meier-Gräfe und die Kunst nach dem Kriege

Meier-Gräfe[1] bespenglert im Maiheft der *Neuen Rundschau* mit vielen Beweisen unzulänglicher Hilflosigkeit die Kunst nach dem Kriege; noch immer handhabt er ohne Schärfe und Ziel die alte Pappguillotine. Unkenntnis, tatsächliche Unkenntnis heutiger Kunst, Mangel an Durchdringen der Seherlebnisse, summarisch aufgeregte Leichtfertigkeit und lehrerhaftes Zensieren, all dies plauscht aus jedem Satz des etwas sehr Zuhausegebliebenen.

Meier-Gräfe meint, es scheine, man male und bildhauere weiter als sei nichts passiert. Ich glaubte der Unerschütterliche sei trotz allem einmal in Braques Atelier geraten oder habe bei Picasso festgestellt, daß unter hundert Blättern nur eines der Publikation verlohne. Er spricht dann von der »Angst vor dem Objekt«, aber weiß nicht, wie kompliziert diese Frage und wie alt der Kampf ist. Literarisch begann er wohl von neuem mit dem coup de dés von Mallarmé und den Voyelles des Rimbaud. Herr Meier-Gräfe hätte gut getan, statt auf den autoritätbetäubten Bürger ein suggestives Schlagwort loszulassen, diesen Begriff und seine Inhalte eingehend zu analysieren. Gerade, wenn man ablehnt, möge man begründen, damit der Verdacht nicht entstehe, es werde aus bequemer Unkenntnis oder Mangel an Verstehen abgeurteilt. Ebensowenig beweist Meier-Gräfes leutselig ergriffenes Wandern durch den »Legendenwald (wie gemütsam) deutscher Mystik«; ich glaube hier verliert er sich in einem Schlag schmählichen Holzpapiers.

Herr Meier-Gräfe setzt vor die meisten heutigen Dinge ein Minus, wodurch er sich mit der Mehrzahl aller Oberlehrer einträchtig zusammenfindet. Diese Einstellung ist weder neu noch selten, aber darum doch nicht unbedingt richtig; selbst wenn Herr Meier-Gräfe das einzige Plus heutiger Kunst wäre. Meier-Gräfe ist dermaßen verspenglert, daß er meint, selbst das gelungene Kunstwerk weise heute auf den Verfall.

Solch vager Calembourg müßte ins einzelne ausgeführt werden, sonst bleibt es eben beim billigen Paradox. Oder gelten Ihnen die gelungenen Kunstwerke der von König und Klossowski[2] gleichermaßen als Zeichen des unterstrichig garantierten Zerfalls; oder sind vielleicht diese von Ihnen geschätzten Leinwände gänzlich gleichgültig?

Herr Meier-Gräfe wird immer der undisziplinierte Journalist bleiben, selbst wenn er über Giotto und alle Byzantiner schriebe; bei aller plauschend-geschwellter Dickbändigkeit bleibt er in der peripherischen Sensation stecken. (Wann hätte er den Impressionism als eine geschlossene geistige, optische und literarische Haltung zu schildern gewußt?) Meier-Gräfes Sehen rennt zu rasch in die Tinte; ist kurzatmig, auch wenn er mit dem lapidaren Satz »wenn Kunst bildhaftes Gebäude der Menschheit (Ihre Rabitzwand[3]) sein soll« auf billigem Gemeinplatz der Töchterschule des gezähmten Westens einen oberlehrerhaften Salto kugelt. Und worin Herr Meier-Gräfe besteht Ihr Bildhaftes? Präzision, bitte; bekennen. Von Großmann[4] bis Greco ist ein langer weiter Weg zu gehen. Verraten Sie uns die Geheimnisse Ihres Bildhaften und ebenso die »der Difformierung des Bildhaften«. Vielleicht erscheint Ihnen solches überflüssig, da im Kunstgehäuse »zuletzt nur noch ein einziger Platz hat«.

Meier-Gräfe sichert sein Metermaß des Bildhaften durch peinliche Abneigung gegen Präzision oder wie es feiner ihm klingt, Rationalism. Der Impressionism gilt ihm nicht mehr als Gegenstand generöser Begeisterung: »Die Welt löste sich in farbigen Dunst«. Vielleicht stimmt dies auch nicht ganz, zumal Sie im gleichen Absatz die Rationalisierung des Impressonism beklagen. Damit tippt man wohl an Seurat, der allerdings in das philologisch Bildhafte des Marées nicht einzuordnen ist. Sodann kommt späte Einsicht: »Der deutsche Impressionism ist ein trauriges Kapitel«. Schwant Ihnen nicht, daß Sie Figur und Geist aus solchem Kapitel sind und noch heute an der Peripherie dieser Vereinsangelegenheit leben? immerhin auf einem eleganter westlichen Ast.

Herr Meier-Gräfe spricht sodann von Plastik; allerdings ohne nur leise zu berühren, welche Seherlebnisse oder welche Raum- und Formauffassung die heutigen Bildhauer bestimmen und beschäftigen. Bei Maillol bequem ausruhend, katalogisiert er von Lehmbruck bis zur Sintenis. Die Dinge außerhalb dieses schmalen Bezirks ignoriert M. G. oder kennt sie nicht. Allerdings vermißt er in dieser Formprovinz »die wesentlichen metaphysischen Möglichkeiten«. Was denn verstehen Sie darunter? Balancieren Sie doch dieses Pappgewicht über unterstrichigen Gemeinplatz hinaus.

Der Abschnitt über die Deutschen der jungen Generation beginnt mit der ebenso vagen wie falschen Behauptung: »Die meisten Deutschen glauben der zeitgenössischen Forderung mit hemmungsloser Hingabe an Aktualitäten zu genügen«. Dies sagt der logisch Gereifte, nachdem er jenen hilflosen Gebrauch doktrinärer Formeln vorgeworfen hat. Was denn heißt Ihnen Aktualität? Allerdings pathetische Eklekten werden stets aktuell sein. Ist vielleicht »das allen modernen Richtungen gemeinsame, die Angst vor dem Gegenstand« letzte Aktualität? Und sind Sie so gewiß, daß diese »Angst« allen Richtungen gemeinsam ist? Der Beweis wäre vielleicht der Mühe wert gewesen, zumal Sie die Futuristen unter die Gegenstandängstlichen zählen und vor Klee zitieren: »Nun kann alles erfunden werden«. Was ist Ihnen denn Gegenstand? Ohne Definition wird es auf die Dauer doch nicht gehen, wenn Sie verlangen ernst genommen zu werden.

Ist das Nichts die letzte Aktualität der Lehmänner? Wissen Sie das? Meier-Gräfe beweint dann die »Experimente der Pariser Doktrinäre, die sonderbarerweise interessieren konnten«, wo doch Herr Meier-Gräfe diesen nichts abzugewinnen vermochte. Sinnend warnt er: »Delacroix ist noch heute in Deutschland eine dunkle Größe und ich kenne außer Slevogt, Leo von König und Klossowski kaum einen Maler, der sich mit ihm und seiner Welt auseinanderzusetzen suchte«.

Wir gönnen Ihnen gern die Ergebnisse der königlichen Auseinandersetzung. Dann warnt man ergreifend: »Dagegen wird man in jedem Nest einen Kubisten finden«. Solch Satz steht nicht im Muggensturmer Anzeiger; auch nicht der andere: »Es ist kein Zufall, daß der Kubismus in Paris von Ausländern dekretiert wurde. Diese spielten hier die Rolle der Juden im Bolschewismus«. Also Kunst der Fremdstämmigen, der landfremden Elemente. Ich bezweifle, ob die Pariser Sie für geeignet halten französische Kunst gegen Invasion zu verteidigen. Aber das Ganze ist doch kunstpolitische Hitlerei und wie wird Braque lachen, daß sie ihm sein Franzosentum bezweifeln.

Es dürfte vergeblich sein mit Ihnen über »Kubism« zu diskutieren, zumal Sie eine Seite später banausen: »Picasso malt morgens Kuben, nachmittags Quellnymphen«. Wenn solches man hinhaut, fehlt es im Elementaren. Und was will eigentlich der etwas dunkle Satz bedeuten? »Der Kubismus ist nur als Ende eine unverschämte Zumutung«. Ist er nun drüben in Frankreich Ende oder Anfang? Sie müßten dies präzisieren und dann auch sagen, was unter Beginn und Ende Sie verstehen. Sie müßten Ihre historischen Zäsuren irgendwie formulieren. Sie schlagen mit einem alten Taschentuch, dessen Knoten leicht ins eigene Auge gehen kann. Nachdem der Kubism in Paris dekretiert worden war, schreiben Sie: »Berlin wurde die Küche für die Formeln der neuen Doktrinen«. Sie muten den Berlinern Dinge zu, wofür Paris, Mailand und Moskau mehr Verantwortung zu tragen haben. Aber warum rennen Sie unbedacht so gegen das Theoretische an? Haben Poussin, Ingres, Delacroix nicht subtil theoretisiert? Hat nicht fast jeder große Franzose sein Sehen bis ins Bewußtsein durchgebildet? Überlieferung ist kein Dämmerzustand genialer Psychopathen. Und warum dürften nicht die Jungen theoretisieren? Vielleicht sind sie geradezu dazu verpflichtet oder gezwungen.

Fast will es überflüssig scheinen heutige Kunst gegen solch schwächlichen Angriff zu verteidigen, da Sie weniger gegen jene als Ihre unrichtigen eigenen Vorstellungen angaloppieren. So lassen Sie Grosz einen Spleen ausleben, diesen sachlichen Zeichner, der in erstem Beginn einigemale den Spleen streifte. Noch glauben Sie, in Berlin habe man zuerst durch Kleben und Schneiden die Technik zu erschüttern versucht.

Gegen alles stellen Sie dann Beckmann, Kokoschka und Hofer. Kokoschka, der nur bedingt den Jüngsten beizurechnen ist. Nun Beckmann: es ist peinlich den Kampf dieses Erbittersten durch Worte zu unterbrechen. Meier-Gräfe sieht an Beckmann allzusehr die Aktualität, er fragt »nach dem Haarwasser«. Wenn man die Leistung Beckmanns untersucht kümmere man sich weniger »um die Verstrickung in fixe Ideen« und erhebe sich etwas aus dem Parterre des Gemeinplatzes »unerbittlich sagt er, was da ist«. Gerade Beckmann verpflichtet zu formalem Erklären. (Übrigens Inhalt und Gegenstand ist sehr zweierlei.) Gerade Meier-Gräfe verstrickt bei Beckmann ins Illustrative, als ließe sich auf deutsche Maler das Schulschema von Inhalt und Form bequem zweiteilen, wobei dann unter Form eine irgendwie kompilierte Ordnung verstanden wird.

Ich bezweifle, ob die von Meier-Gräfe Empfohlenen sein Lob als besonderes Glück ansehen können. Hofer kam spät aus einem summierenden Eklektizismus zu seinem Bild, und die humanistische Ohrfeige die zu Ehren Hofers den Jungen ausgeteilt wird, klingt wenig kräftig. Meier-Gräfe verschönt den Maréesschen Klassizismus zum humanistischen Ideal, ohne zu fragen, wie weit dies noch gültig ist: »Ein bedeutsames Ideal, wo jeder Knirps sich heute mit Individualismus brüstet«. Wie geht das mit dem Vorwurf des Indoktrinären zusammen? Außerdem ist es gerade falsch. Kennen Sie nicht die Puristen, Konstruktivisten usf.? wo gerade heute eine Art kollektiver Gesetzmäßigkeit von vielen angestrebt wird? Nicht ganz klar widerlegt M. G. mögliche Einwände gegen Hofers Malerei, wie den des Eklektizismus und fast will es scheinen, als lobe er den Hofer von gestern auf Kosten dessen von heute. M. G. müßte präzise Unterscheidung zwischen Tradition und philologischer Ausnutzung fremder Bildelemente bringen. All diese Dinge wären eingehender zu erörtern, wenn Herr M. G. seine Worte genauer definieren wollte.

Die Urteile Meier-Gräfes kümmern uns nur wenig. Wir mußten nur die schlechte Form des Angriffs, Oberflächlichkeit und Unkenntnis zurückweisen, damit man nicht, wann es beliebt, Dinge journalistisch verzerre und dabei festen Standpunkt vortäusche, wo man doch längst im Rutschen kläglich schliddert.

Der Stadtkubus – Ansicht von New York (Kunstblatt 1923)

In: *Das Kunstblatt*, 7. Jg. 1923, S. 185 f.

1 Julius Meier-Gräfe (1867–1935) hatte im ersten Jahrzehnt des 20. Jahrhunderts als Kunsthistoriker, Kunstkritiker und Kunsttheoretiker wesentlichen Einfluß auf das deutsche Verständnis der französischen Avantgarde.
2 Der Porträtmaler Leo von König (1871–1944) und der Graphiker und Kunstschriftsteller Erich Klossowski (1875–1949).
3 Eine Art dünne Gipswand, die erfunden wurde, um große ältere Wohnungen nach dem Krieg zu unterteilen, und an die man aus statischen Gründen keine Bilder hängen konnte.
4 Rudolf Großmann (1882–1941), Graphiker und Maler. Vgl. das Frontispiz dieses Bandes. Vgl. auch Großmanns Artikel über »Zwei Kunsthistoriker« (Einstein und Meier-Gräfe) im Anhang dieses Bandes.

Gegen Ausbeutung hilfloser Kadaver oder Sargdeckel zu

Soweit Tote belästigen, Defekt der lebendig Gelangweilten. Verwerflich das Ausnutzen Verstorbener durch Betriebsame. Basis: Piefke erhält Idealisierung geliefert, was möglich, da Piefke nicht mehr sichtbar ist. In besseren Familien stellt man mit Recht Fotos weg.

Ich nenne die bildernden Leichenbeschauer, die mit einem ihnen unbekannten Verwesten Kunsthandel treiben; das heißt aus der geschwächten Geschäftsfähigkeit eines bewußtseinsgeminderten Toten Gewinn ziehen. Man lege die Toten nicht so rücksichtslos hinein. Harmloser der weniger metafysisch anrüchige Feuerüberfall auf heulende Hinterbliebene. (Im Anhang des Lehrbuchs für Taktik von Israel de Yorck;[1] siehe unter »v«: völlige Vernichtung astraler Konkurrenten.)

Die ungewollte Neutralitätserklärung Verstorbener sollte selbst den betriebsam knetenden Croque-Mort[2] zu ähnlicher Neutralität überreden. (Wir haben schließlich an Belgien genug.)

Leider verteidige ich so den Reichen: denn ein Armer wird kaum gewinnbringende Adoration ermöglichen. (Abgesehen von Kriegerdenkmälern, größeren Katastrophen, die summarisch, aber umso monumentaler erledigt werden.) Man achte das unfreiwillige wie überraschende Desinteressement des Besitzenden, der infolge Ablebens zeitweilig verhindert ist, seine Devisen zu verwalten, und in Voraussicht des schwarzen Tages resigniert Hab und Gut metafysisch verschiebt. Finanzierung der Lebenden durch Tote. Piefke nimmt Geschäftsurlaub. Unterbreche man diese Ferien nicht durch Kunstschwindel.

Es ist roh, mit Toten unaufgefordert weitere Abschlüsse zu tätigen.

Oder man garantiere mit Bronzeguß Unsterblichkeit; jedoch Luftgeschäft. Ich weiß nicht, ob es einen Klub der ausgehauenen Toten gibt. Spirits aus Zementguß rangieren zuunterst.

Wenn Totenbüste: dann Ahnenkult mit mechanischem Harmonium, Riesenfeuerwerk und Großaufnahme. Dann sind Büstchen oder der handlich kleine Gegenstand für jedermann Blasfemie und öder Nepp. Totenstädte mit Lunapark und Nachtbetrieb, Massenopfer, Puccini und Astralkino. Totentrust en gros. Piefke soll serienweise monumenten, Schulze kuben wie Niederwald, Selma quadern zwischen Kanarienvogel und Sonntagsbeilage.

Alternative: Requiescant oder metafysische Massenindustrie. Leistet man sich durch Kunst (Anachronism auf sentimentaler Basis) den schönen Onkel, so galvanisiere man in großem Stil. (Siehe »Schwerindustrie und Seelenglaube«, »Der preiswerte Totenkult im Schrebergarten für Kleintierzüchter«, »Totem en gros sofort greifbar«. »Handbuch zur Einführung in den Ahnenkult«.)

Zur Beruhigung kunstfremder Erben verbreite man Broschüren wie »Konstruktivismus und störende Porträtähnlichkeit«. Sollen schon einmal Geschäfte mit Leichen gemacht werden, so sterilisiere man diese: anständig dauerhafte Leichenkosmetik. Grundsatz: Geschäft auf Gegenseitigkeit. Es muß der Leiche etwas geboten werden; der ewige Palmwedel oder das griechische Töpfchen auf der Rückseite tun es nicht mehr. Geschäfte auf breiter Basis und als Gegenleistung, Totenkult.

Ich weise auf den schönen Brauch der kolumbischen Uaxakitaputitls hin: wer das Bildnis des Toten gefertigt, wurde in Gold gekleidet, sang vor dem Scheiterhaufen des Ausgeglichenen die Wacht am Rhein auf jiddisch und wurde mitsamt dem goldenen Kleide auf der Leiche seines Modells verbrannt.

In *Der Querschnitt*, 3. Jg. 1923, S. 25 f.

1 Es läßt sich daran denken, daß Maximilian Graf Yorck von Wartenburg ein Buch über Napoleon I. geschrieben hat.
2 Begräbnisordner

W. U. R.

Herr Kiesler in rotgewürfelter Bettdecke erstickt.
Samuel Butler kreist Riesenwelle.

Der mechanische Mensch der Butler und Villiers wird in W.U.R.[1] von den Brüdern Čapek zur Erotik korrumpiert. Vorher streikt er, da man gewerkschaftlich organisiert ist. Aus beiden phantastischen Gründen nennen die Zerarbeiter das Stück utopisch.

Avions, die Nachtigallen von vorgestern (nämlich der Dichter, die nicht den Witz einer Schraube begreifen, infolgedessen Motoren dichten), Lokomobile, das vorletzte Veilchen. Zwischen verrosteten und doch öligen Maschinenallegorien stramme Wiener Sexualität und kitschender Coit. Ein Auernheimer[2] auf Rollschuhen. Zum Beschluß die utopische Garantie: »Beischlaf wird wieder eingeführt.«

Hier klatscht Publicus begeistert.

Selbstverständlich lösen die böhmischen Brüder auch die Entstehung der — man kann es nicht lassen — Seele. Sie keimt aus die Liebe uff. Freu dich, Fritzchen. Einfach, überzeugend, und wer könnte gegen diesen auswälzenden Blödsinn der Majorität an, deren sentimentaler Schwindel vom Einsichtigen resigniert als Wahrheit anerkannt werden muß. Gibt es eine, so ist es der vollendete Blödsinn. Die Čapeks sind Wahrheitskünder.

Herr Kiesler[3] wollte die erfolgreichen Pralinéautomaten in konstruktive Raumbühne stellen. Es verblieb dank der ungemeinen Intelligenz der Bühnenleute bei einem technisch amüsanten Hintergrund, dessen bedauerlich armselige Ausführung jedem die Zahlungsunfähigkeit Deutschlands demonstrieren mag.

Vor diesem maschinell gegliederten Plan reddete der Weltkonzern zur Erzeugung der W.U.R.-Papiermazzen: »Nebbich and Comp. Lim.«

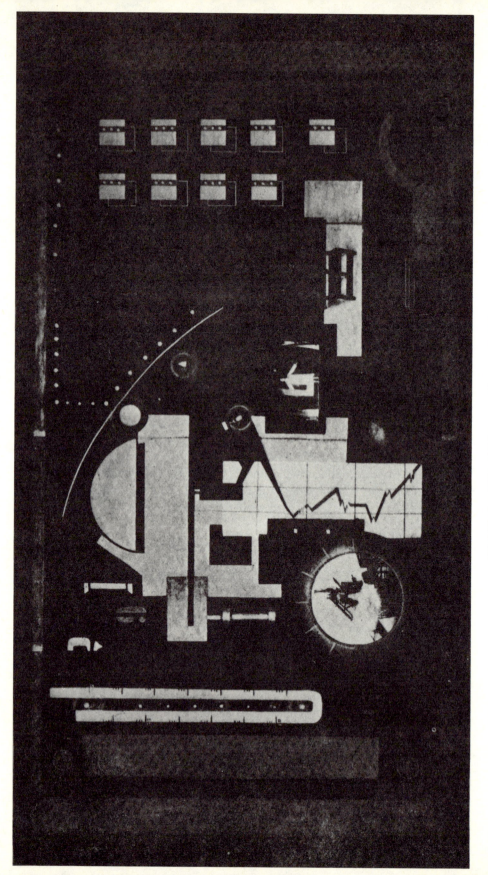

Fried Kieslers Bühnenbild zum 1. Akt von »W.U.R.«

Sulla, das Freudsche Maschinenweib, trug einen Babyanhänger aus gewürfeltem Kattun: Kurfürstendamm konstruktivism. Bettdecke, ein utopisches Symboll. Gute Nacht.

Herr Kiesler in rotge—: siehe oben.

In *Der Querschnitt*, 3. Jg. 1923, S. 75.

1 Das Theaterstück »RUR« von Karel Čapek (1890–1938), nach Einsteins Ansicht offenbar gemeinsam mit dessen Bruder Josef (1887–1945) verfaßt, mit dem er an mehreren Texten gemeinsam arbeitete, wurde 1921 im Nationaltheater in Prag uraufgeführt. Es erschien 1922 in deutscher Übersetzung als »W. U. R.«. Die Abkürzung steht für »Werstands Universal Robots«, eine fiktive amerikanische Firma für künstliche Menschen.

2 Raoul Auernheimer (1876–1948) war als Burgtheaterkritiker und Feuilletonist berühmt.

3 Friedrich Kiesler (1896–1965) galt als »futuristischer« Bühnenbildner. Er gebrauchte 1923 zum ersten Mal den Begriff »Raumbühne« statt »Bühnendekoration«.

Rudolf Belling – Skulpturen

Rudolf Belling trennte sich als erster unter deutschen Bildhauern von Übungen der Klassizisten, überkommenen Rezepten. Lehrhaft gebildete Philologen befahlen den Bewunderer auf eine Hauptsicht oder gewährten ihm mehrere reliefmäßig modellierte Ansichten, die durch Motiveinheit an den Grenzen der Sichten sich trafen oder zusammenflossen. Der Betrachtende starrte gehorsam und geraden Blicks auf einen Fleck. Der Genuß des Dreiräumlichen war in geruhsames Relief abgeschwächt (keineswegs übersetzt) oder geradezu entwendet. Dialektische verteidigten ein Unvermögen oder klebende Bequemlichkeit mit dem Behaupten, in diesem Truc eben der Vorbilder entstehe ein wahrhaft Bildwerk und solches enthalte das wünschbare Ziel. Wiewohl längst tektonische Voraussetzungen entfallen waren, die zu betrachten wundervoll, doch nachzuahmen dreiste Feigheit ist. Andere versuchten ihre Motive mit Manier zu irgend einer Haltung zu glätten; kunstgewerbliche Fälscher.

Belling unternimmt, dreidimensionale Gebilde frei zu erfinden; wann Natur ihn anregt oder ihr Gebilde mit seinen Formen zusammentrifft, gerät sie zu Vorwand für räumliches Spiel. Er repetiert nicht organisch Gewachsenes, das aus anderen Ursprüngen zu besonderem Tun sich hebt, vielmehr wählt er die räumlich wirkenden Teile, wo durch Bewegung und Formen Kontraste zu räumlichster Kraft sich einen und verbunden wirken. Belling meidet konventionelles Gleichsetzen von Masse und Raum, er liest die plastisch aktiven Kräfte des Motivs hervor, die wirksamen Antriebe dreidimensionalen Fühlens. Er weiß, daß dem Bildner geboten ist, das räumlich Entscheidende, Bewegung und Kontraste auszusondern und somit aus Masse lediglich die plastisch tätigen Teile zu gewinnen. Gegenstand gilt ihm nur als optischer Effekt,

Rudolf Belling: Modeplastik, 1921

er anerkennt nicht Fügsamkeit in haptische Enge und verwendet jenen wie irgend ein Teil visuellen Empfindens. Vielfältig vermählte Formkörper bieten sich dem Betrachter dar, zwingen ihn um das Werk. Da Belling flächig Umrissenes vermeidet, arbeitet er in offen schwingenden Formen. Er trennt und zerlegt Masse durch und durch zu Figur, die aus Kontrasten sich erkämpft und ballt. Geformte Luft- und Lichtmasse durchdringt die gehöhlte Materialform, die abgebrochen oder geöffnet wird, damit Kontrastform eindringe, bereichere und Gegensätze wecke und dreidimensionale Erregung verstärkt werde. Die Formen brechen aus eigenwillig subjektivem Raumfühlen, nicht aus gegebenem Naturobjekt. Während Luft oft als lockere Begleitung flächig zwischengeschnittene Figur umfließt und bespielt, wird hier die feinflüchtige Gewalt zur Form und in umzirktem Körper gefangen, so daß, statt fliehend einzuhüllen, sie als Form mitwirkt und in das plastische Gebilde eingezwungen ist. Die Kugel des Kopfes wird in Luft und Materialform gegliedert; aus solchem Kontrast gewinnt der Körper in sich sein dreidimensionales Gegenspiel, und Masse wird zu vielfachem Raumspiel gestimmt. Belling hat dieser Luftform — sie negativ zu nennen enthielte vielleicht Anschein minderer Wertung — dermaßen sich versichert, daß er mit dünnem Kontur sie hält, Draht; solcher Kontur ist Raumlinie, Grenze eines dreidimensional atmenden Körpers, der nicht flächenhaft verdeckt und erstickt wird. Die Dinge werden vom Künstler als Ereignisse innerhalb des Sehens bewertet, Stationen des Raumerlebens; diesen stellt er ein subjektives Raumsehen von nicht minderer Präzision entgegen. Gegenstand und eigenes Vorstellen mögen sich treffen, doch notwendig ist dies nicht. So entfällt die gegensätzliche Problematik gegenständlicher und gegenstandsloser Form. Der Gegenstand kann Symptom oder Peripherie des Sehens sein, ohne daß die Diktatur des optisch Subjektiven eingeschränkt wird. Belling gibt vom Gegenstand lediglich das Gesamt der plastisch wirksamen Komponenten, man könnte sagen, daß eine subjektive Formvorstellung zum Gegenstand individualisiert wird. So wird Deformation eines Objekts, stilistischer Unrat vermieden. Gegebenes Objekt oder frei Erfundenes bilden Peripherie des Sehaktes mit gleichen Rechten als formale Körper. Die Arbeiten bedürfen nicht der Bestätigung durch das optisch Vermischte, sie schwingen in formal isoliertem Bezirk. Belling arbeitet Raumkörper, denen bald eine Architektur entsprechen möge, die allerdings mehr gewähren mag als Fassade. Solche Architektur wird die Gebilde in allgemeinere Struktur aufnehmen, wo sie als Raumballung wirken und ihr Gesteigertsein in allgemeinen Formen schreitend gelöst wird.

In *Rudolf Belling. Skulpturen*, mit Vorreden von Carl Einstein und Paul Westheim, Kiepenheuer-Verlag, Potsdam 1924.

Rudolf Belling, 1886–1972, führte von 1905–10 ein Atelier für Modellbau, Dekoration und Kunstgewerbe, wo er auch Spezialaufträge für Max Reinhardt ausführte. 1911 wurde er Meisterschüler an der Kunstakademie in Berlin. 1918 gehörte er zu den Begründern des »Arbeitsrates für Kunst« und der »Novembergruppe« (deren Vorstand er bis 1932 angehörte), wo er eine eher stalinistische als libertäre Richtung vertrat. In den 20er Jahren arbeitete er mit verschiedenen Architekten zusammen, unter ihnen Bruno Taut. Von 1937 bis 1965 lehrte er in Istanbul. 1931 wurde er in die Akademie der Künste aufgenommen, 1937 ausgeschlossen, 1956 wieder aufgenommen; 1966 kehrte er nach Deutschland zurück.

Die Diva und der Kritiker

Er eine Galalithbrille – sinds die Augen – woraus cerebrale Dürftigkeit bittet.

Eisbär, der von sächsischem Palau totwund sich wendet. Darüber Diva – lässiges Komma längst vergessenen Satzes.

»Der Film – wie warum was wo ich mich filme? Lieber Doktor!«

Wendet versonnen sich zu Lechterscher[1] Ansichtskarte — »violetter Parmesan vom Engel verklärt«.

Sie gewährt ihm — May[2] Schuss As — handsignierte Zigarette mit Pfälzer.

»Ich lebe mich im Film, in den Film. Sehen wie lohende Schwermut des Herbstes — der Kritiker rafft mit den Ruhnkes[3] einige K F Baumzacken – ich schuf sie – im ›Gefallenen Mädchen‹. Meine Kleider sind Landschaften – durchzuckt vom Rhythmus der Glieder.

Kritikers Köpfchen rötet –

Seele – Kritiker schlappt empfindsam – gebe ich – das All am Mieder sichtbar hüpfen lassen – imaginativ, nur imaginativ, Mystikum – so gab ich das Rebekkchen in ›Hochzeit bei Levis‹. Nur eines sollte die Folge von Erscheinung durchleuchten: Hochzeit, Hochzeit; traumhaft locken.

Was ich liebe – gewiß – ich liebe das Leben – doch vor allem die stille Arbeit – die ganz mich beherrscht. Jetzt schaffe ich mit Leidenschaft an ›Verbotene Früchte oder dunkle Straßen‹. Hier bin ich ganz Dirne, verloren an unproduktive Sinnlichkeit. Ein Motiv betonte ich hier; das Tragische des Bezahltwerdens; Ekel vor Käuflichkeit. Nach solcher Arbeit fliehe ich erschöpft zu den Reden Buddhas oder schlürfe ferne Versonnenheit des Taotekin.

282

Wie ich zur Presse stehe? Ich brauche Verständnis für meine Schöpfungen. Solange ich schaffe, liebe ich Abgeschlossenes in mir leben – darin fühle ich mich Michelangelo verwandt – aber in der Arbeit bricht das Komödiantenblut durch. Der Film – Shakespeare hätte heute Film geschrieben; wie fehlt mir William. Das alte Epos ist der Vorläufer des Films – wissen Sie, seitdem ich Capri gesehen – träume ich davon – Dante zu verfilmen. Ich plane noch vieles.«

– – – Die Zofe meldet den Wagen –

Lässig die Hand lächelnd: »Keinen Augenblick der Muße.«

Zimmer ohne Ruhnke –

der Eisbär erbricht sich mühsam über Orchideen; wozwischen ein Buddha (Marke »Grauguß«) grün neben Pritzeln ins aschgraue Karma wankt.

In *Europa-Almanach,* Hrsg. Carl Einstein und Paul Westheim, Kiepenheuer-Verlag Potsdam 1925, S. 211.

1 Melchior Lechter (1865–1937)) entwarf die Typographie der Werke von Stefan George sowie Glasbilder und schuf Landschaftspastelle.
2 Mia May nannte sich eine Filmschauspielerin (M. Pfleger, geb. 1884), zu deren Legende es gehörte, sie verbringe jährlich einige Wochen in einem italienischen Nonnenkloster.
3 Die Reklame eines Berliner Optikers lautet auch heute noch: »Sinds die Augen, geh zu Ruhnke«.

Brockenhaus

— Handbuch des Kunstwissens —

Pariser Correspondent. 2 unbenutzte Metrobillets, ein Irrigator und Katalog der Galerie Lafayette.

Monumentaler. Man verrühre eine Weltanschauung (siehe einschlägige Literatur) mit etwas Komplementärfarbe, die durch 5 1/2 Verticale gehalten werden.

Skulptur. Nimm einiges, setze in Raum und behaupte. Fehlt hierzu der Mut, gehe vertrauend in die Sammlung der Abgüsse und sprich von geschichtlicher Kontinuität.

Turbine siehe Schmalzlerche 1920.

Kunst $= 99\%$ Sch.; dies Geheimnis weitläufiger Wirkung.

Substanz siehe l'Ersatz.

Merde. Werturteil des empfindsamen Idealisten, der das Privatparadies erwartete.

Lyrismus. Die schöne Idiotie.

Bergson. Metaphysik des Zeitdrehs — also Verstarrung der Zeit.

Zeitstück. Literarische Harmlosigkeit zerplatzte vor Papiermark.

Einsamkeit siehe Bierabend.

Konstruktiv. Kreise kreis, Punkte negativpunkt gegen unpunkt positiv; blau log gelb; Zeichen Du. Triangle querend. Iche wirbelnd gegen Chaounform.

Ruhm. Auf jeden Maler 6 Monographien; auch der Schriftsteller will leben.

Kritiker, findest du die neue Vision, die neue Mystik, unmittelbare Seele) (, so suche den dazu gehörigen Maler. Vermittelst reicher Auswahl an Reproduktionen wirst du kaum in Verlegenheit geraten.

Meist trifft man erheblich mehr K.-Schriftsteller als Maler. Das Ziel
der Malerei liegt in der *Kritik;* was mit ersterer aussöhnt; zumal jeder beliebtere Maler leicht mehrere K.-Schriftsteller ernährt und gra-
ziös von Literatur zu Literatur balanziert.

Monumentaler. Stelle nichts ins Atelier, denn Riesenleinwand in
schwarzem Rahmen, eine 2-Zentnerhantel, die Bibel und eine halb-
leere Cacesschachtel. Davon kann man bequem und komfortabel leben. Vermeide es, das Bild zu malen, sonst könnte der Mythos platzen. Wenn du es aber nicht lassen kannst, beende es nie; ringe tragisch.
Am besten öffne keinem die Ateliertür; du tust dies am leichtesten,
indem du selber kein Atelier betrittst. Sei an Bierabenden einsam.

Ausweg. Wenn du verblüffend wenig kannst, so ist dies keineswegs
von Übel. Gib Kosmisches, z. B. weiße Wand gegen Strich. Das Unendliche oder Sehnsucht nach Grauem machen sich in Gouache ausgezeichnet.

Benutze 20—30 % gemilderten Kubismus; färbe ihn in van Gogh ein
und verkoche dasselbe 10 Minuten in einer bekömmlichen, abgeleg-
ten Weltanschauung. Schüttle das ganze behutsam um einen Ingres
umher und lies dabei vanity fair.

Es muß nicht unbedingt *Tahiti* sein; auch bei drei Wochen billiger Ost-
seepension läßt sich dergleichen leisten. Du färbst die Sonne blau,
gibst Meer als orangenes Traumgewühl. Dazwischen stelle einige
gelblila Kisten verschiedener Größe. Nenne es »Gespräch in Abend«.

Für Portraits nimm keck WC-Brille als Rahmen. Fast jedes Gesicht
paßt hierein. Man wird deine Vision des Seelischen allgemein loben.

Sousmatisse: wie er sich spuckt. Befestige drei Druetphotos. a) Zwei
Äppel (Cézanne), b) die Badende (von Bondy),[1] c) le Cirque im Cor-
ridor. Das genügt. Für Cafés und Kathedralen innerhalb des deutschen Hoheitsbezirks und einiger Enclaven. Dem ganzen füge einen
Baß, Knabenhose und Jungfrauenoptik hinzu. Charmant bis zum
Kotzen. Vermeide jedoch jede Kritik anderer, indem du dauernd den
betrübten Oberlehrer markierst.

Matisse zu Gide: »Voyez, comme c'est dessiné, cette main. A présent
que les Allemands n'achètent plus notre peinture, nos jeunes vont
devoir apprendre à faire les mains.«[2]

Kosmisch. Runde wirble kreisende Kreise gegen Farbenkomplemen-
täre — nenne es Raumwelt 153 b.

Meisterschaft. Nimm einen Akt von Ingres, befestige ihn auf einem
Grund von Delacroix; den Vordergrund entnimm späterem van
Gogh unter Benutzung Cézannescher Bilderpreise. Schüttle das gan-

ze und biege ihm einen Schuß Greco bei. Stelle es zwei Wochen in den Schöneberger Regen. In dieser Zeit veröffentlichst du am besten einen Artikel über die Rückkehr zur großen alten Malerei, deren Sinn durch deine Weiterführung derselben endlich gerechtfertigt wird. Du bist nun für die Entwicklungsgeschichte der Malerei reif. (Sehr zur Erlangung sicherer Rente zu empfehlen.)

Primitiver: Du Blümchen rein, leuchtendes wer tommt denn da: Angelicohnchen. Ziehe eine Jungfrau in die Länge, statt Brüsten zwei zitronengelbe Pünktchen, das vegetarische Leibchen ein enthaltsames Dreieck, Gesicht einfältiger Rhombus. Vor dir selbst, Melon ab zum Gebet. Hast du Rilke gelesen, so gib was Mystisches zwischen.

In Europa-Almanach, Potsdam 1925, S. 225 f.

1 Walter Bondy (1880–1940), zeitweilig in Paris erfolgreicher tschechoslowakischer Maler.
2 »Aber schauen Sie nur, wie diese Hand gezeichnet ist! Jetzt, wo die Deutschen unsere Bilder nicht mehr kaufen, werden unsere Jungen lernen müssen, Hände zu zeichnen.«

Cocteau prüft Gott

Und die Eisenbahnunfälle, Herr? Wie denn erklärst du die Eisenbahn-
    unfälle.
Gott *(geniert)*. Das erklärt sich nicht. Man spürt das.

In *Europa-Almanach*, Potsdam 1925, S. 230.

Gedenken an Sally

(Aus dem Darmstädtischen übertragen)

Der Vollendete verkauft, was er nicht kennt.

Der Vollendete verkauft, was er nicht hat.

Der Vollendete kennt das Geheimnis, Nichtware als Ware zu verram-
schen.

Der Vollendete fürchtet keine Gefahr.

Er weiß das Vergessen, er vergißt das Gesetz.

Dem Pilan gleich überfliegt er die Gitter des Anstands.

Eine geölte Rekifliege, durchschlüpft er die Masche der Bedenken.

Der Vollendete ist der Gesetzlose. — Er zwingt den Schwachen in die
Gesetze.

Die hellen Köpfe wissen Übergang.

Sie kennen den Sinn letzten Tauschs: Nichts gegen viel.

Seife ist dem Ungeweihten Sauberkeit.

Unendlich lässt der Vollendete Seife wandern, unerreichbar dem Zahler.

Dem Zahler ist Seife Traumverstrickung und Maja.

Der Schieber kennt die Geburten der Seife.

Doch der Ursprung der Seife ist das Geheimnis.

Du kannst den Käse nicht-seiend nicht greifen.

Aber der Nichtkäse erzeugt zauberisch den papierenen Sinn dieser
Welt!

In *Europa-Almanach*, Potsdam 1925, S. 234. Der Text erschien anonym und ist ein
Teil von »Freie Bahn dem Tüchtigen«, vgl. S. 34 dieses Bandes.

Georges Rouault

Turmentum est totum quod vivimus isto
sub aevo.
Commodianus von Gaza[1]

Rouault, der große katholische Maler: sein Werk, das er als manus patris[2] bildet, faßt die zerfallene Zweiheit des Menschen, begreift die Spannung von Hure zu Gott, läßt in schwerflüssiger Farbe die Passionen der Erbsünde und das Leiden der Erlösung glosen. Die von der Sünde verderbte Welt wird dem Katholiken zur erbärmlichen Groteske, die immer aus transzendentem Zerfallensein, dem Vergleich mit dem Unvergleichlichen, aufzackt; denn wir und Gott verhalten uns wie Paradoxe; der Mensch muß vernichtet sein, um in Gott zu gelangen, und Gott den mors necis[3] gestorben, damit er dem Menschen genähert sei. Im Breviarium Gothicum wird der Tod (mors) der corporatio vorangestellt, das heißt der Mensch muß in diese Welt geboren zu werden geistig gestorben sein; nach der passio springt er übergangslos durch die Gnade der Absolution in die resurrectio. Denn christlich-zerspellte Welt findet Zusammenhang nur im Paradox von Wunder und Gnade, dem salto immortale des gläubigen Herzens; so dichtete Notker[4] von Jesus: »er sprang vom Himmel in den Leib der Jungfrau und von dort in das Meer der Zeit«.

Rouaults christliches Werk gibt die sündhaften Dinge dieser Welt, lues vitiorum, crimina laesi sanguinis,[5] um aus »traurigen Höllen« zur Betrachtung der Passion, der Erlösung aufzusteigen, und in der Qual Jesu zu verharren: in dem dunkeln Zittern letzten Tages. Dort ist seine Landschaft gänzlich apokalyptisch, »Erde und Dinge stoßen letzten Seufzer aus, Natur glost düstere Flamme und die Berge schmelzen vor Gram.« Man hört den Schrei Gottes: »Lange habe ich geschwiegen und

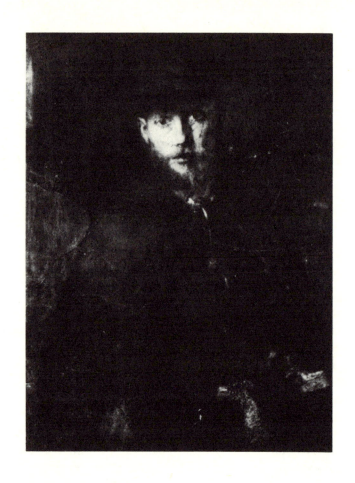

Georges Rouault: Selbstbildnis

eure Verbrechen erduldet.« Dumpfe Erwartung des dies irae verdämmert diese Bilder; die am wanken Himmel aufgehängten Sterne seufzen, während Christus leidet, »die Hölle zu besiegen«. »So groß ist die Glut seiner liebenden Qual, daß die Felsen zerschmelzen, — — — die ganze Natur ist Flamme, die Winde brennen gleich den Blitzen.«

Wenden wir uns dem Sittenbild Rouaults zu, worin religiöse Sensibilität ihr Verletztsein weist, »die faulende Blume des Fleisches dunstet«.

Rouault, der bekümmerte Geißler, bringt das malende Opfer spottender Verzweiflung dar, die Tortur des Menschen soll Satan ihm austreiben. Er malt die Frau nicht mit dem »amas ut pulchram facias«,[6] wie es von Magdalena heißt, nicht die virgo, die das Männchen nicht gekannt hat, sondern die Hure, Tochter des Zorns und Erbin der Sünde. Auf diese Weiber passen die Worte Marbodes[7]: »Das Weib ist zerstörende Wirrnis des Menschen, unersättliches Vieh, stinkende Rose, trauriger Lustgarten, kitzelnde Qual, bittere Süße«, und getröstet stellt der alte Schriftsteller fest »et vermes lacerant ignitis dentibus ossa«.[8] Gequollen paradierendes Fleisch, zu verstumpft, um Todesangst zu verspüren, kann noch den Menschen versuchen, der als Gattung gemein ist; er malt die Eva tristis, »den scharfen Spiegel sündhafter Dinge«. Von Rouault gilt das Wort des Antonius: »lasciva est nobis pagina, vita proba«[9] und diese Bilder klagen ein »fuge lascivis credere delicis« (Orientius).[10] Aurelius Prudentius Clemens[11] schrieb über die Hure: »Das unzüchtige Weibchen, voll geschlechtlicher Erregung, reizt das Männchen, das sündigen Beginn der Geschlechter vergeudet. Mit ihren Zähnen zerfleischt sie die Kehle des Mannes, der an ihrem Gifte stirbt.« Und im Verscheiden hört der Mann, »der mit dem Weibe sich befleckt«, die Stimme: »Dies war die traurige Speise, die dir bewahrt; genug des Weines, trinke dein eigen Blut. Du hast dich betrunken mit geiler Schmeichelei des Lebens, friß jetzt die Bitterkeit des Todes.« Diese Bilder gehen über das Moralische zum Pathos des Religiösen, der zornig trauernd ein verlorenes Paradies zeigt: »Denn unser Ende ist kein Ende, und der Tod, der uns sterben macht, stirbt ewig. Ewige Dauer. Meine Worte sind von Schluchzen zerbrochen; denn dem Menschen wäre besser gewesen, mit dem Bewußtsein des Lebens das Bewußtsein der Qual zu verlieren und eben geboren den Ungeborenen zu gleichen, als in dieser Zeit zu leben, da die Sünden Könige sind. Nach schlimmem Tun, geheimem Ekel wirst du klagen: da der Tag des Todes droht, schwindet die Kraft des Gelächters, da du widerlich dich beschmutztest und den Bauch gefüllt. Zu spät kommt die Stunde des Heulens.«

Rouaults Babylonierin ist die abgeviehte Matrone, die an den Ecken der Vorstädte vor den übelriechenden Korridoren billiger Bordelle das Sterben in Sünde, die Kuppelung der turpia semi virorum membra theatrali vertigine[12] verkauft. Über diesen Bildern liegt »verhungerter Dunst der Laster, die häßlich brandige Röte der Sünde«. (Reinerus von Lüttich.)[13] Rouault gibt hier dem Wirklichen den schlimmen Ausdruck idiotischer Hölle; die Sünde ist formal das Groteske. Verführerisches, wie Prudentius es der Kurtisane zudichtete, fehlt hier. Der alte Schriftsteller beschreibt die Kurtisane:

»Sed violas lasciva jacit foliisque rosarum dimicat.«[14]

Ihre Haare duften von seltenen Parfümen, die Augen schweifen, die Stimme klingt müde, sie ist ganz in Wollust ergossen, und erträumt nur Begierde. Sie ist nur beschäftigt, Hüfte, Glieder zu verweichlichen und pflückt die Seelen mit entnervender Zärtlichkeit. Sie verläßt das Lager der Ausschweifung, schreitet schwankend trunken von Wein und Parfümen und zertritt beim Gehen gefallene Blumen von Liebe vergiftet. Ihre unzüchtigen Gerüche atmen süßes Gift in erschüttertes Fleisch, und schlimm zähmt zarter Duft die Münder, die Herzen, die Arme. Zum Schluß fallen die Männer vor ihr hin, um der feigen Regel des Freudenhauses zu gehorchen. Heute ist selbst die Sünde verpöbelt; die drei Grazien sind allzulang mißbrauchte Weiber mit Hängebäuchen und krummen Beinen; es war den Heutigen vorbehalten, mit sentimentaler Erotik den Mann zu idealisieren.

Zwei Motive des Irdischen beschäftigen noch Rouault: die Richter, jämmerlicher Gegensatz zum Gericht des dies irae. Das Motiv des Pilatischen Justizmordes wird verewigt und an den traurigen Figuren des Heute höhnisch verzweifelnd demonstriert. Vor diesen spaßigen Quälern stehen Gott und Mensch, »ganz bedeckt mit Dornen, ganz eingeblutet in Dornen«.

Dann noch der Clownmensch mit der dicken Pauke, der das »hic ego qui jaceo miser et miserabilis Adam«[15] übertäuben will, elende Marionette, die zum Paradox gegen den abgewandten Regisseur geriet, die den dies tubae et clangoris[16] auf tauben Fässern sich übertrommelt statt zu knirschen: »oro supplex et acclinis, cor contritum quasi cinis.«[17] Auf das »quid hunc dices homuncio« des Thomas von Celano[18] antwortet man mit launigem »Prost!« Früher hieß es:

Ingens metus
Atque fletus
meam turbat animam.[19]

Statt des
              veniet judex de coelis[20]
grinsende Bäuche in Robe. »Herr, befreie mich an diesem erzitternden
Tag vom ewigen Tod, wann du kommst zu urteilen im Wanken von
Erde und Himmel.« Ein Kirchenschriftsteller schreibt vom Gerichts-
tag: »Allenorten erfriert Blut unbeschreibbar, die Tränen rollen, die
Arme fallen, die Herzen zittern. Auf den Meeren, den Gestirnen verfolgt man sie . . .« Heute hat man den Tod vergessen, er ist ein chemi-
scher Prozeß oder ein statistisches Problem geworden. Vordem bedachte der Mann unter Seufzen, Weinen, Klagen und Stöhnen: »Der Ge-
rechte wird kaum gerettet sein«.

Rouault zeigt die Gottunähnlichkeit des lächerlichen, abtrünnigen
Menschen; ein in Wut klagendes, kaum noch gewagtes miserere erklingt:

              »miserere mei
              et exaudi me
              me reformes
              ad tuam imaginem.«[21]

Die Hoffnung auf das Erbarmen wäre ohne Christi Passion versperrt. Zeigt der diesseitige Teil Rouaultscher Malerei den verstoßenen
Menschen, so malt Rouault betend »per crucem tuam libera nos«.[22] Als
Frontispiz dieser Bilderreihe nennen wir das Schweißstück eines der
angelici testes, ein salve caput cruentatum.[23] Im paradisus animae steht
die klassische Beschreibung des Hauptes: »Das Haupt von Dornen um-
krönt, schmachtet in Blut, fahl von Wunden, beschmutzt vom Geifer,
gänzlich entstellt.« Rouault ließ über einer Kreuzabnahme noch einmal
das Sudarium erscheinen.

Dann widmet er eine Bilderreihe der Passion Christi. Es sei verstat-
tet, deren Geist mit den Worten eines Breviariums aus dem 17. Jahrhundert zu begleiten:

»Jesu, du wurdest in deiner Menschwerdung vernichtet, habe Mitleid
    mit uns.
Jesus, du wurdest vom Reichen der Arme,
Jesus, du lagst auf der nackten Erde, ohne Bett, Kissen und Decke,
Jesus, du wurdest wahnsinnig und vom Teufel besessen genannt,
Jesus, du wardst im Garten durch unsere Sünden niedergeworfen,
Jesus, du in Kummer, Angst und Todeszucken,
Jesus, verraten und um wenigen Preis verkauft,

Jesus, mit der Schnur um den Hals gezerrt,

Jesus, in den Sturm des Cedrons gestürzt, ganz durchnäßt und vor Kälte vergangen,

Jesus, verlacht, bespien, geohrfeigt, mit Fußtritten und Faustschlägen mißhandelt.

Jesus, zu gänzlicher Nacktheit entblößt, viermal in Schande gezeigt,

Jesus, aufs Blut gepeitscht und durch Schläge zerrissen,

Jesus, von der Säule entbunden, in ach dein Blut stürztest du.

Jesus, gekrönt mit bohrenden Dornen,

Jesus, gekleidet in boshaft Gewand, mißhandelt wie ein Lachkönig,

Jesus, beladen mit der Kreuzeslast auf zerrissenen Schultern,

Jesus, mit gräßlichen Schmerzen ans Kreuz genagelt,

Jesus, ganz in Wunden gekleidet von der Wurzel der Füße bis zum dornengekrönten Haupt,

Ach Jesus, ach Schmerzensmann, erbarme dich unser.«

Claudianus Mamertus beschreibt die Reinigung der Welt durch die Passion:

Hic acetum fel arundo sputa clavi lancea:
Mite corpus perforatur, sanguis unda profluit
Terra pontus astra mundus quo lavantur flumine.[24]

Die alten Schriftsteller beschrieben mit vieler Kunst das Aussehen des gepeinigten Leibes »membra picta cruore novo«[25] und erzählen, wie im Sturm der Erde der Körper Christi prasinum (flaschengrün) leuchtet. Der heilige Martial[26] beschrieb die apokalyptische Landschaft:

»Wenn im Feuer das Weltrad gänzlich brennt, alles in erbarmensloser Flamme sich verzehrt, der Himmel wie ein Buch in zwei Teile zerfährt und die Sterne niederstürzen, dann steht der Tag des Zornes auf in Rauch und Sturm, der Tag des Schluchzens und der Angst erhebt sich, und die Last der Finsternisse fällt auf die Sünder.«

In den Bildern der Huren, Richter und Clowns wird die Verworfenheit des Irdischen gewiesen, in der Folge der religiösen Bilder das Wunder ihrer Entsühnung dargestellt. Die Sünde bedingt irgendwann die Befreiung; allerdings tragisch genug, daß Menschen so geschaffen, daß sie nur im Morde sich vollziehen konnte, denn Christi Tod ist die Bindung ewig menschlicher Niedertracht und selten gewonnener Gnade. In seinem Tode berühren sich äußerster Haß und reine Gnade. Die Groteske ist die Form dieser katholisch betrachteten Welt; die Darstellung der Qual einziger Trost des Menschen. Denn er ist gemein, daß er eines gemordeten Gottes bedarf und schwach, dieses Mordes zu vergessen, doch gleicherzeit zu glauben, nun sei durch diesen jede Schuld beglichen.

*

Der Pariser Junge begann bei einem Glasmaler und studierte eifrig die alten Glasfenster; dann besuchte er die École supérieure des beaux-arts, wo Gustave Moreau sein Lehrer war, dessen bevorzugter Schüler er wurde. Mit 23 Jahren gewann er im Jahre 1894 den Preis Chanavard mit dem Bild »Jesus und die Schriftgelehrten«. Die Haltung dieser Arbeit ist noch von Moreau beherrscht. Aus dieser Zeit kennen wir noch mehrere Arbeiten biblischen Inhalts, die traditionell gehalten sind. Die Arbeiten von 1894—1903 wurden kaum bekannt. Dann trat ein neuer Rouault hervor, ein überaus expressiver Maler des Sittenbildes. Er selbst hat erzählt, welch ungemeinen Eindruck auf den Jungen die Zeichnungen Forains[27] gemacht haben. Die Haltung des ersten Rouault ging zu den Spätitalienern; nun hält er die Linie Daumier-Goya. Nicht ein Nachahmer, durchaus nicht, aber ein Mann, der gegenüber der artistischen Einstellung der Malerei Gegenständlichkeit gibt, irgendwie die Moralität des Sujets gibt. Rouault war der Freund des großen lauten Léon Bloys, der die katholisch bittere Kritik des in Spießerei verluderten Europas schrieb, der Pamphletist war, weil er orthodox glaubte. So Rouault, der die Paraden der Huren, Richter und Clowns malt. Unter ein Richterbild setzt er: »Wir lieben das Kreuz und wissen es zu tragen«; Frommheit der Offiziellen, die nur Affront gegen Gott ist. Man mag sich da des unbedeutenderen Ensor erinnern. Rouaults Bilder, hingehaucht, oft lösen sich die Figuren kaum von dunklem Braun, dann schwimmen und sacken schwere oder fahle Farben des Glasmalers und Keramikers. Rouault gibt Farbe zur Charakterisierung — wenn er auch selber meinte — »schwarze Mütze, rote Robe, das gibt gute Farben, der Richter gehe in die Klappe«. Dann malt er Bordellstraßen in ihrer melancholischen Versautheit kundenleeren Vormittags; Versailles, Parks und Terrassen, der Springbrunnen saust vor lächerlichen Phantomen ins Leere; alles ist eitel. So katholisch malt er die Huren, die Vergeblichkeit schamlosen Fleisches; es ist die deutlich einfache Predigt, die seit Christus mitgeteilt wird. Auch er malte seine Olympia, eine Hure; hinten waschen sich zwei andere an der Cuvette; infizierende Schönheit.

Coquiot[28] hat einmal gesagt, man solle diese Bilder in Kirchen hängen; in ihnen steht außer christlicher Moralität leidenschaftlich glosendes Kolorit der alten Scheiben.

Seine Clowns sind tragisch, die Richter lächerlich und vielleicht hingemalt neben die alte Kokotte als Braut bewußt gemeiner. Degas gab die Dinge uninteressiert, kühl, Lautrec war an seinen Sujets stärker beteiligt, Rouault ist voll mönchischen Zorns: es lohnt nicht, von solcher Welt sich versuchen zu lassen. Alles, was heute in Karikaturen sich versucht, gerät neben dem wütenden Prediger zu schmächtigem Format.

In *Der Querschnitt*, 5. Jg. 1925, S. 244 f.
Der Anlaß des Textes war eine Rouault-Ausstellung in der Galerie Flechtheim.

1 »Qual ist alles, was wir hienieden leben.« Commodianus war ein christlicher Afrikaner und lebte vermutlich im 4. Jahrhundert.
2 »Hand des Vaters«.
3 »Tod durch Mörderhand«.
4 Der Dichter Notker Balbulus (um 840–912) aus dem Kloster Sankt Gallen.
5 »die Seuche der Laster, die Verbrechen des gekränkten Blutes«.
6 »du liebst, damit du schön wirst.«
7 Marbode war ein französischer Prälat und Schriftsteller (1035–1123).
8 »und Würmer richten mit feurigen Zähnen die Gebeine zugrunde«.
9 »wollüstig ist uns die Schrift, sittsam das Leben.« Antonius von Padua, portugiesischer Kirchenlehrer (1195–1231).
10 »fliehe es, den wollüstigen Genüssen zu glauben.« Orientius war ein lateinischer Dichter in der ersten Hälfte des 5. Jahrhunderts.
11 Aurelius Prudentius Clemens, lateinischer Schriftsteller (348 bis um 405).
12 »der unsittlichen Glieder von Halbmännern mit dem theatralischen Schwindelgefühl«.
13 Reiner (oder Rainer) von Lüttich, niederländischer Mönch und Schriftsteller (1157–1182).
14 »doch Veilchen wirft die Wollüstige und kämpft mit den Blättern der Rosen«.
15 »hier bin ich, der als armer und elender Adam darniederliegt«.
16 »den Tag der Trompete und des Geschmetters«.
17 »ich bete kniefällig und gebeugt, mein Herz abgenutzt und gleichsam Asche«.
18 »Wie nennst du diesen, schwaches Menschlein«. Der italienische Schriftsteller Thomas von Celano (1190–1260) war einer der ersten Anhänger des Franz von Assisi.
19 »Gewaltige Furcht/ und Jammer/ trübt meine Seele.«
20 »Möge der Richter vom Himmel kommen.«
21 »Erbarme dich meiner/ und erhöre mich,/ du mögest mich erneuern/ nach deinem Bilde.«
22 »durch dein Kreuz befreie uns«.
23 »engelhaften Zeugen« – »sei gegrüßt, blutbeflecktes Haupt« (also »O Haupt voll Blut und Wunden«).
24 »Hier der Essig, die Galle, das Rohr,/ der Speichel, die Nägel, die Lanze:/ der sanfte Körper wird durchbohrt,/ die Welle des Bluts strömt hervor,/ die Erde, das Meer, das Gestirn, die Welt/ werden mit einem Strom gewaschen.« Claudianus Mamertus, ein französischer Priester und Schriftsteller, starb um 474.
25 »Glieder, mit frisch getrocknetem Blut gemalt«.
26 Martial war angeblich der erste Bischof von Limoges, im 3. Jahrhundert. Die ihm zugeschriebenen Texte stammen jedoch aus dem 9. Jahrhundert.
27 Jean Louis Forain, Graphiker und Maler (1852–1931).
28 Einstein hat zwei Bücher des Kunstkritikers Gustave Coquiot (1856–1926) übersetzt, vgl. die Bibliographie am Ende dieses Bandes.

Südsee-Plastiken

Die Skulpturen der Flechtheimschen Sammlung entstammen den früheren deutschen Kolonien, dem Bismarck-Archipel — nämlich Deutsch-Neu-Guinea, Neu-Pommern (Neu-Britannien), Neu-Mecklenburg (Neu-Irland) und Neu-Hannover.[1]

Diese Kunstwerke entstanden inmitten einer Steinkultur. Man bedient sich der Steinäxte, der Messer und Dolche aus Knochen, Obsidian oder Muscheln. Erklärlich, das mit dem furchtbaren Schock der Kolonisation, der plötzlich eingeführten europäischen Kultur und dem völligen Unterwühlen der geistigen und religiösen Zustände diese Kunst, die vor allem religiösen Zwecken diente, dahinschwand.

Nichts vermag kräftiger entwicklerischen Aberglauben zu widerlegen, als die Tatsache, daß bei zweifellos verbesserten Lebensbedingungen und vollkommneren Werkzeugen die Reste vorhandener Kultur erschreckend rasch entarteten und wegschwanden.

Die Eingeborenen des Bismarck-Archipels leben umgeben von magischen Kräften und Dämonen. Ihre gesellschaftliche Form ist das Matriarchat, d. h. die Blutlinie der Mutter gilt. Wie anderwärts entspricht auch hier dem Mutterrecht die Exogamie, d. h. niemand darf sich mit einer Frau von gleichem Clan oder Totem verbinden. Der Totem überwiegt die Individualbedeutung, und dank jenem und umgebenden Kräften erhofft man durch Verbindung mit dem anderen Totemtier (Heirat) Zuwachs an magischen Kräften. Wir glauben weniger an trotz allem biologisch moralisierende Inzesttheorien.

Das Totemzeichen der Mutter geht im allgemeinen auf die Kinder über. Wie die Gesellschaft so sind Natur, Ahnengeister und dämonische Kräfte totemistisch geteilt, und die dauernde Differenzierung und

Vermehrung der Dämonen führt zu einem religiösen und seelischen Sichzersplittern, dem eine Unfähigkeit, größere Stammgemeinschaften zu bilden, meist entspricht. Die quälende Unruhe solcher übergroßer Differenzierung wird durch einen beruhigenden Konservatismus beglichen, den Ahnenkult. Das Gegenwärtige wird ungemein zerteilt. Immer von neuem entstehen zauberische Kräfte, gegen welche Abwehrmaßregeln erfunden werden; in solchen magischen Gegensätzen, denen Feindschaften und Stammeskämpfe entsprechen, wird das Leben dieser zauberbedrohten Steinzeitmenschen zerrieben. In die Gegenwart mischen sich drohend Geister der Verstorbenen, die in langen Festen gefeiert und versöhnt werden; ein Hauptteil der bildnerischen Kunst dankt ihren Ursprung dem Ahnendienst.

Dem Matriarchat stehen wie fast überall Männerbünde entgegen, deren Gebräuche magische Mittel, Festplätze, Hütten und Kulte den Frauen zu sehen verboten ist, für Tabu gilt.

Ein gut Teil dieser Plastiken kommt aus den Hütten der Männerbünde und den Ahnentempeln. Wir gestehen, daß die Zeichen dieser symbolhaften Kunst bis heute im großen und ganzen fast unverständlich blieben oder man vageste Deutung kaum übertraf. Jedes ornamentale Zeichen besagt Bestimmtes, doch der Sinn ist seit längerem den Eingeborenen schon ins Schwanken geraten, und das gleiche Ornament deuteten verschiedene Menschen gänzlich verschiedenartig. Hinzu kommt, daß die Kunstwerke der Geheimbünde naturgemäß verborgen wurden und ihr Wesentliches, nämlich der zauberische Sinn, der Macht verleiht, von ihren Besitzern ängstlich geheimgehalten wurde. Vielleicht wurden dort Kunstwerke so oft zerstört, einesteils, weil diese nach Gebrauch bei den Feiern ihre magische Kraft abgenutzt hatten; es mag aber auch sein, daß man es vorzieht, diese zauberhaltigen Gegenstände eher zu zerstören, als daß sie in unerwünschte Hände geraten.

Fast der gesamte Umkreis der Kunstübung ist Männerhandwerk, und oft werden von bestimmten Künstlern diese Dinge gefertigt. Vielleicht betrachtet man die Ahnenstatuen etwa wie Wohnsitze der umherirrenden Seele. Allerdings sind uns selten die Vorstellungen der Einwohner tatsächlich deutlich geworden. Hie und da möchte man glauben, daß man an eine Art Doppelseelenhaftigkeit glaubt, als ob eine Bildseele in die Statuen einginge, während eine andere Seelengestalt an irgendwelchen Orten verweilt oder umhertreibt.

Der junge Eingeborene wird würdig, solchen Männerbünden beizutreten, nachdem er mit gleichaltrigen Genossen — vielleicht als Geister — im Busch gelebt hat, abgetrennt von der Familie, wobei er zum

ersten Mal in die magische Überlieferung seiner Gemeinschaft einge-
weiht wird. Vielleicht leben diese Knaben dort als eine Art verstorbener Geister, was etwa durch ihre Körperbemalung angezeigt wird, und
der Eintritt in die Geheimgesellschaft bedeutet eine Art Wiederaufer-
stehen, das im Ablauf der Natur ermutigend wahrgenommen und
trostreich gefeiert wird. Der Einfluß dieser Geheimgesellschaften ist ungemein, da diese des Besitzes zauberischer Kräfte und magischer Mittel
sich rühmen.

Wir wenden uns zunächst den Ahnenfiguren von Neu-Guinea zu.
Der Schädel ist meist plastisch betont, über ihm der schützende Totemvogel, während der Körper gänzlich flächig aufgefaßt ist. Bei einigen
dieser Figuren mag überraschen, daß der Körper als ornamentales Gestänge geschnitzt ist. Ich wage hier eine Deutung zur Diskussion zu
stellen: Von den Verstorbenen werden besonders die Schädel hoch gewertet und diese mit dem Skelett in Hütten bewahrt. Wechselt man
die Hütte, nimmt man diese Reste der Verstorbenen mit fort. Vielleicht, daß dies ornamentale Gestänge das Skelett der Ahnen andeuten
soll. Die auffallende Betonung des Schädels mag einem abgeklungenen
Schädelkult entsprechen. Es wird auf die Ahnenfiguren der Geelvink-
Bai[2] (Holländisch-Neu-Guinea) verwiesen, in deren ungeheure Köpfe
öfters der Schädel des Verstorbenen eingebaut wird, so daß der geschnitzte Kopf die Maske des Ahnen ist. Die Masken sind das geräu-
mige Wohnhaus der Ahnengeister, deren Stimme in dem klingenden
Sausen der Schwirrhölzer vernommen wird. Ich weise weiter darauf
hin, daß das skeletthafte Gestänge der Ahnenfiguren von Deutsch-
Neu-Guinea vielleicht an die Korwar-Balustraden der Geelvink-Bay
erinnert. Die plastische Betonung des Kopfes mag darauf hindeuten,
daß der Ahne als Maskenträger dargestellt ist. So auch mag der Mas-
kentanz aufzufassen sein, der vielleicht ein Tanz der in die Masken
gebannten Ahnen bedeutet.

Ebenso glauben wir, daß bei den zu Tanzhandhaben geschnitzten
Totemvögeln der tanzende Totemvogel das Hauptsächliche bedeutet
und nicht der Tänzer.

Der Eingeborene des Bismarck-Archipels versieht viele seiner Ge-
brauchsgegenstände und Waffen mit Schnitzereien, Darstellungen von
Masken und Totemtieren, und es dünkt uns zweifellos, daß in solchem
Brauch magischer Sinn liegt. Seine Schilde schnitzt der Neu-Guinese zu
medusenhaften Abschreckmasken oder versieht sie mit symbolhaften
Ornamenten, die immer Bestimmtes darstellen und bedeuten und vielleicht besondere Kräfte in Angriffs- und Abwehrwaffen bannen sollen.

Diese Sammlung zeigt besonders reichhaltig zwei verschiedenartige Typen von Masken. Einen langnasigen, der viel an der Ramu-Mündung und der Zwanzigmeileninsel angetroffen wird, sowie einen breitgesichtigen Typus, der ja oft auch seine Schilde schmückt, der vor allem zu malerischer und ornamentaler Behandlung verlockt.

Ornamental komplizierter und gänzlich aufs Dramatische gestellt erscheint uns die Kunst Neu-Mecklenburgs, Neu-Pommerns und Neu-Hannovers, in deren zeichnerischer Unruhe die monumentalen Uli-Figuren von Lamasong sowie die Kreidestatuen aus dem Rosselgebirge überraschen. Bei den Masken dieser Inseln hat vor allen Dingen der verdiente *Parkinson* die verschiedenen Gattungen der Masken untersucht. Er unterscheidet u. a. die Tatanua-Masken, Helm-Masken mit raupenartiger Frisur, die auf den Kopf gestülpt werden, während der Körper in Laubgewänder eingehüllt wird und in denen man pantomimische Szenen zu Ehren der Verstorbenen aufführt. So stellt man auch den Kampf z. B. der Nashornvögel mit den Schlangen vor, wobei die Tänzer vom Nashorntotem geschnitzte Nashornköpfe im Munde tragen.

Diese Masken werden in wohlbehüteten Maskenhäusern aufbewahrt, und sie sind Tabu für Frauen und Kinder. Über den Tatanuas werden die Kepong-Masken aufbewahrt; in diesen reichgeschnitzten Masken wird nicht getanzt, sondern man geht mit ihnen geschmückt, in der einen Hand einen Stab, in der anderen eine Muschel-Klapper, schweigend von Haus zu Haus, um Muschelgeld zu sammeln, um die bei Festen notwendigen Gelage bezahlen zu können. Die Tatanua-Masken zeigen fast immer die typische Trauerfrisur; die Schädelseiten werden glatt rasiert, während man in der Schädelmitte eine aufgehöhte gelb gefärbte Haarraupe trägt. Die rasierten Kopfteile werden mit Kalk aufgehöht, worein sorgfältige Ornamente modelliert werden. Es fällt auf, daß die Masken oft die Zunge herausstrecken; Speien dient wohl als Abwehrzauber. Nicht unähnlich dem skeletthaften Gestänge der neu-guinesischen Ahnenfiguren zeigen diese Helmmasken vor allem die knochenhafte Struktur des Kopfes, allerdings frei ornamental umgedeutet. Die Kepong-Maske zeigt stets den Manu (Vogel) des Verstorbenen, sein Totemzeichen, woran der Clan des Ahnen erkannt und gleichzeitig die totemistische Zusammengehörigkeit mit ihm und dem Clantier bildhaft gewiesen wird. Ebenso wird man oft das Totemtier als weihenden Schmuck auf den Körper malen. Schon in den Kepong-Masken wird das Epos vom Kampf des Totems und Totemtiere nachgebildet. Der Manu schützt gegen den schlimmen Dämon der feindlich umzingelnden Schlange. Die Kunst von Neu-Mecklenburg, Neu-Pommern, Neu-Hannover kann sich nicht genugtun in solch epischer Darstellung der Dämonenkämpfe, Mythen und Fabeln. Noch erregtere, vielfältigere Gebilde sind die Matua-Aufsätze — große Schnitzereien, die mit lautem Wehklagen gegrüßt werden. Andere Skulpturen, wie die Kulibu- und Totok-Schnitzereien, werden nie ausgestellt, sondern in wohl geschützten Hütten verwahrt. Wir nennen noch die Turu-Schnitzereien, die völlig dramatisch gehalten sind und zumeist mythische Geschehnisse darstellen.

Vielleicht dürfen wir auf eine gewisse Verwandtschaft zwischen den Turu-Schnitzereien und dem Kultbrett von Neu-Guinea (Nr. 65) hinweisen.

Den komplizierten vielfältig durchbrochenen Schnitzereien stehen die monumentalen Uli-Figuren sowie die Kreide-Skulpturen entgegen. Jene werden nicht wie die anderen Malanggane nach den Festen zerstört, sondern eingewickelt in den Männerhäusern aufbewahrt. *Augustin Krämer*[3] gibt zwölf Arten der Uli-Typs an und beschrieb diese langwährenden Totenfeiern, deren Mittelpunkt diese Skulpturen sind. Die Uli-Figuren sind zweifellos Ahnenfiguren. Die einen Berichter nennen die Uli-Figuren doppelgeschlechtig wegen der stark gebildeten Brüste, während Krämer berichtet, daß dadurch nur Wohlgenährtheit und Reichtum angedeutet werden sollen. Über die Kreidestatuen wird im Katalog ausführlich berichtet.

Kaum eine Kunst zeigt gleichstark die dämonische Zerrissenheit und Gespanntheit dieser Insulaner, der die gesellschaftliche Zersplitterung durchaus entspricht. Ekstatischer Ahnenkult, dies stete Sichwiederfinden mit den Verstorbenen und das schreckhafte Umgebensein von Magie und Geistern trieben diese Kunst zur Darstellung äußerster Erregtheit, die hie und da durch das Motiv der Verwandtschaft von Mensch und Natur, durch befreundete und verehrte Totemtiere beruhigt wird.

1 *Ahnenfigur.* (Deutsch-Neuguinea) 2,00 m. Hüttenpfahl. Der Kopf plastisch behandelt; darüber wohl ein Totemtier (Eidechse). Der Körper flächig und ornamental gestaltet. Über dem Sexus wiederum ein Totemvogel. Reiche wohl symbolhafte Tatauierung von Schädel und Körper.

2 *Tanzstab.* (D.-N.-G.) Holz. Rot-weiße Bemalung; in einem menschlichen Kopf endigend, üblichem Maskentypus entsprechend. Der Stab selbst ist tierhaft geschnitzt, erinnert an Krokodil oder Eidechse. Vielleicht Durchdringen totemistischer Bedeutung, Tanz des Ahnen mit dem Totemtier.

3 *Ahnenfigur.* (D.-N.-G.) 1,58 m. Maske durch Bemalung stark hervorgehoben. Figur ornamental erfaßt. Betonung des Sexus mag auf den Ahnen als Zeuger hinweisen. Zweifellos Kultfigur.

4 *Ahnenfigur.* (D.-N.-G.) 1,20 m. Wird im Kulthaus aufgehängt.

5 *Ahnenfigur.* (D.-N.-G.) Hüttenhaken. Gesicht mit den Gesichtern der Schreckschilde zu vergleichen.

6 *Hüttenhaken.* (D.-N.-G.) 1,25 m. Weibliche Figur darstellend; die Füße umklammern den Haken.

7 *Hüttenhaken.* (D.-N.-G.) Halbmondförmig. Darauf eine bemalte Ahnenfigur.

8 *Hüttenhaken.* (D.-N.-G.) Weibliche Figur. Schwarz, weiß und rot bemalt. Starke malerische Betonung der Gelenke. Der rechte Haken ist von den Eingeborenen ausgebessert.

9 *Hüttenhaken.* (D.-N.-G.) 0,63 m. Ahnenfigur. Dem plastisch durchgearbeiteten Gesicht entspricht auf der Rückseite eine weiße Maske.

10 *Ahnenfigur.* (D.-N.-G.) 1,05 m. Hüttenhaken. Langer Maskentyp, flächig ornamentale Gestaltung, wie er in der Landschaft Taraway (Nordküste von Neu-Guinea) gearbeitet wurde.

11 *Sculptur.* (D.-N.-G.) 0,83 m. Das Gesicht entspricht dem Typus der Schreckmasken. Das starke Betonen des Antlitzes oder wie bei Nr. 1 das plastische Akzentuieren des Schädels weist deutlich auf Schädelkulte, bzw. man stellt sich vielleicht gleichzeitig den Ahnen eine Maske vor dem Schädel tragend vor.

12 *Ahnenfigur.* (D.-N.-G.) 0,80 m.

13 *Ahnenfigur.* (D.-N.-G.) Plastisch durchgearbeitete Kopfmaske. Starke Differenzierung der Maske vom Hinterhaupt. Ebenso starkes Herausarbeiten des Thorax.

14 *Hüttenhaken.* (D.-N.-G.) 0,95 m. Die Ahnenfigur steht auf einer Tiermaske, deren Vorderseite plastisch durchgebildet ist. Ihr entspricht auf der Rückseite eine weiß gemalte Tiermaske. Das Gesicht der Ahnenfigur überschirmt als Maske den Körper. Von dieser Maske strahlen gefiederähnliche Gebilde aus, die die menschliche Figur schützend umfassen.

15 *Ahnenfigur.* (D.-N.-G.) 1,20 m. Wahrscheinlich von der Ramu-Mündung. Auf dem Kopf das Totemtier (Fisch) von zwei Fischornamenten umgeben. Der Ahne als Maskenträger dargestellt, der Körper in ornamentales Gestänge aufgeteilt.

16 *Tanzhandhabe.* (D.-N.-G.) 0,70 m. Der tanzende Ahne. Lange Gesichtsmaske auf das Körpergestänge gestützt. Starke Vertikalführung. Die Mittellinie scheint eine Tierdarstellung zu sein, wie oft im Bismarck-Archipel über den Sexus weggeführt. Die Verbindung des Gestänges, die der Unterleib zu sein scheint, ist vielleicht Stilisierung eines Vogels.

17 *Götze.* (D.-N.-G.) 0,45 m. Durchbrochener Typus. Lange Gesichtsmaske, ähnlich den Schilden. Die Mittelachse anscheinend eine Schlange.

18 *Ahnenfigur.* (D.-N.-G.) 0,82 m. Götze aus dunklem Holz geschnitzt. Hände umklammern eine Schlange, die in die Maskennase übergeht.

19 *Ahnenfigur.* (D.-N.-G.) 0,60 m. Mit geöffnetem Munde. Schwarz-weiß-rot bemalt.

20 *Statue.* (D.-N.-G.) 0,60 m. Schirmendes Totemtier über dem Haupt. Vielleicht Eidechse.

21 *Ahnenfigur.* (D.-N.-G.) 0,75 m. Mit schützendem Totemvogel.

22 *Ahnenfigur.* (D.-N.-G.) 0,90 m. Die Maske wird von den Händen gestützt. Die Statue ist von einem Flügeltier beschirmt.

23 *Giebelvorsprung.* (D.-N.-G.) Mit Ahnenfigur.

24 *Brustschmuck.* (D.-N.-G.) 0,37 m. Holz.

25 *Ahnenfigur.* (D.-N.-G.) 0,30 m. Holz.

26 *Statue.* (D.-N.-G.) Holz.

27 *Götze.* (D.-N.-G.) Holz.

28 *Statue.* (D.-N.-G.) 0,30 m. Holz. Reich tätowiert.

29 *Statue.* (D.-N.-G.) 0,40 m. Holz.

30 *Ahnenfigur.* (D.-N.-G.) 0,40 m. Mit dem Nasenschmuck der Gestorbenen. Die Statuette dürfte von der Ramu-Mündung stammen. Der Ahne ist wohl als Maskenträger aufgefaßt.

31 *Ahnenfigur.* (D.-N.-G.) 0,28 m. Holz.

31 a *Hockende Figur.* (D.-N.-G.) Mit großer Randmaske, reich ornamentiert. Füße umklammern einen ornamentierten Hocker, reich geschnitzt mit kleiner Mittelfigur. Rückseite gleicherweise ornamentiert.

32 *Zwei übereinander hockende Figuren.* (D.-N.-G.) 0,45 m. Wohl von einem Hüttenpfahl.

33 *Tanzhandhabe.* (D.-N.-G.) 1,12 m. Ein Vogel.

34 *Tanzhandhabe.* (D.-N.-G.) 1,50 m. Wohl ein Reiher. Wie öfters den Tanzmasken ein Totemtier eingeschnitzt ist, so wird die Tanzhandhabe als Totemtier dargestellt. Wichtig ist nicht, daß der betr. Mensch tanzt, sondern die Tanzhandhabe, nämlich das Totemtier oder die Maske, d. i. der Ahne oder ein Dämon.

35 *Krokodil.* (D.-N.-G.) 1,10 m. Holz.

36 *Krokodil.* (D.-N.-G.) 1,84 m. Holz.

37 *Tanzhandhabe.* (D.-N.-G.) 0,86 m. Vogel darstellend.

38 *Vogel.* (D.-N.-G.) 0,45 m.

39 *Hüttenhaken.* (D.-N.-G.) Fisch darstellend.

40 *Maske.* (D.-N.-G.) An die Schildmasken erinnernd. Von der Nase zur Kinnmitte führt der Griff, um die Maske zu tragen.

41 *Maske.* (D.-N.-G.) Reich geschnitzt. Über der Stirn Krokodil.

42 *Maske.* (D.-N.-G.) Tierschnitzerei auf der Stirn.

43 *Maske.* (D.-N.-G.) Reich bemalt.

44 *Maske.* (D.-N.-G.) Auf der Stirn geschnitztes Krokodil.

45 *Maske.* (D.-N.-G.) Gewölbt, mit eingeschnitzten Muschelaugen.

46 *Maske.* (D.-N.-G.) Plastisch stark geliedert. Mit Mund als Schalltrichter.

47 *Maske.* (D.-N.-G.) Schwarz-weiß-rot bemalt.

47 a *Maske.* (D.-N.-G.) Reich geschnitzt. Die Erhöhung auf der Stirn vielleicht ornamental gefaßte Tierschnitzerei.

47 b *Maske.* (D.-N.-G.) Reich geschnitzt.

47 c *Maske.* (D.-N.-G.) Mit geschnitztem Maskenhalter unterhalb der Nase.

48 *Maske.* (D.-N.-G.) Kleine Maske aus Baummark mit weißer Tatauage.

49 *Kleine Maskenwiedergabe.* (D.-N.-G.) Baummark. Wird im Tragkorb getragen.

50 *Verschluß eines Betelbehälters.* (D.-N.-G.) Mit menschlichem Gesicht. Kopf in Krokodil mündend. Charakteristisch der geöffnete Mund mit deutlich sichtba-

rer Zunge. Vgl. viele Masken. Vielleicht stellt man das Betel-Kauen dar. Ausgespiener Betel wendet schlimme Zauberei ab. Darum vielleicht oft Masken mit hervorgestreckter Zunge.

50 a *Verschluß eines Betelbehälters.* (D.-N.-G.) In Vogelkopf endigend.

51 *Kleine Maskenwiedergabe.* (D.-N.-G.) Anhänger.

52 *Maskenwiedergabe.* (D.-N.-G.) Anhänger.

53 *Maskenwiedergabe.* (D.-N.-G.) Anhänger.

54 *Kleine Maskenwiedergabe.* (D.-N.-G.) Auf Fischkopf ruhend.

55 *Kleine Maskenwiedergabe.* (D.-N.-G.)

56 *Kleine Maskenwiedergabe.* (D.-N.-G.) Aus Rethstreifen geflochten.

57 *Maske.* (D.-N.-G.) Aus Rethstreifen geflochten.

58 *Schädel.* (D.-N.-G. Kaiserin-Augusta-Fluß.) Das Gesicht ist mit Ton nachmodelliert. Reiche Tatauage. Augen durch Muscheln dargestellt.

59 *Schädel.* (D.-N.-G. Kaiserin-Augusta-Fluß.) Modelliert.

60/61 Ebenso.

62 Ebenso.

63 Ebenso.

64 *Hüttenpfahl.* (D.-N.-G.) Ahnenfiguren durch verschiedene Totemtiere zu Hüttenpfahl verbunden. Durchbrochene Schnitzerei.

65 *Kultschnitzerei.* (D.-N.-G.) Oben menschliche Maske. Vielleicht ins Totemtier übergehend. Die Schnitzerei stellt wohl Laubwerk dar. In der Mitte vielleicht ein Wassertümpel mit daraus trinkenden Vögeln.

65 a *Dachaufsatz.* (D.-N.-G.) Oben typische Maske durch Totemvogel beschirmt. Am Rande des reichgeschnitzten Stulps sind Masken eingeschnitzt.

66 *Hocker.* (D.-N.-G.) 0,80 m. Von vier Stützen getragen, die von einem Block, der wie eine Schildkröte gewölbt ist, zusammengefaßt werden. Die Stützen erheben sich schlangenhaft. Hier mögen Vorstellungen mitgewirkt haben, Geräte abklingenden religiösen Vorstellungen gemäß mit Tierbildern zu verzieren oder magisch tierhaft zu formen. Der Sitzblock korrespondiert dem Sockel. Als Lehne dient eine große Maske.

67 *Schlitztrommel.* (D.-N.-G.) Henkel Schnitzerei. Ahnenfiguren von Totemvögeln gehalten.

68 *Trommel.* (D.-N.-G.) 0,70 m. Handgriff zu zwei Masken geschnitzt, unter denen zwei Flachmasken ruhen, wovon die eine die gesamte Trommelhälfte bedeckt. Reiche Ornamentik.

69 *Trommel.* (D.-N.-G.) 0,63 m. Ein Tier als Griff umklammert zwei seitliche Masken und beißt in eine Flachmaske.

70 *Trommel.* (D.-N.-G.) Bemalt.

71 *Trommel.* (D.-N.-G.) Mit geschnitzten Ornamenten.

72 *Trommel.* (D.-N.-G.) Mit geschnitzter, maskenhafter Ornamentik.

73 *Rufhorn.* (D.-N.-G.) 0,83 m. In Tierschnitzerei endend, auf deren Rückseite eine menschliche Maske sich befindet. Am Schalloch menschliche Längsmaske.

74 *Nackenstütze.* (D.-N.-G.) Länge 0,62 m. Ein Beispiel tierhafter Darstellung von Geräten. Die Nackenstütze wird als Krokodil dargestellt, vielleicht schützendes Totemtier. Dem Krokodilkopf entspricht auf der anderen Seite eine Schildkröte mit ausgehöhltem, gefäßartigem Körper. An der Bauchseite der Schildkröte eine Längsmaske.

75 *Nackenstütze.* (D.-N.-G.) Länge 0,75 m. Auf beiden Seiten in typische Masken endend, die je in Schlangen- oder Eidechsenköpfe auslaufen. Auf der Bauchseite schlangenhaft geschnitzte Ornamentik.

76 *Nackenstütze.* (D.-N.-G.) Länge 0,47 m. An beiden Enden der Stützauflage Maskenschnitzerei, die sich zu doppelgesichtigen Masken verjüngt, welch letzte-

re vielleicht zum Abwehrzauber die Zungen herausstrecken. An der Rückseite ornamentale Schnitzerei. Eigentümlich die Verschiedenheit der Maskentypen.

77 *Nackenstütze.* (D.-N.-G.) Länge 0,48 m. An beiden Enden Längsmasken, die in züngelnde Schlangen übergehen.

78 *Nackenstütze.* (D.-N.-G.) Länge 0,30 m. An beiden Enden Maskenschnitzerei. Rückseite reich geschnitzt. Man weist auf die eigentümliche Verbindung von Menschenmaske und tierhafter Ausgestaltung des Geräts, der vielleicht eine Verwandtschaft von Mensch und Totemtier entspricht.

79 *Nackenstütze.* (D.-N.-G.) Länge 0,78 m. Beide Enden in zwei geschnitzte Masken auslaufend.

80 *Nackenstütze.* (D.-N.-G.) Länge 0,42 m. An beiden Enden Masken, von denen sich die eine in einen Reptilkopf verjüngt.

81 *Nackenstütze.* (D.-N.-G.) Länge 0,33 m. An beiden Seiten breite Reptilköpfe.

82 *Nackenstütze.* (D.-N.-G.) Länge 0,33 m. An den Enden Maskenschnitzerei. Rückseite reich geschnitzt.

83 *Nackenstütze.* (D.-N.-G.) Länge 0,16 m. Getragen von einem Tier.

84 *Nackenstütze.* (D.-N.-G.) Das Tiermotiv rein ornamental behandelt.

85 *Speerspitze.* (D.-N.-G.) Mit Widerhaken. Maskenschnitzerei.

86 *Keule.* (D.-N.-G.) Holz. Mit schlangenhafter Ornamentik.

87 *Sagostampfer.* (D.-N.-G.) Mit figürlicher Schnitzerei. Auf dem Kopf der menschlichen Statuette ein Tier.

88 *Sagostampfer.* (D.-N.-G.) Griff zu zwei Masken geschnitzt.

89 *Spatel.* (D.-N.-G.) Mit figürlichen Schnitzereien.

90 *Löffel.* (D.-N.-G.) Der Löffelansatz ist mit Maske verziert.

91 *Vier Betelbehälter.* (D.-N.-G.) Bambus. Reich ornamental verziert.

92 *Zwei Dolche.* (D.-N.-G.) Kasuar-Knochen, ornamental verziert.

93 *Dolche.* (D.-N.-G.) Kasuar-Knochen. Griffende mit Gesichtsschnitzerei verziert.

94 *Schwirrholz.* (D.-N.-G. Kaiser-Wilhelms-Land.) Mit Maskenschnitzerei. Ornamente weiß gekalkt.

95 *Schwirrholz.* (D.-N.-G.) Mit Maskenschnitzerei.

98 *Speerspitze.* (D.-N.-G.) Mit Widerhaken.

99 *Kopfschmuck.* (D.-N.-G.)

100 *Hüttenhaken.* (D.-N.-G.) Mit Maskenschnitzerei.

101 *Speerschleuder.* (D.-N.-G.) Bambus. Mit geschnitzter Einlage, zwei kämpfende Tiere darstellend.

102 *Speerschleuder.* (D.-N.-G.) Mit geschnitzter Einlage. Das Motiv stellt wohl auf rein ornamentale Art kämpfende Tiere dar.

103 *Speerschleuder.* (D.-N.-G.) Mit geschnitztem Einsatz.

104 Ebenso.

105 *Speerschleuder.* (D.-N.-G.) Mit geschnitztem Einsatz. Auf dem Krokodil ein zweites kleineres. Wahrscheinlich stellen die Schnitzereien bestimmte Tierfabeln dar.

106 *Speerschleuder.* (D.-N.-G.) Mit geschnitzter Einlage. Das Motiv der kämpfenden Tiere ist ornamental gefaßt.

107 *Zwei Einlagen für Speerschleuder.* (D.-N.-G.) Reich geschnitzt.

108 *Schild.* (D.-N.-G.) Obere Hälfte ornamental behandelt, unten mit Rottang bewickelt.

109 *Schild.* (D.-N.-G.) Mit flach geschnitzter Ornamentik.

110 *Schild.* (D.-N.-G.) Vielleicht mit Abwehrmaske.

111 *Schild.* (D.-N.-G.) Abwehrmaske. Unter derselben maskenhafte Ornamente.

112 *Großer Maskenschild.* (D.-N.-G.)

113 *Schild.* (D.-N.-G.) Maskenschild. Über der Stirn Tierdarstellung. Gegen den Maskenmund ringelt von unten eine Schlange.

114 *Schild.* (D.-N.-G.) Mit länglich gehörnter Maske.

115 *Schild.* (D.-N.-G.) Mit reicher Maskenschnitzerei.

116 *Schild.* (D.-N.-G.) Mit Rottang bewickelt. Auf weißem Kalkgrund Ornamente, die vielleicht geschleuderte Keulen oder Seetiere darstellen.

117 *Schild.* (D.-N.-G.) Mit Maske.

118 *Schild.* (D.-N.-G.) Maskenschild. Typus der Maske über dem Hocker Nr. 66.

119 *Schild.* (D.-N.-G.) Maskenschild.

120 *Schild.* (D.-N.-G.) Vielleicht mit kontrastierender Maskenbemalung. Rückseite ornamental bemalt.

121 *Schild.* (D.-N.-G.) Reich bemalt.

122 *Schild.* (D.-N.-G.) Die symmetrisch aufgeteilte Schildfläche ist rein ornamental geschnitzt. Vielleicht Verarbeitung von Vogel- und Schlangenmotiv. Zwischen den Ornamenten eine Maske; Typus der Masken von der Ramu-Mündung.

123 *Schild.* (D.-N.-G.) Mit Maske reich ornamentiert, oben vielleicht eine hockende menschliche Figur, unten eine vertikale Reihe wohl menschlicher Figuren, die den durchbrochenen Neu-Guinea-Skulpturen entsprechen.

124 *Holzschnitzerei.* (D.-N.-G.) Mit Gesichtsdarstellung.

125 Ebenso.

126 Ebenso.

127 *Hüttenbrett.* (D.-N.-G.) Von den Tami-Inseln. Ein Krokodil mit einem Tier im Rachen, darüber zwei Tierschnitzereien.

128 *Schüssel.* (D.-N.-G.) Mit gekalkter Maskenschnitzerei und Tierdarstellungen.

129 *Schüssel.* (D.-N.-G.) Längliche Schüssel mit Tierschnitzerei.

130 *Schüssel.* (D.-N.-G.) Längliche Holzschüssel in zwei Tiere endend. Vielleicht Krokodile, die die Schüssel tragen.

131 *Tongefäß.* (D.-N.-G.) Der Oberteil vielleicht mit plastischer Maske verziert. Unten weiße Masokenmalerei an beiden Seiten.

132 *Topf.* (D.-N.-G.) Gebrannter Ton. Mit vielleicht verschlungener Maskenornamentik.

133 *Topf* (D.-N.-G.) Gebrannter Ton. Vielleicht Maskenornamente.

134 *Tongefäß.* (D.-N.-G.) Trichterförmig. Reich ornamentiert.

135 *Tongefäß.* (D.-N.-G.) Reich ornamentiert.

136 *Helmmaske.* (Neu-Mecklenburg) Holz. Gesicht weiß, blau und rot bemalt, Augen aus Muscheln. Raupe aus gelben Faserstreifen.

137 *Tanzmaske.* (N.-M.) Weiß. Augen durch blaue Striche gezeichnet. Mit großer gelber Raupe. Wippende Tanzgerten mit Büscheln aufgesetzt.

138 *Maske.* (N.-M.) Hoch aufgerichtete Flügel. Schief stehende Ohren.

139 *Kepong-Maske.* (N.-M.) Kepong-Maske, d. i. Maske zum Andenken Verstorbener, mit welcher nicht getanzt wird. Oft befindet sich zwischen den hochstehenden Flügeln eine Darstellung des Totemvogels. Auf beiden Seiten ein Totem-Vogel. Hinten Tapa-Kappe durch Bambusstücke verstärkt.

140 *Kepong-Maske.* (N.-M.) Flügelmaske. Über das Gesicht und durch die Nasenlöcher der Maske ringeln sich Schlangen, also schreckende Zeichen. Auf den Flügeln der Maske je zwei ineinander verbissene Fische, die wiederum in Vogelmotive übergehen. Schlangen und Vögel stellen einander feindliche Totemtiere dar. (Wir verweisen auf den Tanz der Schlangen und Nashornvögel.) Der Untergrund der seitlichen Schnitzerei dürfte Vogelgefieder darstellen. Diese Maske ist ein ausgezeichnetes Beispiel der epischen Kunst Neu-Mecklenburgs (s. Abb.).

141 *Tatanua-Helmmaske.* (N.-M.) Zum Tanz. Die Maske zeigt die typische Trauerfrisur mit hoch aufgerichteter gelb gefärbter Haarraupe über die Mitte des Schädels. Die Schädelseiten sind ausrasiert und mit dicker Kalkschicht bezo-

gen, welche ornamental modelliert wird. Reiche Gesichtsbemalung. Die Gesichtsmasse wird in durchbrochene Ornamentstruktur aufgelöst.

142 *Tatanua-Maske.* (N.-M.)

143 *Tatanua-Maske.* (N.-M.)

144 *Tatanua-Maske.* (N.-M.)

145 *Tatanua-Maske.* (N.-M.) Augen stark vorgebaut. Schlangen ringeln durch die Nasenlöcher. Gleichbedeutend die absinkenden Flügelklappen Vogelmotive.

146 *Tatanua-Maske.* (Neu-Pommern.)

147 *Helmmaske.* (Neu-Mecklenburg.) Reich geschnitzt. Zwei Schlangen umringeln das Gesicht, das vielfältig aufgeteilt ist.

148 *Tatanua-Maske.* (Neu-Pommern.)

149 *Tatanua-Maske.* (Neu-Mecklenburg.)

150 *Kopfaufsatz.* (N.-M.) 0,83 m. Matuaaufsatz. Zum Andenken Verstorbener: Man steht oder kniet mit diesem geschmückt vor dem Maskenhaus, wobei der Verstorbene angerufen und laut beweint wird. Über der Maske innerhalb des ornamentalen Gehäuses ein Totemvogel (Hahn). Darüber stark vereinfacht ein zweiter Vogel, von dem eine reiche Tier-Ornamentik ausstrahlt. Das Gehäuse der Maske ist stark vertikal betont und durch farbige sowie Richtungskontraste dramatisch belebt. Die geschlossene Masse der Maske wird durch luftiges Zerbrechen des Gehäuses erwidert.

151 *Maskenaufsatz.* (N.-M.) Matuamaske. Der Ahnenkopf vom Totemvogel beschirmt in fein geschnitztem Gehäuse, dessen Pfeiler Vogelgefieder oder Lanzenspitzen darstellen mögen. Charakteristisch die herausgestreckte Zunge, wohl zur Abwehr schlimmer Verzauberung.

152 *Totok- oder Kulibu-Schnitzerei.* (N.-M.) Diese Schnitzwerke werden in Hütten der Geheimbünde aufbewahrt. Schwarz gehörnte Menschenskulptur, von Eule beschirmt, umklammert ein Tier, wogegen ein Totemvogel Manu kämpft.

153/54 *Zwei Schnitzereien.* (N.-M.) 1,60 m. Zum Andenken Verstorbener. Über der Figur zwei Tierköpfe. Die Figuren werden vorn durch zwei Totemvögel beschirmt. Schlangen umringeln von den Vögeln erfaßt das untere Gehäuse. Der Kampf zwischen Vogel und Schlange weist auf den Gegensatz der guten und schlechten Dämonen. Das Gestänge dürfte wohl hauptsächlich Vogelgefieder andeuten.

154 a *Kulibu-Schnitzerei.* (N.-M.) Ahnen-Figur. Darüber zwei Vogelköpfe, wohl ein Nashorn-Vogel und ein Hahn. Die Figur wird von ihrem Totemvogel beschirmt. Andere reiche Tierschnitzerei.

155 *Gehörnte Figur.* (N.-M.) 0,88 m. Kulibu-Schnitzerei. Der Kopf erinnert an den Typus der Kepong-Masken. Die Gestalt, vom schützenden Totemvogel umspreitet, steht auf einem Fischkopf. Das Gehäuse mag Gefieder andeuten.

156 *Totok- oder Kulibu-Schnitzerei.* (N.-M.) 0,68 m. Der Kopf s. Nr. 151. Die Gestalt hält eine schildartige Schnitzerei vor sich. Charakteristisch die heraushängende Zunge. Man speit zur Abwehr schlimmen Zaubers. Die Brust ist mit einem Kapkap geschmückt. Jeder Ellbogen ruht auf einem Tisch.

157 *Ahnenfigur.* (N.-M.) 0,56 m. Sexus dient als Mittelstütze.

158 *Hüttenzierung.* (N.-M.) 0,60 m.

159 *Uli-Figur.* (N.-M.) Wahrscheinlich Landschaft Lamasong. Uli heißt weiß bemalen. Ahnenfigur, wovon man 12 Typen kennt. Zweifelhaft, ob die Gestalten doppelgeschlechtig sind oder nach Augustin Krämer die weiblich anmutenden Brüste besonders wohlgenährte Häuptlinge anzeigen sollen. Ulis sind wohl Darstellungen hervorragender Häuptlinge. Die Figur zeigt die typische Toten-Festfrisur mit ausrasierten Schädelseiten und gefärbter Mittelraupe. Der Uli wird von seitlichen Figuren gestützt und hält in den Händen eine Art Tanzstab oder Paradekeule.

160 *Uli-Figur.* (N.-M.) 1,35 m. Der Uli trägt auf seinen Schultern zwei kleinere Figuren.

161 *Uli-Figur.* (N.-M.) 1,30 m. Landschaft Lamasong.

162 Ebenso.

163 *Uli-Figur.* (N.-M.) 1,25 m.

164 *Uli-Figur.* (N.-M.) 1,15 m. Landschaft Lamasong. Die Hauptlinien werden durch horizontales und vertikales Gestänge stark betont. Die Hände umfassen einen Stab.

165 *Uli-Figur.* (N.-M.) 1,10 m. Landschaft Lamasong.

166 *Uli-Figur.* (N.-M.) 1,20 m.

167 *Uli-Figur.* (N.-M.) Mit erhobenen Händen.

168 *Männliche Ahnen-Figur.* (N.-M.) 0,55 m. Kreide. Solche Figuren werden zum Andenken Verstorbener von den Busch-Stämmen des Rossel-Gebirges hergestellt, denen die Küstenbewohner sie abkaufen. Sodann stellt sie der Häuptling in eine kleine mit Pflanzen geschmückte Totenkapelle neben andere gleichartige Plastiken. In diesen Skulpturen wohnt dann der Geist des Verstorbenen. Frauen dürfen sich bei Todesstrafe nicht dem Tempel nähern oder die Figuren, welche Kulap genannt werden, anschauen. Diese Skulpturen werden von bestimmten Künstlern des Binnenlandes angefertigt. Nach einer gewissen Zeit sollen die Skulpturen zerschlagen werden. Die Scherben werden vielleicht an bestimmter Stelle aufbewahrt. Die Figuren zeigen die typische Frisur für Totenfeste.

169 *Weibliche Ahnen-Figur.* (N.-M.) Charakteristisch die Gliederung der Gesichter, die den Köpfen der Uli-Figuren etwas ähnlich ist. Spuren von Bemalung.

170/171 *Zwei Köpfe von Nashorn-Vögeln.* (N.-M.) Zum Nashorn-Vogel-Tanz.

171 a *Fisch.* (N.-M.) Holzschnitzerei.

172 *Turu-Schnitzerei.* (N.-M.) 1,50 m. Aus einem Männerhaus. Besonders wertvolles Beispiel der epischen Ornamentik Neu-Mecklenburgs, die wir inhaltlich leider nicht hinreichend bestimmen können. Oben ein Nashorn-Vogel. Der Untergrund stellt Gefieder dar. Schlangenmotiv, woraus geschnitzte Hände wachsen, ebenso Fischmotive. Das Ganze ruht auf einem Fischkopf.

173 *Schnitzerei.* Neu-Hannover. 1,20 m. Durchbrochene Turu-Schnitzerei. Ein Vogel hält einen menschlichen Kopf im Schnabel, dabei Fisch- und Schlangenmotive. Der Fond ist reich durchbrochen, wogegen sich die geschlossenen Figuren abheben.

174 *Schnitzerei.* (N.-M.) 1,00 m. Malanggan. Schnitzerei für Feste der Verstorbenen. Nach dem Feste werden die Malanggane zerstört. Der Totemvogel tötet die Schlange. Die Flügel sind weit ausgebreitet. In die Flügel sind wiederum Fischköpfe eingeschnitzt, die gleicherweise die Schlange mit aufgesperrtem Maul beißen. Ein Beispiel des epischen Stils Neu-Mecklenburgs.

175 *Schnitzerei.* (N.-M.) 1,20 m. Malanggan. Ein Vogel mit ausgebreiteten Schwingen hält einen Mann, der die Arme emporhält. Der Mann hat ein schwarz bemaltes Gesicht und trägt den Kapkap. Er ist reich tätowiert. Eigentümlich, wie der Totem- oder Wappenvogel doppelköpfig dargestellt ist.

176 *Malanggan.* (Neu-Irland.) 1,55 m.

177 *Schnitzerei.* (Neu-Irland.) 2,70 m. Von einem Giebel. Zwei menschliche Figuren mit zwei typischen Nashornvögeln. Die beiden Figuren durch Längsgestänge verbunden, woran Fisch- und Schlangenschnitzerei dargestellt ist.

178 *Querbrett.* (N.-M.) Von einem Versammlungshaus. Mit Schnitzerei: Fliegende Fische.

179 *Tanzstab.* (N.-M.) 0,89 m. Reich ornamentiert. Rot-weiß-schwarz bemalt. Ein Hai beißt einen Fisch. Die Tanzstäbe zeigen Totemtiere oder Ahnen-Figuren, d. h. man läßt das Totemtier oder den Ahnen tanzen wie man im Tanz diese

Tiere nachahmt. Vielleicht um die Kräfte des Totemtieres auf sich zu übertragen.

180 *Tanzhandhabe.* (Neu-Pommern.)

181/182 *Tanzhandhabe.* (N.-P.) Durchbrochene Schnitzereien. In der Mitte menschliche Figuren.

183 *Tanzhandhabe.* (N.-P.) Menschliche Figuren dargestellt.

184 *Tanzhandhabe.* (N.-P.) Mit menschlicher Figur in knieender Stellung — vielleicht Tanzstellung — dargestellt.

Vorwort und Verzeichnis zur Ausstellung in der Galerie Flechtheim, Veröffentlichungen des Kunstarchivs Nr. 5, S. 3 f., Berlin 1926. Es erschienen folgende Übersetzungen: »Exotismes, Exposition au Portique«, Paris 1925; »A Collection of South Sea Art« in *The Arts*, January 1927, V. 11, S. 23 f.; »Plastiek uit den Bismarck Archipel« in *Bijdragen Tot de Taal-Land — en Volkenkunde Nederlandsche Indie* XIII, 1928, S. 209—216.

1 Der Bismarck-Archipel, bis 1918 Teil der Kolonie Deutsch-Neuguinea, gehört zu Neuguinea und ist eine Gruppe von über hundert Inseln. Zu den größten dieser Inseln gehören Lavongai (Neu-Hannover), Neuirland (Neu-Mecklenburg), Neubritannien (Neu-Pommern).

2 Geelvink Bai ist eine tiefe Bucht an der Nordwestküste Neuguineas.

3 Der deutsche Ethnologe Augustin Friedrich Krämer wurde 1865 in Chile geboren und starb 1941 in Stuttgart.

4 Das Verzeichnis wird hier, obwohl die Wiedergabe sämtlicher Abbildungen nicht möglich ist, abgedruckt, da die z. T. ausführlichen Beschreibungen der Figuren von Einstein stammen.

Maskenbild aus Deutsch-Neu-Guinea (Abb. 118)

Kepong-Maske aus Neu-Mecklenburg (Abb. 140)

Kandinsky

Zum 60. Geburtstag. 5. Oktober 1926

Kandinsky gehört zeitlich der Generation der Münchner und Berliner Sezessionen an. Sein eilendes Gemüt schleuderte ihn in die Reihe der Leute von 1905; er war eine Generation jünger als seine Zeitgenossen.

Glückhaft beschwingte, doch zu schmerzlichem Streit verpflichtende Konstellation.

Aufruhr der Seele, die in sich selbst leben will, unvermittelt sich zu fragen wagt; und nun von den direkten, geistigen Gegenständen kündet. Gottersatz, Kampf gegen entgottete positive Objekte, gegen den Handel der natures mortes.

Malender Egoismus, senkrecht einbrechend; centripetale Inzucht.

Kandinsky schlug einige Fenster ein. Seine Wirkung in Mitteleuropa, vor allem im Osten ist erheblich.

Berlin, die Lyrismen etwas feindliche Stadt, versagte sich ihm.

Gewiß wird von der Generation, die zwischen 1905 und 10 aufbrach, nicht der Schatten dessen bleiben, was geläufige Agenten des Malbetriebs betippten. Erhoffen wir wenigstens in der Kunst — wenn auch bezweifelnd — mählige Auslese, wachsenden Widerstand gegen die schlauen Genies der Schnauze und Vereine. Es wird dauern bis das Gesicht dieser inflationsgefangenen Generation hellgewaschen ist.

Vergangenheit wird gegen die Revolteure lasten, oder der mildernde Abendhimmel des Historischen wird opferreichen Aufruhr in stilles Verbundensein einleiten lassen; Aufrührer werden Großväter; Reaktionäre schimmeln zu morschem Pilzzeug; trocknen weg, geduldete Asylisten.

Man wage diesen Prozeß zu verstärken durch: Wertung statt monographischer Ausbeutung. Man beende den enthusiastischen Kettenhan-

Wassily Kandinsky: Spitzen, 1925

del überalterter Inflation und werte endlich die Farbe nach Festmark.

Vielleicht sehen wir dann deutlicher, konfliktloser, Kandinskys Bedeutung und Lücken.

Ein Mensch, der furchtlos sein Inneres aussprach; der versackende Barriere wegexplodierte, doch auch Wichtigstes.

Kunst bleibt trotz allem sich so ähnlich wie der Mensch. Vielleicht ist alle Bewegung Schwimmen in gleichem Teich, und der Horizont schaukelt höhnisch, weil man seekrank ist.

Kandinsky erhofft Änderung des Menschen, apokalyptischen Hereinbruch, metaphysische Dimension, Niederkunft des Absoluten.

Ob seine Bilder zu solcher Kunde genugsam befreit sind?

Eine Prophetie. Wann mag solchen Gesichten Welt je entsprechen; oder jene sind alt, schon ergreist und an entrückten Ekstasen rächen sich die nahen Objekte.

Kandinsky, ein Wagemutiger; er schlug Fenster ein, die heute von neuem verglast werden; noch oft werden diese Scheiben zerklirren, noch oft wird Aufruhr in Umkehr ermüden. Spiel des Generationswechsels, wobei die Jüngeren recht oft als vorsichtig Müde sich erweisen.

Wir wissen nicht, welche Prophetie zuletzt siegen wird; die der Wiederholung oder der Änderung; Frage, ob Sub- oder Objekt ausgezählt wird.

Wahrscheinlich; sie bedingen sich gegenseitig; Schalen einer Waage; Austausch der Gewichte, Wechsel der Wertungen.

Kandinsky befand die Objekte zu leicht, die heute wieder in arrivierter, schmeichelnder Sachlichkeit ernüchternd sich rächen.

In *Das Kunstblatt,* 10. Jg. 1926, S. 372 f.

Georges Michel

(Paris 1763—1843)

Utrillo malte lange in ziemlicher Anonymität; man dankt vor allem es dem franziskanischen Francis Jourdain[1] und dem streitbaren, leidenschaftlichen Octave Mirbeau[2], daß das Werk des unglücklichen Parisers nicht als Quartiermalerei zwischen Fälschungen und Nachahmereien verschwand.

Nennen wir jetzt Georges Michel, den einfachen Mann, der erste Maler des montis martyrum, des Montmartre und der still dahinlebte, immer tiefer in die damals kaum bekannte Pariser Landschaft sich verbarg, keine Ausstellung mehr beschickte, seine Bilder gelassen zu Hause aufstapelte, kaum einmal eine Arbeit signierte, arm, doch unerniedrigt in gewollter Namenlosigkeit starb.

Drei lang vergessene Maler haben die Pariser Landschaft geschaffen, *Louis Gabriel Moreau* (1739—1805), dessen Bedeutung noch immer durch den Ruhm des jüngeren Bruders, des Stechers, verdeckt wird, dann *Lazare Bruandet* (1755—1804), der erste Maler des Waldes von Fontainebleau, ein Bohemien, der in einem Vorort von Paris sein Leben zerraufte und vertrank, sodann — *Georges Michel*, der Maler des Montmartre, dessen Name mächtig nach seinem Tode mystisch aufklang, dessen Werke und Leben verschollen blieben, bis Thoré[3] im Constitutionel von 1846 über ihn schrieb, unbestimmt und voller Irrtümer.

Eine Gruppe junger Maler, von neu erwachtem Landschaftsgefühl begeistert, suchte nach Menschen, die Michel gekannt hatten in verschiedenen Pariser Quartieren und Hospitalen; schließlich fand einer 1849 neben seinem Atelier zwei Frauen in stiller und stolzer Armut wohnen; die waren die Witwe und ihre Tochter.

Man bat sie, von dem verschollenen Toten zu erzählen. Die würdige Frau begann:

Meine Herren, Sie wünschen, wie es scheint, Mitteilungen über das Leben meines Gatten zu erhalten; ich bin bereit, Ihnen die Geschichte seines und meines Lebens zu erzählen; doch sagen Sie mir bitte zuvor, ob Sie, wie andere neugierige Personen, über den Verstorbenen und seine Malerei spotten werden. Dann, nachdem man sie beruhigt, fuhr die Alte fort:

»Darf ich mich ein wenig wärmen; es ist sehr kalt. Die Ofenwärme wird meine alten Erinnerungen auftauen und dann will ich Ihnen das Leben Michels erzählen.«

Es wird ein sparsamer Ausschnitt dieses verborgenen Lebens hier gegeben:

Michel wurde am 12. Januar 1763 im Pariser Kirchspiel des heiligen Laurentius geboren. Sein Vater war Angestellter in den Markthallen. Ein Generalpächter wurde auf den Knaben aufmerksam und gab ihn einem Geistlichen bei Paris nach St. Denis zur Erziehung. St. Denis ruhte damals noch ein stilles Dorf, jenseits der enciente des fermiers généraux, die bis 91 noch Paris umgürtete. Später schickte er den Jungen als Lehrling in die Werkstatt zu einem beliebten Historienmaler; der junge Georges bummelte im Wald und über die Ebenen von St. Denis und zeichnete. Dabei wurde er einmal von einem Bullen fast getötet. Mit 15 Jahren begann der Junge Zeichenunterricht zu geben, verliebte sich bald in ein gleichaltriges Wäschermädel und geht mit ihr durch. Über ein Jahr ist der erste Sohn da, als er zwanzig ist, wollen 5 Kinder ernährt sein. So geht er mit einem Husarenregiment in die Normandie und unterweist den Oberst im Zeichnen, um der Familie den Unterhalt zu schaffen. Dort hält es ihn nicht; ihm fehlt der geliebte Montmartre, dessen geschwungene Höhen und weiten Horizonte ihn Erde und Himmel lieben lehrten. In Paris unterrichtet er nun den Herzog und die Herzogin von Guiche und geht mit diesen kurze Zeit nach Deutschland an den Rhein. Dann reist er mit dem Intendanten von Monsieur, dem Bruder des Königs, nach der Schweiz. Michel ist nun ein angesehener, um seiner Fröhlichkeit willen beliebter Meister. Er, ein überzeugter Republikaner, hört von der Einberufung der Generalstaaten; wenige Tage vor dem Bastillesturm trifft er in Paris ein.

Dann kommen die Tage der Revolution, die er nie vergessen wird, deren Zerfall ihn sein ganzes Leben schmerzt, so daß der alte Republikaner nie mehr von Politik spricht.

Einen vertrauten Freund besitzt er, den vergessenen Lazare Bruandet (Paris 1755—1804), der mit ihm die noch verachtete Natur anbetet, der zum ersten Mal den bois de Boulogne und Barbizon malt. Mit diesem Sauf- und Raufbruder liegt er im Wald, sie lassen die Taler über die Seine hüpfen, und man zecht in den Kneipen an der Barrière und den Flußufern. Dazwischen malt man in den Wäldern und sprengt die Szene theaterhafter fêtes champêtres und gezierter fêtes galantes, um die man Naturrequisiten wie in der Oper herumbaut. Rousseau wird in ihnen elementar lebendig, das Gesellschaftliche wird von den aufrührerischen Einsamen weggetan und die Landschaft wird das stille, große Lied ungeselliger einsamer Aufrührer.

Bruandet stöhnt, wie es leicht sei einen Säbelhieb zu placieren, aber schwer mit einem Pinselhieb Baumwipfel in himmlisches Blau verschimmern zu lassen. Bruandet endet schlimm — er wirft eine Frau aus dem Fenster; sein Glück, das Weib war nicht von Stand. Er verbirgt sich in seinem geliebten Wald von Fontainebleau, malt seine besten Bilder und kehrt dann nach Paris zurück — man kann sagen den Landschafter vernichtet das Losgelöstsein von der Gesellschaft, um, ohne Erfüllung, doch Barbizon johanneisch ahnend, in einer Vorortecke von Paris zu verrecken.

Michel, der Mann mit dem bäuerisch mißtrauischen Gesicht, war mit der eleganten Mlle Vigée, dem Liebling der Marie Antoinette, befreundet. Jene heiratete den geschickten Bilderhändler Herrn Lebrun; fast jeden Nachmittag besucht der Landschafter die mondäne Freundin. Das Ehepaar beabsichtigt, den Freund mit nach Rußland zu nehmen, doch Michel meidet die glänzenden Abendempfänge der Modemalerin. Dieser zieht die Steinbrüche des Montmartre und den Lärm seiner Mühlen vor. Das Kalkul war klug, denn Lebrun erzielte mit dem Verkauf Michelscher Bilder in Deutschland, Rußland und vor allem England bedeutenden Erfolg. Vielleicht dürfen wir in diesem Import der Michelschen Landschaften nach England die erste Berührung englischer und französischer Landschafterei vermuten.

Damals lernt Michel einen Amateur kennen, den *Baron d'Yvry*, der erste, der unmögliche Verwirrung und despotische Namenslosigkeit in das Werk Michels trug. D'Yvry wurde später der Freund der Decamps, Dupré, Rousseau[4] usf. und hier liegt die Verbindung von Michel und den Malern von Fontainebleau.

Yvry sperrte das entdeckte Talent in eine Stube; dann wurde zusammen gemalt. Michel überarbeitete das Gekleckse des Barons oder noch einfacher, man beliebte die Arbeiten Michels zu signieren, dem einfachen Menschen galt Malen alles, Signieren nichts. Michel mußte am frühen Morgen, das Gesicht verdeckt, die Hintertreppe des Barons hochklettern und wenn man diesen nach dem bald verschollenen Mann fragte — weinerte er, der Arme, er ist seit langem tot! D'Yvry verfuhr methodisch und suchte das ganze œuvre Michels an sich zu reißen, so daß dieser kaum an andere Sammler zu verkaufen vermochte. Der Gutmütige, der seine Familie ernähren mußte, erlaubte Kollegen, die er beriet, ihre Namen auf seine Arbeiten zu setzen und sie zu hohen Preisen als die ihren zu verkaufen. Michel sagte hierzu: »Die Malerei gilt und muß für sich sprechen; die Signatur ist Warenmarke. Die Alten signierten nicht, ihr Signum war Genie.« Lebrun bestellte bei ihm Kopien nach Ruysdael und Hobbema und verkaufte Gemälde des Michel in England, Deutschland und Rußland. Wir weisen hier auf die englische Landschafterei, vor allem auf Crome.[5]

So lebte Michel mit seiner Frau und acht Kindern dahin, stellte aus, aber sorgte nicht um Geld noch Erfolg. War er traurig, las er in seinem geliebten Rabelais oder kaufte sich an den Quais Tabakieren, Stöcke, Messer und Bücher.

Von den Kindern war ihm später nur ein Sohn geblieben, mit diesem machte er einen Antiquitätenladen auf; verborgen hinter Schränken malt er im Laden weiter. Der Sohn stirbt; Michel schließt den leidigen Trödel. Der Louvre will seine Bilder kaufen, aber d'Yvry hält sie despotisch fest und der Maler vernachlässigt allen äußeren Erfolg, da ihm von dem monopolisierenden Sammler genug fürs Leben bezahlt wird.

Die beiden schließen sich ein; man spricht ekstatisch vom neuen Landschaftsgefühl und den alten Holländern. Riesenhaft überdroht sie das Auge Rembrandts. Von Michel spricht man hier und dort als dem verborgenen Ruysdael des Montmartre. 1827 stirbt ihm die Frau; der rüstige 65jährige heiratet ihre Freundin und Pflegerin.

Yvry kommt täglich zu ihm, dann bringt die Schwester Michels das fertige Frühstück. Des Mittags marschiert er mit Frau und Stieftochter nach dem Montmartre. Dort zeichnet er auf die grauen oder blauen Papierchen, worin man den Tabak verkaufte oder auf gelbe Bogen, worin die Kerzen verpackt wurden. Die Pariser Umgebung liebt er über alles und er tadelte die, welche nicht schon drei Meilen Umwelt malten, sondern in die Fremde zogen »um die Mandragorawurzel zu suchen«. Wie er mit Bruandet den Wald von St. Germain durchstreifte und oft darin übernachtete, so bleibt er bis in die Nacht schauend und skizzierend bei den Steinbrüchen des Montmartre, auf der Butte Chaumont, dann aß man immer beim gleichen Weinhändler in der rue Mercadet

Georges Michel: Moulin de la Galette

und so vergingen die Tage diesen drei Menschen, die bei jedem Wetter Paris umwanderten oder auf ihrem geliebten Montmartre umherstreiften. Daneben pflegt man seinen Garten und die ganze Menagerie oder Michel geht zu den geliebten Holländern in den Louvre und bleibt vor den Bildern Rembrandts stundenlang, den er den großen Zauberer und einen Maler nennt, wie nie wieder einer kommen wird.

Die Bourbonen werden verjagt (1830). Michel glaubt an die neue Revolution, vor Freude meint er zu sterben. Er sagt: »Es genügt nicht allein die Fürsten zu verjagen; werft ihr Dienstgesinde und ihre Papageien heraus.« Die Bourbonen kommen wieder, Michel vergräbt sich; mit dem Royalisten d'Yvry hat er sich überworfen. Er lebt seit 23 für sich und so gilt er bald für tot. In dieser verlassenen Namenlosigkeit wird er einer der Schöpfer der modernen Landschaft. Die Pläne der klassischen Landschaft zerfallen vor den weiten Himmeln, tragisch endlosen Ebenen, die Kulissen des 18. Jahrhunderts verbrennen in Michels einfach großem Naturgefühl.

Verborgen lebt dieser dahin mit den Seinen, arbeitet und stirbt gelassen, nur von Frau und Tochter beweint. In der Agonie sieht er wundervolle Landschaften und sterbend sagt er: — »wenn mein Arm wieder könnte, ich malte Landschaften, wie nie man gesehen.« Im Tod wird sein bäurisches Gesicht so schön, daß Frau und Tochter nicht müde werden, den Verstorbenen zu betrachten.

Auf dem Kirchhof Montparnasse wird er begraben. Er heißt die Seinen ohne Denkmal ihn in der Erde zu bestatten, das Gesicht der aufgehenden Sonne zugewandt, man säe Gras über die Stelle, damit er, ohne von Menschen gestört zu sein, ruhe, um still dem Arbeiten der Erde, dem Wachsen des Grases, der Sträucher und Bäume zuzuhören.

So lebte Michel, der sein Handwerk und die Namenlosigkeit liebte. Um Michel her wurde die große französische Malerei geschaffen.

Namenlos staken nun seine Blätter in Mappen oder auf dunklen Speichern, kursierten unter anderem Namen; denn gewissenlose Fälscher setzten in die Arbeiten ihre Namen, um billigen Erfolg zu gewinnen. Dabei gab es besondere Michel-Enthusiasten; einer von ihnen verabscheute die späte, freie Manier des Malers und verbrannte von ihm wessen er habhaft werden konnte, damit nur der von den Holländern beeinflußte Michel bestehen bleibe. So verbrannte er einmal in einzigem Griff über 500 Zeichnungen des Künstlers.

Wir berichten von Michel dem einfachen Meister, der ein heroisches Beispiel von Selbstvergessenheit und einzigem Mangel an Ehrgeiz hinstellte, um einen der vergessenen Künstler zu weisen, die an der großen

Schöpfung der modernen Landschaft beteiligt waren. Seine Gemälde künden ein Erschüttertsein durch die Natur, das einsam und ursprünglich zu unablässigem Malen zwang. Noch weiß der Mann kaum die Farbe dem Erlebnis anzupassen, man malt mit monoton erdigem Mittel. Millet wird später die Einsamkeit mit fast lehrhaften Gestalten füllen. Michel malt die Natur aus unbekümmertem Alleinsein heraus, er gibt sie ohne Beschauer, ein Gleichnis seiner eigenen erwünschten Verlassenheit. So ist diese Landschafterei gänzlich ungesellschaftlich. Ein Revolutionär hat sich von der Gesellschaft abgelöst, er zieht ins Vergessensein und verläßt die reichen Stuben formaler Erbschaft; solch Abwandern aus der Tradition läßt ihn auf die reichen, technischen Mittel der Erben verzichten, die er ursprünglich respektabel beherrschte und spielen ließ. Michel erfühlte, daß die klassisch-lateinischen Mittel zunächst unmittelbaren Ausdruck des Neuaufgespürten nur verhindern, er wird ein Primitiver des Natürlichen, nicht der Konvention. Seine Malerei vergißt den Archaism von Directoire und Empire und gegen den historischen Realism der Davidschule stellt er das Drama der Natur, die hier menschenverlassen, einsam und von den Menschen vergessen, tragisch aufklagt. Über all diesem Neugefühlten lastet die Ehrfurcht vor den großen Holländern. Vom Rubens des Watteau kommt man zu Ruysdael und trifft sich im Beginn mit dem Engländer Constable, um sich immer weiter von der Konvention zu entfernen, und immer weiter vorurteilsloser etwas einsamer in neuem Beginn landschaftlichen Schöpfens zu ahnen.

Bonington[6] und Géricault haben uns nach Michel Bilder des alten Montmartre bewahrt; von der Hand des Engländers sahen wir noch vor kurzem das Haus des Berlioz, das auch Utrillo dargestellt; Géricault verschmähte es nicht, öfters den Höhenzug des Märtyrerberges zu gestalten. Doch der eigentliche Entdecker von Montmartre war Georges Michel.

Täglich stieg er mit seiner Familie über die Ebenen von St. Denis zum Montmartre — wo damals noch an die 40 Windmühlen arbeiteten. Dort lebten die Müller und die Steinbrucharbeiter und Vagabunden. Dort zeichnete er auf seine kleinen Tabakpapiere; abends saß er mit den Seinen im Wirtshaus der rue Mercadet, unbekümmert darum, daß er vergessen war und für tot galt.

Still und bescheiden arbeitete er an der Schöpfung der neuen Landschaft mit und liebte dermaßen den windmühlenklappernden Berg, die Natur und weiten Horizonte, daß er der Menschen vergaß, wie diese seiner.

Wir glaubten diesem stillen Mann es schuldig zu sein, sein Leben zu erzählen, wie wir es nach dem Bericht der Witwe in einem Buch der siebenziger Jahre fanden.

Er steht, eine stolze Lehre gegen eitlen und flinken Lärm ruhmsüchtiger Täusche.

In *Das Kunstblatt*, 10. Jg. 1926, S. 434 f.

1 Francis Jourdain (1876–1958) war Dekorateur, Maler und Schriftsteller.
2 Octave Mirbeau (1848–1917) Schriftsteller.
3 Etienne Joseph Théophile Thoré (1807–1869), Kunstschriftsteller.
4 Alexandre Gabriel Decamps (1803–1860), Jules Dupré (1811–1889), Henri Rousseau le douanier (der Zöllner) (1844–1910).
5 John Crome (1768–1821).
6 Richard Parkes Bonington (1801–1828).

Das Berliner Völkerkunde-Museum

Anläßlich der Neuordnung

Ein Kunstgegenstand oder Gerät, die in ein Museum gelangen, werden ihren Lebensbedingungen enthoben, ihres biologischen Milieus beraubt und somit dem ihnen gemäßen Wirken. Der Eintritt ins Museum bestätigt den natürlichen Tod des Kunstwerks, es vollzieht den Eintritt in eine schattenhafte, sehr begrenzte, sagen wir ästhetische Unsterblichkeit.

Ein Altarbild, ein Porträt werden zu bestimmtem Zweck, für eine bestimmte Umgebung verfertigt; gerade ohne letztere ist die Arbeit nur ein totes, dem Boden entrissenes Fragment; genau als bräche man ein Fensterkreuz oder Säulenkapitell heraus; wahrscheinlich war das Gebäude schon eingestürzt. Doch man sondert nun eines ab: das ästhetische Phänomen, womit von Beginn an die Wirkung des Kunstgegenstandes verfälscht und eingegrenzt wird. Das Altarblatt ohne Gebet ist tot; schwache Naturen versuchen davon aus glattem Ästhetizismus irgend eine vage Religiosität zurückzurufen: dichtende Stimmung soll den großen, bestimmten und lebendigen Zustand ersetzen. An die Stelle entzückter Andacht tritt die kunstwissenschaftliche Methode, die Diskussion über Stil und Urheber, Dinge, die im Kreis der Gebete gänzlich belanglos waren. Die Schönheit eines Altarblatts bestand darin, daß es von Ängsten, Wünschen und bangenden Schreien nach Gott umringt war, es einer Handlung als bescheidenster Teil diente, daß der Schatten des Gottes in ihm wohnte und statt Museumsbeamten Priester ihm dienten. Im Porträt woben die letzten Spuren des Ahnen- und Totenkultes; lebensbestimmende Ereignisse wurden für Menschen, die durch diese betroffen und verwandelt, festgehalten.

Es veränderte den ganzen Charakter aller Kunst, da man sie für sich selbst gelten ließ. Sie wurden dem Jenseits lebendigen Glaubens entrissen und auf ihre formale Geltung hin untersucht. Offenkundig hat man mit verschiedenem Glück die verschiedenen Bezirke der ethnologischen Sammlung zu Kunstsammlungen umgebildet; mit verschiedenem Glück, je nachdem Kunst vorhanden war, die aus Milieu und allgemeineren Bedingungen sich herauslösen ließ. Eine unendliche Gruppe verschiedener Kulturstufen und Lebensformen mußte zusammengeschlossen werden. Die Verhältnisse erzwangen gewaltsamen Ausschnitt.

Zweifellos: Jahrzehnte gähnte dieses Museum verlegen umher, unordentlich verschlafene Abstellkammer; sterbende und fernste Völker hatten ihre Güter wie überflüssigen Ballast in diesen Kammern vergessen; verstorbene Kulturen sanken in verwirrte Schränke; ihrem Wirken beraubte Kultfiguren lagen zwischen Netzen, Bögen, Raphia und Kürbissen. Ruder hingen über Eßschalen, bootlos, der Hände und dem Spiel der Flüsse entrafft. Waffen rosteten friedlich umher und Dinge verschiedensten Tuns, geschiedenen Zusammenhangs. Sprach man vor diesen Dingen früher von Kunst, erregte man zweifelndes Lächeln. Dagegen standen eher Thumann[1] und Grützner[2] denn die Sixtina.

Die Zeichen der Niederlage der besiegten, kolonisierten Völker, Trophäen europäischer und amerikanischer Habgier und Neugier, lagen verknüllt in Schränken und bezeugten den Untergang ferner Künste infolge technischen Imports durch den Weißen, der solch vollkommene Zustände sich geschaffen, daß der ihm eigene Boden sein Gewimmel nicht mehr zu tragen vermochte. Ein Museum des europäischen Imperialismus, des wissenschaftlichen und ökonomischen.

Der Fang ruhte abgestorben in den Kühlkammern weißer Wißgier.

Fast vergessen lag das Museum; einige Kunstmenschen drangen ein, neue Weide zu suchen, da die alten Plätze hoffnungslos abgegrast waren. Bald zogen Dämonen und Gewebe, Tänze und Reihen in verspätete Werkstuben der Bühnen, innervierten anonym überbezahlte Schenkel verkitschender Tanzdamen und ernährten kunstgewerblich Betriebsame.

Aus verstaubten Schlafkammern drangen so wirtschaftlicher Wert und aktuelles Wirken. Diese vergessenen Idole wiesen formenden Einfluß, und der ästhetische Komplex wurde von dem Gesamt der Ethnologie jach abgetrennt.

Auf solcher Einstellung, deren enge Beschränktheit wenigstens eine schaubare Art der Auswahl ermöglichte, wurde aus dem Ganzen der Sammlung ein Teil herausgezogen und zur Schau gestellt. Kulturen verschiedenster Stufung wurden ästhetisch normiert; hierin ruht die Chance einheitlicher Wirkung, vorausgesetzt, es wurde von Berufenen die Auswahl getroffen; gleichzeitig wird hier die allzuenge Grenze des Aufstellungsgedankens gezeigt. — Gefahr droht, daß das Museum von wissenschaftlicher Forschung abgetrennt, gänzlich zu einem schmalen Ästhetizismus erstarre, wenn es nicht in engster Bindung und dauerndem Austausch mit dem geplanten Forschungsinstitut verbleibt, dem unbedingt, damit die Auswahl der Gegenstände an Trefflichkeit zunehme, und nicht darum allein eine kunsthistorische Abteilung einbezogen werden muß. Gerade um der Schausammlung willen.

Tritt man in das Museum, gähnt noch immer der fatale Lichthof: man hat die Blendungen sinnlos angebrachter Fenster abgedeckt; man müßte noch die Kacheln der Treppenwände öffentlichen Bedürfnisanstalten überlassen.

Dieser zweistöckige Lichthof muß ausgebaut werden, damit das Wichtigste, das heute den Wert der geleisteten Arbeit allzusehr mindert, dort aufgestellt werde; eine vergleichende Sammlung, die den Aufbau der Grundkulturen zeigt, ergänzt durch Photos. Diese Sammlung müßte jeweils mit Hilfe der Forschungssammlung ausgewechselt und stetig erneuert werden, damit die Besucher ein ausreichendes Bild der Elemente der Kultur und Völkerbezirke gewinnen können. In dieser vergleichenden Sammlung vor allem müßten Vorlesungen und Führungen veranstaltet werden; wie die gesamte Schaustellung durch Lehrer verlebendigt werden muß. Hier ist der Punkt, wo die lebendige Bindung zwischen Museum und Forschungsinstitut einzusetzen hat, soll das Museum nicht durch das Falschpopuläre nur Schau und nicht Lehre gewähren. Gerade der laienhafte Besucher bedarf dessen. Die entscheidenden Formerfindungen der Menschen sind Hausbau und Geräte. Hierin ruhen wohl die einfachen Formzeichen des Gestaltens. Mit der Findung von Rad, Hammer oder einfachsten Wohnformen war ein Hauptteil formaler Gestaltung entschieden. Diese ästhetische Auswahl muß und kann noch breiter in die biologisch primär wichtigen, ethnischen Komplexe eingebettet werden; die besonderen Bedingungen und Milieus sollen gezeigt werden. Von dem Allzuvermischten des alten Betriebs reagierte man teilweise allzustark in den ästhetisch abgegrenzten Gegensatz, der des vitalen Unterbaues ermangelt. Die großen, formalen Erfindungen weisen sich in Gerät und Architektur, und man möge die Sammlung über das dekorativ Kunstgewerbliche hinausführen. Wir wollen hier nicht kritische Verneinung betreiben, sondern Vervollständigung anregen. Andererseits hätte man in einigen Räumen, um das Archäologische zu verstärken, eine stärkere Betonung der Formvarianten wünschen dürfen. Diese Künste besitzen oft ausgeprägte Gestalttypen, deren Gewalt in der reichen Stufung der Formvarianten erwiesen ist. Gelangt die Forschungssammlung zur Aufstellung, so muß hier stark im einzelnen nachgearbeitet werden. Stilbildung, Motiventwicklung müssen stärker dargetan werden. Als besonderes, geglücktes Ergebnis im Zusammenspiel des Ethnischen und archäologisch Ästhetischen nenne ich die südamerikanische Abteilung. Weiter muß das religiös Kultische, woraus zumeist diese Künste wuchsen, entschiedener verdeutlicht werden. Die Notwendigkeit und vergleichende Sammlung drängen uns, eine für die Sammlung wichtige Frage zur Diskussion zu stellen: die der einheitlichen Museumsleitung, die einem Mann anvertraut werden muß, damit Kompetenzen und störende Rivalitäten endlich geregelt und beseitigt werden.

Wir möchten noch eines anregen: man wähle aus den fünf Sechsteln der nicht aufgestellten Gegenstände allzu zahlreiche Dubletten und versuche dagegen, nicht vorhandene Varianten oder Stücke von bisher vernachlässigten Bezirken einzutauschen. Eine solche Tauschstelle bedingt gleicherweise die einheitliche Leitung.

Wir gestehen: die finanzielle Enge bewirkt, daß allenthalben museale Fragmente entstehen; hier bestimmen die Verhältnisse. Schlimm genug, daß das Forschungsinstitut dem Museum baulich nicht angeschlossen werden konnte. Aber dies Museum wäre vom ersten Tage an toter als selbst ein Museum es sein muß, wenn es nicht in engen Austausch mit dem geplanten Forschungsinstitut tritt.

Eine Abteilung des Museums erscheint uns gänzlich mißlungen: Die asiatische. Wir reden hier nicht von den Sammlungen von Gandhara Kutscha[3] und Turfan[4], sondern von dem Kramladen, der eine Japan- und Chinasammlung vortäuschen will. Das ethnische wich hier der Teehausauslage, und Kopien spotten der Kunst. Wie überhaupt, Gipsabgüsse mögen verschwinden und können durch Photos hinreichend ersetzt werden. Die Kopie ist die traurigste Fälschung, ein Bluff, der durch keine Absicht der Vollständigkeit entschuldigt wird. Man vermeide es, die Atrappe seiner Wunschträume auszustellen. Die Photo genügt, Abguß und Papiermachée mögen sich ins Forschungsinstitut schnell verziehen. Dann wird Raum gewonnen und dessen bedarf es; denn das ungeheure Völkerspiel Asiens, dessen Aufstellung wohl erst begonnen wurde, bedarf des Platzes.

Dürfen wir fragen, wer die herrliche Kawa-Schüssel der ozeanischen Sammlung gänzlich entwertete, indem er die kostbare Patina herausrieb, wer die Maorischnitzerei roh mit Farbe überkleisterte?

Die afrikanische Abteilung scheint unter der Eintönigkeit des architektonischen Schemas zu leiden. Diese feinen, stillen Dinge dürfen nicht in dunklen, lichtaufsaugenden Wandfarben ertränkt werden. Das leidenschaftlich Kubische dieser strengen Skulpturen darf nicht in flachen Vitrinen verplattet werden. Hier irrte der gewiß sorgsame Architekt. Das Kunstgewerbe erschlug hier die Kunst.

Dies Völkerkunde-Museum: das Ethnisch-Vitale mag allenthalben verstärkt werden; hier möge sich nachbildende Kompositionsbegabung erweisen, die Elemente dieser Lebensweisen ordnend zu einheitlichem Werke zu verbinden.

Man füge der Sammlung das Forschungsinstitut möglichst enge an, damit jenes den Wechsel von Irrtum und Glaube genieße, und gewähre ihm organischeren, ethnischen Unterbau. Noch gilt es fünf Sechstel der Sammlung zu aktivieren. Immerhin, was geleistet wurde: die Dinge in diesem Museum sind schaubar geworden.

In *Der Querschnitt*, 6. Jg. 1926, S. 588 f.

1 Paul Thumann (1834–1908).
2 vgl. S. 267 dieses Bandes, Anm. 2.
3 Gandhara Kutscha ist der altindische Name der Ebene an der Nordwestgrenze Vorderindiens.
4 Turfan ist eine Stadt in Szetschuan in China.

Schausammlung und Forschungsinstitut

(Noch ein Wort zum neuen Völkerkundemuseum)

Grundfehler früherer Museumspolitik, man überschätzte das glorios Repräsentative, die wilhelminische Fassade: ein musealer Imperialismus, der die schwere Niederlage in den Sümpfen der Spree erlitt, worin Millionen versackten. Eine brüchige Epoche suchte die Fassade. Dies eher Irrtümer einer Generation, weniger eines einzelnen. Denn Bode[1] bleibt der geniale Museumskompositeur trotz piratenhaften Temperaments. Dieser Mann einzigen Instinkts hinterläßt zum Teil begonnene Fragmente; mitunter zwang der prachtvolle Stöberer Unzureichendes zu gewaltsam Ganzem.

Dieser diktatorische Mensch bezwang die Oberen, alle erschreckend und bezaubernd. Jetzt greift man den Alten an und vergißt, daß hier vor allem der Zwiespalt zweier Generationen zu streiten treibt. Die Jungen verfügen heute ungehindert über die Hilfen reinlicher Architektur, die oft nicht minder die Inhalte der Sammlungen bedrängt. Aufgabe vor allem, Bodes Sammeln begabt fortzusetzen.

War Bode der Autokrat der Bilder, so stellt sich jetzt das Verwaltungsmäßige voran: Gefahr, über kunstgewerblichem Organisieren die Inhalte der Sammlungen zu vernachlässigen.

Museen wie Louvre oder Prado konzentrieren in sich die Geschichte eines nationalen Geschmacks, eigenstes Kunstgeschehen; nicht die wissenschaftliche Hypothese bestimmte dort den musealen Charakter; diese Sammlungen wuchsen mit der Kunst des Volkes auf, während ein Kaiser-Friedrich-Museum aus einigen abrupt kräftigen Griffen entstand und darum eher von Kunstforschung als der Kunst des Sammlerlandes bestimmt wurde. Ein Raffael im Louvre besitzt biologisch aktuelleren Wert zwischen Poussin und Ingres usw., darum ist dem Louvre schwer Neues hinzuzufügen, er ist Denkmal einer Tradition, die zu lehren noch nicht aufgehört hat.

Jedoch dies Völkerkundemuseum:

Eine Sammlung wird umstritten, deren wissenschaftliche Grundlagen kaum fixiert sind, deren Gegenstände darum nicht nur betrachtender Ergötzung, sondern gerade der Forschung dienen mögen. Wer diese Sammlung vom wissenschaftlichen Betrieb abtrennt, mindert sie zur toten Schaubude, die beweglicher Forschung nicht mehr zu folgen vermag. Wohl dankt die Sammlung gesteigerte Aktualität einer abgeänderten Kunstbetrachtung, wobei wir nicht zu beurteilen wagen, wie lange das Exotische sich gegen europäische Gestaltwelt zu behaupten vermag. Doch wären ästhetische Momente allein kaum kräftig genug gewesen, solche Umwertung herbeizuführen. Über Biologie und Soziologie hinaus reagierte man gegen den Positivismus des neunzehnten Jahrhunderts; man sucht die elementaren Zustände des Menschen, die mythisch irrationalen Kräfte, verzaubernden Trance und die Technik der Ekstase; man fand hier eine noch religiöse, mythische Welt, die weit über Ästhetizismen hinaus wissenschaftlich ergründet und demgemäß dargeboten werden muß. Solche Sammlung muß auf geistige und gegenständliche Erweiterung hin angelegt werden; selbst die formale Wertung bedarf der Hilfen erweiterter Forschung, welche die Fülle der ethnologischen Momente umschließt; sonst schafft man nichts anderes als eine Dependance des verstorbenen Expressionismus.

Gewiß ist es verdienstlich, einen geringen Teil der Sammlung schaubar gemacht zu haben. Doch selbst dieser Ausschnitt gewährt nur unvollkommenen Blick in das formale Gestalten der Exoten. Man vergaß, daß diese Werke nicht einer vertrauten Umwelt eingebettet sind, die spontan im Betrachter mitschwingt, sobald er ihrer bedarf. Noch allzu fern und locker ist solcher Gestaltenkreis europäischem Sinn genähert.

Nun plant man, die Schausammlung vom Forschungsinstitut abzutrennen, die räumliche Entfernung beider Institute geistig zu fixieren und zu vergrößern. Schlimm genug, daß man ein Museum schuf, dessen überalterte Enge der Sammlung Wachstum erwürgt. Jetzt will man solch korsettiertem Museum die notwendige Basis des Forschungsinstituts entziehen, das man der Universität anzugliedern plant. Also auf der einen Seite die populäre Affiche, auf der anderen Verkapselung des Forschens und Abtrennung von den bedeutenden Beispielen der Anschauung. Das Forschungsinstitut kann das Museum ebensowenig missen wie das Museum das Institut.

Man möge sich hüten, die Bedeutung der Schausammlung zu über-schätzen, zumal man schon die archäologische Übersicht allzusehr be-schränkte. Gerade der Laie fordert Übergleiten der formalen Werte in ihr ethnisches Milieu und lehnt die Enge des ästhetisch Spezialisierten ab. Das Ministerium verteidigt die Scheidung beider Institute, indem es auf die peinlichen Rivalitäten der Museumsbeamten weist, wo es doch seine Aufgabe sein müßte, das Ende solchen unsachlichen Kleinkriegs zu erzwingen. Hier ist einziges Mittel die Herrschaft einer autoritati-ven Person über beide Institute, die statt in Rankünen zu ertrinken, zweckmäßige Zusammenarbeit erzwingt.

Meinetwegen eine Schaustellung; doch möge sie hinreichend ergänzt werden. Sonst genügt sie weder dem Laien noch dem Kunstbeflissenen. Man zeige neben dem Ästhetischen das Gesamt des Ethnischen; also das anthropologische Bild, dann Hausbau, Jagd, Ritus usw.; man zeige die rassenhaften und geschichtlichen Zusammenhänge, Karten der Kultur-kreise, Wanderungen usf. Kulturvergleiche müssen anschaulich gemacht werden, damit ein Bildungsganzes vermittelt werde statt einer kunst-gewerblich gesteigerten Spezialität. Ein ethnologisches Museum muß eine Schule sein, welche die Lehre vom Menschen sichtbar übermittelt. Größte Kraft solcher Sammlung müßte ihre lebendige Beweglichkeit sein, indem sie fließender Forschung eng verbunden bleibt. Gerade dies verabsäumt man und schafft ein Zweiklassensystem erstarrter Schau und esoterischer Wissenschaft.

Als letzte Entschuldigung wird man die Zeitläufte anrufen, die — so möchte man einwenden — das Provisorium erzwingen. Jedoch das neue Institut soll der Universität angegliedert werden, die begreifli-cherweise das Provisorische der Trennung unterdrücken wird. Statt zu zentralem Zusammenschluß der Museen wird man zu ihrer Zersplitte-rung führen.

Man hüte sich, erstarrte Torsi zu schaffen, deren Unvollkommenheit kunstgewerblich verdeckt wird. Man reiße das ethnologische Museum nicht aus dem lebendigen Bildungsganzen; man möge Schau und For-schung enger denn je verbinden, beide bedürfen einander. Mit kunst-gewerblichen Ästhetizismen mindert man allzusehr die Wirksamkeit der bedeutenden Berliner Sammlung.

In *Der Querschnitt*, 6. Jg. 1926, S. 779 f.

1 Wilhelm Bode (1845–1929), Kunsthistoriker und Berliner Museumsdirektor.

George Grosz

Man hat auskomplementärt. Der Handel mit gefühlsam ausgequetschter Farbtube dürfte für die nächsten fünf Jahre erledigt sein. Ornamentales Idyll und hymnisches Quadern sind an billigem Rhythmus und chronischer Dürftigkeit verstorben. All dies enthielt zu wenig an gegenwärtigem Auge und Gesicht. Die unkühne Optik war zu harmlos, das Jetzt entscheidend zu bestimmen.

Grosz begann mit einfachem Strich. Kindhaft träumender Atavismus. Man wollte ungemein vieles erzählen, herausschleudern. Damit diese neuen Märchen im Blatt sich sammelten, mußte der Strich sparsam einfach fließen. Die Technik war primitiv, doch ihr gegenständlicher Zusammenprall schwang kompliziert. Der junge Mensch will vieles in einem Wurf von sich stoßen, auf einzigem Blatt soll eine Welt stehen. Der einfache Umriß gewährte hinreichende Geschwindigkeit, die querende Summe vielfältigen Vorgangs einzufangen. Das geschleuderte Lasso kindhaften Konturs umrollte Kompliziertes. Gegensätzlich erregter Zustand besessener Jugend.

Das Simultané Groszens weist zarte Empfindsamkeit, worein viele Dinge scharfe Ecken rannten. Pessimismus des Jungen sprach hieraus. Die Welt lichterte eine Kreuzung von zweifelhaftem Café und akrobatischem Zirkus. Damals galt das Leben durch Wedekindernde Dämonie ungefähr für gerechtfertigt. Der Mensch war psychoanalytisches Rendez-vous, wahllos und fatal wie die Uhr am Zoo. Erlebnisse fielen herein wie zufällige Querung. Unordnung war günstige Chance, noch eine Wahl zu treffen und Widerstände gegen langweilende Ordnung zu errichten. Ereignis jagte damals wie Flucht aus dem Selbstverständlichen, glitt als seltsame Traumreihe zwischen Erinnerung und Surprise.

Grotesk war das Grosz'sche Simultané, da es Gegensätzliches mit leidenschaftlicher Kühle zusammenwarf. Dies Simultané war Ergebnis ungemeiner Empfindsamkeit, die mit fliegendem Griff schmerzende Vielfältigkeit zusammenraffte. Ekel, Angst und Fremdheit, die den Zeichner zu überwältigen drohen, zwingen in kühleres Beobachten. Bereits das zeichnerische Mittel distanzierte. Später wird solch leidenschaftlicher Abstand moralisch oder politisch ausgewertet sein. Aus solcher Distanziertheit schnellt Groteske auf: ein formales Werturteil.

Die Gewalt des Krieges zerschoß das Meiste an artistischer Willkür. Dieser Riß zerklaffte eine Generation von Dichtern, die fast unbeachtet ihre Vorkriegsliteratur bestatteten. Krieg und Not hatten die geistigen Bedürfnisse und Zustände zwingend vereinfacht, und so vergaß eine Generation ihre Jugend. Die Cäsur des Krieges war zu dick gewesen. Die Leistung einer Jugend wurde im Massenbegräbnis zerkalkt. Einige dieser Schriftsteller flüchteten aus metaphorischer Willkür in ethische Dogmatik, man versuchte den Krieg durch moralische Axiome aufzuhalten, ungefähr als wollte man eine Lokomotive durch einen jungen Hund stoppen. Dichterische Brisanz war zu harmloser Fußnote demaskiert.

Damals fragte Grosz, was Malerei von Inhalt und Tempo dieser Zeit fixieren könne. Man hatte vielleicht die geistige Kraft der Malerei überbewertet, die man heute etwas enttäuscht wieder als Handwerk rangiert. Man projizierte mit etwas hemmungsloser Terminologie eine stellungslose Popularphilosophie in die Bilder.

Gerade die Zeichnung vermag schnell fassendem Vorstellen bildnerisch nachzueilen und in einfachem Umriß die Jagd wechselnder Szenen zu fassen.

Die frühen Grosz-Zeichnungen sind von Motiven durchhetzt wie ein Traum im D-Zug.

Zeichnen etwa ein psychoanalytisches Verfahren, worin Kompliziertes durch einfache Methode enträtselt wird. Vielleicht reizt in diesen Blättern weniger das Gegenständliche, sondern die ängstigende Fülle seiner Beziehungen. Grosz vereinfachte, zerbrach damals das Gegenständliche zu Gunsten der simultanen Verknüpfung. – Er zwang verschiedene zeitliche Stadien in das Bild, und eine Figur wirkt oft wie traumhafte Vorstellung der benachbarten Gestalt. Die Geschwindigkeit der Geschichte zerdehnte den Vorgang und staffelte ihn in vielfältige Bildschichten. Manche dieser Bilder hat Grosz moralisierend koloriert. Mitunter steigert greller Glanz von Schreckenskammer und Schießbude die leidenschaftlich gejagte Groteske dieser jungen Blätter.

Groteske, ein Signal der Entzweitheit und Gegensätzlichkeit, ein subjektives Urteil betont Gestaltteile, unterdrückt andere und zeigt den gegensätzlichen Zusammenprall von Zeichner und geschautem Sein.

Der junge Grosz hob vor allem den ungewöhnlichen Vorgang hervor. Die besondere Dynamik der Gestalten entschied, die in summarisch zwingendem Umriß erjagt wurde. Tempo entschied. – Raumlose Linien-Menschen wurden durcheinandergequirlt. – Formaler Pessimismus.

Bald danach keilte man solch stürmendes Simultané in eine Fanfare von Wolkenkratzern. New York bezauberte. Die Romantik der Technik, Chaplin, Jumboe, Cowboys und Jack London flirrten über zerschluchteten Straßen, wie zauberhaft spottende Gestirne.

Man liebt die reinliche Artistik des looping the loop und die wörtliche Kindlichkeit der Clowns. In den Zirkus hatte sich ein Rest gewerblicher Sauberkeit gerettet, dort erkämpften noch die Akrobaten Befreitheit von Schwerkraft ehrlich mit hundertprozentiger Todesgefahr. Das war ernster, gekonnter als schwögender Idealismus. Eine vage oder unfertige Leistung wurde dort noch mit dem Tode bezahlt.

An diesen Artisten lernte Grosz puritanisch den Schwindel der Heutigen zu durchschauen. Viele seiner Blätter bezaubern geradezu durch ethische Hellseherei.

Grosz zerlöcherte mit lucidem Haß die polierte Fassade des Zeitgenossen, er wies Oscar und Fränzi ohne gesellschaftliche Allure, mit und ohne Hemd. Grosz zeichnete die Pathologie heutigen Gesindels.

Zeichnender Pessimismus, mitunter in transparente Farbe verglast. Figuren durchschneiden sich wie röntgenzerleuchtet, das flieht durcheinander hindurch. Ein Stück Kontur und in ihm transparent gewordener Defekt. Das Simultané, ein moralisches Mittel, eines die Szene zu vernieten; Gehirnanatomie. Eine Figur quert die Andere als deren Inhalt oder Vorstellung. Transparenz der Figuren, ein Mittel, Gegensätze in einem Zug zu kuppeln: Napfkuchen zwischen Vereinsgehirn, Grammophon und Frauenschenkel. Ein Kerl hockt überbetont herum. In der Ecke paar Stücke Frau und Elterngrab. Wunschtraum.

Der junge Grosz höhnte aus enttäuschter Zartheit. Er zeichnete die Pathologie der Gesellschaft. Zu Beginn etwa von Freud her. Beste Bilderbogenüberlieferung steckt dahinter. Man denke an die Passionsbilder wie die Verhöhnung Christi, die Geißelung oder den Herauswurf der Wechsler aus dem Tempel. Der Maler des Jetzt stellt nicht mehr Christus in vergeblich mächtigen Gegensatz zum Gesindel, vielmehr den leidenden Armen. Auch der Hohn der alten Meister drang aus dem Schmerz, aus dem Staunen über menschliche Sinnlosigkeit. Anders wäre es Witz gewesen. Allerdings, der gewitternde Flug der Auferstehung fehlt heute. Manche begnügen sich jetzt mit Utopie und Entwicklungsnepp, die kaum geringere Gläubigkeit erfordern. Die Hypothese als Fahrstuhl ins Paradies. Die alte Methode war entschiedener.

Grosz erledigte dann die negative Einstellung der Kunst zum »Wirklichen« oder Gegenstand. Moralisch und politisch. Er stellte ein Repertoire aktueller Typen auf. Nun verließ er gänzlich lyrische Selbstbesessenheit, die bei vielen nur Eitelkeit ist, die durch Doktrin man verbirgt oder verteidigt. Anstelle lyrischen Monologs setzte Beobachtung ein. Denn dies war das Elend einiger modischen Stilisierung, daß sie unsere Vorstellungen pathetisch auspoverte.

Inzwischen kam für Grosz eine Zeit des kollektiven Konstruktivism. Der Serienmensch, das Typenfabrikat wurden geboten. Deutliches Material zu utopischem Anschauungsunterricht. Doch bald verläßt er die Bezirke pythagoreischer Einfachheit. Die Kugelköpfe beginnen zu mimen und rollen aus der Welt der Zahl in die politische Sphäre. Der Konstruktivismus hatte den halluzinativen Sturm der Jugend geordnet.

Groszens Simultané wird nun szenische Gruppe. Heutiges Leben gleitet in sorgsamen Bildfriesen. Anwachsendes Beobachten dehnt den Strich geschmeidiger. Dissonante Farbe stürmt darüber hinweg.

Grosz benutzt disproportionierte Farben, koloriert grell die Schamlosigkeit seiner Typen. Ein Puritaner, der Defekte farbig hervorpeitscht, gleich dem Rowlandson oder wie auf den alten predigenden Bilderbogen. Protestantische Strenge züchtigt mit der Farbe, die mit wässrig gläsernen oder peitschenden Flecken brüchigen Krempel zerbeult. Oder aus hehlendem Nebel platzt eine sündige Fresse zwischen Prenzlau und Jüterbog. Farbige Chemie der Gemeinheit.

Aus artistischem Abstand ist Kritik der Gesellschaft geworden, bis dann selbst dieser Vorbehalt noch eingeschränkt und nun unentwegt festgestellt wird.

In gerechter Leidenschaft und epischem Betrachten zeichnet man auf. Menschen und Dinge sprechen aus sich, und das Eine verstärkt die Sonderheit des Anderen. Die Umgebung ist menschlich absorbiert.

Nun besitzt man solch sichere Person, daß man nicht mehr sich her-vorstellt, sondern in die Selbstverständlichkeit des Anonymen ver-schwindet. Grosz unterscheidet sich durchaus von den Schwachen, die mangelhafte Optik, eine eitle Subjektivität durch Theoreme verhül-len oder auszementieren. Groszens Zeichnungen sind vielleicht eine Lehre, in keinem Fall ein Lehrsatz.

Grosz überstand den Abschied vom Lyrismus ausgezeichnet, wäh-rend andere aus dieser Periphetie der Generation mit gebrochenem Genick landeten. Statt umreißender Abbreviatur bevorzugt nun Grosz deutliche Ausführlichkeit. Sachlichkeit ist immer ein gewisses Resignieren, doch bezeugt sie auch reifere Kraft, Gegenwart und Da-sein eindringlicher zu beherrschen. Der Gegenstand ist nicht mehr Fußball artistischer Willkür, das Bild nicht mehr ein Mittel der Ge-genstandsvernichtung. Die Waage zwischen Ich und Ding schwingt nun geglichener. Man hat die Ruhe gefunden, lange in menschlicher Figur zu weilen. Grosz malt jetzt Bildnisse.

Erstdruck in: George Grosz, Ausstellung Dezember 1926, Kunstkammer M. Wasser-vogel, Berlin, S. 5 f.

George Grosz

Grosz gehört der Kriegsgeneration an; Nachfolge wurde abgeschlossen. So ist man gehalten für zwei Generationen zu arbeiten. Wo junge, flaumige Köpfchen hochschieben, knospen pfiffig mildernde Nachtreter, brauchbar vielleicht für zurückgebliebene lahme Kulisse; filmende Reaktionäre.

Rousseau schalmeite schuldloses Glück; deutliche Paradiese. Noch wird der alte Hornist von den Offiziellen gemieden, über deren namenlosen Urnen er heiter blasen wird. Vielleicht ist die neue Sachlichkeit deutsche Nachfolge dieses Volksmalers. Revolteure des billigen Mittels ersetzen bequemen Mangel an optischem Wagnis durch sächsisch-florentinische Pedanterie. Man reagiert gegen den lyrischen Subjektivismus von 1905 mit formal-mittelbarem Beschreiben. Wenn nicht Vermeer, so Knäuse[1] von links bestaunt von rasierten Ammen.

Grosz hingegen überrast heutiges Gelichter mit hassenden, gerechten Spiegeln. Ein Mann kämpfender Aufklärung. Dem Zeitmaler gewährt Zeit die Exempel, was Erfindung mindern mag; dann mag er die Zeit überholen; Frage ob formal oder mit moralischer Utopie, einem Witz.

Hogarth verteidigte die vernünftige Tugend. Schönheit und Glück folgern notwendig aus edel vernünftigem Handeln. Trotz Hiob. Man ist heute geneigt, an soziologische Vernunft zu glauben. Klassenurteile. Der noch Herrschende ist häßlich. Irgendwie suchen noch hoffnungslose Utopiker die Bindung von Vernunft und Glück. Entwicklungsnepp, Kausalitätsschiebung; ethischer Kettenhandel.

In keinem Lande florierte Groteske so überzeugend wie in England. Man wies den Gegensatz von fester Übereinkunft und peinlicher Tatsache; am festmoralischen Convenu gemessen (optisch ein Kitsch), gerät der Zeitgenosse zu widerlichem Monstrum. Die Engländer, diese Leute des höchsten physiologischen Standards, besaßen humorigen Sinn für

Groteske. Einige ihrer Hunderassen bezeugen dies subtil; so das launige Gezücht der geistvollen Borderterriers. Nennen wir Newton[2], der die französische Revolution in einer Ecke von Tottenham Court und Theobald Road mitmachte; ich rede vom Zeichner, nicht dem Newton der Gravitation, die zweifellos am besten zwischen Picadilly und Hydeparc zu errechnen war.

Grosz, ein feststellender Moralist, zeigt diffus verkrachte Gesellschaft vor dem Kommunismus; der im Westen vielleicht von den Bürgern betrieben wird.

Grosz stellte Typen dieser Zeit in höhnischen Kontur, aus dessen Formfeld der jeweils Betrachtende sorgsam, doch unbekümmert flüchtet; man schließt auf den Nächsten, da man, Bilder betrachtend, seltener den Spiegel zur Nase führt.

Man erinnere sich des knabenhaftschlichten Beginns dieses Künstlers; die hinreißende Pubertät erster Zeichenjahre. Dämonie des Jünglings kreuzte naiven Kontur und streng gekämmter Strich schnitt einfache Leidenschaft.

Dann schmiß ihn psychoanalytische Neugier in Futuristisch-Simultanes. Literatur und vielfältiges Gesicht komplizierten.

Doch eindeutige Politik gewährt programmhaft vereinfachte Schau, verdrängt dynamende Quantenromantik der Wolkenkratzer, zerfegt den Wirbel freudscher Katastrophen.

Die Romanen gewannen Distanz durch formale Ferne; Grosz erzwang Abstand durch Haß gegen Typen der Zeit. Er zeigte die Differenz zwischen politischer Utopie und vorhandenem Gemensche, hinrichtet mit schnittigem Kontur. Ein politischer Puritaner, der Verderbheit weist. Zeichnen, revoltierende Kritik, ein moralisches Mittel; eingehakt zwischen Forderung und Fakt. Grosz projiziert alle gesellschaftliche Gliederung in die Visage — Menschen mit rechnenden Wolfzähnen, kapitalisiertem Speck.

Grosz griff zu, massakrierte sachlich einige Typen heutigen Packs, denen wir peinliche Dauer versprechen. Schulzes Häßlichkeit — groszisch fixiert — verbürgt äonides Gelächter. Doch wer bliese nicht spätbarocke Muschel heimlichen Verticos.

Grosz Schorsch aus der Jägerstraße ging gegen Seelenschwindel an, ungeneppt von den Synthetikons, die nichts als einen Willen zur Form aus zweiter Hand verschoben. Allerdings Literaten dunsteten geschäftig Weltbeschauung aus diesen Blättern und paraphrasierten gefahrlos Groszschen Mut. Die Nassauer versabberten Aufstands plätscherten Tendenz.

Soweit gemalt wird, zählt allein optische Revolte; die Hochstapelei neuer Seele nebelt belanglos.

Wenn Moral; die des Handwerks.

Grosz verließ früh zum Kummer der Schreiber schizofrene Dämonie. Handwerk wurde vereinfacht; man vermied expressionistische Inflation und öliges Monumentenquante; der Gewissenhafte hat nicht geschwätzig mitgequadert.

Nun eilte statt aus redlichen Scharnieren die Zeichnung aus wendigen Gelenken.

Dann spurtet Grosz nochmals im futuristischen Rennen; quert die klassizistische Konstruktion der Carrà und Chirico; der Marxist sucht geometrische Kollektivformen menschlicher Gestalt; doch ihm grient die polierte Kopfkugel, Beine wippen zwischen O und X. Konstruktives Gelächter höhnt Zahlenschule; das Gesicht eine Registrierkasse. Etwa Mecano Standardisierung; Maschinenklassizismus; preußisch sauber konstruiert; doch der Schulzesche Fußballkopp schmunzelt fett und koulant.

Inflation; die meisten Zeitschreiber wurden durch Schulze und Papiermark spielend knockout geschlagen; das Motiv übersprang sagenhaft die Dichter; Schulze billionte Rekord, und Schreibmaschinen brachen herunter; man hatte ahnungslose Gartenlaube gesungen; das Objekt entlief mühsam erpreßter Ironie.

Grosz faßte zu, verhaftete die Typen; die schönen Zeiten lohnten; Mythe ballonte. Grosz infizierte seine Leute mit moralisierenden Gouachefarben; befunkte als erster die Stinnesse. Er zeichnete lehrhaft verständlich, damit man den Gegner erkenne, wurde der stärkste Berichter, den in diesen Jahren die Deutschen besaßen.

Eher eine ethische, denn formale Revolte; ein Gewissen.

Um so geschäftiger umphrasten die Schreiber gezeichnete Kritik in intellektueller Etappe. Grosz arbeitete damals als Deutschlands mutigster und fähigster Publizist.

(Man nannte Daumier, der trotz allem kein entscheidender Maler ist.)

Der Literat lebt zumeist von Defekten der Malerei, schiebt den Parlographen in die formale Lücke, um laokontig daneben zu jubeln.

Man betrachte das Handwerk, Werk der Hand.

Grosz hat die Zeit der bürgerlichen Expropriation verhaftet; Festmark und bürgerliche Restauration blocken.

Grosz wird neuen Angriff suchen; denn eines bleibt, Schulzes solider Nepp auf 100 Ps lahmend.

Oder Grosz wird trauernde Blätter der Desillusion malen, ängstigend durch immer gleiches Drohen.

Veröffentlichungen der Kunstarchive Nr. 1, hrsg. von G. E. Duhl, Kunstarchiv Verlag 1926, S. 3 f.

1 Ludwig Knaus (1829–1910) malte vor allem Genrebilder und Porträts.
2 Gilbert Stuart Newton (1794–1835).

Leon Bakst

Franz Ludwig Hörth
in alter Freundschaft

Flucht aus der Zeit

Rußland, dieser Erdteil des Zwangs und der Exzesse, erinnert — bisweilen an England, die Insel puritanischer Verhaltenheit. Rußland liegt etwas fatal und unentschlossen zwischen zwei Welten, die immer von neuem es attackieren. Allerdings seit Lenin ist die strategische Stellung wenigstens im Politischen verändert.

Der Engländer macht seine literarischen Geständnisse wie ein Unbeteiligter; das Ergebnis ist epischer Humor, womit er seine Sentimentalität betrügt. Der Russe bedarf gleichermaßen, um sein Verlangen nach Beichte zu ertragen, epischer Distanzierung. Der englische Mensch wählt, um die Form zu wahren, das objektivierende Epos. Der Roman verbirgt das Ich und gewährt den Umweg der Selbstbeherrschtheit; er schaltet das Unmittelbare aus und gibt statt eines Erlebnisses die Feststellung eines unverbindlichen Geschehens; durch solchen Umweg schwächt man den gefährdenden Exzeß und lenkt vom monologischen Ich ab. Der Engländer benutzt den Roman; denn biographische Schamlosigkeit sprengte die Verhaltenheit der englischen Gesellschaft. Die epische Form dient als Mittel der Distanzierung, der Entfernung vom unmittelbaren Ich. Durch dieses indirekte, epische Mittel wagt der Engländer erheblich mehr zu sagen und darzustellen als das unmittelbare Leben ihm erlaubt. Man züchtigte Oscar Wilde, da er diese indirekten Mittel ablehnte und strafte ihn, weil er private Dinge plakatierte, wodurch er sich gegen das Bild vom englischen Menschen vergangen hatte. Ein Delikt gegen die Moral der Form entschied gegen ihn; denn jede Schamlosigkeit kann durch Form beglichen werden.

Ähnlich verteidigt sich der Russe gegen ein hilflos ihn begrabendes Konfessional durch schmerzhafte epische Objektivierung. Man darf sagen, daß Form die Notwehr einer Scham, eines schlimmen Gewissens ist. Im Epos lädt man Not und Konflikte auf distanzierte Gestalten ab, man erträgt sich nur in umgeleiteter Entferntheit. Das Epos ist Mittel sich loszuwerden und trotzdem deutlicher sich zu sehn. Das Ich wird in mittelbare, doch um so plastischere Gestalten aufgeteilt, das monologische Gefühl weicht indirektem Vorstellen. Diese Russen sprengten im Roman ihre Bedrängnis von sich weg; indem sie diese zu Gestalten bildeten, entlasteten sie sich. Dem kam noch eines entgegen, der Roman wie jedes Kunstwerk gibt keine Lösung der Probleme. Drum war er die zweckmäßige Form einer russischen Epoche, deren Kraft gerade im Aufstellen und Durchleben des Problematischen bestanden hat. Dies gerade ist Vorzug der artistischen Entferntheit: Man weicht der Lösung des Konflikts, einer Sinngebung aus, indem man jenen darstellt, formal begleicht, ja ihn steigert und die Aufmerksamkeit auf die Stärke der formalen Lösung stellt; im Roman gilt der Konflikt vor allem als Auftrieb des Geschehens. Bei den Russen ist die moralische Herkunft des Epischen, die gewaltsame rüde Gewissenlosigkeit, die feststellt, doch nicht wertet, deutlich erkennbar, man reagiert im Epos gegen moralische Überbelastung, die auf verlegten Umwegen abgeleitet wird.

Gegen solch moralische Exzesse standen in Rußland Dinge wie die byzantinische Dogmatik, das Ballett, die alte Ikone, Kirchenchor und Bürokratie, alles in allem der Absolutismus; man verteidigte sich gegen sich selbst mit Klassizismus und französischer Skepsis, man wehrte sich gegen herausgeschrienes Geständnis mit spielerischem Rokoko und anscheinend klarem Italienertum. Der menschliche Untergrund dieser Dinge ist in Rußland ein anderer, als im Westen. Erst Lenin fand den Mut, die große Beichte im Politischen auszusprechen und zu verwirklichen; er begrub das künstliche Petersburg unter den hervorstürzenden Massen des Moskauer Russentums. Peter der Große, das hieß Klassizismus und Verheimlichen des bösen Gewissens. Lenin erst arbeitete wieder mit unverfälschten russischen Mitteln — so zwischen Moskau, Mongolei, Turkestan und Shanghai.

Kunst und Stil wurden in Rußland mit außerordentlichem Fanatismus aufgezäumt, geradezu mit ergebener Bigotterie betrieben, da es galt, den Fond zu verbergen. Diese importierten Stile kamen dem christlichen Bedürfnis nach Selbstverleugnung entgegen. In ihnen fand man die gegebenen Mittel zum formalen Zwang gegen sich selbst, man wich von sich aus ins Fremdländische hinein. Ein Zwang gegen sich selbst durch fremde Kräfte wurde gewährt. Diese verdrängte Ursprünglichkeit endete in Historismus und an die Stelle des Selbstverständlichen trat eklektische Stilisierung.

Stile sind Schicksale, doch in Rußland scheinen sie mitunter gewählter oder importierter Zwang zu sein. Man kann sich nicht genugtun, Verteidigungsmittel gegen die Exzesse heranzuschaffen, man pflegt fanatisch diese Stile wie fremde zerbrechliche Fetische. Man muß dauernd um diese künstlichen Gestalten sich mühen, sonst verkümmerten sie rasch in dem ihnen ungewohnten Klima. Man konservierte die fremden Formen jedoch länger als im Westen, da man geradezu aus moralischen Gründen auf sie angewiesen war, und in ihnen das politisch Konservative wundervoll sich spiegeln konnte.

Nach Rußland brachten die Italiener, Franzosen und Deutsche westliche Kunst; vor allem bildete man dort die despotischen Stile aus; die Architekturformen des Despotismus und der bürokratischen Obrigkeit. Man suchte fanatisch zwingende formale Einheiten und importierte geradezu deutliche Klarheit und fremde Ordnung. Das Byzantinische war erstarrt und widersetzte sich dogmatisch jeder Abwandlung. Dieser Stil war ganz der Kirche und ihrem unfehlbaren Kanon verbunden, er war zu göttlich, um entwickelt werden zu können. Das Byzantinische war ein Katechismus, woran keine Silbe verändert werden durfte; drum mußte die Entwicklung der Künste sich notwendig mit fremden Hilfen, in fremden Stilen vollziehen. Das Klassische wird dort befohlen wie eine Parade; man exerziert jetzt andersrum; Klassizismus war dort etwas wie Exotik im Westen.

Es erstaunt, daß die Russen, die kaum eine bedeutende theatralische Literatur besitzen, Ungemeines gerade in theatralischer Darstellung geleistet haben.

Zunächst boten Oper und Ballett in ihrer märchenhaften Harmlosigkeit und menschlichen Simpelei ein politisch neutrales Gebiet. Musik ist unideologisch und unpolitisch, die kindliche Oper lenkte von verwirrter und bedrängter Gegenwart ab. In ihr verlor man sich zu sonst kaum erreichbarer Leichtheit und harmlosem Spiel. Die Oper verbarg hinter blendendem Dekor das schlechte Gewissen und die quälende Fraglichkeit. Drum wurde sie von den ernsteren Intellektuellen spöttisch gemieden. Brachte man auf die Bühne verklärte Reste des Politischen, so entzückte man sich an primitiv Nationalem wie bei Glinka und Mussorgski. Waren Literatur und Philosophie Beichte und Angriff, so versuchte man in der Oper den großen Trick, die Gegenwart wegzutun und zu verbergen. Da diese Gegenwart drohte, mußte das theatralische Narkotikum stark zubereitet sein. Die böse Gegenwart schaffte sich die verhüllende unschuldige Maske; gegen die schlimme Dürftigkeit des politisch Tatsächlichen stellte man das glänzende Märchen, erspielt von Malern, Tänzern und Musikern, den Fetischeuren der kaum erträglichen Gegenwart. Die gesellschaftlich Zerteilten, die sich haßten, beargwöhnten und fürchteten, saßen in entzückter Neutralität und angenehm betäubt vor kostbarem, nichtssagendem Märchenspiel. Bedrücker und Bedrückte begegneten sich wie harmlose Kinder.

Es gab eine andere Art des Sich-zur-Schau-Stellens, das war bei Dostojewski und Tolstoi; doch dieses war rüde Aktualität, während Oper und Ballett das Jetzt durch die anachronistische Maske von Märchen und Musik verbargen. Die Inhalte dieser Tanzereien waren dem Jetzt entrückt. Man zauberte sich in eine distanzierte zeitlose Romantik und wagte nur in den Darstellungsmitteln einigermaßen modern zu sein. So gewann die Inszenierung stärkere, aktuellere Bedeutung als das stoffliche Motiv. Man war geradezu aus politischen Gründen theatralischer Artist und dies glänzende Theater gewährte eine verzaubernde Flucht aus der Zeit. Man war kühn in der Aufmachung, harmlos, kindlich in der Wahl der Stoffe. Diese Freude am Dekor bewies das Brüchige der Zeit, man versuchte hinter blendender Kulisse den nahenden Zusammenbruch einer Despotie zu verbergen, die schimmernden Abzug befahl. Eklektisch nutzte man viele Manieren und Stile, damit der letzte Akt farbig und prächtig bis aufs äußerste gedehnt werde. Sorgfältig bereitete man kunstreich gemischte Narkotika. Diese Theaterkunst war künstlich wie Petersburg und doch lebte in ihr etwas Nationales, die Freude des Russen an Schaustellung und Tanz.

Ballett

Noch immer treiben die Trümmer der balletts russes zerschlissen umher. In einer Music-hall schlägt eine isolierte Primadonna das Direktoir tot, während vielleicht in Batavia ein Tänzer mit dürftigen Emigranten den Traum der Rose durch verblaßte Kulissen zu Ende wankt. Das ballet russe ist beendet. Es war unter der steilen Sonne zaristischer Zucht groß geworden; es zerfiel, als es sich von russischer Erde losgelöst hatte. Es nutzt nichts, daß irgendwo noch die Pawlowa oder Karsavina zwischen lächerlichen Pappen virtuose Dinge zeigen. Es gab etwas, das größer ist als jeder Vereinzelte und geradezu sein Gegensatz: dies Ensemble, das in der zaristischen Ballettschule hochgezüchtet war und eine szenische Einheit, die Bakst geschaffen hat. Der Geist und der Erfolg dieser Tanzgruppe beruhten auf strenger Disziplin und einer Technik, die bereits in die willigen Gelenke von Kindern gesenkt wurden.

Das klassische Ballett war mit den Italienern nach Rußland gekommen und konnte sich unter einem konservativen Despotismus auf der Höhe halten. So war Westeuropa sehr erstaunt als es zum ersten Male die Disziplin dieses Balletts bewunderte. Damals hatte der Westen die persönliche Willkür des Schauspielers, eine zweideutige Nachlässigkeit zum künstlerischen Leitsatz erhoben und die Technik war demokratisch verwildert, während man in Rußland noch Tänzer einexerzierte, deren Beine wippten und kreisten mit der gehorsamen Pünktlichkeit von Kirchenglocken und Gardemarsch. Solche Präzision konnte nur in einem Lande erreicht werden, an dessen Rand Sibirien und Katorga drohten, in einer Stadt, die im Schatten der mörderischen Peter-Paul-Festung sich ängstete. Solch Ballett war zunächst Import und künstliche Aufzucht und darum nur bei äußerster Sorgfalt zu halten. Nichts erfordert mehr Fanatismus als das Künstliche und die überzüchtete exotische Pflanze muß im fremden Klima entarten, wenn sie nicht mit peinlicher Sorgsamkeit gepflegt wird.

Eines aber kam diesem Ballett entgegen, das nationale Tanzbedürfnis der Russen, das in Szenen wie Petruschka oder Prinz Igor unheimlich durchbrach. Diese italienische Angelegenheit wurde zu Ende durchaus national, was zu erheblichem Teil dem Juden Bakst zu danken ist.

Die Russen züchteten in den Ballettschulen bewußt Menschen und Typen, deren bewegter Anblick ihnen später ungemeines Vergnügen bereiten sollte. Man erzog diese Leute wie man die Pferde in der spanischen Reitschule dressiert. Die Rache dieser Leute ist dann der wildgewordene Champion. Ursprünglich waren diese Tänzer Beamte oder Angestellte eines bedeutenden Hauses. Jetzt reisen sie umher, disziplinlose Ausbrecher einer aufgelösten Dressuranstalt; Torsi eines alten anständigen Baues, die in irgendwelche Fassaden einer Singspielbude sinnlos eingeflickt wurden. Erst Amerika entdeckte wieder ungefähr gleiche Zucht tänzerischer Darbietung. Hier wurde sie von der Maschine her bestimmt; diese präzise Tanzgymnastik soll ungefähr ein wirtschaftliches Ideal widerspiegeln, Präzision, äußerste Ökonomie usf. Nur despotisch regierte Völker, gleichgültig ob sie von einem Zaren oder einem maschinellen Rekord regiert sind, verfahren gegen die von ihnen bezahlten Vergnügungsmaschinen äußerst herrisch. Hier gilt nicht das

Leon Bakst: Bühnenbildentwurf, 1910

phantastisch faule Halb und Halb, keine Improvisation, sondern das sicher und eisern Eingepaukte. Eine bestimmte Leistung muß garantiert sein. Bei den Russen aus Ehrfurcht vor Kunst und einer Art schlechtem Gewissen, beim Amerikaner aus Achtung vor der Eintrittskarte. Gerade ein Überschuß von Kräften und Leidenschaften bedarf und erzeugt despotische Disziplin. Ungefähr wie der Engländer sie im Gesellschaftlichen besitzt oder besaß.

Dies russische Ballett war Blüte zaristischer Herrschaft; als Kadetten oder Novizen des Tanzes kamen begabte Kinder in das kaiserliche Institut, damit sie die Technik körperhaften Zaubers erlernten. Züchtung im Kloster der Physis.

Nur noch wenige Dinge verteidigten die Mythen überlieferter und konservativer Vollkommenheit gegen westlichen Zweifel und beunruhigenden Intellektualismus. Ganz wenige Kunststätten bewahrten rücksichtslos alte Art und Struktur. Hierzu gehörten vor allem das Ballett der Petersburger Oper, der Moskauer Synodalchor und die Reste des klassischen Zirkus, Clowns und Akrobaten. Während im Westen die Kunst nach ihrer individuellen Besonderheit gewertet wurde, herrschte in diesen Bezirken noch die unerbittlich gebieterische Forderung nach einer ganz bestimmten Höchstleistung, die in immer gleicher Form erreicht werden mußte; also statt talentierter Improvisation eine redliche Energieleistung. Wie man an den Zaren und die Mutter Gottes von Kasan glaubte, wie man seit Jahrhunderten nach religiös bestimmtem Kanon die gleichen Chöre sang, so vertraute man gehorsam der unerschütterlichen Wirkung der Pas und Pirouetten, die durch Überlieferung Bestandteile einer erfolgreichen und unantastbaren Zeremonie geworden waren.

Diese Balletts lösten die Menschen zauberisch aus schwieriger, peinlicher Gegenwart und bannten Geängstete und schon Zweifelnde in eine noch unerschütterte Welt der Märchen. Hier befahlen Prinzen und Geister, ihr magischer Wille zerbrach jeden Widerstand; die Oberen waren geschmeichelt und die Bürger in ihrem Gehorsam bestärkt. Die gute Macht siegte, die Märchenfee beschwichtigte leichte Verwirrung und alles geschah fern von der Qual erschütternder Tage. Diese Tänze waren voller Optimismus und umspielten märchenhafte Harmlosigkeiten. Eine zauberisch kampflose Welt der erfüllten Träume wurde geboten und ein geradezu impertinent beseligendes Märchen, lächerlicher Anachronismus, war durch technische Vollkommenheit gerettet. Schon die Gewänder dieser Legenden und einige wundervoll künstliche Sprünge genügten, die nicht mehr lösbare, äußerst drohende Gegenwart vergessen zu machen; ungefähr wie der Rechner des Tages, am Abend vor seinem Positivismus — eine anscheinend sachliche Form des Irrtums — in die Fabeleien des Kino flüchtet und hemmungslos sentimental wird. Man kann ganze Kunstgattungen nennen, die dank kindhafter Verdrängungen existieren. Ferien von der Sachlichkeit, und die hingeopferte Ekstase des Künstlers endet in Luxussteuer und Kurtaxe.

Das Petersburger Ballett glaubte noch an die alten Mittel, doch war es liberal reformistisch gesinnt, ungefähr wie die Kadetten; man ertanzte schöne, kostbare Anachronismen und die Petersburger stürmten diese rhythmischen Paradiese, um kurze Zeit am Rande eines körperhaften Jenseits, das keine Gegenwart berührte, zu verharren.

Es wird ungewiß bleiben, wann Luxus ein Zeichen hilfloser doch spottender Verzweiflung oder Ausbruch überschüssiger Kraft ist. Für die meisten Fälle mögen beide Motive gleichzeitig gelten. Meist wird der Luxus dienen, eine kostbare Maske vorzustülpen oder Distanzierung zu verwirklichen oder zu ersetzen. Bei den Russen der vorrevolutionären Zeit war es allerdings die Flucht vor dem Geständnis; statt dessen erging man sich in zeitwidriger Eleganz, traditionell wie der Zar und märchenfern starr wie Byzanz. Dies Ballett war ein Exzeß von Zucht und Gehorsam, eine absinkende Zeit erzwang sich noch einmal eine technisch vollendete Fiktion, die zu kurzem Glück betäubte.

Elegie auf eine Lüge

Das ancien régime der Russen bot dem wohlhabenden Bürger vollendet getanzte Träume, ähnlich wie der französische Hof vor der großen Revolution. Eine kostbare Phantasiebude, die mit künstlichem Optimismus aufgefüllt war, wurde krampfhaft gehalten. Die Leistungen waren technisch vollendet, doch ihr Inhalt unwahr gemessen an der Last der Zeit. Gerade solcher Gegensatz erhöhte die Wirkung der Ballette; sie kamen einem ursprünglichen Verlangen nach Schaustellung entgegen und klug ließ man die Exzesse in ungefährlichen schuldlosen Märchen technisch abrollen.

Man gewährte der russischen Ekstase die harmlosen Bezirke der Märchen, bot entzückende Träume zwischen zeitfernen Wolken und kugligen Reifröcken; der Spender dieses Glücks, das vor die Gegenwart ein artistisches Paradies von Verkleidung und Kulisse rückt, war der Zar.

Bei Dostojewski analysiert der Russe das auf sich selbst gestellte Individuum, er excediert im Religiösen und Moralischen. Vor das Kollektive stellte man ein ungeheuer vergrößertes Individuum, man bohrte sich in das Ich und sah nicht weiter. Stieß man in das Allgemeine vor, so ging es um das Moralische oder das religiös Überlieferte. Hierin liegt die Größe und Schwäche dieser Russen, die anscheinend Direkteres boten als die skeptischen Westeuropäer, welche die gesellschaftliche Bedingtheit der Person kannten.

Bei Tolstoi beginnt der Aufstand, der in den toten Seelen Gogols fast akut geworden war, die letzten Endes ein Bilderbuch blieben. Die Leser dieser von zergliedernder Beobachtung belasteten Bücher flüchteten in die Ballette, wo problemlose Kreaturen das Glück verklärter Körperlichkeit darboten. Hier genossen die Zuschauer — sonst analysierende Moralisten — die Überwindung der Schwere und waren entzückt, das Moralische ausgeschaltet zu sehen, das niemanden peinlicher bedrängt als den halb Primitiven; denn dieser hängt den Gebräuchen mit noch mythischer Gläubigkeit an, die allerdings schon durch Reflektion gespalten wird. So beginnt er, vielleicht kritisch, zu vergleichen inmitten eines dogmatischen, religiösen Daseins. Der erstarrte byzantinische Kern fordert noch heftiger die Analyse heraus. Denn keiner ist gleich kritisch solchen, die noch Gott kontrollieren, an ihm messen und ihn bekämpfen.

Vor der Rampe dieser glänzenden Pantomimen war man für Stunden errettet vor den Messern der Selbstschau und der Angst vor der unvermeidbaren Sünde. In diesen Balletten fand man für kurze Zeit ein märchenhaft schuldloses Dasein und das Glück technischer Vollkommenheit. Der Russe besaß zwingendere moralische und politische Gründe als der Westler, dies glänzende Ballett sich zu leisten. Je peinlicher die inneren Nöte bedrängten, um so stärker und verwirrender mußten die Narkotika gemischt sein.

Inmitten dieser moralischen und politischen Voraussetzungen stand noch die simple Tatsache, daß die Russen leidenschaftlich tanzten. Der russische Bauer, der Tartar oder Georgier, all diese wissen noch im Tanz Geschehnisse darzustellen, und Tanzen bedeutet ihnen nicht nur irgendeine inhaltlose rhythmische Erregung, sondern sie vermitteln noch, ähnlich den Primitiven, durch den Tanz dramatische Geschehnisse. Hierin lag die positive Kraft des Balletts. Es bejahte einen Instinkt des Volkes, und nur ein Volk, dem Tanz noch selbstverständlicher Ausdruck war, konnte solch vollkommenes Ballett besitzen und schätzen. Der Russe ist nicht nur Tänzer, er ist auch Kenner des Tanzes und die fabelhafte Leistung fand das Publikum, das natürlich begabt war, diese zu verstehen. Rußland war noch die Einheit volkhafter Stämme, die ihre Märchentänze und Sänge besaßen und kannten. Drum konnte auch noch so spät in Rußland eine nationale Oper entstehen. Der prächtige Dekor des Theaters entsprach einer durchaus lebendigen Volkskunst. Diese Menschen liebten noch die jubelnde oder tragische Farbigkeit der Trachten, man lebte in einem Staat gemeinschaftlich mit den Geschöpfen des märchenhaften Orients, der dort mehr galt als Traum oder exotische Konstruktion, nämlich volkhaft lebendige Wirklichkeit. Dies Ballett war von der eurasiatischen Situation Rußlands bestimmt. Diese barbarischen Mythen geschahen noch im Osten dieses Landes, und die Gestalten des getanzten Märchens nannten sich Kinder des großen Zaren.

Der Vorhang

Die Lichter verlöschen und man sinkt mit den Menschen in gemeinsames Dunkel. Wir und der uns umgebende Raum verlöschen. Parkett und Galerie entschwinden, wir selbst verwischen und das uns eigene Geschehen. Kaum sind wir noch und der Rest unseres Daseins sammelt sich in Erwartung. Wir werden leben, soweit das Drama an Stelle unseres Daseins tritt und nur im Drama werden wir existieren, wir sterben, um im Gefühl der Helden aufzuerstehen. Der Schauspieler verwandelt sich ganz in Gestalt, er agiert und weist nur Wort und Gefühle des Helden, sein Selbst ist verstorben und er erlebt das erniedrigende Glück völliger Selbstvernichtung. Der Zuschauer gleitet in das Drama wallender Betrachtung und ist zwischen Drama und sein Ich gespannt, das bald gänzlich erlöschen will oder gegen das Gebotene um so leidenschaftlicher sich auflehnt. Letzten Endes verteidigt sich der Zuschauer durch Kritik gegen die betäubende Hypnose des Kunstwerks und rächt sich an ihm durch Analyse, um dem Zwang einer fremden ihm künstlichen Einheit zu entgehen. In der Kritik zieht der Betrachter das erlebte Spiel in die ihm vertrauten, vital wichtigen Kräfte, das Drama ordnet sich dem nivellierenden Epos der tausend kaum noch sichtbaren Einheiten ein; der Betrachter rettet sich aus überanstrengender, kaum gewohnter Ekstase. Der besondere organisierte Traum blaßt in das vielfältige Geschiebe der Tage und Übergänge. Jedes Erleben ist ein Ausschöpfen, Verbrauchen und Umdeuten des erlebten Inhalts; das schöpferisch Lebendige erweist sich im Vergehen. Dabei mag es Absicht des Dramas sein, Vorgänge und Gestalten dermaßen dem menschlichen

Gedächtnis einzunieten, daß beide zwingend in und über dem Menschen stehn. Alle Kunst zielt darauf, wenn sie nicht monologisch ist, durch den Zauber der Formen Besitz von Menschen zu ergreifen. Hierin liegt das Peinlich-koulante fast aller Kunst, vor allem der theatralischen. Allerdings der Tragiker versucht diese Bezauberung durch das Furchtbare zu erreichen. Er vernichtet im Helden den Betrachter, der heute nicht mehr durch die Weisheit der Chöre gestützt wird, wobei der peinliche Spießer um so inniger die eigene Existenz verspürt und schätzen lernt. Also die Tragödie wäre die Schule einer optimistischen Prophylaxe. Das demokratische Europa versteht die Tragödie nicht mehr, da man nur um die Erhaltung der Bürger optimistisch besorgt ist. Nur der Außerordentliche oder der vollendete Idiot schaffen sich Katastrophen und fordern sie den Göttern ab. Wir verstehen kaum noch das Verlangen des Einzelnen nach einem tragischen Geschick. Die Griechen hatten gegen die unaufhaltsame Vernichtung genial die rettende Betrachtung gestellt, gegen das Einzelschicksal die Freiheit der Reflexion; sie hatten dem vernichteten Hörer den sinnend Betrachtenden überbaut, der Furcht die Sophrosyne.

Wir gleiten in das Dunkel des Theaters, wir Menschen werden still und halten den Atem an, wir sind nur Erwartende des Dramas. Mit den Lampen sind wir ausgelöscht und hoffen gespannt, daß aus dunklem Nebel ein Zauber dringe. Zwischen der Finsternis und dem Vorhang, diesem Zeichen des noch verborgenen Paradieses, liegt Abgrund und Brücke des Orchesters. Gelbe, lachsfarbene und kastanienbraune Saiteninstrumente werden vom Blech der Hörner umglitzert und leise dröhnen perlmutterfarbene Paukenfelle aus den Ecken, Fetzen von Melodie flirren zwischen versuchten, noch unreinen Grundtönen. Die Instrumente sind unruhig wie Rennpferde vor dem Start, wann läßt sie der Chef absausen? Eine Brücke aus Klang bildet sich unter eiligen Händen, die Augen bohren sich gegen den Vorhang.

Nun strahlen Farben gegen das namenlose und gespannte Dunkel der Zuschauer, ihre Augen leben nun drüben jenseits der riesigen Hälse der Kontrabässe. Durch das bewegte Licht der Bühne wird das Dunkel des Theaters dichter und lebloser. Schon hat sich der Betrachter vergessen und vor ihm steht der farbige Bau, der einige Stunden unser Geschick umzimmert und bezaubert, aller Wille strömt nun in die Bühne, gegen die schwimmende Finsternis und die neugierige Leere des Publikums leuchtet der geordnete, farbige Raum. Ein geschliffenes Juwel, blitzt er gegen das Verdämmern des versunkenen Betrachters, dort wo farbiges Licht dramatisch spielt, entfaltet sich Geschick, im Dunkel staut sich die anonyme Spannung; ein Äußerstes an Farbe gegen die ausgelöschte Masse zu stellen. Das ist Bakst.

Der Dekorateur

Ich weiß nicht, wodurch Bakst eindringlicher überraschte. Ob durch eine barbarisch dekorative Kraft des Schmückens, durch raffinierten Geschmack oder ein unheimliches Gedächtnis aller möglichen Stile, das ihm gestattete, viele Zeit- und Formstimmungen nachzuerleben.

Bühnenmalerei ist letzten Endes illustrative Malerei. Das Produktive ist hier durch die Absicht des Dichters umgrenzt und durch die Haltung des Gedichts vorbestimmt. Ebenso ist man architektonisch gebunden und arbeitet innerhalb eines bereits gegebenen Raumes. Man gibt eher dessen Varianten und deutet ihn gemäß der jeweiligen Aufgabe um. Einfühlung in fremden Stoff gilt hier als Parole, man gestaltet die Raummaske des dramatischen Vorgangs. Bakst ist Russe und Jude. Die Russen hatten mannigfache östliche und westliche Stile eklektisch genutzt, doch in ein repräsentativ Russisches abgewandelt, und in Bakst traf sich dies mit dem intellektuellen Geschick, der kritischen Begabtheit des Juden, der oft eher vermittelt oder umschreibt als ursprünglich schafft. Dieser Eklektizismus setzt eine, vielem zugängliche Sensibilität voraus, gegen deren anschmiegsame Nachgiebigkeit man durch kritischen Geschmack sich verteidigt; so erzeugte wohl diese proteushafte Verwandlungsfähigkeit des Raumschauspielers Bakst gleichzeitig eine Fähigkeit zu feiner Wertung des verwendeten Formmaterials. Der Eklektizismus des Juden Bakst ist durchaus von russischer Volkskunst unterbaut, die noch im ursprünglich Dekorativen lebte und das kräftig weit Sichtbare liebte.

Diese russischen Bauern verwandten Farben, kräftig genug, die einförmige Steppe zu überleuchten, sie konnten noch farbig unmittelbar empfinden, darin jubeln oder mit einfachen Mitteln zart Melancholisches aussprechen. Diese gebotenen Kräfte verwandte Bakst als großer Virtuose auf neuem Gebiet. Er schuf etwa eine moderne Bühne, wobei er die mannigfaltige Erbschaft der malenden Künste ungemein klug und geschmackvoll nutzte. Er begriff die szenische Einheit der theatralischen Mittel und mag hierin wohl unbewußt Wagner gefolgt sein. Bakst nutzt den Empfindungsgehalt und die musikalische Beweglichkeit der Farbe. Der Dekor stimmt den Grundton des Akts an. Man variiert jenen durch das Licht und die bewegten farbigen Komponenten

Leon Bakst: Ida Rubinstein als Schéherazade, 1910

der Gewänder, entsprechend dem musikalisch dramatischen Vorgang. Der Bühnenraum, worin alle Kraft von Geschehnis und Betrachter sich sammelt, wird durch Bewegung erschüttert, eine Szenerie wird geschaffen, die im dramatischen Vorgang mitspielt. Träger dieser Dramatisierung des Raumes sind Licht und Geste. Solch dramatische Erregbarkeit der Farbe erscheint nach dem Impressionismus möglich, der die lichthaltige Beweglichkeit der Farben aufs neue gelehrt hatte. Allerdings dies szenische Raumspiel wird von der Dichtung aus bestimmt und gestaltet. Nun deutet man Dichtung räumlich. Solche Kunst transponiert, ist mittelbar und eher Werk der zweiten Hand, da sie sich auf einen bereits vollzogenen schöpferischen Akt stützt; begreiflich, daß sie selten das Kunstgewerbliche überschreitet. Wann dies geschieht, dann eher dank einer Schwäche der Dichtung, deren Mängel durch Farbe und Stil verdeckt und ersetzt werden sollen. Es ist charakteristisch, daß mit einer schwachen dramatischen Dichtung die Überwertung der szenischen und schauspielerischen Leistung begann; das darstellerische Moment erdrückte den dichterischen Anlaß.

Bakst ist der große Mime der Farbe, ein malender Schauspieler, ein Maquilleur des Raums. Sein Raum verwandelt sich mit dem Drama und verhält sich als dessen verwandelnde Maske nicht anders als ein Schauspieler oder Tänzer. Die Raumkonzeption Baksts ist also komödiantisch, eher Interpretation und halbproduktiv, durchaus wie ein Schauspieler. Aber Bakst ist ein Mime großen Stils, der gleich stark sich in die Dichtung und die vorgefundenen poetischen Mittel der Malerei einfügt. Er spielt die Skala der Stile und das jeweilige Stück bestimmt ihm die Maske. Bakst war ein Mensch, begabt den alten Theaterkarren zu verzaubern, einen Raum zu maskieren. Man täte diesem Manne unrecht, ihn als Maler aus erster Hand zu beurteilen; ein viel ursprünglicherer Maler arbeitete für die Bühne zu kühn, zu einseitig und besäße wohl kaum gleiche Kraft der Anpassung und Verwandlung. Denn der schwerfällige Apparat des Theaters ist immer der Letzte im Zug des Neuen und gibt wohl eher ein vergröbertes, vulgarisiertes Resumé als tatsächlich originäre Schöpfung. Bakst verzauberte den alten Wagen des Thespis, der längst festgehalten war, aufs neue. Im Sprung begann er wieder beim Märchenhaften und wandte sich durch dessen romantische Kraft vom Naturalismus der Vorgeneration ab. Bakst gab eine durchaus symbolistische Kunst, deren Struktur durch literarische Inhalte bestimmt wird. Er schafft diesen Märchendekor mit erstaunlichem Raffinement und selbst das Primitive wirkt hier wie Umkehr oder auf den Kopf gestellt; es wird eine Frage des Geschmacks;

durch archaische oder primitive Mittel löst er die Bühne aus Naturalismus und vermengter Detailhäufigkeit und gewinnt, wodurch er bedeutend wurde, die märchenhafte einheitliche Stimmung.

Die Szene ist die große Maske des Dramas, sein Gewand. Bakst begann nicht bei der einzelnen Kulisse, sondern ging von der einheitlichen Konzeption des Szenenbaus aus. Der Dekorateur ist etwa der Garderobier der Szene und verwandelt irgend ein Brett oder eine geöffnete Kiste in den bestimmten Raum der Dichtung, wie er den Schauspieler durch das Gewand und die Maske zur mythischen Gestalt umbildet. Allerdings leben diese Bühnenbilder nicht für sich wie Gemälde und wirken nicht unmittelbar durch die ihnen eigene Kraft, sondern sie dienen und helfen, wobei sie oft genug ein poetisch Schwaches oder Banales, das kaum den Namen Dichtung verdient, ins scheinbar Bedeutende färben; der Dekor lenkt dann vom verfehlten Libretto ab und das sekundäre Mittel wird zum eigentlichen Inhalt.

Es ist die alte Frage, ob der Schauspieler oder das Gedicht wertvoller ist, das Theater für den Schauspieler oder den Dichter zunächst da ist. Diese Frage wird immer akut sein, wenn der Dichter nicht selbst Schauspieler ist. Heute scheinen Regie und Aufmachung dank der Schwächlichkeit der Dichtungen überbetont zu werden, man maskiert allzu oft die Mängel der Dramen oder nutzt sie als willkommenen Vorwand für die Prestigateure der Regie. Die Ausstattung soll den dichterischen Mangel begleichen.

Normalerweise illustriert der Bühnendekor die Dichtung und füllt optisch auf, um alle Sinne des Hörenden in das Gedicht zu lenken. Der Bühnendekor ist in diesem Fall ungefähr optische Begleitung des Gedichts. Die Bühnenmalerei wird, will sie nicht auf gegenständliches Darstellen verzichten, dem dichterischen Thema verdeutlichend folgen, also den ihm eigenen Ort und seine Zeit. Wahrscheinlich wird sie dem angegebenen Zeitstil der Dichtung bewußt sich einpassen, so daß die Auslese der malerischen Mittel von der Dichtung befohlen wird. Damit ist ein gewisser Eklektizismus vom Maler geradezu gefordert und die malerische Erfindung durch das Gedicht limitiert. Der Dekorateur fühlt sich in Milieu- und Zeitstil der Dichtung ein. Gerade dadurch unterscheidet sich der Dekor vom Bilde: er ist durch eine andere Kunstleistung motiviert und lebendig und wirkt erst durch ein zweites Medium. Allerdings, wenn das Stück nur zum Vorwand eines optischen Erlebens dienen soll, wird der dramatische Vorgang zum farbigen Ausstattungsstück erschlagen und das dekorative Mittel wird Zentrum aller Aufmerksamkeit.

Zwischen und über dem Dekor hinweg flutet tragisches oder quirlt heiteres Geschehen. Der Vorgang wird von dem bewußt gestalteten Lichtdrama begleitet. Die quadratische Buntheit der Bühne trauert in rätselhafter Finsternis, dieses Stück vermenschlichten Raums dämmert in wohldosierten, empfindsamen Abendröten oder wird von tragischen Blitzen zerrissen und erschreckt. Die Maske des Raums spielt Drama, nimmt aktiv am Geschehen teil und das Spiel der Farben folgt dank der Kraft der Reflektoren jeder Erschütterung.

Die Bühne zeigt die Vermenschlichung des Raums, er ist durchaus seelisches Phänomen geworden; er erschrickt beim Sturz des Helden, verzweifelt dunkelnd mit den Menschen und strahlt heiter mit tanzenden Hirten. Früher war die Szene nur Rahmen der Handlung: seit Wagner ist sie Mitspieler geworden. Vordem nutzte man den Gegensatz von unbewegter Szene und dramatischem Vorgang. Nun ist sie durch das Licht dramatisch dynamisiert, man individualisierte sie zeitlich im Einklang mit Drama, Akt und Szene.

Zunächst wird durch den Dekor die Stimmung des Stücks farbig festgelegt; Bühnenausschnitt und Kulisse geben den Grundrhythmus an; das Raumgesicht, der farbige basso continuo tönt auf. Von diesem Raumbild verlangen wir, daß es geschmeidig der Handlung folgt und selbst das Drama spielt, die Gestalt der Schauspieler trägt und ins Große führt. Der Bühnenmaler muß Farben geben, die den Tag hell herauf funkeln lassen und in denen die Nacht mählich gestuft niedersinkt, damit diese Finsternis nicht stumpf sei, sondern noch farbig dramatisch lebe. Dieser Raum soll geschehnishaft und dynamisch wirken wie das Drama. Er soll die Ereignisse deuten und raumhaft sie übersetzen. Der Luminarismus der Impressionisten lehrte die Farbe lichtträchtig zu bilden und sie als Lichterscheinung zu begreifen. Und dann: die moderne Regie scheint von Wagner herzurühren. Er betonte und verteidigte das Zusammenwirken aller Künste, formte die Bewegung des Schauspielers durch das musikalische Melos zur rhythmischen Geste und erregte die Kulisse durch dynamisches Lichtspiel, das dem musikalischen Geschehen entsprach. Durch die Musikalisierung wurde das Theater vom Naturalismus abgelenkt, es entstand eine Stilkunst, die etwa mit den minderen Mitteln der Münchener Historienmalerei arbeitete und dem Theater Victor Hugos benachbart war. Wagner versuchte eine theatralische Wirkung, die auf der bewußten Verbindung aller Kunstgattungen beruhen sollte. Er strebte alle irgendwie aufnahmefähigen Sinne zu nutzen und zu betäuben. Seine erstaunliche Wirkung beruhte wohl in dieser völligen Narkotisierung des Zuschauers, der gänzlich beschlagnahmt, jede eigene Aktivität aufgeben mußte. Nun wagte das Theater den Angriff mit allen zusammengefaßten Mitteln und schied sich durchaus von den Künsten, welche die gesamte Kraft des Hörenden oder Sehenden in einen Sinn lenken, der auf das äußerste angespannt wird und dessen intensives Erlebnis die anderen Kräfte des Menschen erregt. Im Musikdrama wurde die Bühne zur empfindsamen klingenden Farborgel, das Drama spielte im Wechsel des Lichtes farbig sich ab.

Der Vorhang öffnet sich und mit dem Drama, den Gesten der Mimen oder Tänzer beginnt das Spiel des Raums; nun lebt er auf; denn diese Räume zucken unter den Geschicken, die sie erschüttern, und diese Gemächer verfallen unter der Hand der Götter mit den Helden. Die Enge des szenischen Ausschnittes zeigt würgende Trauer oder pressende Gefahr; ein lichtes hohes Bühnenbild läßt alle Schritte und Sprünge leicht erscheinen, die Gesten können weit ausladen ohne beengt zu sein; die Farbe ist zum dramatischen Phänomen geworden, furchtbare Gemächer verlangen nach Mord oder tragischer Verdunklung. Ein Park erhält Sinn durch das Umherhaschen spielerisch liebender Gruppen, ein Marktplatz will italienisch opernhaft vom Geklimper der Serenaden belebt sein und dürre Felsenlandschaft kündet die Untat der Medea oder das Geschick des Ödipus. Dies ist es, die Bühnenbilder fordern bestimmte Schicksale zur Ausdeutung, sie umhüllen maskenhaft die mordende Tragödie oder das lachende Geflirr der Komödie. Diese Bilder sind vom Gedicht vorgezeichnet und stellen dann das Maß für die Schauspieler, die durch sie groß erscheinen, oder wie Zwerge sich in der Szene verlieren. Die Bühne spielt zusammen mit den Figuren. Der Raum ist Schauspieler geworden und in das Geschehen verzaubert. Er lebt zwischen Beginn und Ende des Spiels, lebt vom Drama und stirbt mit den Gestalten.

Bakst liebt es vor allem, Gemächer zu bauen, Zelte aufzuschlagen, die die Tänzer und Akteure umhüllen wie gleißende, schmückende Shawls. Diese Zelte sind oft der letzte rauschende Überwurf, der Spieler und Szene umkleidet. Bakst ist groß darin, ein paar Gevierte dramatischen Raums in strömende Falten und in die Kontraste klingender Farben zu hüllen. Diese weite Maske schließt die von den Tänzern bewegten und sausenden Farben zusammen. Die Gestalten lösen sich aus dämmernden Nischen, fügen sich in die ihnen verwandten Farben der Bühne oder erheben sich groß und leuchtend im Kontrast dieses strahlenden Mantels der Szene, deren schimmernde Kuppel das rhythmische Geschehen sanft vermählt. Diese Zelte sind wie kostbare Roben geschneidert und gemalt. Bakst ist etwa der große Couturier der Märchen, er bekleidet die Pantomimen wie einen lebendigen Körper, den er durch fabelhafte Gewänder unerhört deutlich und lebendig macht. Seine Szenerie wirkt vor allem durch Farbe und Licht und dadurch erscheint sie geschmeidig wie ein Tanzkleid, das sich allen Bewegungen und Rhythmen anpaßt.

Hier berühren wir die Grenze der Bühnenmalerei. Letzten Endes ist sie Schauspielkunst, der Maler verzaubert sich in das Stück und seine Arbeit lebt und dient dem vorgezeichneten Drama. Diese Malerei ist eine Maske, die mit dem Stück zur Seite gelegt wird. Bilder und Räume des Malers versinken mit dem Gedicht, drum muß man Bühnenmalerei in enger Bindung mit dem Drama und dem gegebenen Bühnenraum betrachten; der szenische Dekor ist Kunstgewerbe, dessen Elemente von anderen Künsten vorbestimmt sind. Vor allem muß die Bühnenmalerei der Dichtung noch Platz gönnen, damit diese nicht im Malerischen ersticke. Zumeist wird der Bühnenmaler vorgefundene malerische Mittel dramatisieren. Nicht unähnlich wie er die Dichtung in raumhaft Geschautes nur übersetzt.

Tanzende Gewänder

In dämmrigem Zelt kreisen farbige Gewänder; eine rot und grün gebauschte Hose überspringt samtblau silbrige Gewänder, die Ornamente der Kostüme drehen zwischen farbigem Dekor, der ganze Raum wirbelt, ein rhythmisch bewegtes Farbornament, zur Höhe. Eine Frau tanzt und kreist im Schwirren der goldenen und grünen Streifen, die Sonnen ihres Kleides rollen mit ihr; es ist das Gewand, das dieses Tanzen deutlich und groß erscheinen läßt. Durch die Farbe wird die kleinste rhythmische Variante sichtbar, das Gewand tanzt und der Tänzer ist in ihm wie verschwunden, doch erst durch sein Gewand wird er — uns hinreißend — sichtbar. In diesem engen bunten Gemach, das blau und braun niederlastet, hüpfen die Sprünge wunderbar hoch wie Bälle und scheinen schwere Lasten wie nichts zu heben. Diese Tänzerin ist zerteilt von den Ornamenten der Kleidung, weniger ein Mensch, eher ein Ornament tanzt, Formen fliegen und sausen. Der Tänzer ist ein Teil der farbigen Kraft des Malers geworden, fast vom Maler erschaffen. Solch starke Verwandlung scheint zum erstenmal Bakst gelungen zu sein. Er hat den Tänzer ähnlich den Primitiven als den dekorativen Menschen schlechthin begriffen, er schmückt die Gewänder mit Orna-

Leon Bakst: Figurine für Schéherazade, 1910

menten, einer ungeheuren zeichenhaften Tatouage, die Art und Los des Tanzenden verrät, er umgibt diesen mit den großen graphologischen Zeichen seines Geschicks. Bakst gestaltet den farbig und ornamental stilisierten Menschen, der, kraft des farbigen Kleides, Seele und Leben nach außen kehrt. Alle diese Figuren sind dem dramatischen Geschehnis gemäß farbig individualisiert, fügen sich zu einer sich bewegenden farbigen Komposition und verbinden sich durch Verwandtschaft und Gegensätze der Ornamente und des Kolorits zu bildhafter Einheit.

Eine musikalisch geregelte Raserei rhythmisiert diese Gestalten, die kaum noch fataler Schwerkraft unterworfen sind; dem ruhenden Zuschauer wird das atmende Gefühl geheimnisvoller Leichtigkeit vermittelt und in entzücktem Betrachten dieser rhythmischen Levitation fühlt er sich selber fast gewichtlos.

Die Gewänder des Bakst sind für Bewegung erfunden und regen darum die Geste an. Fast immer sind diese Tanzkleider von einer Assymetrie beherrscht, die geradezu zum Tanz verführt. Der Tänzer wird zum Mannequin, einer Figurierung der farbigen Komposition, deren Teile zwischen Ruhe und geregelter Raserei pendeln. Oft sind die Kleider nur farbig umwundende Shawls, die eine Bewegung ins Weite schweben läßt, oft nur Säulen farbiger Gürtel, deren Ringe wie Kreisel durch entschlossene farbige Gegensätze aufzuteilen, und dieser märchenhafte Zusammenklang der Ornamente macht den Körper des Tanzenden oft vergessen, so daß der Tanz selbst akausal, von geheimnisvollen Ornamenten emporgezaubert schwingt. Die farbige Gestaltung wirkt stärker als der Körper des Tanzenden und schon darum übersieht man die Anstrengung des Tänzers. Bakst malt diesen Kleidern farbige Ornamente ein, Röcke wippen wie Zelte kreisender Gestirne oder der Tanzende ist vom Flug der eingezeichneten Vögel umschwebt und flattert als riesenhafte Volière. Bakst verwandelt die Tanzenden kraft der Gewänder in mythische Figuren. Der Seeteufel aus Sadko wird durch das schmiegsame Trikot zum Molch, ein Geschöpf aus tiefgrünem Fluß, graulichem Tang, Muscheln und Korallen, ein boshaftes Riff von Wasserpflanzen umklammert, worüber Farben wie Fische gleiten.

Die Kostüme zu den Wortdichtungen sind ruhiger gehalten, das Wort soll das Dekorative übertönen, Bakst läßt die Jamben oder Alexandriner zwischen farbigen Säulengängen verhallen oder er errichtet eine Szene, wo aus Häusern und Toren Menschen treten und Worte tönen. Die Gewänder zu diesen Tragödien sollen nicht schwingen, sie sind zum

Schreiten geschaffen und zeigen ruhige Flächen, so daß die Bewegtheit von Wort und Vorgang durch die verhaltene Ruhe des Dekors gesteigert wird.

Die Tänzer drehen sich im ruhigen Raum, die Farben der Gewänder schwingen und schweben, während Raum und Betrachter gelassen verharren. Dies sind die Grundkontraste, die dröhnenden Farben des Bakst prallen gegen das Dunkel, worein die Zuschauer gefangen sind. Musik treibt diese Wesen und rhythmisiert sie zu schicksalshaften, sinnvoll schwingenden Gestalten. Und nun der dramatische Moment. Das Licht beginnt entzückt mitzuspielen, klingt mit der Musik zusammen und wird der große Mime der Verwandlung. Die Bühne strömt unter dem Wechselspiel der Reflektoren gänzlich ins Geschehen, wird Akteur und ein Spiel von Licht; die Farbe musiziert dramatisch mit, Bakst spielt auf ihr, man könnte von einer Farborgel sprechen.

Das Erbe

Wir betonten: Das Petersburger Ballett tanzte das Finale einer wundervollen Überlieferung. Die Auffassung der Russen von der Pantomime, ihre tänzerische Anschauung ruhte noch in der großen Tradition der alten Ballettmeister. Der Schüler des großen Noverre, Lepic[1], hatte in Petersburg gelehrt. Die Petersburger Tanzschule selbst wurde nach dem Muster der Akademie der Mailänder Scala geleitet. Die großen Erfinder der Balletts oder ihre Schüler arbeiteten in Rußland, und dort blieb die große Überlieferung am längsten lebendig.

Man hat die wundervollen Leistungen der Tänzer Diaghilews revolutionär genannt. Ich sehe in ihnen eher die Zeichen lebendiger Überlieferung; gleicherweise muß Bakst als der berufene Nachfolger der großen Dekorateure gelten.

Die Stoffgebiete des Bakst gehören zumeist der alten klassischen Tradition an. Inszeniert er dann und wann neue Dichter, so handelt es sich oft um Deutungen klassischer Themen. Man wird von den Tanzerzählungen des Bakst geradezu an die Gruppierung der Tanzstoffe des Carlo Blasis erinnert, der wie Petipa[2] in Rußland gearbeitet hat. Der theoretisierende, neapolitanische Meister inszenierte mythologische, anakreontische, griechische, orientalische, poetische und groteske Balletts. Der große Choreograph der Scala, Vigano[3], hat einen Psammetich geschaffen, dessen neue Parallele vielleicht Sheherazade ist. In den Strelitzen und der Furlana zu Othello nutzte er bereits volkshafte

Tänze und Milieus. Der Bakst dieses Vigano war Sanquirico[4]. Über diese beiden sind wir durch Stendhal eingehend unterrichtet und vor allem durch die zahlreichen Zeichnungen Schadows. Vigano romantisierte das Ballett und spielte die spöttischen Grotesken des Grafen Gozzi, die von dem Zauber des venetianischen Dix-Huitième durchweht sind.

Dies russische Ballett kehrte nun nach dem Westen, den Geburtsländern des modernen Tanzes zurück, um am Ursprungsort, in Paris, glänzend zu verfallen. Nijinsky, die Pawlowa, sie sind die letzten großen Virtuosen der Tradition der Noverre, Vigano, Vestris und Duport, der Grisi, Cerrito und Taglioni.[5] In gleichem Sinne ist Bakst der berufene Nachfolger der italienischen Dekorateure. Diese banden durchaus klassizistisch die Tanzgruppen durch Architektur zusammen, ebenso wie die damalige Musik vor allem die lineare Melodik betonte. Zwischen den italienischen Dekorateuren und Bakst steht das romantische Ballett der Delibes und Gautier. Die Auffassung von Musik und Malerei hatte sich verändert. Die Alten betonten die Wichtigkeit der Melodik, wie sie in der Dekoration den perspektivisch zeichnerischen Bau der Szene hervorhoben. Die Komponisten des Diaghilew-Balletts, Strawinsky, Tscherepnin, Rimski-Korssakow, Debussy z. B. gingen zu impressionistischer Harmonik über, gleicherweise Bakst zur farbigen Stimmung. Das Melos des Tanzes wurde elastischer, die Symmetrie gebrochen. Das Wort eines alten italienischen Choreographen, man solle den Rhythmus nur fühlen lassen, doch nicht markieren, war nun Prinzip geworden. Aus dem Ballett hatten nach dem Deutschen Hilverding[6], der auch in Rußland gearbeitet hatte, die Italiener die Pantomime entwickelt. So entstand die inhaltlich gebundene Tanzfolge. An die Stelle der Suiten der Rameau und Lully trat die darstellende Tanzbewegung des Ensembles, die durch Handlung und symphonisch gebundene Musik bestimmt wurde. Der Einzeltanz, der pas de deux lösten sich ganz in Handlung auf, die Komposition wurde engmaschiger. Nun wurden kollektive Handlung und gleichzeitig bewegte Komposition, wovon Vigano immer gesprochen hatte, stärker, strenger entwickelt. Hierzu hatten die italienischen Choreographen den Weg gewiesen.

Bakst arbeitete vor allem die farbige Einheit der Szene aus; er nutzte weniger die architektonische Aufteilung als den farbigen Zusammenschluß der Figuren und der rhythmisch bewegten Gewänder. Bakst besaß durchaus die Einfühlsamkeit und Phantasie der alten Choreographen. Er baut die Szene, um den Tanz deutlich und plastisch erscheinen zu lassen. Seine großen Farbflächen gewähren bedeutend strömendes

Erscheinen der Linien und Figurationen; er versteht es, die Tänzer vom Boden farbig und plastisch sich abheben zu lassen — das alte partire del terreno — und kraft seiner farbigen Kontraste erscheinen Elevation und aere luftig und leicht. Mit ungemeinem Instinkt nutzt er die malerischen Mittel, um himmlisch bewegte, rhythmisch bedeutende Figuren zu schaffen. Bakst schließt die getanzte Arabeske in große farbige Flächen; durch die kostbare Pracht seiner Gewänder wird sie zu rhythmisch farbigem Spiel. Die Inhaltsbezirke des Bakst schließen sich den überlieferten Stoffen an. Er beherrscht die klassisch ernste und tragische Pantomime, er bildet die anakreontische Welt der Idylle nach und erweckt die Gestalten des Grand Ballett des vierzehnten Ludwig, zaubert den romantischen Traum fremdländischer Welten. Unter seinen Händen ersteht wieder das heitere Getriebe des alten ironisierenden Gozzi; venetianisches Rokoko und das kapriziöse Spiel der Comedia del arte kichern von neuem über heitere Plätze des italienischen XVIII. Jahrhunderts. Dies macht uns staunen, wie Bakst all diese Welten auf neue Art emporzaubert, wie in diesem ungeheuer gebildeten Menschen die Überlieferung der szenischen Meister weiterwuchs.

Das Petersburger Ballett blieb von dem Hereinbruch des Naturalismus verschont. In ihm blühte noch die alte Tradition, und darum war der Anschluß an die dekorativen Symbole der d'Annunzio, Wilde und Mallarmé gegeben, die vor allem das Sichtbare des sprachlichen Vorgangs betonten. Hatte man früher das Ballett dem Drama genähert, so nun das Drama der Pantomime. Diese Dichter gingen vom szenischen Bild und dessen Verwandlungen aus, und danach bildeten sie das dramatisch bewegte Wort. Der seelische Vorgang war vom dekorativ Sichtbaren absorbiert. Man entliterarisierte das Drama zu Gunsten des Szenischen; Dekor und Geste blühten, und der Text begleitete rhythmisch einen geradezu tänzerischen Vorgang. Man versuchte, mit den Mitteln des Epigonen den Anschluß an die antike Tragödie wiederzugewinnen und mühte sich in etwas leerer Vergeblichkeit um eine große rhythmische Sprache, eine fast liturgische Gliederung der Vorgänge. An die Stelle der seelischen Motivierung trat die dekorative Metapher; man erinnere sich, wie z. B. d'Annunzio die »Phädra« Racine's entseelte und metaphorisch aufputzte. Diese Dramatik ist, ähnlich wie die der italienischen Renaissance, vom überlegenen Maler abhängig, man gibt einen Vorgang mit geminderter innerer und Worthandlung. Die Gegenstände dieser Dichter sind zumeist Lehngut, ihr Neues besteht in einer dekorativen Empfindsamkeit, die in sprachlichen Bildern und dekorativen Gesten sich äußert. Man versuchte eine kostbare Artistik und schüttete eine zerbrechliche Empfindsamkeit in alte Stoffe, die den Sensitiven aus dem Jetzt retteten und ihm als Geländer dienten. Die alten Stoffe erlaubten die Sammlung aller Kräfte auf die artistischen Mittel, sie ersparten psychologische Motivierung und entfernten aus dem naturalistischen Jetzt, das entweder geschildert sein will oder zu starker Umbildung antreibt. Man rettete sich in die Zeiten der großen Geste und verharrte unabgelenkt im Dekorativen, dem Sichtbar-Prächtigen.

Bakst war der Mann, das Gegenständliche der Dramen ins Malerische zu bannen und alte Märchen in neuen Farben aufzuzaubern. Er sammelte die Vorgänge ganz ins Sichtbare, in Geste, Rhythmus und Farbe. Diese alten Stoffe sind seelisch kaum noch verbindlich. Traumhaft gleiten die wohlbekannten, etwas mechanisierten Mythen vorbei, so daß alle Kräfte des Betrachters auf das Malerische und die technisch vollendete Darstellung gelenkt werden. Gerade in dieser Begrenzung des Anspruches an den Betrachter liegt das Geheimnis, der Erfolg dieser Balletts. Der Tänzer gewährt dem Zuschauer das schwebende Gefühl ungemeiner Leichtigkeit, die Vorgänge erfordern eine nur geringe seelische Bemühung. Diese pantomimische Verkürzung des Wortvorgangs und des seelisch Bewußten bereitete wohl das expressionistische Drama vor, worin man versuchte, eine strukturhaft deutliche Handlung wiederzugewinnen.

Das Ballett ist eine durchaus klar umschriebene Kunst; sie ruht in einer Tradition, die das Repertoire rhythmischer Bewegungsphantasie festhielt. Die verschiedenen klassischen pas, die Kurven der Elevation, des partire del terreno, die Pirouette, all diese Bewegungen müßten einmal auf ihren Stilcharakter untersucht werden, wodurch das Ballett in die Haltung der anderen Künste eingereiht würde.

Das nachklassische Ballett löste sich aus der Gebundenheit der geschrittenen oder gesprungenen Tänze, wie Gavotte, Menuett, Lourde, Sarabande, während des Barock und Rokoko. Jetzt tritt statt des klassisch tektonischen Schreitens etwas anderes auf: Die Kurve des Barock und Rokoko. Die Tanzmeister nutzten die kurvigen und gleitenden Übergänge des neuen Stils, die pas strömen ineinander, die Grundarabesken der Tänze fluten wellig wie Barockvoluten. Ein tatsächlicher Stil ändert die Anschauung, vor allem aber zeigt er die Haltung und Bewegung der Menschen. Dies Überwinden der Schwere im Rokoko, das schwebende Spiel aufgelöster Masse wird nun ins Tänzerische übersetzt, der neue Tanz wächst gänzlich aus diesen repräsentativen Stilen. Der Rokoko- und Barockmensch gibt die gelöste Geste, er kehrt die Bewegungen »en dehors« und löst sie in den bewegt fliehenden Raum, während sonst der Europäer Knappheit der Geste, ja ihr Versagen sucht; Scham und praktische Gründe bedingen solches. In Barock und Rokoko besaß man nun repräsentative Stile, um gelöste Ekstase oder lächelnde Heiterkeit darzustellen. Die statischen Akzente früherer Künste waren nun in Bewegung gelöst: Barock und Rokoko sind durchaus dynamische Stile, worin das Bewegende vorherrscht; und dadurch wurden sie tänzerisch so fruchtbar.

So verstehen wir, daß das moderne Ballett aus den Ursprungsländern der neuen Stile kam, aus Frankreich und Italien, und von dort nach Deutschland drang. Ballettmeister wie Blasis haben viel über die geschwungenen Wellenlinien des Hogarths nachgesonnen, und die Theorien des Noverre zeigen durchaus Merkmale einer Ästhetik, die von Barock und Rokoko bestimmt ist. Gardel[7], der heroische Tänzer und Gegner Noverres, vertrat noch den Klassizismus des Corneille, dann kam der Kampf zwischen Piccini und Gluck, der für die Weiterbildung des Balletts von ungemeiner Bedeutung war. Vestris scheint der typische Tänzer der Rokoko-Kurven gewesen zu sein, Vigano romantisierte dann den Tanz.

Nach den Taglionis, der Grisi und Petipa erhielten die Russen allein die tänzerische Überlieferung lebendig. In Petersburg erzog man die Tänzer noch nach den Lehren des Blasis und der Mailänder Akademie. Die Bücher Noverres, des schweizerischen Theoretikers, wurden auf Kosten des Zaren neu herausgegeben, und fast jeder große Ballettmeister hat einige Zeit in Rußland gearbeitet. Dort wurde die choreographische Komposition stetig fortgebildet, und Fokin, der Ballettmeister Diaghilews, war lediglich ein Nachkomme der großen italienischen und französischen Tanzmeister.

Gleichermaßen ist auch Bakst zu werten. Er ist der legitime Nachfahre der großen choreographischen Dekorateure, und seine Leistung ordnet sich geschichtlich organisch ein. Die szenischen Absichten Fokins und des Bakst laufen parallel und entsprechen einander. Beide haben das Ballett dekorativ gelockert. Ihre Kompositionen sind vor allem auf Farbwirkung gerichtet. Wie Bakst die szenische Einheit durch die Farbe anstrebt, so schied Fokin das alte caminare, das Schreiten, aus, der Tanz wogte unaufhörlich, das ballare der neuen Zeit hatte gesiegt. Nun strömte ungestört die Arabeske tänzerischer Varianten, und das Drama sammelte sich in bewegte plastische Ornamentik.

Bakst schloß diese rhythmische Dramatik durch starke Farben zusammen; die tragischen Gegensätze leuchteten in farbigen Kontrasten, die Charaktere der Figuren wurden durch Farbe und Schnitt der Gewänder aufgezeigt. Bakst kehrte oft zu den Stilen zurück, durch die das klassische Ballett bedeutend geworden war. In der donne di buon humore wird die Welt Gozzis lebendig, in der Zauberbude, Carnaval und Papillons, die Zeit der Taglioni und Grisi, die exotischen und märchenhaften Stoffe, sie alle wurden von Bakst farbig neu erweckt. Er nutzte diese Stile als Masken des Jetzt, und hierdurch gehört er in den Kreis der Künstler, die eine artistische neuartige Sensibilität alten Bezirken einfügen. Bakst erscheint als der große Prestigateur der Stile, als Schauspieler des Raums, dem Szene und Formen wie Masken und Gewänder dienen; wie die Worte erst durch die Komposition zum Gedicht sich schließen, so findet Bakst die Einheit aller szenischen Mittel im farbigen Zusammenschluß.

Ausgang

Bakst, Diaghilew, das Ballett, zogen nach dem Westen, durchwanderten Europa und Amerika. Diese Leute lösten sich von Rußland los und reisten nach den Geburtsstätten des Balletts. Sie verblüfften den improvisierenden Westen durch Technik und Zucht. Paris wurde Hauptquartier der Truppe; die Saisons russes entstanden; Bakst war nun Pariser zwischen der 5ten Avenue und Monte Carlo.

Irgendwie hatte er in Paris begonnen, im Park vor Versailles beim Petit Trianon; sein Klassizismus lag zwischen Guérin, dem Dichter des Kentauren, Hérédia und Chassériau[8]; Paris war Heimat der Exotiques, die Arbeiten des Bakst berühren deutlich die Kreise der französischen Romantiker. Delacroix und Gustave Moreau mögen ihn beeinflußt haben. Bakst war durch die Farbe groß geworden, hierin stehen Stärke und Grenze seiner Begabung; gemilderte Matissesche Attitüde, die literarisch bestimmt und archäologisch gemildert wird; ein Dandy und Archäologe zeigt sich als vorsichtiger Fauve. Ein Stück Münchner Jugend, etwas kunstgewerbliche Ornamentik und der Schatten Beardsleys zeigen sich mitunter.

Bakst wurde wie alle Russen, die im Westen sich verfingen, Emigrant. Ungefähr ein Mensch, der nur noch artistisch wertet, Mallarmé liest und dann an anderen Himmel, eine Bäuerin und ein paar Weiden denkt. Man erinnert sich Turgeniews, dieser melancholischen Figur. Rührt sich zu Hause ein wenig die Zeit, so entläuft ihnen das Jetzt, und die lebendige Heimat vergißt die Abgewanderten. Bakst kannte kaum noch die Sprache der Heimat der Nachkriegszeit, und das Rußland Lenins hatte ihn und das Ballett vergessen. Dort war man jünger und unphilologisch geworden. So saß man als Gast am Boulevard Malesherbes, eine Hotelexistenz im Geistigen. Man war berühmt, soigniert und zerbrochen. Kein Boden mehr unter den Pumps.

Nun zaubert der kranke, langsam sterbende Bakst Figurinen von Bauern alter Zeit, in seinem Atelier erweckt er die Gestalten des toten, versunkenen Rußland; das letzte Wort des philologischen und distinguierten Artisten ist Heimatkunst; glatt unerfüllte Sehnsucht.

Er stellt in einem Pariser Theater eine mimische Anklage gegen das revolutionäre Rußland, eine erfolglose Geste des romantischen Emigranten. Heimweh läßt ihn die Gestalten vergangener Heimat bilden; verspätetes Volkslied im Smoking. Rußland war anders geworden, auch sehr nebenher seine Theaterkunst. Das Gottschedgeschick bedroht heute mitunter schon Zwanzigjährige. Zwischen Scheherazade und der Lacheté keilten Krieg und die große Revolution. Bürger und Proletarier eilten flinker als der subtile Künstler, der von gleichem Traum besessen blieb. Für elegische Gedächtnisfeiern fehlte den Russen die Zeit, während ein Emigrant sovie Zeit hat, daß er sie verliert, da er Vergangenheit und Sein stets verwechselt.

Bakst baute sich in seiner Pariser Wohnung dies alte Rußland und starb zwischen den Figurinen an tödlichem Heimweh, das wie viele Dinge mit dem Sammelwort Neurasthenie bezeichnet wurde. Man starb an Nerven, die ihre Zeit nicht mehr ertrugen. Man endete als Emigrant, ein Mensch, der zwingender Bindungen ermangelt, dessen Geschick geradezu Schicksallosigkeit ist; man lebt im Vergangenen, das man für sich und einige undeutliche Pensionsgäste zur Gegenwart galvanisieren möchte. Die Schuhe laufen auf fremden Boulevards, während das Herz woanders sich abnutzt. Solche Menschen verwechseln dauernd Orte und Gezeiten und meinen immer ein anderes. Emigranten bleiben irgendwie stehen, da sie keine Gegenwart besitzen und die Zukunft mit einer utopischen Vergangenheit verwechseln, die, da sie nie war, auch nicht wiederkehren kann. Emigranten glauben, Zeit sei umkehrbar und lasse sich wenden wie ein Rock. Solch Vergangenes bildete Bakst zum Spiel der Figurinen; aber das artistische Schauspiel war vom politischen überholt worden; das Rennen zwischen Gedicht und Wirklichkeit war von der Politik gewonnen.

Mit Bakst starb ein großer Schauspieler des Bühnenraums: er kann nur vom Mimus her begriffen werden. In spottender Trauer stellte er eine Welt hin, die mit den Gedichten sich verwandelte und die kurzlebig ist, wie das Schauspiel. Bakst schuf bezaubernde Träume der Verwandlung, und doch leben diese Dinge nur von der Gnade der Gedichte oder des Tänzers. Diese Petersburger Tänzer waren die letzten der großen Überlieferung. Wie Bakst standen sie zwischen dem romantisch prächtigen Einst und einem kaum gewagten Jetzt. Nach ihnen kam die Zeit der exerzierenden Girls und der ballets mécaniques. Das Ensemble der Russen zerstob, und damit verlor die von Bakst geschaffene szenische Einheit ihre Wirklichkeit. Man bewahrt sie in diesem Buch und betrachtet melancholisch die Vergänglichkeit wundervoll gespielter Masken.

In *Leon Bakst*. Mit einer Einleitung von Carl Einstein, 330 numerierte Exemplare, Wasmuth-Verlag, Berlin 1927.

Leon Bakst (1866–1924), eigentlich Lew Samojlowitsch Rosenberg, wuchs in Petersburg auf und studierte dort Malerei. Nachdem er die Akademie verlassen hatte, weil sein zu »realistisch« gemaltes Bild »Madonna, die den Christus beweint« von einem Wettbewerbsausschuß abgelehnt wurde, lernte er Alexandre Benois und Serge Diaghilew kennen. Zusammen gründeten sie die Zeitschrift »Mir irkusstwa« (»Welt der Kunst«) und organisierten avantgardistische Ausstellungen von westeuropäischen Künstlern. Leon Bakst und Benois folgten Diaghilew nach Paris, als er die Leitung des »Ballet russe« übernahm. Bakst war in Paris nicht nur Bühnenbildner, sondern entwarf auch Kostüme und machte Mode. Das Ballet russe versuchte, Musik, Tanz, Malerei und Skulptur zu vereinen. Baksts Entwürfe hatten »auf die Zuschauer oft die Wirkung von Gemälden, durch die sich die Tänzer wie Ornamente bewegten«. Ausstattungen schuf er u. a. für Strawinskys »Feuervogel«, die »Scheherazade« von Rimski-Korssakow, »Spectre de la rose« nach Carl Maria von Weber und »Prélude à l'aprèsmidi d'un faune« von Debussy.

1 Jean Georges Noverre (1727–1810), Ballettmeister und Choreograph, und Charles Lepic (Le Picq) (1749–1806), Tänzer und Choreograph.
2 Carlo Blasis (1797–1878), Tänzer, Choreograph und Tanztheoretiker, und Marius Petipa (Petitpa) (1822–1910), Tänzer und Choreograph.
3 Salvatore Vigano (1797–1821), Tänzer und Choreograph.
4 Pio Sanquirico (1847–1900), Bühnenmaler.
5 Gaétan Balthazar Vestris (1729–1808) und Louis Duport (1781–1853), Tänzer, Carlotta Grisi (1809–1899) und Fanny Cerrito (1817–1909), Tänzerinnen, und Filippo Taglioni (1777–1871), Ballettmeister.
6 Franz Anton Hilverding (1710–1768), Tänzer.
7 Pierre Gardel (1758–1840), Tänzer und Choreograph.
8 Die Dichter Maurice de Guérin (1810–1839) und José Maria de Hérédia (1842 bis 1905) und der Maler Théodore Chassériau (1819–1856).

Gottfried Benns »Gesammelte Gedichte«

Im allgemeinen lebt Lyrik vom Truck gemeinsamer Einsamkeit. Den Wortlosen werden Eingespräche für jede Lebenslage zur Verfügung gestellt, und die empfindsamen Vorsänger hangen und bangen im kargen Solde derer, die »Himmelhoch« und »Zu Tode« leicht dosiert zu benutzen wünschen. Die meisten lyrischen Bände sind Verzierungen und Stuckaturen der häufigen Gelegenheiten, bei denen der Mensch verstummt. Jede wahrscheinliche Situation steht parat in Vers und Reim geglättet; das nihil humani und die Demokratie der außerordentlichen Gefühle blühen.

Anders Benn. Das Gedicht gilt ihm nicht um der Gelegenheit willen, sein Gefühl wird nicht anekdotisch bestimmt und umgeschaltet; sondern eine feste Mentalität schafft sich ihren Gegenstand und erfindet eine zwanghaft geschaute Welt. Man darf vielleicht die Gedichte Benns die Zeichen eines halluzinativen Egoismus nennen. Zunächst heißt ihm Gedicht Absperrung in sich selbst, wodurch diese Schöpfungen ihre monologische Abgegrenztheit erhalten. Diese Gedichte wachsen in der »Abspaltung« vom Gesellschaftlichen und verdichten sich durch »Selbstentzündung«. Durch diese Isoliertheit der seelischen Kraft ist die Geschlossenheit der Bennschen Schöpfung gewährleistet.

Die Gedichte der Jugend bedurften noch der außenmotivischen Stimulanz; noch scheiden sich Dichter und Gegenstand, Gedicht und Anlaß; Gefühl und Außenmotiv verhalten sich noch dualistisch. Doch in Abscheu und Schreck über den Anlaß der Vision regen sich die Kräfte zu leidenschaftlicher, schmerzlicher Distanzierung. Man stößt fliehend zur Mitte ins Egozentrum vor und taucht in die stygische Flut des Selbstgeschehens.

Dies ist es: zwei Dinge sind dem Bewußtsein am fernsten: das unmittelbare Ich und das durch keine Wirklichkeit vorbestimmte Sprachspiel, das in halluzinativem Zwang beginnt. Beim Dichter Benn ist die Folge der dichterischen Zeichen geradezu das Mittel der Isolierung, da diese Analogien in egozentrischer Vision strömen und persönlichst verbunden sind. Halluzinativ autistisches Wortgeschehen und eingesprächiges Sichverschließen entsprechen einander. Dies verschlossene Selbstgeschehen und der autistische Sprachvorgang werden kaum noch von äußerem Motiv oder zweiter Person durchkreuzt. Solch entschiedene dichterische Selbstzeugung setzt die »Spaltung« vom Gegebenen voraus, zunächst also leidenschaftliche Verneinung, dann Indifferenz.

Nach den beschreibenden Gedichten der Jugend bemerkt man im Gedicht »Karyatide« das Eindringen eines stärker dynamisierenden Wortvorgangs; das Motiv schwindet, zerrinnt fast in den zeitflutenden Verben; das zeithaltige, funktionsreiche Ich läßt das Motiv vibrieren und aktiviert den Dingzustand in Prozeß; nun lebt das Motiv stärker, doch nur in der Zentrierung in das Ich; die Bedingtheit der Welt durch das lyrische Ich wird gewiesen. Die Mittel zu solch egozentrischer Gewalt werden aus zwei Kategorien geschöpft, einer sprachlichen und einer philosophischen. Der philosophische Nihilismus, der die Dinge zur zweifelhaften und dünnen Hypothese mindert, läßt diese nur als Zeichen autistischer Wallungen gelten; die Dinge erscheinen und schwinden als Symptome eines isolierten selbstischen Vorgangs. Jene sind auf den einen Generalnenner, das Selbst, gestellt und werden von den dem Ich entflutenden Wallungen einbezogen. Die Dinge sind die Tangenten, die die Seele peripherisch durch »Entwurzelung« erreicht, um dann wieder »regressiv« in das unfaßbare Chaos abgestoßen zu werden. Das Objekt wird als Irritation des Selbst, als Ablenkung verspürt. Man trifft bei Benn einen objektentbundenen Subjektivismus und damit einen sprachlichen Autismus, nicht unähnlich der Haltung einiger Maler, deren Arbeiten man als lyrische bezeichnen kann.

Benn verharrt entschlossen im Gedicht; allerdings jede Artistik ist nihilistisch, da durch sie das »Wirkliche« ins Fiktive zurückgeworfen wird. Diese Artistik scheint bei Benn so gut wie bei Baudelaire zunächst Notwehr einer delikaten Empfindsamkeit zu sein, dann aber Zeichen einer dichterischen Reinheit, wovor das Wirkliche zum wahllos unsinnigen Ramsch falliert.

Gedichte scheinen dadurch bestimmt zu sein — daß die kaum noch erträgliche Empfindung und eine äußerste Unmittelbarkeit metaphorisch abgeleitet werden und Welt und Dinge sich dieser halluzinativen Kraft fügen müssen. Allerdings bezahlt der Dichter solche Intensität mit der Enge des artistischen Geltens der Gedichte. Es bezeichnet dies lyrische Ich, daß es nach halluzinativen Analogien verfährt. Wir betonen dies, da Benn in das lyrische Erlebnis »intellektuelle« Momente einbezieht, allerdings werden diese triebhaft als Affekte gewertet. Diese geistigen Reflexe steigen und fallen wie Blutdrucksäulen. Dadurch wird das Bewußte zwingend fatal; denn nun wird es zur Kernzelle des Seins, die außerhalb des zerbrechlich Gewollten atmet. Das Erkennen arbeitet nun als affekitver Trieb, wobei auf ein endgültiges Ziel des Erkennens verzichtet wird. Der Wissenswert ist, gemessen am Empfindungswert, für das Gedicht gleichgültig; man wertet die Intensität.

Bei Benn ist alles auf Isolierung des Ichs gerichtet, und dies ist schmale Fackel der Gestaltung. Damit wird eine Indifferenz gegen das Gesetzte und Leidenschaft für das noch nicht Entdeckte gewiesen, das aus immanenten Bezirken wächst. Man wertet die Welt des Draußen nicht mehr und wendet sich von ihr ab, um in eigenen Elementen hymnisch zu verharren.

Diese zerebralen Halluzinationen werden zwangsmäßig, orakelhaft herausgestoßen und verdichten sich zu einer Folge von Substantiven; diese wirken definitiv wie ein Reim und schlagen — statt beschreibend zu zerlegen — den Gesamtkomplex an. Bei den Lesern mögen sie sich zu gestuften Einzelerlebnissen lösen und entfalten. So bergen sie zunächst das vorregional Geahnte oder Mögliche, das — noch nicht analysierbar — Entwurf zu heutigem Mythus ist. Diese undeskriptiven Substantive sind gehirnlich-empfindsame Summationen, sie sind lyrisch, da sie weder beschreiben noch zergliedern. Sie totalisieren das innere Geschehen, denn in ihnen wird das Einzelerlebnis grammatikalisch typisiert. Kaum getrennt, rasch folgen diese Hauptworte einander; Ausrufe und Anrufungen.

Diese Hauptworte umreißen in einem Zeichen Grundzustände oder, wie man sagt, Komplexe. Sie sind nicht anekdotisch, sondern typisch und gelten über das Einzelgeschehen, die Gelegenheit hinaus. Sie sind weit wie Wolken und enthalten, man könnte sagen apriorisch, den Wechsel: die möglichen Nuancen und Färbungen; geistig aber sind sie präzise wie Skalpelle des Zerebrums. Sie sind die Zeichen geistiger Empfindung, dieser schönsten Kreuzung der Kräfte; das instinktive Gefühl bleibt in seiner ganzen Weite und Unbestimmtheit erhalten, doch anderes setzt ein: die intellektuelle Erweiterung und Präzision des Triebhaften, das durch seine Vehemenz geradezu Bewußtsein erzwingt. Diese Substantive sind Mittel der Abkürzung; sie erläutern nicht, sondern geben den Umriß, worein simultan die Stufungen der Einzelerlebnisse sich sammeln und subsummieren.

Die Bevormundung dieser begrifflichen Hauptworte scheint mir eine bestimmte Haltung Benns zu bezeichnen: Abneigung gegen die teleologische Dynamik des Entwicklungs- und Kausalitätsnepps. Diese Begriffe sollen nur formal, doch nicht sinnhaft Definitives geben, eher will man die Ratio zum Trieb visionieren. Hier ist ein Sprachmittel von erheblicher Bedeutung gewiesen, das syntaktisch und im Tempo Definitives und Halten gewährt, inhaltlich aber ganz im Potentiellen bleibt; oder durch Häufung dieser Worte, ihre Kontraste und Verschiedenheit eilen die Gesichte vorbei. Diese Substantive wirken wie Elemente; eine komplizierte Seele reagiert in einfachen Mitteln ab und verfängt sich nicht in beschreibender Stufung; der Leser wirft in diese Brunnen seine eigene Spiegelung und Färbung. Dank diesem Aneinanderreihen der halluzinativen Substantive meidet man die kausale Bindung; die Analogien stehen nackt, direkt gegeneinander, dazwischen strömt die lebendige Substanz des Ich als tätige und empfindende Einheit. Man meidet das Rationale und fragwürdig Teleologische der kausalen Folge, sammelt in fast gleichzeitige Vision die Elemente und nennt in diesen Hauptworten die verschiedenen Aspekte eines lyrischen Zustandes.

Die frühen Gedichte Benns weisen noch dualistisch Außenmotive, doch deren Wirkung ist entsetzte Flucht. Es folgen die Gedichte des Sichwegschlafens, der Betäubung; Gedichte einer schmerzhaften Katharsis. Zeitlich mögen dann einige Hymnen der Liebe folgen. Dann wird alles nach außen gestellte Du selten. Nun beginnen die Hymnen vom Selbst. Anrufung des Alleinseienden an die eigene Seele tönt auf, man endet in autistischer Beschwörung. Benn benutzt einen achtzeiligen, elastischen Vers, der fähig ist, den weiten Ablauf der Zeichen rhythmisch zu umspannen. Vor Leistung ist Lob töricht; ich stelle meine Bewunderung fest.

In *Die Neue Rundschau*, Oktober 1927, S. 446 f.

Die »Gesammelten Gedichte« von 1927 enthalten die Texte und Textsammlungen: »Morgue und andere Gedichte«, »Söhne – Neue Gedichte«, »Fleisch«, »Schutt«, »Betäubung«, »Spaltung«, sowie einige neu hinzugekommene Gedichte, reichen also von der »Kleinen Aster« bis zu »Regressiv«. Als Beispiel für ein Gedicht, das zu diesem Zeitpunkt als »spät« zu verstehen ist, vgl. das Einstein gewidmete Gedicht »Meer- und Wandersagen« im Anhang dieses Bandes.

Rudolf Belling

Die Zeichen der Pfründner der Seele: man gibt eine banale Form und behauptet, sie drücke ein seelisch Ungewöhnliches aus. Entweder entspricht das Fabrikat eben nicht der ungemeinen Absicht oder man versucht eine schwache Formkiste durch nicht realisierte Dinge zu rechtfertigen. Sagen wir es offen: die Deutschen verstanden es einmal, das seelisch Ungeheuerste in formaler Erfindung restlos auszusprechen; man halte sich an die geglückten Lösungen und propagiere nicht pathetische Gemeinplätze, kosmische Fettaugen. Zuerst sehen, bitte!

Flechtheim zeigte vorigen Sommer den plastischen Nachlaß von Degas. Dies war Ereignis; die Bildhauer bewunderten das wütend genialische Modelé des erblindeten Zeichners. Degas gab etwa Tastzeichnungen von einzig-bewegter Empfindsamkeit; malerisch durchmodelliert. Die Bewegungsphantasie entzückte; die impressionistische Epidermis dieser Broncen übertrifft an Gefühl Rodin. Zwischen meisterhafter Zeichnung schweben Tupfen und Höhen des Modelés; durchaus malerische Oberfläche. Degas gibt ein wundervolles wie gefährliches Beispiel, wie die Bildhauerei des 19. Jahrhunderts unter dem Einfluß der voraneilenden Maler stand.

Plastik ist biologisch wichtig, da sie Mittel gewährt, unsere Tast- und dreidimensionalen Erfahrungen zu ordnen und zu bestimmen. Man nutzt als plastisches Grundphänomen den menschlichen Körper, dies Werkzeug aller kubischen Erfahrung. So wurde der Mensch Leitmotiv der Skulptur. Man kann geradezu sagen, daß der Bildhauer das vital stärkste Bewußtsein menschlichen Daseins besitzen muß. Jede Abänderung der kubischen Vorstellungen wird hier als unmittelbare Gefährdung empfunden; so scheint Skulptur konservativer, traditioneller betrieben zu werden.

Belling — er beunruhigte zunächst. Dort begann einer mit tektonischen Form- oder Schwingungsvorstellungen. Man fühlt eine Form, die Licht und Luft kreuzt, musikalisch schwingt. Solche Formgefühle rükken von menschlicher Figur weg. Zunächst gibt man das kontrapunktische Spiel mit dem Kubischen.

»Der Dreiklang«: plastische Formen durchklingen ein luftiges Rund. Die Masse formt Luft mit, das Leere wird als Gegensatz mit eingeschlossen; etwa wie Architektur einen Platz, eine Treppe, die leere Halle mit gestaltet. Man gibt nicht nur Masse, sondern gleichzeitig auch das Leere, und beides wird unter die Gesamtvorstellung Gestalt, Form subsummiert. Belling verläßt das malerische Modelé, womit eine zeichnerische Kontur, eine Reliefansicht aufgefüllt wird. Er erfindet freie dreidimensionale Formen und glaubt nicht, daß ein Ding plastisch sei, wenn hinter einem Kontur Masse sitze. Geformte Luft und Luftmassen durchdringen die Materialform, sprengen sie in wendige Bewegung; er steigert und mehrt die Kontrastwirkungen, indem er die Masse öffnet und somit dreidimensionale Bewegung erzwingt. Etwa der Dreiklang ist polyphon, man fängt die feinflüchtige Kraft der Luft ein, die nun gestaltet mitklingt; Luft und Massenform musizieren fugenhaft ineinander.

In den Brunnen wird noch das plätschernde, strahlende Steigen und Fallen des Wassers einbezogen. Belling versteht es, diese feinen Elemente, fast schon zerrinnend, zu kubischer Form zu überreden; das Wasser teilt sich in Säulen, die zu sprühenden Wasserkapitelen sich entfalten. Fast gewaltlos hält ein dünner Draht eine Luftmasse, die durch das Gegenspiel der Materialform sich zur atmosphärischen Schale rundet. Dann dies Durchbrechen der Formen, dies Öffnen der Masse, läßt sie durchaus kubisch wirken — das Spiel rein plastischer Gegensätze ermüdet nicht. Man darf Belling vielleicht einen polyphonen Plastiker nennen.

Eines wollen wir noch sagen: diese kubischen Gegensätze gleiten in schöner Eleganz — dank einer selten durchgearbeiten Oberfläche. Die Zeichnungsplastiker leben vom malerischen Modelé. Belling glättet seine Flächen, so daß die geringste plastische Senkung oder Hebung, dies kubische Atmen sehr wirksam ist; man beherrscht die zarten Stufungen, Crescendo und Diminuendo des plastischen Klangs. Denn etwas steckt in diesen Skulpturen, ein manuelles Handwerk, wie es heute kein Bildhauer in Deutschland besitzt. Belling darf Erhebliches wagen, weil er es eben handwerklich verwirklichen kann.

Belling fühlt tektonisch, er gestaltet das Leere mit, ähnlich dem Architekten. Er begann mit kubischen Formvorstellungen, die bisweilen kaum in vertraute Gestaltmotive mündeten. Belling liebt es heute, seine Formphantasie sorgsam zu konkretisieren. Ein überraschendes Beispiel gibt das Bildnis Haertel im Buchdruckerhaus. Ein Porträt war die Aufgabe. Bellings Formen sind so elastisch geworden, dieser Bildhauer individualisierte dermaßen sein Formrepertoire, daß er durchaus tektonische Formen zu einzigartiger Individualität verbinden kann. Freie Form und höchste Gegenständlchkeit sind in diesem Porträt kongruent. Belling fühlt, daß Formen letzten Endes Gegenstände beherrschen und bilden wollen.

Sagen wir es deutlich: mit dieser Leistung hat sich Belling als der berufene deutsche Monumentalplastiker erwiesen.

In *Der Querschnitt*, 7. Jg. 1927, S. 381 f. – Vgl. den früheren Text über Belling, S. 278 dieses Bandes.

Picasso

Picasso malt schon als Kind. Mit zwölf Jahren porträtiert er die Eltern; Tempo steckt darin und viel Geschick. In Paris beginnt er Arme zu malen; kompakte Malerei, in der Haltung sentimental; fast Tendenzkunst. Man mag Lautrec anrufen, doch der Graf gab sich distanzierter, überlegener. Schon eckt etwas flacher Kontur in seiner »Büglerin«, dem »Biertrinker«, dem »Suppenesser«. Flächenteilung beginnt; nichts verrät impressionistischen Einfluß. Man drängt zur Komposition; so malt er 1903 »Die Suppe«, 1904 »Die zusammengekauerten Gaukler«, beidemal Mutter und Kind. Diese Bilder sind vom Blau beherrscht. Man mag vielleicht an Picassos große Figurenbilder nach dem Krieg denken. Noch ist man gefühlsam, gibt Geste und lebt etwas in den stillen Allegorien der Symbolisten. Vieles ist auf das Sentiment der Figur gesetzt; Suppenteller, Absinthglas werden symbolhaft benutzt. Etwas spanisches Pathos. Trotzdem, ein Instinkt für Komposition überzeugt. Aus dem Rührstück kommt man zur stillen Welt der Harlekine. Nicht der ziererische blasierte Pierrot des Beardsley, nicht die weißgeschminkte Maske eines ermüdeten Snobs zwischen Spitzenrüschen posiert, sondern arme Teufel, blaß von dünnem Blau, still in grauem Ton und abgezehrt zu mattem Rosa dulden. Cézanne malte im »Mardi-Gras« Pierrot und Harlekin wie Apfel und Banane; Menschen als Stilleben. Picasso gibt dünnflächige Körper mit still gleitendem Kontur; Lyrik. Ein Stück Chavannes. Später werden von neuem diese Gestalten behandelt, unsentimental, ohne Tendenz.

1907: Aufbruch in den Kubismus. Man hat diese Zeit als »negroide Periode« bezeichnet und wollte damit den Versuch zur flächenhaften Darstellung des Kubischen geographisch motivieren. Picasso lehnt den Hinweis auf Negerkunst ab: »J'en connais pas.« Abschied von der Symmetrie; man gibt Gestalt, in Flächen geteilt, deren Kontraste durch

Helldunkel herausgeschliffen werden. Noch schärfer meidet man den damals üblichen Kolorismus, man beschränkt die Farbe auf Grau und Braun. Die Fläche wird nur allmählich gewonnen. Picassos Stationen folgen nun merkwürdig konsequent. Er versucht die große Figur. Naturgegebenes wird auf einfache Gebilde zurückgeführt. Apollinaire nannte solches »instinktiven Kubismus«; dieser beherrscht zweifellos den größeren Teil heutiger Malerei. Picasso und Braque schenkten den bedürftigen Kollegen Formmittel und Aufgaben, von denen sie selber bald sich abwenden. Ein tektonisches Pathos beginnt, das alle fortriß, die Cézanne in sich aufgenommen hatten. Man baut Akte aus einfachen Teilen, die mit Hell und Dunkel eckig gegeneinander stoßen. Die Jahre 1908 und 1909 bringen solche Figuren und Köpfe. Aus der Cézanneschen Modellierung ist Spiel von sich querenden Flächen geworden; der Maler eint wechselnde Achsen und Blickpunkte, doch die Form der Akte und Köpfe baut sich streng zusammen. Das Volumen, die Kontraste und Kadenz der Teile sind verstärkt. Wenn man Landschaften malte, mußte Architektur diese beherrschen; also schleuniger Abschied von der Sentimentalität des nachgebildeten Motivs. Man sollte entscheiden: ob mechanische Nachahmung oder freie Schöpfung, Wiederholung oder Erfinden; also mehr als nur Artistisches wurde befragt, eine sehr menschliche Angelegenheit, die Freiheit der optischen Vorstellungen wurde entwickelt. Die Vormänner haben behauptet, Kunst solle vor allem technische Probleme lösen, und hierauf möge man sich beschränken; doch keiner hatte bestimmt, wo Technik endet; ob beim Virtuosen, der Wachsfigur oder der Umbildung. Im Jahre 1909 schafft Picasso eine Plastik, den Bronzekopf. Masse wird in Bewegung gesetzt, man beginnt die Fläche zugunsten dreidimensionaler Teilkörper möglichst auszuschalten. Wer alles wurde von diesem Stück beeinflußt! Erinnern wir an Boccioni, seinen »Mann in Bewegung«, oder Archipenkos »Plafond«. In das gleiche Jahr stellt Picasso den ersten Versuch von Skulptomalerei. Archipenko, sein geschmeidiger Schatten, benützt diese Anregung später, nachdem Picasso ein bemaltes Relief gezeigt hatte: »Gitarre und Flasche«. Im gleichen Jahr malt er im spanischen Horta die Häuser und Fabrik. Die Villen Cézannes steigen an, die Sequenz der Kuben von Gardanne. In Picassos Hortabildern steht Abschied von der Landschaft, vom Gegebenen. Ein konstruktives Licht dient, geometrische Formen — Würfel, Rechteck — gegeneinander zu stellen und zu binden. Volumen wird nun aus Flächen zusammengebaut; das Licht ist tektonisches Mittel geworden. Braque hatte wohl mit solcher Auffassung begonnen, als er das »Haus in l'Estaque« malte (1908). Die Frage der Priorität ist sinnlos, wichtig bleiben die Ergebnisse: Abschied von der Landschaft und ihrem Abbild; dies Durchzwingen eines Subjektiven, das dem Raumaufbau näher, unmittelbarer als dem Motiv zustrebt; die Distanz zur Natur wird vergrößert zugunsten des immanent Unmittelbareren. Es beginnt die Zeit der Figuren, Stilleben. Braque bringt die Musikinstrumente. Diese Kunst vor dem Krieg legt ein Tempo vor wie kaum mehr später. In den Jahren 1908—1914 wird das gesamte Repertoire vorbereitet; es ist die stille, glühende Zeit angespannten Erfindens, da man Historie, die gegebene Malerei, ihre Raumformen und Technik ablehnt, sie um des Neuen willen zu opfern sich entschließt. In den Jahren 1911 und 1912 entsteht der »Kopf des Dichters«, wobei der Kamm der Anstreicher zum Wellen des Haares verwandt wird (Braque hat diese Technik von der Dekorationsmalerei gebracht, Severini und die Futuristen trieben es zur Verwendung der Dinge selbst — Haare usw.). Picasso und Braque beenden, was man bisher Porträt nannte. Figur und Porträt gelten ihnen als räumlich ausdrucksvolles Kalligramm, über die Sentimentalität des individuellen Motivs siegt das Raumbild, wie früher einmal die Handschrift über das Organische. Nicht der Mensch wird zum Raum, sondern eine Anschauung wird vermenschlicht, vereinzelt. Die Futuristen, welche lärmend banalisierten, zogen in plakatierten Aphorismen den praktischen Schluß: Kampf gegen die Erotik, den Akt; diese Leute sahen den praktischen Inhalt, das populäre Manifest.

Von den Figurenbildern hebe ich heraus: »Mann mit Klarinette«, »Frau mit der Laute«, »Der Dichter«, »Kahnweilers Porträt«, »Der Kopf« (bei Flemming), »Buffalo Bill«, »Mann mit Mandoline«, »Der Torero«. Eine visuell geistige Leidenschaft wird gegen bequeme Übereinkunft, die man dreist Natur nennt, gestellt; ein denkendes Schauen isoliert sich gegen die überkommene Bildauffassung. Diese Bilder sollen als konsequente eigene Bildung gesehen werden; Gestalt als tektonisches Flächenkalligramm, vielfältig gebaut. Die durch konventionelle Realität nicht durchbrochene Darstellung eines Bildgegenstandes, der nichts mit dem Realen gemein hat, der Ausdruck eines formalen Zustandes, wird höher gewertet, als die Verifizierung an der lebenden Person. Wenn das Wirkliche aufklingt, so als gegensätzliches Zeichen im bildstruktiven Formgefüge. Ich glaube, diese Stücke sind die erheblichsten und charakteristischsten Figurenbilder dieser Zeit. Picasso hielt damals — bis 1913 — seine Bilder in Braun und Grau; die Flächen werden durch kontrastierendes Helldunkel gegeneinander gesetzt, um die Bewegung der Formen zu verstärken.

In den Jahren 1910—1912 entstehen zahlreiche Stilleben; oft malt Picasso wie Braque Musikinstrumente. Die Formen werden flächig zerlegt; die helle Farbe des Violinholzes kündet koloristische Haltung an. Man liebt Geigen und Mandolinen, diese von Menschen bereits gestalteten Dinge, die man virtuos zerlegt und der Fläche anpaßt, also noch einmal erfindet. Im Jahre 1914 sind wohl bildmäßig die Zeichnungen und Aquarelle von besonderer Bedeutung. Man gibt die anmodellierten Flächen auf; will nur letzte Struktur im ganz Flächigen zeigen. Picasso und Braque hatten schon 1912 die Kalligraphie ihrer Bilder durch Buchstaben bereichert. Nun beginnt man in die Bilder Zeitungsausschnitte und Tapetenmuster zu kleben. Nachahmer mißverstanden auch dies literarisch oder zum Witz; sie meggendorferten[1] und gaben statt des Dekors Erläuterungen oder Pointe. Im Einfügen nachgebildeter oder tatsächlicher Dinge, die vielleicht dem Konstruktiven entgegnen, ist wohl der Beginn des Verismus zu sehen. In die Zeichnungen klebt man Zeitungen, Tapeten, farbige Papiere als geformte Flächen, die farbig wirken, die Lettern beleben wie Pinselauftrag oder Korn.

Man hat begonnen, die Farbe stärker zu verwenden. Vom Jahre 1914 kennt man noch die bemalte Bronze »Das Absinthglas«. Nun kommen die Jahre des koloristischen Kubismus, da Picasso die Teile farbig abgrenzt, mit farbigen Flecken, Schraffur usw. die Flächen belebt und die Verformung des Volumens durch farbige Kontraste klärt. Es entstehen die Stilleben, die in den Folgen der »Tische mit Stilleben«, der »Tische vor dem Fenster« und der »Tische vor dem Balkon« gipfeln; man arbeitet die Figurenbilder, unter denen »Kartenspieler« (1914), »Frau« (1914), die »Pierrots« von 1918 außerordentliche Leistungen bedeuten. In den Stilleben ist das kubistische Mittel dermaßen elastisch geworden, daß Picasso mit ihm »das Wirkliche«, den Gegenstand, in voller Übersetzung gibt. Vom »Kartenspieler« und der »Frau« stammt wohl »Die Badende« (1915) des flinken Archipenko mitsamt ihrem Kolorit. Den Figurenbildern stehen reiche Stilleben gegenüber, Instrumente, Tabaktasche mit Pfeife; farbig geometrische Kalligramme. Picasso variiert technisch und formal unermüdlich seine Themen, bis Stücke von tatsächlicher Meisterschaft gelingen.

Die Jahre 1917/18 bringen das unvollendete Porträt seiner Frau und das von Madame R. Diesen Stücken folgen die großen Figurenbilder, denen eine Kopie nach Corot vorausgeht. Picasso, der Kluge, begreift die Grenzen jeden Stils; er will zeigen, daß er von keiner Manier abhängt, eine jede bewältigt. Man hat hier von Ingrismus, dann wieder vom Einfluß des Barock gesprochen. Zweifellos hat Picasso mit diesen

Arbeiten bei den illegitimen Nachfolgern die Reaktion gegen den Kubismus und etwa Umkehr zum Klassizismus eingeleitet. Er wies, daß eine einzige Methode ihm zu eng sei, daß sie durch ihren Gegensatz ergänzt werden müsse. Dämonie — man gestatte das mißbrauchte Wort — und Spiel sind oft schwer zu scheiden. Picasso kennt die Begrenztheit von Stil und einzelner Form, die ihm eher als Mittel denn als Ziel gilt. Dieser weitgespannte Mann bezweifelt das einzig Mögliche, ironisch oder verzweifelt zeigt er den formalen Kontrast, den andern Stil; ein pluralistischer Geist, der kaum eindeutiger formaler Kausalität vertraut. Ihm bedeutet Malerei ein Mittel und über diese stellt er Ingenium, während sie für Braque alles und das Ziel ist. Braque ist der Romane, der sich puristisch einschränkt und der Schönheit des Handwerks bewußt opfert. Eine Resignation, die vielleicht größer ist als jedes Wagnis, die aber vieles versperrt.

Das Klassische war niedergerissen, und voller Neugier versuchte nun Picasso seine Kraft, um den Gegensatz, die klassische Norm, sehr persönlich zu versuchen. Man erprobt in Porträts einen gegenständlich soignierten Realismus und verwendet virtuose Lokalfarbe. Man zeigte, daß man die ganze Folge französischer Bildüberlieferung beherrscht; man kann auch bewunderter Klassiker sein. Es reizte die Fülle neuer Erfahrungen von der andern Seite her, vom Motiv aus anzuwenden.

Wir haben schon mehrmals gezeigt, wie stark Picasso in der Spannung der Gegensätze lebt und er seine Person und Identität im Drama der Antithesen lebendig verspürt. Solch stilistischer Pluralismus ist in der französischen Malerei und Literatur nichts seltenes. Wir weisen auf das anziehende Beispiel Mallarmés, man erinnere sich in der Malerei der heroischen und sentimentalen Kompositionen Poussins. Bei Poussin wuchsen die stilistischen Kontraste aus einer Differenzierung des Moralischen; etwa ein christlicher Dualismus spricht hieraus. Wir weisen noch auf die Beispiele der Corot und Cézanne. Bei diesen Meistern hat wohl die zeitliche Distanz, die erhebliche Verschiedenheit ihre Haltung gemildert. Es ist durchaus verständlich, daß reiche Naturen unter der Verengung, dem zweifellos beschränkten Ausschnitt eines Kunstwerks leiden; zumal im Vergleich zu den alten Meistern die heutigen Bildwerke nicht ähnlich komplex sind.

Keiner hat wie Picasso den Elementen sich genähert. Es ist tragisch, daß dieser Zeit der Nebensächlichen das Elementare als blasphemische Willkür gegenüber ihren ausgelaugten Gemeinplätzen erscheint, deren meiste vor Abnutzung unwahr geworden sind. Gesetze werden letzten

Endes nur durch besessene Willkür gewonnen und sind intuitiv; an dem Kontinuum des Vernünftigen gemessen, erscheinen sie geradezu als das Außerordentliche, als Explosionen der Willkür. Im intuitiven Ursprung begegnen Kunst und Wissenschaft einander auf schmalem Punkt und hieraus rühren einige ihrer Formverwandtschaften, die Willkür und die Besessenheit.

Wohl keiner der heutigen Maler hat gleich intensiv mit sich verkehrt wie Picasso; oft verlosch ihm die peripherischste Welt, doch immer holte er aus seiner Besessenheit ein Stück Form hervor, womit eine bestimmte Gestaltung der Umwelt zu beginnen möglich war. Wir können noch so weit von dieser Welt uns entfernen, immer bleiben wir ein Teil in ihr, wie diese in anderem Sinn als unsere Vorstellung besteht. Mit dieser polaren Doppelgerichtetheit ist die Möglichkeit von freier Gestalt und Abbild gegeben. Beide polare Grundstellungen bedingen sich gegenseitig, und darum berühren sich letzten Endes die freien halluzinativen Gestaltungen mit den Erscheinungen. Die Form ist das Mittel der Differenzierung und durch sie wird der Charakter und die Artung bestimmt.

Es konnte einen so in sich versenkten Menschen wie Picasso locken, objektiv weltlich zu malen, um sich selber zu beweisen, daß man das Erbgut der Geschichte fest in den Händen halte. Picasso wollte sich der Geschichte bemächtigen, um nicht mehr isoliert zu stehen und nicht mehr auf ein schmales, doch entscheidendes Jetzt verwiesen zu sein. Die weite Spanne der Vergangenheit galt es zu greifen und vielleicht einen Vergleich mit den alten Meistern zu wagen. So verließ Picasso das subjektiv Unmittelbare, die pure Dynamik des isolierten Vorstellens. Er malte seine klassischen Bildnisse, zeichnete strenge Blätter, rein und edel wie die Kalligramme der griechischen Vasen. Jetzt sucht er das körperlich Plastische, arbeitet in wuchtiger Statik, zeichnet subtile, scharfe Umrisse und sieht episch gelassen, ruhig große, fast protogriechische Gestalten.

Mit diesen Werken hat Picasso einer zweiten Generation den Bezirk ihrer Aufgaben zugewiesen. Seine Bildnisse und Kompositionen wurden Wegweiser für die Jüngeren. Picasso legitimierte damit eine Restauration, das Klassische wurde bedeutend versucht.

Aus diesen Bildern spricht zyklopische Archaik. Picasso hat das Griechische über Maillol hinaus zum riesig Mythischen getrieben. Er richtet großäugige, schwere Gestalten auf oder zaubert beschwingt Tanzende wie auf den Vasen. Eine heroische Welt, bald im Idyll ruhend, ein andermal pathetisch gewaltsam wird aufgetan. Picasso fand in diesen

Pablo Picasso: Les Lutteurs (Die Ringer), 1921

Gemälden zur Geschichte und somit zur offiziös anerkannten Natur zurück; die objektiv gebilligte Welt wurde von dem Eigenwilligen erobert, und damit schenkte Picasso seiner Zeit eine neue Gestaltenreihe. In diesen Arbeiten kehrte der Maler zu den Figurenbildern seiner Jugend zurück. Doch bezichtigt ihn man wie immer auch hier der Treulosigkeit, während er die Themen seiner Frühzeit kräftiger bildet. Der Arme und Phantasielose fühlt sich eben immer von Jugend und Reichtum betrogen.

Picasso hat Harlekine, Stilleben, Figurenbilder, archaisch-klassisch und gleichzeitig kubistisch gemalt. Die Welt von beiden Polen aus sehend; sich zerspaltend im Vertrauen auf stärkste Person, die Wahrheit und die Fülle in der Spannung der gleichzeitigen Gegensätze suchend, kein Glaube an die dogmatische Wahrheit *eines* Stils, den Fund opfernd. All diese seelischen Momente bemerkt man immer wieder bei Picasso. Der große Stil spricht noch eindringlicher in den kubistischen Lösungen. Das Gefüge der sich kreuzenden Sichten steht nun ruhiger, größer und bedeutender. Die Gestaltbegrenzung spricht kurviger, einfacher, aber differenzierter. Die Formzusammenhänge strömen deutlich betont und gemessen. Das Farbige ist tektonisch gegliedert. Diese Arbeiten erscheinen dem konstruktiven Sinn klassisch geklärt. Sie atmen in breiter tektonischer Spannung; die Blickschnitte sind nun vereinfacht und weiter geworden. Ich rede hier von den Stilleben und Figuren. Nennen wir noch die dunkel drohenden natures mortes, deren brandende Nächtlichkeit und Strenge an den großen Zurbarán erinnert. Große dunkle Flächen sind von fadenfeinem Kontur umspannt, der farbig in sich schwingt wie eine zitternde Bogensehne. Zwischen diesen Dingen klagen und rufen die ahnungsvollen Entwürfe einer Kreuzigung, die vielleicht einmal eine Mitte des Werkes bilden wird; ein Thema, das ganz in die metrische Dynamik Picassos paßt. Im Jahre 1927 malte Picasso besonders bedeutende Figuren und Köpfe. Nun handhabt er das Mittel der zerlegten Gestaltkontraste in noch größerem Ausmaß. Die farbig-kontrastierenden Sichten fügen sich in- und gegeneinander und eine beschwingte, vielstimmige Fuge der Blick- und Gestaltschichten wird gebaut. Die Kontraste sind durch kurvige Gelenke verbunden, schwingen wundervoll ineinander und übermusizieren sich. Der Sinn der Kontraste ist wundervoll genutzt. Überall klingt dies polyphone Gesetz der Gegensätze, daß eine Form sich bedeutet und gleichzeitig uns in ihren Gegensatz schleudert. Gerade aus diesen Bildern spricht der zukunftsreiche Sinn des Simultanés, daß eine Form oder ein Satz, die früher latente und unbewußte Aktteile und Gegensätze gleichzeitig sonnenhaft beleuchtet, und die Wahrheit in der Identität zwischen der Spannung der Gegensätze ruht.

Picasso spielt die fugenhaften Kontraste im einzelnen Bild. Er umspannt auch die Polyphonie der Stile. So eilt er ruhelos von Gestaltung zu Gestaltung; Formen verbrennen und sterben in ihm in der Glut der eilenden Geschichte. Ein Mann, der wie keiner das Beschränkte der Kunstübungen, ihre maniakische Enge zersprengt hat.

In *Neue Schweizer Rundschau*, Band 34/35, Zürich 1928, S. 266 f.
(Der Text ist eine leicht veränderte Fassung des Picasso-Abschnitts in der »Kunst des 20. Jahrhunderts«.)

1 Vgl. S. 59 dieses Bandes, Anm. 2.

Anhang

E

EUROPA

+ALMANACH

**MALEREI
LITERATUR
MUSIK
ARCHITEKTUR
PLASTIK
BÜHNE
FILM
MODE**

AUSSERDEM NICHT UNWICHTIGE
NEBENBEMERKUNGEN

HERAUSGEBER
CARL EINSTEIN
PAUL WESTHEIM

GUSTAV KIEPENHEUER VERLAG
POTSDAM

Umschlag des Europa-Almanach, gezeichnet von Fernand Léger

Aus: Die Revolution in Brüssel

»Der diplomatische Vertreter teilte einleitend kurz den Anwesenden die politischen Richtlinien und Ziele des Soldatenrates mit. Er führte aus:

›Der Soldatenrat vertritt in Brüssel die deutsche Volksregierung. Er verurteilt das alte Regime und seine Vergehen. Wir stellen die politische Freiheit wieder her, in die inneren Angelegenheiten Belgiens mischen wir uns nicht ein. Unsere Aufgabe ist es, darüber zu wachen, daß Brüssel in ruhiger Ordnung von den deutschen Truppen geräumt wird.

Die Zivilverwaltung wird aufgelöst, die Verwaltungstrennung ist aufgehoben. Die Funktionen der Zivilverwaltung fallen an die belgischen Behörden zurück, die wir ersuchen, ihre Tätigkeit in vollem Umfange aufzunehmen. Die deutschen Lebensmittelzentralen werden aufgelöst; diese sind angewiesen, ihre Vorräte dem Comité National zu übergeben. Damit übernimmt dies die volle Verantwortung für die Verpflegung Brüssels; wir sind bereit, das Comité National in jeder Weise zu unterstützen.

Wir ersuchen Herrn von der Lancken, den belgischen Gouverneuren telegraphisch die Einsetzung der Behörden mitzuteilen und bitten vor allem die Herren Minister von Spanien und Holland, den Herrn Bürgermeister und den Präsidenten des Comité National, ihren Einfluß geltend zu machen, daß die Behörden, vor allem die Gerichte, ihre Tätigkeit aufnehmen.

Die politischen Gefangenen wurden befreit, darunter Senator Colleaux, Bürgermeister Max[1] wird zurückgeführt. Die Zensur der Zeitungen ist aufgehoben; jedoch bittet der Z.S.R. den Herrn Bürgermeister, darüber zu wachen, daß die Tagesblätter die ernste Situation nicht erschweren. Der Z.S.R. hat weitere Beschlüsse gefaßt und übermittelt diese Forderungen der deutschen Reichsregierung:

Es ist sofort zu untersuchen, wer die Deportation der belgischen Arbeiter nach Deutschland veranlaßte. Strenge Bestrafung dieser Personen ist notwendig.

Es ist zu untersuchen, wer die Niederreißung der belgischen Industriewerke veranlaßte bzw. anordnete. Diese Personen sind zu bestrafen.

Zu untersuchen sind ferner die mit dem Prozeß Miß Cavell[2] zusammenhängenden Vorgänge. Die Gerichtsakten sind einzufordern.

Hierdurch ist vom Z.S.R. die Schuldfrage aufgeworfen; zur Untersuchung dieser wird ein Staatsgerichtshof gefordert. Der Z.S.R. verbürgt, daß Personen, die während der Verantwortlichkeit des Z.S.R. durch deutsche Heeresangehörige nachweislich geschädigt wurden, Schadenersatz erhalten. Die neutralen Gesandschaften werden durch Wachen und Begleitleute gesichert, der tägliche Kurierdienst nach Holland wird aufgenommen, wir errichten die politische Freiheit und bitten um Ihr Vertrauen.«

Der Text, der Einsteins Ansprache zu Beginn der offiziellen Verhandlungen mit diplomatischen Vertretern und belgischen Verwaltungsanstellten am 11. November 1918, in seiner Eigenschaft als »Außenminister« des Soldatenrates in Brüssel, wiedergibt, stammt aus einer Broschüre mit dem Titel »Die Revolution in Brüssel« (S. 22/ 23), die kurz nach den Ereignissen in Berlin-Neukölln erschien und möglicherweise von Einstein selbst geschrieben oder redigiert wurde.

Der Soldatenrat wurde von dem Arzt Dr. Freund am 10. 11. 1918 gebildet. Einsteins Aufgabe im Soldatenrat bestand in der Organisation des Pressedienstes, d. h. in der Kontrolle der Zeitungen und des Funks; ab dem 12. November war er diplomatischer Vertreter des Vollzugsausschusses.

1 Der liberale Politiker Adolphe Max (1869–1939) war zu Beginn des Krieges Bürgermeister von Brüssel. Durch seinen Widerstand gegen die deutsche Besetzung — er boykottierte Abgaben und Requisitionen und organisierte das Comité National zur Versorgung Belgiens — wurde er berühmt. Im September 1914 wurde er in Namur verhaftet und blieb während des Krieges in Deutschland in Gefangenschaft.

2 Edith Cavell (1865–1915), englische Krankenschwester. Sie half während der Besetzung zahlreichen militärpflichtigen Belgiern über die Grenze und wurde deswegen am 12. 10. 1915 von den Deutschen standrechtlich erschossen.

Aus: »Fünfzig Monate deutsche Besetzung«

Die interessanteste Versammlung fand zwischen sieben und halb acht Uhr abends statt, in dem Gebäude, das die Ecke zwischen der Rue Ducale und der Rue Labermont und zugleich eine Enklave im Park des Palais des Académies bildet. Es war von den ersten Tagen der Besetzung an die Residenz des Barons von der Lancken gewesen, dem Chef der Politischen Abteilung beim Generalgouverneur. Die Einzelheiten dieser Sitzung verdanke ich einer der Personen, die daran teilnahmen. Hier ist der bemerkenswerte Bericht, ich gebe ihn wörtlich wieder:

Die Herren de Villalobar, der spanische Gesandte, van Vollenhoven, der Gesandte der Niederlande, und Francqui, der Präsident des Comité National, die durch den Baron von der Lancken dringlich eingeladen wuren, erscheinen pünktlich um sieben Uhr. Sie werden in einen Raum geführt, in dem sich bereits Baron von der Lancken, Graf von Moltke, Graf Rantzau, Schaible, der deutsche Gouverneur Flanderns, Haniel, der deutsche Gouverneur Walloniens, Rieth, der Leiter der »Vermittlungsstelle«, und andere wichtige Deutsche aufhalten, lauter Persönlichkeiten, die noch gestern in Belgien die Hauptrollen spielten. Alle außer Schaible haben sich der Uniformen entledigt, aber auch dieser trägt keine Epauletten mehr. Sie sind wie Jahrmarkts-affen gekleidet, in zusammengewürfelten Kleidungsstücken, in der Eile Gott weiß wo zusammengesucht. Ihr größtes Interesse besteht offenbar darin, auf der Straße nicht von Soldaten erkannt zu werden, die ihnen wohl üble Schläge versetzen könnten.

Ein tödliches Schweigen lastet auf der Gruppe. Es scheint, daß unter ihnen keiner mehr das Rederecht hat. Worauf wartet man?

Wenige Augenblicke später öffnet sich eine Tür, und ein Individuum in Zivil tritt ein, Monokel im Auge, den halben Schädel bandagiert. Dieser seltsame Ehrenmann heißt Einstein; er war Kunstkritiker in Paris sowie bis gestern ein subalterner Angestellter in der deutsch-wallonischen Verwaltung von Namur, unter dem Befehl von Gouverneur Haniel; er spricht französisch wie ein Pariser.

Er wendet sich an die Herren de Villalobar, von Vollenhoven und Francqui und sagt: »Ich bin Mitglied des Arbeiter- und Soldatenrates, dessen Präsident ein deutscher Militärarzt aus Gent ist. Ich hätte gedacht, wir sollten zu Ihnen kommen, um Ihnen keine Umstände zu machen, aber von der Lancken (Einstein weist mit dem Finger auf ihn und nennt ihn weder »Baron« noch »Herr«) hat mich darauf hingewiesen, daß Sie hier jedermann treffen könnten und die Dinge so am schnellsten zu erledigen seien. Daher habe ich mir erlaubt, Sie einzuladen.«

Nach dieser Einleitung richtet sich Einstein auf und sagt mit kraftvoller Stimme, während er einen zornigen Blick über die aufgereihten Moltke, Rantzau und Konsorten schweifen läßt:

»Mit dieser abscheulichen Herrschaft des Kaiserreichs ist es zuende. Auf die Unterdrückung und Tyrannei, die so lange auf Belgien lastete, will der Arbeiter- und Soldatenrat von heute an eine Herrschaft der Menschlichkeit und Solidarität folgen lassen. Die deutschen Soldaten haben keinen anderen Wunsch, als so schnell wie möglich Belgien zu verlassen. Man lasse sie ziehen und vermeide Konflikte, von welcher Seite auch immer. Ich bin von meinen Genossen im Arbeiter- und Soldatenrat beauftragt, Sie zu fragen, ob sich nicht die eine oder andere Maßnahme im Interesse der Versorgung Belgiens während der Evakuierungszeit empfiehlt.«

Der Marquis de Villalobar antwortet:

»Die Versorgung Belgiens wird vom Comité National organisiert; es genügt, wenn Sie Instruktionen geben, die Tätigkeit des Comité National in keiner Weise zu behindern, insbesondere, was die Bewegungsfreiheit seiner Transportschiffe anbetrifft.«

Einstein nickt zum Zeichen der Zustimmung, wendet sich an den wunderlich gewandten Grafen Moltke und sagt zu ihm:

»Gehen Sie zum Telefon, rufen Sie die Kanal-Direktion an und übermitteln Sie, man möge gemäß dem soeben geäußerten Wunsch verfahren.«

Erneut betrachtet er mit festem Blick seine Landsleute und fügt hinzu:

»Der Arbeiter- und Soldatenrat hat im Augenblick die Macht, und er erwartet, daß seine Befehle auf der Stelle ausgeführt werden. Die schändliche Unterdrückung, unter der dieses Volk gelitten hat, muß aufhören. Alle während der Besetzung verhafteten und gefangenen belgischen Zivilpersonen sind auf meinen Befehl hin befreit worden.«

Hier greift Monsieur Francqui ein und sagt:

»Der Hinweis Seiner Exzellenz des spanischen Gesandten ist umso nützlicher, als in diesen verworrenen Tagen die Dienstleistungen des Comité National nicht mit der erforderlichen Regelmäßigkeit organisiert werden konnten. Entgegen den Abmachungen wurden Waggons, die Lebensmittel des Comité National transportierten, in der Provinz von deutschen Stellen requiriert, und daraus entstanden erhebliche Schwierigkeiten bei der Versorgung der Bevölkerung. Gerade eben habe ich von meinen Angestellten gehört, daß so etwas wiederum auf dem Bahnhof von Namur vorgekommen ist.«.

Bei diesen Worten geht Einstein drohend auf den Gouverneur Walloniens zu, jenen Haniel, dessen subalterner Angestellter er gestern noch war, zeigt ihm die Faust und brüllt ihn an:

»Mein Herr, über das, was der Präsident des Comité National soeben gesagt hat, muß ich mich sehr wundern. Warum haben Sie meine Befehle nicht ausgeführt? Notieren Sie sich die Anweisungen, die ich Ihnen jetzt gebe!«

Und während die ganze Bande von Baronen und Grafen wortlos zuhört, zieht der Ex-Gouverneur Haniel unterwürfig ein Notizbuch hervor und schreibt brav die Anordnungen auf, die Einstein ihm diktiert.

Dieser Bericht über die Ereignisse am Abend des 10. November wurde von den Herausgebern übersetzt nach: Louis Gille, Alphonse Doms, Paul Delandsheere: »Cinquante mois d'occupation allemande«, Band 4, Brüssel 1919, S. 401–403.

Gegen die Ausbeuter!!

Der blutige Ernst
Hiebe durch die dickste *Haut*
Tödliche Wirkung!!
Gegen die bürgerlichen Ideologien!
Heft 60 Pfg.
Herausgeber Carl Einstein, George Grosz
Satirische Wochenschrift

»Der blutige Ernst«
Politisch-satirische Wochenschrift

»Der blutige Ernst« Peitscht die Müssiggänger
gibt scharf gezeichnete Plakate dieser Zeit
in Bild und Schrift.
Wir arbeiten nicht für eine literarische Klique, nicht für
eine einzelne Partei, wir gehen in die breite Masse des
Volks.

»Der blutige Ernst« nagelt die Krankheiten Europas fest, verzeichnet den
restlosen Zusammenbruch des Kontinents, bekämpft die
tödlichen Ideologien und Einrichtungen, die den Krieg
verursachten, stellt den Bankerott der abendländischen
Kultur fest.

»Der blutige Ernst« verzichtet, Kunst um der Kunst und Schrift um der
Schrift zu betreiben – Sport für sinnlose Müßiggänger –.
Im verzweifelten Niederbruch haben Schönschrebereien
und Formvergötzung keinen Platz mehr.

»Der blutige Ernst« peitscht die Schädlichen bis aufs Blut. Unsere Hiebe gehen durch die dickste Haut.

»Der blutige Ernst« erklärt einem jeden Verzweifelten, warum er verzweifelt ist.

»Der blutige Ernst« blutet, weil er gegen gefährliche Gegner kämpft.

»Der blutige Ernst« wird diesen die endgültige Niederlage bereiten. Ohne
den blutigen Ernst können Sie unmöglich ein vernünf-
tiges Leben führen.

»Der blutige Ernst« wird von Carl Einstein geschrieben und George Grosz
gezeichnet. Die Namen beider Herausgeber verbürgen
tödliche Wirkung.

In *Der blutige Ernst*, Trianon-Verlag Berlin 1919, Nr. 3, S. 9 f. (Der Text erschien
anonym.) Dieser Text ist Bestandteil einer Collage von George Grosz und John
Heartfield (reproduziert in der »Alternative« Nr. 75) und wurde von den Herausgebern transkribiert.
Zwei weitere Reklametexte erschienen nebeneinander in Nr. 5, 1919, S. 23:

Von unserer Zeitschrift

»Der blutige Ernst«

erscheint eine

Vorzugsausgabe

in kleiner numerierter Auflage in vornehmster Ausstattung auf Extrapapier
zum Preise von 2,50 M. für die Einzelnummer und 20 M. für das Vierteljahr
(13 Nummern), signiert von den Herausgebern 10 M., vierteljährlich 100 M.

Bestellungen nehmen alle Buchhandlungen, Zeitungsvertriebsstellen sowie der
Trianon-Verlag, Berlin W 9, Bellevuestrasse 21–22, entgegen.

*

Der blutige Ernst

fordert alle, die *weder Literaten noch Journalisten* sind, zur Mitarbeit auf.
Verzweifelte Soldaten, *gelangweilte* Straßenmädchen, *ausgesperrte* Arbeiter,
beschimpfte Schüler, benutzen Sie unsere Abteilung *Festgestelltes Elend oder
Revolver und Qual.* Sie werden keinen Schwindel verzapfen, sondern schreiben, wie *elend und lächerlich* es zugeht. Schreiben Sie *aus Ihrer Erfahrung*
und senden sie schnell *Beiträge.*

Der blutige Ernst

Hans von Wedderkop[1]

Carl Einsteins »Kunst des 20. Jahrhunderts«

Nur wer das Kunstdurcheinander der Zeit nach dem Absterben der großen
Impressionisten, das gigantische Chaos der Kunst, besser gesagt, das Kunstbetriebs, miterlebt hat, kann den Grad des Heroimus ermessen, der dazu gehört,
in diese Weglosigkeit der letzten fünfzehn Jahre einzudringen, in die Rich-
tungslosigkeit der Richtungen, die Unsicherheiten, die an sich schon jede Entwicklung in sich birgt, die noch nicht abgeschlossen ist.

Das gebildete, an Kunst interessierte Deutschland der letzten fünfzehn
Jahre schied sich deutlich in zwei Teile: den einen – Elite-Auguren –, der um
die Dinge der neuen Kunst wußte und sie verkündete, den anderen, der mehr
oder weniger ahnungsvoll vor einem Rätsel stand und unbedingt zur Lösung
kommen wollte. Es war die große Zeit der Kunsttraktate, die in ununter-
brochener Folge auf die Aufschluß Begehrenden niederhagelten, die große Zeit
der Kunstkritiker, wohlgemerkt nicht der Kunsthistoriker, die mit ihrem
Giorgione, Michel Angelo, Rembrandt, selbst Greco und anderem Plunder
sehen konnten, wo sie blieben; der Kunstkritiker, die unter anderem den schönen Begriff des *Kunstwollens* schufen, wodurch sie ausdrücklich dokumentier-
ten, daß es sich nicht um Können, sondern um bestgewollte Anstrengung,
Zielstrebigkeit usw. handelte. Kaum war ein Rätsel gelöst, kaum war es
einem besonders findigen Kopf gelungen, einen Stollen in ein kubistisches
Bergwerk vorzutragen, so taten sich von allen Seiten wieder neue Probleme
auf, die das bißchen Klärung wieder verdunkelten und neuen Erklärern wieder Stoff und Existenzmöglichkeit boten. Tatsächlich war die Kunst längst
auf ein Nebengleis abgeschoben, und die Kritik fuhr statt dessen auf den
Hauptgleisen hin und her, natürlich – wie es sich versteht – ohne jemals zu
einem Ziel zu kommen, das man auch nur als eine erste Etappe ansprechen
konnte. Die verschiedenen Stationen, die immer wieder durchfahren wurden,
waren Kosmos, Dämonie, das Irrationale, Abstraktion usw., während alles,
was nach »Einfühlung« aussah, als tödlich vermieden wurde. Auf Grund dieses Zustandes hätte man mit Fug und Recht eine Geschichte der Kunstkritik
der letzten fünfzehn Jahre schreiben können, um somit den gesamten Unsinn
zu kodifizieren und ihn damit zugleich zu krönen.

Carl Einstein schrieb eine Geschichte der modernen *Kunst*. Man kann dies auf zwei Weisen tun, erstens, von einem ästhetischen Standpunkt, von einem gewissen bequemen, genießerischen, doch deshalb nicht weniger richtigen Standpunkt, zweitens, von einem wissenschaftlichen aus, unter der Fiktion, daß Kunsthistorie tatsächlich eine Wissenschaft und kein Widerspruch in sich ist. Einstein hat sich zu der letzten Methode entschlossen, die, wenngleich in ihren Ergebnisen nicht ungefährlich, dennoch die einzig anwendbare erscheint, weil sie nicht allein über Kunst, nicht allein über ästhetische Fragen Aufschluß gibt, sondern über den ganzen äußerst intrikaten und in seinen tausend Verästelungen höchst subtilen Komplex der ganzen Kultur dieser Zeit, soweit sie optisch orientiert ist.

Sicher war nur der Abschluß des Impressionismus durch das Werk des alten, eifernden Greises, des Papa Cézanne, der durch seine Behauptung, in allen Dingen sei entweder der Kubus, der Kegel oder der Zylinder enthalten, die nachfolgende Generation, ob sie es so sah oder nicht, in einen völlig rabiaten Zustand versetzte. Müßig, wenn auch vielleicht psychologisch interessant, zu untersuchen, ob diese Äußerung, die als eine Art Testament zu werten war, die Entwicklung der Dinge sozusagen unerlaubt beeinflußte, oder ob nur reinste Gesetzmäßigkeit in dieser Entwicklung obwaltete. Ebenso nutzlos wie die Feststellung, wie weit die Sendung eines solchen Erfindergenies wie Picasso die Dinge in einem Maße vergewaltigte, das mehr aus diesem Prinzip herausholte, als die Dinge geben konnten. Tatsache und Beweis der Richtigkeit des Geschehenden war, daß der Kubismus, mochte das Pendel noch so weit ausschlagen, die Art der Anschauung wurde, in der das Sehnen Ruhe fand.

Die Leidenschaftlichkeit, mit der Einstein die These des Kubismus verficht, ist völlig berechtigt. Ob die Produkte dieser Zeit im einzelnen Kunstwerke sind oder nicht, ist gleichgültig: entscheidend ist – und mag dies noch so sehr den Standpunkt des Ästheten verletzen – das Prinzip des neuen Sehens, das der Zeit immanent ist, wenn es sich auch erst in der adäquaten Begabung zu Kunst verdichtet. Die Kunst, in der Fläche zu bleiben, wie es die Leinwand als primäre Bedingung vorschreibt, den Gegenstand, das oft bis zum Widerwillen genannte »Ding«, zu gestalten, ohne durch Perspektive, Modulation oder gar Anekdote und Illustration ins Unwesentliche abzuschweifen, d. h. es in Wirklichkeit zu erfassen, ohne also etwas anderes an seine Stelle zu setzen: Dies ist das Neue des Kubismus, sein »Geheimnis«, das Einstein mit unendlicher Mühe, mit dem größten Aufwand von Scharfsinn, Instinkt und einem ewigen Wechsel des Standpunktes zu enthüllen versucht. Bis auf den Rest, der ein für allemal bleibt, und dessen Erkenntnis den wenigen reserviert ist, die über primäres Kunstgefühl verfügen und es durch tägliches, verantwortungsvolles Sehen ausgebildet haben.

Der Kubismus ist nicht überwunden, nur über seine dogmatische Periode sind wir hinaus. Er liegt wie ein Gebirgsmassiv zwischen heute und der impressionistischen Zeit. Man hat mit ihm zu rechnen, seine Formel scheint durch, und sei es auch in einem naturalistischen Gewand. Die Formel erfand Frankreich, Picasso und Braque sind die Vertreter, von denen sich alle weitere Entwicklung ableitet. Damit haben sie der Malerei um sich die feste Entwicklung und Richtung gegeben, die wir bewundern. Damit ersparen sie ihrem Lande, das Frankreich und nur Frankreich heißt, das grauenhafte Chaos, das über andere Länder, insbesondere Deutschland, hereinbrach und in Gestalt der Gottesgeißel, genannt Expressionismus, die schlechtesten, man kann nur sagen mindesten Eigenschaften ans Licht brachte, die Hereinbeziehung von Gemüt und Seele unternahm, die als amorphe Schmiere auf Tausenden von Leinwänden erstand, nur weil es als ärmlich galt, mit dem Gegenstand allein auszukommen. Es gereichte gerade einem Fanatiker wie Einstein zur kunstwissenschaftlichen Ehre, daß er selbst dieser Art Produktion dieselbe Objektivität angedeihen läßt wie den wahren Exponenten des neuen Sehens.

Am Anfang dieser Kunstgeschichte steht Matisse, damals das große Ereignis, als hervorragender Diskussionsgegenstand, den Père Cézanne ablöst, längst obsolet geworden, nur »dekorativ«. Man erinnert sich an diesen Vorkubisten, ist entzückt über die »Goldfische« und nähme jederzeit gern das Zimmer mit den Gardinen unter Aussicht, ertappt sich auf einem unzulässigen Genießerstandpunkt, normiert die Regung als Privatplaisir, polarisch fern den gestaltenden Kräften, die notwendig sind, die Kunst von heute zu begründen.

Der eigentlichen Abhandlung sind als Anhang eine Reihe der typischsten Bilder und Skulpturen der neuesten Zeit beigegeben, ein Anschauungsmaterial, wie es in dieser Fülle und Geschlossenheit niemals geboten ist.

In *Der Querschnitt*, 7. Jg. 1927, S. 471 f.

1 Hans von Wedderkop war der Herausgeber des *Querschnitt*. Vgl. auch die Anmerkung zur *Schlimmen Botschaft*, S. 198 dieses Bandes.

Rudolf Großmann[1]

Zwei Kunsthistoriker

Zur Zeit der Hochflut und des unbekümmerten Auftriebes des deutschen Kunstgeschehens hieß es mal allgemein: die deutsche Kunst sei dazu bestimmt, den Stillstand der französischen abzulösen, und die Panne, die die Kunst Frankreichs hätte, zu überwinden. Bei geschlossenen Grenzen während des Krieges wurde für den deutschen Kunstliebhaber ein deutsches Kunstroß aufgezäumt, wie man es noch nie gesehen hatte. Sattelgerecht saßen neben dem schaffenden Künstler mit auf: Kritiker, Museumsdirektor, Kunsthändler und Kunsthistoriker. Der etwas dumme Maler von früher, der »Natur abmalte« und der von dem Zauberwort nichts wußte, das jene Intellektuellen wie Priester eines kabbalistischen Geheimnisses hüteten, wurde als verstaubte komische Attrappe in irgendeinem Atelierwinkel liegen gelassen. Es gab Kritiker, die ihnen mit salbungsvollem, etwas dunklem Überzeugungston als Exegeten zelebrierend zur Seite standen.

Das Tier, als ob es eine angenehme Last trüge, setzte sich alsbald in fröhlichen Trapp. – Es fraß bisher noch impressionistische Nahrung. Mit einem Schenkeldruck brachte man es dazu, von dieser Atzung abzulassen, und kubistische Picassos zu fressen. Die Kunsthändler hatten alle Eile, um sich vor dem zu allem bereiten Käufer nicht zu blamieren, sich vor den frisch feuchten Bildern noch die Lösung zuzuflüstern. Denn es waren noch keine gegenständlichen Teile angeklebt zum Weitertasten in die Raumendlichkeit. Um zu beweisen, daß es auf Richtung nicht mehr ankäme, hängten sie die Bilder bald richtig, bald verkehrt auf.

Jetzt geschah aber etwas Unerwartetes. Bei dieser Hast wurde der schaffende Künstler von seinen Herolden und Verkündern, die er sich zuerst freudig gefallen ließ, ganz unbemerkt und sachte aus dem Sattel gehoben und abgesetzt. Man hörte etwas von Vernichtung des Staffeleibildes, vom Aufhören der bildenden Kunst überhaupt. (Der Reflex vom Untergang des Abendlandes hatte das Roß gespenstisch gestreift.) Da man nun wisse und das Publikum genügend erfahren habe, worauf es bei dem Kunstritt ankäme, bliebe allein fortbestehend: das zum produktiven Kunstwerk in unzähligen Schriften und Zeitdokumenten »sublimierte« Wissen um die Kunst.

Das Publikum, das nach solchen Produkten, die das Roß umwirbelten, eifrig gegriffen hatte, sah sich nun vor einem komischen Schauspiel: Die ab-

gehetzte Kunstmähre stand plötzlich still und war keinen Schritt mehr wei-
terzubringen. Die Mähre rohrte und zappelte und knickte langsam vorne ein.
Es blieb nichts übrig als abzusteigen.

So war die Situation, die uns zwei neue Kunstgeschichten geschenkt hat.
Diese Monumentalkompendien, die »Entwicklungsgeschichte der modernen
Kunst« von J. Meier-Graefe[2] und Carl Einsteins »Die Kunst des 20. Jahr-
derts«, beide etwa zu gleicher Zeit Gleiches behandelnd, wollen in diese Verwirrung Klärung bringen. Wie weit das den beiden Autoren gelungen ist, zeigen einige der folgenden Gegenüberstellungen.

J. Meier-Graefe

Max Beckmann (S. 680). Die Tatsache Beckmanns wird von eiserner Disziplin
gefestigt. Solche Beckmanns soll man nicht hassen, denn sie verrichten nützliche Arbeit ... Sie sind das Gegenteil von Totengräbern, graben mit derben
Fäusten das Leben ... Solche festen Leute zu hassen, wäre unpraktisch. Man
muß sich gut mit ihnen stellen. Möglicherweise tragen sie uns eines Tages aufs
Trockene.

Um nach dem Zusammenbruch Zukunft zu finden, muß man das Problem
lösen, aktiv faulen zu können. Wenn irgendwo, wachsen in Berlin die dafür
brauchbaren Toxine. Beckmann züchtet sie mit Umsicht. Die Sternheim und
Kaiser und auch die jüngsten Sänger der Auflösung infizieren sich zu leicht.
Beckmann ist immun, ein Züchter mit Sporen und Peitsche, er zeichnet sich
gern als Zirkusdirektor. Die Mikroben nehmen Haltung an, rücken in Reih
und Glied, marschieren Parademarsch. Ein preußischer Kubismus von militä-
rischem Gefüge discipliniert sie.

Carl Einstein

Max Beckmann (S. 136). Diese Michelangeloträume lassen bei aller Achtung
vor heroischer Mühe Schwächen beklagen. Bei keinem der Heutigen liegt es
so tragisch wie bei Beckmann, der zwischen Sentimentalität und ironisieren-
der Größe umhergeschleudert, seine Mittel kontrolliert ... Doch am großen
Unternehmen enthüllt sich tragisch die leidende Unzulänglichkeit eines Menschen.

Man schwankt zwischen gemilderter Moderne der Raumauffassung und oft
peinlicher Akademie von Figur und Details; ein Hinwurf eckt überschnittene
Optik, in der brav akademische Kontur, welcher der Raumkonzeption kaum
entspricht, bieder schwingt und kennzeichnet. Da spürt man Eklektizismus
des Verspäteten.

In *Der Querschnitt*, 7. Jg. 1927, S. 492 f.

1 Vgl. S. 272 dieses Bandes, Anm. 4.
2 Vgl. S. 268 dieses Bandes, Anm. 1.

Meer- und Wandersagen

Für Carl Einstein

Meer- und Wandersagen –
unbewegter Raum,
keine Einzeldinge ragen
in den Südseetraum,
nur Korallenchöre,
nur Atollenflor,
»ich schweige, daß ich dich höre«,
somnambul im Ohr.

Zeit und Raum sind Flüche
über Land gebaut,
ob es Rosenbrüche,
ob es Schleierkraut,
irdische Gestaltung
tragisch Sukzession,
komm, o Glückentfaltung,
sammelnde Vision.

Mit Kanu im Porte,
Muschelgeld im Haus,
sind erschöpft die Worte,
ist die Handlung aus,
Jagd noch auf Gazelle,
Betel noch gesucht,
ewig schlägt die Welle
in die Blanchebucht.

Göttern Maskenchöre.
Da ein Gott tritt vor:
»ich schweige, daß ich dich höre«,
im Korallenchor,
irdische Gestaltung,
tragisch Sukzession,
ach, schon schließt die Spaltung
stürmische Vision.

Meer- und Wandersagen
kennen nur einen Raum
von den Schöpfungstagen
in den Südseetraum,
wenn die Stürme schlingen
Speere und Kanu,
wie sie sterbend singen –:
»ach, ich höre dich – du.«

Gottfried Benn, *Gedichte*, Hrsg. Dieter Wellershoff, Wiesbaden und München 1960, S. 66 f. und S. 549. Die Widmung stand im Erstdruck in »Spaltung« und »Gesammelte Gedichte«, später nicht mehr.

Vgl. Einsteins Rezension von Gottfried Benns »Gesammelten Gedichten«, S. 379 dieses Bandes.

Der Abdruck des Gedichtes erfolgt mit freundlicher Genehmigung des Verlages Klett-Cotta, Stuttgart.

Namenregister

(Die kursiv gesetzten Seitenzahlen beziehen sich auf Erwähnungen in der editorischen Notiz, den Anmerkungen, Abbildungs- und Literaturverzeichnissen sowie im Anhang.)